孙歌，日本东京都立大学法学部政治学博士，北京第二外国语学院日语学院特聘教授，中国社会科学院文学研究所研究员。研究领域为日本政治思想史。中文主要著作有《主体弥散的空间》（江西教育出版社，2002）、《竹内好的悖论》（北京大学出版社，2005）、《把握进入历史的瞬间》（台湾人间出版社，2010）、《我们为什么要谈东亚》（三联书店，2011）、《思想史中的日本与中国》（上海交通大学出版社，2017）、《历史与人：重新思考普遍性问题》（三联书店，2018）、《寻找亚洲：创造另一种认识世界的方式》（贵州人民出版社，2019）、《绝望与希望之外：鲁迅〈野草〉细读》（三联书店，2020）、《从那霸到上海：在临界状态中生活》（北京联合出版公司，2020）、《游走在边际》（商务印书馆，2021）等。

竹内好的悖论

增订本

孙 歌 著

生活·讀書·新知三联书店

Copyright © 2023 by SDX Joint Publishing Company.
All Rights Reserved.

本作品版权由生活・读书・新知三联书店所有。
未经许可，不得翻印。

图书在版编目（CIP）数据

竹内好的悖论／孙歌著．—增订本．—北京：
生活・读书・新知三联书店，2023.4（2024.6 重印）
（当代学术）
ISBN 978 – 7 – 108 – 07497 – 3

Ⅰ.①竹… Ⅱ.①孙… Ⅲ.①竹内好（1910-1977）–思想评论
Ⅳ.① B313.5

中国版本图书馆 CIP 数据核字（2022）第 169828 号

责任编辑	冯金红
特约编辑	张　婧
装帧设计	宁成春　薛　宇
责任校对	常高峰
责任印制	董　欢

出版发行　生活・讀書・新知 三联书店
　　　　　（北京市东城区美术馆东街 22 号 100010）

网　　址　www.sdxjpc.com
经　　销　新华书店
印　　刷　北京隆昌伟业印刷有限公司
版　　次　2023 年 4 月北京第 1 版
　　　　　2024 年 6 月北京第 2 次印刷
开　　本　635 毫米 × 965 毫米　1/16　印张 27
字　　数　324 千字
印　　数　5,001 – 8,000 册
定　　价　99.00 元

（印装查询：01064002715；邮购查询：01084010542）

当代学术
总　序

生活·读书·新知三联书店从1986年恢复独立建制以来，就与当代中国知识界同感共生，全力参与当代学术思想传统的重建和发展。三十年来，我们一方面整理出版了陈寅恪、钱锺书等重要学者的代表性学术论著，强调学术传统的积累与传承；另一方面也积极出版当代中青年学人的原创、新锐之作，力求推动中国学术思想的创造发展。在知识界的大力支持下，通过多年的努力，我们已出版众多引领学术前沿、对知识界影响广泛的论著，形成了三联书店特有的当代学术出版风貌。

为了较为系统地呈现中国当代学术的发展和成果，我们以上世纪八十年代以来刊行的学术成果为主，遴选其中若干著作重予刊行，其中以人文学科为主，兼及社会科学；以国内学人的作品为主，兼及海外学人的论著。

我们相信，随着当代中国社会的繁荣发展，中国学术传统正逐渐走向成熟，从而为百余年来中国学人共同的目标——文化自主与学术独立，奠定坚实的基础。三联书店愿为此竭尽绵薄。谨序。

生活·讀書·新知三联书店
2017年3月

目 录

三联版序　直视竹内好　i

序　思考的习惯　1

第一章　遭遇鲁迅　15
一　与支那学家的论争　17
二　《鲁迅》的诞生　34
三　走向绝望，并从绝望出发　52

第二章　探寻现代文化政治　70
一　竹内好的近代论述：作为世界结构的文学　70
二　民族独立的"机能化"问题与文化政治的存在方式　91

第三章　战争与历史　119
一　历史瞬间的"错误"抉择　119
二　非日常性的道德实践：主体进入历史的渴望　137

第四章　缠绕在一起的历史与现在　154

一　战败体验：战争责任与文明观的摸索　154

二　安保运动：战争体验的"现在进行时"　173

三　"传统"的悖论：内在否定与重建的政治性　187

第五章　作为方法的亚洲　211

一　东京审判的历史定位　211

二　梅棹假说的效应　220

三　"大东亚战争"如何遗产化　230

四　竹内好"改写历史"的思考方向　240

五　《作为方法的亚洲》　246

第六章　追问"亚洲主义"的另类可能性　257

一　《亚洲主义》之一：从原型到逻辑　257

二　《亚洲主义》之二：左翼的功过问题　274

三　关于"学者的责任"　286

第七章　寻找"近代"　292

一　"近代的超克"座谈会的基本轮廓　294

二　竹内好与荒正人的"近代的超克论"　306

三　广松涉的《"近代的超克"论》与西尾干二的《国民的历史》　323

第八章　世界尚未完结，世界应该变革　339

一　从鲁迅到毛泽东　339
二　作为方法的根据地　347
三　矛盾转化的辩证法与和平革命　355
四　又近又远的中国　367
五　世界没有完结，让我们发现矛盾吧　384

终章　竹内好如何"遗产化"　397

参考书目　408

> 三联版序

直视竹内好

本书初版面世，距今已经有十六个年头。本书的写作时期则更早些，至少在二十年之前了。那个时候，我还是个不安分的文学研究者，从竹内好为我打开的这扇窗里探出头，尝试着眺望窗外陌生的风景：我看到的不仅是日本的一段历史，更是仅仅依靠文学研究的方式无法有效解释的人类精神世界。不过，那个时候的我并没有经过社会科学的训练，要想进入这个陌生的世界，文学研究给我的感悟能力很重要，但是远远不够。

回想起来，促使我对竹内好产生共鸣的，并不是竹内好的著述。上个世纪90年代中期，我开始接触丸山真男关于"虚构"的讨论。当我写作了《丸山真男的两难之境》之后，竹内好的精神世界才向我敞开大门。本书初版呈现了我这个时期思考的主要关注点，我当时将其表述为"文学的位置"。不言而喻，只有在大于文学的视野中，文学才谈得上找到"位置"。这个为文学定位的问题意识本身，让我一只脚跨出了文学研究领域。

其后的二十多年里，我与狭义的文学研究渐行渐远，并且获得了政治学的博士学位。一个接一个的研究课题，把我引向更为社会科学化的领域。但是，我其实并没有离开文学，只不过我没有再去讨论文学的定位问题，而是把文学领域给我的营养转变成一种眼光，借以捕捉思想史研究中被理性过滤掉的那些纠缠不清的节点问题。说到底，人类最基本的问题，可以用逻辑解释，却无法仅仅靠逻辑接近，更无法用逻辑解决。

让我了解这一点的是竹内好。他虽然被当代的学科习惯归类为中国文学评论家，但是他视野里的中国文学不是狭义上的"文学创作"。竹内好的文学，正是丸山真男的政治学。他处理的问题，与丸山真男以及同时代其他思想人物面对的问题形成了深层次的互补关系。

最初写作本书的时候，有两个离文学最远的问题超出了我的解释能力。一个是竹内好对日本亚洲主义的整理与分析，涉及如何对待亚洲主义后来转变为侵略意识形态等棘手的问题；另一个是他对中国革命的理解，涉及如何理解历史进程中中国革命特质的问题。这两个问题都牵涉历史学与政治学的基本功，当时的我苦于分析工具的阙如，不敢贸然动笔。本书初版问世之后，我在研究其他课题的同时不断推进研究准备工作，先后在若干学术场合做了相关讲座，在此基础上把这部分研究写成了论文。在这个过程中，我慢慢获得了研究这些问题的自信。当然，客观而论，除了需要自我训练之外，我也需要等待合适的时机，使学界可以在不太突兀的情况下评价这部分研究。说到底，本书初版面世的时候，中国学界还不太了解日本战后思想的脉络，竹内好这种特立独行的思想家，即使不被扣上右翼的帽子，也很难逃脱被切割成"正确"与"错误"两大部分之后再进行"三七开"解释的命运。

在这二十多年里，历史在变，人也在变。我们的学术视野不仅更具包容性和理解力，而且开始拥有了关于日本的知识。日本研究者勤勤恳恳的翻译工作，使得包括战后日本思想家著述在内的大量日文著作进入中文世界，有心人可以从中得到必要的思考线索，很多伪问题也不再会形成干扰。或许到了现在，我们可以相对完整地了解和研究竹内好了。

本书的基本思路在于，跳出把人物的思想轨迹分期之后研究其"转变"的通行思维定势，从思想家一生各个阶段和各种经验中寻找其内在的根本问题。这一方法论最初也来自竹内好，用他自己的表述来说，就是不去追踪研究对象什么变了，而是探讨在变化的过程中没有变的是什么。可以说，我是把竹内好研究鲁迅的方法转用于研究他本人。就竹内好研究而言，这种认识论尤其重要，因为他不是一个在意政治正确姿态的人，因此他处理的问题，即使在今天看来，也是不能用"进步、落后""激进、保守"这一类标签加以分类的。也许可以这样说：竹内好把那些最为激进与最为保守乃至反动的历史事物同时纳入自己的思考范畴，而他在其中追寻的，却是同一个问题，即如何在进入同时代史的过程中，形成日本社会健康的政治与文化主体性。竹内好晚年在《我的回想》中说，自己并不是一开始就关注鲁迅的，因为年轻时也喜新厌旧追求时髦思想潮流，所以在中国文学研究会最初创立时，竹内好关注的是与鲁迅对立的创造社。20世纪30年代中期以后，无论在日本还是在中国，都有人认为鲁迅的时代已经结束了。"可是，时代不断变化，曾经认为是新的东西，不断地变质。"[1]结合竹内好《亚洲的进步与反动》中对于进步与反动的追问，我们可以理解，竹内好是在历史中探寻那些"不会变质"的思想，他最终找到鲁迅并且激活了一度被视为"过时"的鲁迅思想，正由于他并不遵从约定俗成的"进步与落后"的想象。

---

[1] 竹内好：《我的回想》，《竹内好全集》第13卷，筑摩书房，1981年，275页。

写作初版书稿时，我关注的问题是从文学如何开放自身开始的。初版在相对独立于现实政治的意义上使用"文学"这个概念，它在"思想"这一范畴中注入了不那么逻辑化的知性内容。竹内好的思想论述，虽然有着明确的理路，却往往在关键环节拒绝分析。或许也可以说，竹内好的思想带有"肉身"的特征。《鲁迅》有效地呈现了这种不能被概念所穷尽的思想形式，竹内好认为鲁迅最根本的特质是一位强韧的生活者，思想家和文学家是第二义的。鲁迅至今仍然不朽，是因为他并没有活在观念里，而是穿透了观念，抵达了人生的根本。

随着读书与思考领域的扩展，文学的位置这个问题渐渐淡出了我的视野。换言之，文学如何开放自身，在我这里不再是需要讨论的问题，它变成逐渐自觉了的学术实践。写作增订版的时候，我删掉了几处强调"文学的位置"的语句，把全书的讨论转向思想史方向。不过，因为竹内好毕竟是以中国文学、以鲁迅作为思想本源的，所以我仍然沿着开放文学范畴的方向追踪他的思想理路。在整体架构上，增订版加入的三章以及对各章内容的补充和修订，仍然沿用全书原有的思路，即从开放的文学视野出发，重新探究思想与政治的含义。

竹内好曾经慨叹过，日本的社会科学与文学没有找到共同语言，这影响了思想运动的涵盖面，削弱了思想立足于国民生活的可能性。他一生正是以自己特有的方式，不断推进着这种促使社会科学与文学结合的"共同语言"的形成。竹内好的特别之处，只有走出社会科学与文学各自画地为牢的圈域才能体会，同时，这种特别之处提示了固守社会科学与文学、固守思想史学科内部的思维方式往往会忽略的那些重要的问题，这些问题要求重新定义"思想"的含义，重新确定思想的功能。竹内好在今天仍然拥有足以苏生的内在生命力，正是因为他立足于这个特别之处，他提出的"如何进入历史"的问题仍然是我们正在面对的问题。

在重新阅读初版内容的时候，我对自己当年视野的狭窄和思想成熟度的不足感到惭愧。本书有很多需要改写之处，但是如果那样做，整体上就需要重新构思了。最终，在新增加了三章之外，我只把改写初版文本限制在最低限度，基本上保持了原有章节，除了纠正若干处不准确的记述之外，只是增加了少量内容，并对部分原有文字的上下文位置进行了调整。但有一个重要的修改需要对读者交代，即我对鹤见俊辅的评价。

在初版中，我对鹤见的评价是不准确的。对于当时的我而言，这位特立独行的思想者难以定位。他与竹内好共同参与的讨论，他对竹内好的评价，都让我有一种隔雾看花之感。在初版中，我觉得他基本上是一位执着于政治正确的知识分子，但是他为什么把"转向研究"作为自己毕生的课题，对我来说成为一个谜。直到近年，我的阅读逐渐深入到更多的战后思想脉络之后，才开始领悟自己缺少的是什么。对于鹤见以自己的身心加以实践的实用主义与逻辑实证主义哲学，我缺少准确的把握，对于这位拒绝单纯的观念演绎却有着深厚理论背景的"身体力行的哲学家"，我缺少身体力行的理解方式。随着对鹤见阅读的深入，这位与竹内好相通却并不相同的知识分子在我心里逐渐鲜活起来，我开始意识到，他代表了与竹内好并不总是相交的另一种思考路径，但是在关键问题上，他与竹内好产生了高度的共鸣。最大的共鸣，是他对于《大东亚战争与吾等的决意》的解释。

写作初版的时候，我仅仅参照了鹤见《竹内好》中关于《决意》的一章，就断定他对于竹内好的这个"错误"是以"转向"以及转向者战后的反省为基本视角进行判断的，这一解读简化了鹤见的想法。在《竹内好》关于竹内好在上海凭吊鲁迅之墓的记述中，有这样一段话："祭扫鲁迅墓的竹内好，正是在前一年已经把肯定大东亚战争的宣言发表在《中国文学》上的竹内好。这个人果断地选择了一条路。但是，他不是那种忘记当时由于决断而舍掉之物的人。他不是那种自己一旦抉择并公开发表了这个抉择，其后就固执于一个不变的判断，认为自己的这个选择在任何时候都是正当的人；他并不假装自己的预言是没有错误的。这使他成为无可替代的思想家。"[1]鹤见这里所说的"由于决断而舍掉之物"，显然是指竹内好宣言放弃了对于太平洋战争爆发之前日本侵华战争的"道义的反省"。在发表这个宣言一个多月之后，竹内好在上海拜谒了鲁迅的陵墓，发现鲁迅墓碑上的塑像被严重毁坏，这个情景给他造成很大的刺激。在日本军队的占领下，鲁迅即使死去也会遭受侮辱。竹内好无言地在鲁迅墓前低下头。鹤见言简意赅地说："在日本占领之下墓碑被毁的鲁迅。墓碑的样子，在竹内出征前写下的他最初的著作《鲁迅》中投下了影子。"[2]

写作初版时，我并没有读出这段话里的微言大义。事实上，虽然鹤见认为竹内好发表这篇宣言确实是一个错误，但他并非是在指责竹内好犯了错误；相反，他看到了鲁迅墓前的竹内好拾起曾经因为决断而舍掉的"道义的反省"，因而强调竹内好并没有坚守和美化他犯的这个错误。鹤见并非是在通常的政治正确的意义上对这个宣言进行裁断，他是在实用主义的"错误主义"的意义上指出了这个错误的；鹤见本人一向主张，人需要通过"试错"才能把握现实，犯错误是人接近真理的唯一途径。这是他从早年在哈佛所受到

---

[1] 鹤见俊辅：《竹内好 一种方法的传记》，リブロポート出版社，1995年，135—136页。
[2] 同上书，136页。

的实用主义哲学训练中汲取的精神营养。而最集中地表达了他对待错误的特别方式的，是他写于1957年的《自由主义者的试金石》。[1]

同时，鹤见强调发表了支持大东亚战争宣言的竹内好却拒绝参加在日本召开的大东亚文学者大会，认为处在这两种立场之间的竹内好，其立场是"很难自圆其说"的。这个分析，暗示了鹤见俊辅逻辑实证主义的思维方式。逻辑实证主义要求在单纯的经验事实中求证，鹤见不可能无视竹内好的一系列实践性的事实而仅仅关注他的某一个主观言说。从尽可能客观地确认事实出发，鹤见必须找到足以解释竹内好各种看似矛盾的实践中潜藏的内在逻辑，这种努力最终引导他把发表支持日本国家的"宣言"、拒绝参加以日本国家之名举办的大东亚文学者大会、解散中国文学研究会、写作《鲁迅》等等前后相继发生在两年内的事件，在语言符号的序列中重新加以审视，终于确认了竹内好前后一贯的思维逻辑，即作为国民参与到时局中去的意志；这个意志即使以"与日本国同体"表述，也不意味着在直观意义上认同日本政府。同样的意志，促使竹内好在战后写作了《中国人的抗战意识与日本人的道德意识》，并引导国民文学论争，重新讨论"近代的超克"，推动反对安保的运动，倡导"作为方法的亚洲"……鹤见说："在这些活动的深处，'宣言'一直鲜活地起着作用。"[2] 当然，"宣言"是一个错误，这一点并没有改变，但是这个错误的意义却改变了。鹤见承认，终生不曾撤回自己这个"宣言"的竹内好，把它转变为战后从事思想建设的动能。

---

[1] 关于鹤见这篇论文以及他的实用主义和逻辑实证主义背景，我在三联"中读"音频课程"思想巨变中的日本——从六位战后思想家谈起"中进行了相对正面的探讨。此外，我为黑川创著《鹤见俊辅传》中译本所作序言《哲学的日常性》（《读书》2021年第1期）中也提及了这个问题。
[2] 鹤见俊辅：《竹内好 一种方法的传记》，126页。

鹤见之所以称竹内好为"无可替代的思想家",正因为他从这样的哲学背景出发解释了竹内好的失误,并把竹内好对待自己失误的坦然态度而不是他进行了多少正确的预测视为他作为思想家的标志。1983年,在写作竹内好的传记之前,鹤见发表《战争期间思想再考——以竹内好为线索》,集中讨论了如何从过失中学习的问题。鹤见尖锐地指出,那种在历史中寻找正确人物与正确思想的举动,只不过是大学或者传媒里训练优等生的"电脑规则"而已。输入电脑程序的正确与错误是确定不移的,但这仅仅是一个原则,它有意义有价值,却无助于分析复杂多变的现实。鹤见作为反战的和平主义者,尤其是作为太平洋战争爆发前在哈佛大学经历了末期罗斯福新政的无政府主义者,虽然对竹内好无保留地支持太平洋战争的态度心存抵触,却仍然准确地分析了竹内好执笔的"宣言"究竟错在何处。他指出:竹内好在1941年年底以政治浪漫主义的态度预测日本将通过太平洋战争彻底变革自身,从而承担起解放亚洲的重任。这个预测完全落空了,竹内好错了。按照电脑程序规则,错了就是错了。但是,鹤见追问:错了真的就只是错了吗?与此相对,太平洋战争时期鹤见用英语 prognostic documents〔预后(悲观)[1],立此存照〕隐晦地写下自己对这场战争的预测,后来的历史证明他的预测是正确的。但是,鹤见追问:正确的预测就是对的吗?在这样的追问中,鹤见确立了自己战后的思想课题。[2]

当然,鹤见与竹内好在思想走向上仍然是不一致的。正如本书第三章分析的那样,竹内好虽然坦承自己的一些时局判断是错误

---

〔1〕 Prognostic 原意为"先兆""预后",日语里作为医学用语使用时,通常用于对坏结果的预测,故鹤见在战争时期为了躲避思想检查隐晦地使用了这个词。
〔2〕 鹤见俊辅该文作为附录收入岩波现代文库版《竹内好 一种方法的传记》,岩波书店,2010年,213—244页。

的，但他并不认为这种反思有多大意义，不曾把对于失误的反省作为自己的思想动力；鹤见俊辅则坚信对错误的反省才能激发更有活力的思想。年轻时受到的实用主义哲学训练，让鹤见把"犯错误"作为无法穷尽终极真理的人类接近真理的唯一途径，他把错误作为思想行为必然带来的伴生形式，并试图以试错的方式接近真理。竹内好的思想支点与鹤见并不相同，他们的一致性只在于拒绝固守自己的错误，同时也拒绝居高临下的政治正确姿态，但他们对于"错误"的内涵及其"思想功能"却想法不同。竹内好并没有把"犯错误"与"接近真理"作为必要的思想通路对待，因此他并不强调反省错误这一行为的思想含义。有趣的是，这种不一致并没有形成二人的思想分歧，他们成为日本战后思想史中的亲密伙伴。或许在安保运动高潮中辞职的竹内好获知鹤见俊辅也辞职的消息之后拍给后者的电报最能表述他们的关系："走自己的路，携手共进，再分头前行。"[1]

　　增补版纠正了几处对于鹤见俊辅的评价。由于本书并非鹤见俊辅研究，这些改写都控制在最小限度。2010年岩波书店出版鹤见的《竹内好　一种方法的传记》时，我应邀为该书撰写"解说"，在解说中，我已经对自己在《竹内好的悖论》中过于肤浅地理解鹤见的"错误主义"进行了自省。但是当时，我并没有研读鹤见的实用主义哲学背景，所以没有找到鹤见在思想错误问题上这种独特态度的真正支点。对鹤见的理解是慢慢进展的，至今我还在这个艰苦的进展过程中。

　　不过，这个过程让我获得了一个意外的收获，那就是通过对于鹤见的重新理解，我得以找到另一个关于如何处理历史人物所

---

[1]　竹内好：《大事件与小事件》，《竹内好全集》第9卷，筑摩书房，1981年，157页。

谓"局限性"的维度。在约定俗成的理解中，历史人物当时所做的抉择在事后被证明不正确时，善意的说法就是"历史局限性"；相比于居高临下的批判，"局限说"要温和得多。然而它却与粗暴的批判一样，几乎不具备有效的解释力。鹤见给出了另一个讨论历史人物过失的维度，这就是讨论者把历史人物的过失视为自己也可能犯的错误。只有在这个维度上，讨论者才有可能深入地剖析对方过失的内在机制，也才能提供可供后人借鉴的教训。但是在这样做的时候，"如何才能不犯同样的错误"就不再是论述的目标。换言之，局限性与错误都不是论述的重点，重点是借助前人的摸索与摇摆，深入历史过程最深处的腠理，谨慎地理解历史过程中无法用"电脑规则"裁断的要素。毕竟，理解历史是为了更有效地介入同时代史，这是我们每个人都无法回避的现实。不把抽象的"正确原则"作为思考的前提，同时拒绝虚无和投机的诱惑，在流动的状况中以富于弹性的方式坚持原则——当我们可以通过这样的态度理解世界的时候，才可以说自己是成熟的。

  本书原样保留了初版序。它写于2003年春天，是在北京抵抗SARS的战役中完成的。那是一场仅仅持续了数月的有限区域的疫情，它让我意识到在似是而非的状况中培养自身免疫力的重要性。增订版完成于新冠全球大流行之际，人类至今还没有从这场大规模疫情中免疫。这场疫情提供了一个更加沉重的契机，促使我强烈地感受到认知历史的艰难。我们有什么样的明天，取决于我们如何思考和传承过去。直视竹内好，并不仅仅是为了了解过去，更是为了思考未来，为了创造每时每刻都在成为"过去"的现在。

2021年10月于北京

> 序

思考的习惯

西方人的古训说，没有人能两次跨进同一条河流。其实这话才说了一半。另外的一半应该是：两次跨进不同河流的，不可能是同一个人。

这个世界每时每刻都在变，而我们每一个个体，不管主观意愿如何，也是一样。

本书呈送给读者的，就是这样的变化过程。我愿意说它是过程，而不是结果，是因为作为作者，我还将继续面临新的变化；而作为思考的阶段性产物，这里提交给读者的，也仅仅是我到现在为止极其有限的体会。

本书中的内容，最早的两章写于1998年，作为一篇论文发表在《学术思想评论》上。当时我确定的思路，是写作一本由系列性的讨论组成的专著，题目定为《文学的位置》——那时困扰着我的其实是一个如何跨学科的问题。在当时，跨学科和跨文化，都是一个需要勇气的举动。我说需要勇气，是因为你必须要做好为此而一事无成的思想准备，因为虚假的"跨学科"之举虽然不像今天这么流行，在那时也已经并不鲜见，而与各个学科自我反省能力的缺失相对应，跨学科的基本前提和正当性也不可能得到应有的讨论；在这种情况下，所谓"跨学科"很容易直观地演变成对于现有学科知识领域的扩展。我之所以把自己的研究主题确定为"文学的位置"，其实得益于两位专攻政治思想史的日本学者，是他们在和我进行的若干次讨论中，使我明白了一个事实，那就是文学研究者的思维方式有时候可以和政治思想史形成互补关系，而这种互补关系有助于揭示那些在一个学科内部很可能被遮蔽的问题。我并不认为跨学科就是把两个学科合并在一起或者把手伸进别人的领域，也不认为跨学科就是在本学科卖弄一些其他学科的知识，更不认为跨学科就是在林林总总的已有学科里再造出些新的学科来。上述这些认识上的偏差正在制造出那些似是而非的跨学科知识，却无助于反省一个基本的问题，那就是我们为什么要模糊学科的边界而提倡跨学科。我觉得真正的跨学科其实仅仅是一种机能，一种迫使自己和别人都自我开放的机制，它不必要也不太可能走出自己受训的那个学科的思维方式，但是它可以质疑和对抗这个学科内部因为封闭而被绝对化了的那些知识，以及复制这些知识时那些不健康的学术政治行为。因此跨学科必须依赖不同学科之间具有张力关系的对话，并在这种对话中形成知识生产的新场域，同时，这个新的场域并不一定需要某种物理性的空间位置，甚至也不一定需要一个确定的名称——但是，它必须依赖高度的精神创造能力，亦即依赖非常识性的和非直观性的精神工作方式：在理论上，这样做的结果是对参与对话的所有学科的知识结构都形成新的冲击，并且有可能重新组织处理知识和问题的基本方式。

关于为什么需要跨学科，我本人并没有太多的思考。或许仅仅是厌烦了文学研究领域里过于直观也过于随意的思维和讨论方式，或者自己骨子里从来不是一个文人。但有一个理由可能是成立的，那就是，我并没有赶上一个文学的时代，尽管这个时代并非不需要文学，但是这个时代不属于正在日益画地为牢的"文学"。

这样说并不是为了讨好那些在今天的时代里成为"显学"的学科，因为各个学科似乎都有理由抱怨自己的学科未能独领风骚；而且，其实在其他很多学科里，我都能够感受到在自己的学科里感受到的那种肤浅和直观。实际上我的这个感受来自剧烈变化的时代本身，这个时代要求我们进行更为细致和严谨的思考，而不是仅仅进行姿态性的表演。思考需要资源，正是在寻求资源的时候，我不知不觉地"离开"了文学研究领域。

在写作了本书中的前两章之后，我又写作了其他论文。这些论文有些收入了我的另外一本书《主体弥散的空间》（江西教育出版社，2002年），有的尚未在大陆出版。在这个过程中，我发生了一个很大的变化，对于"文学的位置"越来越失去兴趣。我开始关注我的写作对象并进入了他们所在的那个历史过程，开始感受他们的苦恼与挣扎。这中间，与竹内好的相遇是一个决定性的事件，它使我从跨学科的疑问和烦恼中走了出来，感觉到文学学科如何开放其实不是一个太重要的问题，重要的是如何才能面对历史中这沉重的一页。

在写作本书第三、四章的2001年初夏，我逗留在竹内好当年辞职的东京都立大学。这所大学已经从东京都内搬迁到了西南郊的八王子市，刚好处于日本的厚木和横田两个美军空军基地的中间地带。每天我都要忍受无数次美军战斗机在两个基地之间往返时的噪音，而那正是美军在我国海南岛造成撞机事件之后不久的日子！

在那些日子里，我重新与竹内好相遇。在美军战斗机演习的轰鸣声中，在大学校园毫无战争阴影的"和平"景象里，我进入了历史。

竹内好活跃的历史时期，正好赶上中日之间最为惨痛的战争时期。这段历史给当时尚处在青年期的竹内好那一代人带来的，并不仅仅是恐惧和无奈，还有强烈的政治激情。这些恐惧、无奈以及政治激情，绝非战后出生的我们凭借着观念化的推论能够进入和理解的，而战后日本知识界对于战争时期思想立场的反省，还有下一代相当简化的批判，其实都不能有效把握那个时期的基本状况，尤其不能在思想传承的意义上整理和继承那个时期的思想遗产。本书花费大量篇幅试图展现的，是日本思想界在政治最不正确的一段历史时期里所经历的内在冲突，而在这个冲突过程中，最远离现实的，其实却是那些最"正确"也最抽象的思想立场。

竹内好经历了日本现代历史上变动最为剧烈的时期，并且始终与这段历史共生。竹内好改变了我认识世界的方式，改变了我在历史中寻找先知的习惯。我开始重新思考永恒的意义，重新思考现实与历史、后人与前人的关系，重新审视"进步史观"在规定思考方向时的狭隘性和排他性，甚至重新思考政治正确应有的和可能有的内涵。而同时，通过竹内好进入鲁迅的阅读、思考过程，也迫使我再次面对一个棘手的问题：假如我们把不脱离历史状况作为一个最重要的思想前提，假如我们不把事后诸葛亮式的廉价"正确观念"作为思考的出发点，那么如何判断这种"不脱离"的真实性？

促使我思考这个问题的，是发生在今年年初的伊拉克战争。这场战争的复杂性并不亚于当年太平洋战争时期日本和美国对抗的基本状况，它使我找到了进入那段历史的某种感觉，也反过来照亮了今天的现实判断：日本偷袭珍珠港的确是太平洋战争的导火索，而战后美国占领日本并以文明的名义把它变成自己在东亚的军事基地，从而为发动朝鲜战争、越南战争乃至在中国海域进行侦察飞行等一系列非正义军事行动提供保障，却不能被简单地归结为日本偷袭珍珠港的必然结果。日本在发动侵华战争时期所犯下的罪行，日本在太平洋战争中所采取的帝国主义策略，并不能依靠美国在东亚完成"次殖民"的结局来清算，美国更没有权利在行帝国主义之实的同时扮演文明上帝的审判角色。然而历史竟然就这样被书写和默认了。在"二战"结束之际，预知这一切发生在后来的重大历史事件当然是非常困难的，但是在那个困难的时代里，日本知识界为世界贡献了它最出色的思想家。我们作为后来者，应该在那一代人的思想活动中寻找的，并不是他们如何裁决了过去和预言了未来，而是他们如何在每一个有无数可能性因而难于抉择的瞬间，或者相反，在每一个没有选择余地的极限状态下，做出了艰难的抉择。竹内好那一代人，正是通过无数这样的抉择，进入了历史，也创造了历史。正是在这个意义上，竹内好在战败的当时，就以思想的方式反抗了甚至直到今天仍然在延续的"美国模式"，并且犀利地指出，这个以"文明一元论"为基础的帝国主义模式，是以东、西方（首先是社会上层以及知识界）共谋的方式被强化的。在这个意义上，赞成还是反对美国在东亚的霸权并不是实质性的分歧，实质性的分歧是对于文明的理解。竹内好在他战后的思想活动中一直致力于开掘足以对抗西方中心文明观念的本土思想资源，为此不惜在带有右翼色彩的日本民族主义和亚洲主义思潮中"火中取栗"，不惜因此在同样依赖西方文明一元论的进步和保守阵营之间腹背受敌，就是因为他急切地意识到东方民族借助外力无法建立自己的文明，更何况美国以文明代言人自居的"文化"已经使得非西方世界付出了惨重的代价！

伊拉克战争把当年的问题更清晰地推到了前台。在这场战争中，美国曾经在"二战"结束之际操纵远东军事法庭审判时以"文明"的名义披挂的正义伪装已经不像当年那样具有巨大的欺骗性，世界越来越不相信那些堂皇却善变的借口，伊拉克人民似乎也不像当年刚刚战败时的日本人那样对美国占领军的"解放行为"心存感激。然而这一切仍然不足以摧毁文明观念的基本结构,美国的"文明代言人"身份并没有受到充分的质疑。这个基本的现状,却似乎使我们突然获得了进入"二战"结束时那段历史的动力。或许正是在这个残酷的"当下"时刻,历史突然在我们的眼前显现了它自身:假如依靠外来的"解放者"无法真正拯救非西方世界,而本土的独裁和保守势力又不是可以依靠的政治力量和思想能源,那么,如何从二元对立的虚假图式中解脱出来,寻找真实的自由?正如今天的伊拉克人高呼"不要萨达姆也不要美国"一样,当年处在美军占领下的日本人是否也有过"不要美国式民主也不要天皇制独裁"的努力?

对日本帝国主义保持着朴素仇恨意识、对美国抽象的"民主自由"还残存天真幻想的中国社会乃至中国知识界,对于这段与我们息息相关的历史仍然缺少最起码的梳理,人们仍然漠视那些最基本的历史问题:当年的远东军事法庭,究竟是谁在主宰谁在审判?美国对日本的战后占领和改革,是带来了民主还是带来了侵略,抑或通过输入民主而合法地完成了侵略?在动荡不安的整个20世纪,东亚乃至亚洲与西方世界特别是与美国的不对等关系,究竟是怎样建立起来的?文明观念、民主自由的理念,在现实政治的过程中究竟是如何被使用、如何被重新结构,又是如何在东、西方的共谋关系里成为美国强权政治的耀眼装饰品的?!而这每一个问题,都与我们息息相关,都与我们的现代史息息相关!

在两年前写作本书第三、四章的时候,我将东京审判的问题一笔带过。这是因为我缺少国际法的基本训练,面对浩瀚的史料,不敢贸然把这个问题纳入视野;而且在某种程度上,我也面对着一个基本的困境:即使不把东京审判简化为对于日本军国主义罪行的最高裁决,也无法否认这个法庭毕竟以正义的名义起诉了日本在"二战"中对于和平和人道犯下的罪行，并且实际上通过审判在国际法中添加了这两项审判标准。东京审判并不是一个可以简单否定的法律事件，它所存在的真正问题不能抽象地讨论，它对于原理的篡改和歪曲必须在充分历史化的条件下才能呈现出来。因此，在并不谙熟国际法知识的前提下，我担心在知识界普遍采用简化和抽象的二元对立思维的时候，对于东京审判的质疑是否会被认为是对于它所强调的和平和人道等前提的质疑？甚至对于东京审判的历史分析是否会被曲解为对日本侵略战争的肯定？我是否有足够的能力处理如此复杂的问题并把它准确地传达给读者？然而在本书结集之际，我开始意识到这是历史上最重要的一章。正是在国内知识分子以助战和反战划分思想阵营的状况下，今天的我们合理合法地无视了美国当年在东京审判时曾经使用的那个基本模式：以抽象的正义之名，对对象具体的非正义性进行审判，只字不提自己的所有非正义和非人道行径。日本当年的"大东亚共荣"作为抽象正义的口号，其抽象性与普遍性显然无法与美国关于"和平""人道""文明"的口号相匹敌，但是法西斯日本在使用这个口号时其实与美国使用"人道""正义"之类的概念时所做的事情，并没有本质性的差别；然而美国以正义之名投下原子弹所造成的大规模平民伤亡，却可以在清算日本国家罪恶的前提下一笔勾销。更为触目惊心的是，日本以"731部队"为首进行细菌战研究的部队在中国对大量平民犯下的罪行，在东京审判中被刻意掩盖，"731部队"的头目石井四郎，竟然在审判中被免去罪责，有关的调查材料被美国垄断，基本上没有公布——美国为了把"731部队"在中国的活体实验结果据为己有，竟然在这个以正义和人道之名进行的审判中抹去了现代战争史上这最残酷的一页。

在美国对伊拉克发动空袭的一个多月之前，为了给正在翻译的竹内好论文集的译文做相应的注释,我在东京都立大学图书馆查阅了日本人编写的有关东京审判的资料。在查阅的当时,我并没有自己动手讨论这个问题的打算,因为大量的资料已经足以让我越发怀疑自己的能力了。但即使在我为了几条简短的注释所阅读的相当有限的资料当中,也鲜明地凸显了一个此前被我忽略了的事实:战后日本有良知的人们在无法抚平侵略历史给民族带来的创伤因而也不愿推翻东京审判结论的同时,对于东京审判的不公正性格一直深感疑惑和不平。在这个宣布日本天皇无罪的法庭上,太平洋战争被作为主要的审理对象,英美战俘问题被作为人道问题的核心,构成了断罪和宣判的最主要依据;而南京大屠杀虽然在法庭上得到了审理,日本军国主义在中国乃至东南亚犯下的无法饶恕的野蛮罪行,却不是这个法庭关注的基本问题。

竹内好说,帝国主义不能审判帝国主义。说这话的时候,东京审判已经结束了十一年。这十一年的岁月里,美国在东京审判时扮演的文明正义角色由于它在东亚的侵略行为不攻自破,当然有理由得出竹内好的结论,但是问题并不在这里。因为即使在竹内好提出这个命题的当时,在日本社会,相信美国代表文明力量的心理与对抗美国剥夺别国主权的心理也是并行不悖的。这里面潜藏了一个棘手的问题,那就是东京审判所提出的文明和野蛮的问题,在原理上是难以否定的。即使在十余年后竹内好断言帝国主义不能审判帝国主义的时候,对于竹内好和绝大多数人来说,这个有关文明的原理也不可能被否定。问题并不是发生在原理层面,而是发生在把原理具体化的层面。也就是说,这个文明由谁来代表,它是一元的还是多元的,在这个层面上,知识界产生了分歧,并把这些分歧演绎为政治立场。

在半个世纪之后美军攻入巴格达并坐视伊拉克博物馆文物被哄

抢的时候，在当年海湾战争时美国投下的贫铀弹等非常规武器所造成的"海湾战争综合征"阴影尚在，而今天的美国又重蹈覆辙的时候，美国是否"文明"的问题却并没有被问题化。这一切，既不能用萨达姆政权侵略科威特的历史以及伊拉克对联合国的不合作态度加以转移，也不能用所谓反对狭隘民族主义的视角加以掩盖，因为只要这个问题不被作为问题加以讨论，我们就将继续重复在战后日本一直存在的矛盾心理：在谴责美国霸权的同时承认它的文明代言人身份。而竹内好那个不该被忘记的命题也不再会被记起：帝国主义不能审判帝国主义！

然而，问题的复杂性还远远不止于此。假如我们把问题简单地归结为"反对美国的霸权"，其实仍然难以接近现实的复杂性，也依然无法真正进入历史。因为反霸权与反美并不一定是同一个问题。仅就对东京审判的态度而言，持明确敌对态度的其实主要是日本的右翼，那些主张在靖国神社供奉A级战犯的右翼和保守派，通常用最为明快的方式宣布日本的战犯无罪，也在这个方向上以最简单的方式否定东京审判。事实上，近年来日本右翼知识分子里，出现了最直截了当的反美态度，而其背景则是狭隘的民族主义意识形态。正是由于有这样一个状况，日本的进步人士很难以同样的方式明快地批判或者支持东京审判。假如我们以"反美"或者"亲美"作为一个尺度来衡量思想立场的话，那么就无法在上述状况里找到令人信服的解释：因为显然，无论在现实上是否行得通，反美排外的日本右翼只不过是希望用日本在东亚的霸权来取代美国霸权而已，但是你很难断言他们的反美立场一定是假的！

正是上述种种纠缠不清的问题，迫使我在本书的第三章加入了一节关于东京审判的文字。我的想法是希望把问题的复杂性呈现出来，不要在简单的"亲美"还是"反美"的层面上把问题了结掉。我感觉到，以"文明"或"民主"的名义称霸的帝国主义之所以能够行得通，在于这个新的霸权结构在某种程度上依赖的是第一世界和第三世界的"共谋关系"，这个共谋关系就是对文明的一元化理解。这种一元化理解绝对不会因为"文明的冲突"论述而被消解，伊拉克战争中世界对美国的态度已经证明了这一点。仅仅依靠经济利益、资本运作来解释这一切会造成问题的转移，它们的力量确实塑造了文明观的形态，却不能取代它。我自己对这段文字并不满意，因为我缺少相关的专业知识并且没有时间补课。但是，既然东京审判不仅仅是一个国际法事件，正如伊拉克战争也不仅仅是一个军事行动一样，作为一个门外汉，我仍然希望在这个时刻用下面这个问题来介入"当下"：把东京审判视为我们中国人抗战胜利的标志之一、视为日本军国主义受到正义力量裁决的历史书写，该被质疑了。而这质疑，绝不意味着对日本军国主义罪行的赦免，更不意味着支持日本右翼的"反美"立场，甚至也不意味着对东京审判历史贡献的否定。这质疑的真正对象，正是我们的二元对立思维模式，以及竹内好在半个世纪之前就质疑过的"文明一元论"观念。二元对立思维模式和文明一元论的观念，在今天仍然左右着我们判断伊拉克战争的标准，也仍然把我们挡在历史进程之外。

"二战"后的冷战格局曾经一度使得二元对立的思维模式成为有效的政治运作模式，并且不断把现实硬性地塞进这个模式中去。今天，现实不再屈从于这个模式，而人们的思维却似乎还在里面不肯出来。伊拉克战争正是在这一意义上起到了检验的作用，在主战和反战分歧告一段落之后，迫使我们不得不面对当年竹内好在安保运动中面对过的那个新的二元对立问题：《日美安保条约》的生效是否意味着反对"安保条约"的民众斗争的失败？同理，伊拉克战争的结局是否意味着全球反战运动的失败和主战派的胜利？

竹内好的回答是否定的。他说,"安保条约"的生效是在受到重创的状态下发生的,因此,不能在一百和零这两极之间进行选择。政治正是在这两极之间发生和运作,不能用形式上的胜负来评价。在当年日本反对"安保条约"的群众运动并没有能够阻挡"安保条约"生效的情况下,竹内好得出了"收获很大"的结论。这不仅是因为大规模的运动迫使岸信介下台,迫使美国总统取消了访日计划,而且更是因为日本的民众第一次以国民的规模获得了抵抗的经验。竹内好和他的同时代人,在那个允许知识分子充当精神领袖的时代里,紧紧抓住这个在战争时期没有能够出现,却在战后推迟了二十余年出现的国民抵抗经验,试图创造和确认日本历史上从未出现过的民主传统——它绝不是美国占领军的馈赠,它恰恰通过对于美国的抵抗、通过反抗甘当美国帮凶的日本政府、通过对于形式上的民主代议制在实际上实行独裁这个"民主事实"的反省,才得以真正诞生。

在日本的安保时期诞生的民主经验,绝不是一次制度性的尝试。它的"群众运动"性格和知识精英在运动中留下的思想探索,是对于抽象和形式化的民主制度在现实运作中可能产生的独裁性后果的质疑和追问,也是对于美国"输出民主"模式的抵抗。尽管除了竹内好等少数人之外,当时的日本知识分子仍然把"民主"理念作为一个与独裁相对立因而不可质疑的前提加以抽象确认,但是至少,在安保斗争中"要民主还是要独裁"的口号曾经引发了对于日本社会结构方式本身的深刻质疑,它转而促使知识分子把"民主"作为公民政治化训练的途径而不是制度目标加以运作,并通过这些运作试图实现社会空间的政治化;民主理念在当时不仅仅是知识分子的观念之争,更不仅仅是与独裁相对立因而获得无限政治正确性的抽象标准,那一代日本知识分子的现实政治感觉,使得他们有可能超越民主这个观念,寻找在本土建立政治社会的基本途径。

或许在日本的安保运动之后，这种建立政治社会的努力并不成功。其标志之一是，在安保运动中没有充当精神领袖的那部分保守知识分子，成为60年代初期开掘本土思想资源的主力；正如本书第四章所涉及的那样，试图追述日本明治维新以来"百年历史"的知识分子，似乎以保守和直观的知识分子居多。竹内好当然也投身于这项工作，但是他整理日本亚洲主义的意图并没有得到他在安保运动中的亲密伙伴的有力配合，同时也不可能与保守知识分子同道。毫无疑问，无论是以"西方模式"还是以"对抗西方"的模式建立本土的政治社会，都将是同样没有出路的，但是问题在于，摆脱这种二元对立的出路何在？

竹内好一生都在寻找这种可能性。这就是他在鲁迅身上看到的"拒绝成为自己，也拒绝成为自己以外的一切"的"醒来的奴隶"的宿命。他并没有满足于把对鲁迅精神的讨论变成知识分子的观念游戏，而是把鲁迅转化为通向所有现实政治问题和思想问题的唯一途径。在竹内好一生的思想实践中，最鲜明的特征是他从来不在"一百"和"零"之间进行选择。而当他把工作视野确定在无法用这固定的两极表述的不断变动的过程中时，他拒绝了所有的"概念操作"。这当然不是说竹内好不使用概念，而是说他绝不使用任何现成的概念，也绝不在既定的上下文中使用已有的概念。作为一个思想型知识分子，这意味着他在处理每一个问题的时候都不能直接借助已有的知识体系，也不能依赖知识界约定俗成的强势思维。

恰恰是这样的工作方式，使得竹内好在拒绝"学者"定位的同时，也拒绝了东、西方二元对立的思维模式。借助源自鲁迅的"挣扎"模式，竹内好揭示了仅仅在概念上讨论主体性和他者关系时所可能忽略的问题，为世界思想界贡献了在自我否定过程中使他者与自我真正相关的思想程序。竹内好在一次次论战中深入本土无法直接转化为现代思想能量的资源,甚至不惜付出非历史的代价把现代日本知识界以西方式理论表述反复再生产的民主主义论述转述为明治天皇的"五条御誓文"(这实在是竹内好的一个饶有兴味的败笔。请参照三联书店翻译出版的竹内好文集《近代的超克》),都是他试图在本土对外来、自我和他者这种抽象的二元对立之外寻找日本近代过程的真正动力和实际可能性的尝试。

竹内好不是民族主义者,尽管他比任何民族主义者更干脆地宣称他只关心日本;竹内好也不是近代主义者,尽管他以非理论的方式从事的思想实践不但与西方的现代性基本问题相通,甚至也与后现代的基本问题相关。竹内好在所有这些分类之外,他改变了我们思维分类的习惯,正如当年的鲁迅、泰戈尔一样。

本书的第七章,试图讨论的就是这样的问题。当我们把自己的现代史套进现成的西方或者反西方框架中的时候,我们究竟是否能够找到属于我们的"近代"?这一章本来是为一份在美国编辑却主要在亚洲发行的多语种刊物赶写的论文,尽管我其实并没有信心通过它完成主编交代的讨论"现代性"的任务。或许是由于这个写作的最初缘起,这一章在本书中最为观念化,也最为简化。必须老老实实地向读者交代,在合适的时候,我计划对这一章进行大幅度的修改,使它变成"另一条河流"。但是在我没有获得这样的能力之前,我只能把它基本上按照原来的样子收进本书中。

现代性绝不仅仅是一个思想或者文化的问题。战争作为最集中也最极端的表现形态,一直是现代性最重要的事件。在本书的第七章里,这个事件基本上被处理为思想的背景,这是因为我不具备把它推上前台的能力。但是,美国对伊拉克发动的战争,已经足以使任何一个缺乏相关知识准备的人意识到战争在现代性问题中的位置。尽管我仍然不具备处理这个问题的能力,但是至少,伊拉克战争也使我和其他朋友一样，认识到这个我无力面对的问题是必须面对的。而在历史上，太平洋战争爆发后日本知识界关于"近代的超克"的讨论，正是一个把战争与现代性的关联推上前台的事件，它因而不仅是思想的，也是政治的，不仅是原理的，也是实践的。更重要的是，这个招来后人非议的混乱的座谈会，在它的结构关系中暗示了现代性问题本身的内在纠葛和复杂性，更暗示了其暴力性。它向后人展示了一个在纯粹思辨的意义上无法穷尽的悖论，那就是福泽谕吉当年面对西方"文明"时感受到的那种只能依靠染上麻疹来培养免疫力的困境。日本在"二战"前后的经验，把福泽《脱亚论》中这个极有紧张感的比喻从它的上下文中剥离了出来，结果使免疫力丧失殆尽，自己变成了大毒王。但是，"二战"之后的日本，终究还是在重重困境中试图再次回到健康人的行列，"文明"带给日本的，不仅仅是对外扩张的病毒，也有抗病毒的力量。一场瘟疫使一个民族明白了一个道理，那就是抗病的力量只能从体内培养起来，不是维生素药片所能代劳的。我想，竹内好最深刻地感知了福泽谕吉这个把文明比作麻疹的思想，他之所以敢于在那个被进步知识分子不屑的座谈会"近代的超克"中火中取栗，那是因为他也感觉到自己面对的是和福泽同样的思想课题：只有在内部培养真正的"抵抗"精神，才能抵御外来的灾难，然而内部的抵抗却不是天然具备的能力。竹内好提醒我们：在被感染甚至被击倒之后，抵抗才能发生。

在2003年这个多事之春，我们体内的抵抗力受到了严峻的考问。或许有必要回到两次世界大战之前的起点上再一次思考：什么是"文明"？或者有必要再一次追问"二战"结束后困扰着东亚的基本问题：什么是"抵抗"？我相信，这不仅仅是已经过去的历史的疑问。

2003年4月末于北京

第一章

遭遇鲁迅

竹内好（1910—1977年）是一位非常特别的日本思想家，他的特别之处在于难以定位：他毕业于东京帝国大学的支那文学科，并且留下了日本的中国现代文学研究学科奠基人的历史功绩，但他本人不是一个严格意义上的"学者"，也不曾以学院派的方式工作；他毕生以中国研究者或"与中国相关的人"自居，关注的却是日本现代思想史中几乎所有重大的课题，因而在他那个时代成为日本思想界一个真正的精神领袖，这使他的功绩不能简单地在中国学领域加以认识；他始终以"文学"作为自己灵魂的归宿，但是经过他重新定位的文学已经远远超出了今日的"文学研究"所规定的涵盖面，具有着开放性和原创性功能。可以说，竹内好一生的思考和活动，都是以这个"文学"为原点的，它是他全部思想和创见的源泉；然而，这也同时致使他不能像丸山真男那样谨守思想史家的"伦理意识"，在揭示时代课题的复杂性的时候，他这种文学式的潇洒便也同时造成他表述的漏洞，因而，理所当然地不断引起有生产性和没有生产性的各种误读。

因为以上种种难以定位的特别之处，换言之，因为竹内好是一个与现代的学科建制以及知识模式相忤逆的人物,尽管经常被谈论,但他留下的精神遗产一直难以被任何一个学科领域成功地加以梳理和继承,因而在某种意义上被束之高阁。在喜新厌旧的日本知识界,竹内好也在所难免地和丸山真男一样被视为"过去的人物",不过竹内好比丸山真男更为不幸,因为他没有后者那样一个确定的学院派学科领域和一批继承他思想的弟子。所以,竹内好的身后寂寞,在某种意义上更反衬着日本现代学术的盲点。

但是,竹内好又是幸运的,因为很少有人能够像他那样找到足以契合自己精神世界的另一个参照系,也很少有人能够像他那样毕生把一个人物作为自己灵魂的原点。

这个人物就是鲁迅,这个参照系就是鲁迅文学。正如藤田省三所透辟地指出的那样:竹内好以鲁迅为起点,又以鲁迅为终点,然而这起点和终点的一致性却是他留给后人的一个时代性的课题[1];可以说,理解竹内好对于文学的独特定位,只能借助他对鲁迅的独特解读,并由此出发去理解他对于同时代重大课题的思考;而一旦我这样尝试了,我又发现,竹内好不仅改变了我对于日本近代思想史的理解,而且也改变了我对于鲁迅的理解。

---

[1] 日本当代思想史家藤田省三在1977年追悼竹内好的短文《竹内好》中这样写道:"竹内好氏是一个定点。这样说并不是因为他以迫近鲁迅为出发点而又以翻译完成鲁迅文集结束了自己的生涯;当然,这一点也包含在内。但是他的普遍性在于,他不是通过他工作的表面形态,而是通过工作的推进方式、立论基调、语法、调式等所有方面体现了他的独特性,并将这种独特性转化为普遍性。例如,为什么他要以迫近与自己完全不同(只要各自拿出两人的幽默方式来比较一下就可以了解这一点)的鲁迅开始自己的工作,为什么他要选择完成鲁迅文集作为他最后的工作,这不仅是他自身的问题,也是我们的问题,是时代的问题,是现代日本社会的问题。作为这样性质的工作,他把他的鲁迅理解问题化了。"(《展望》第221号,1977年5月)

一 与支那学家的论争

竹内好1934年毕业于东京帝国大学支那学科的时候,毕业论文是《郁达夫研究》。在当时支那哲学、支那文学科的34名毕业生中,以中国现代文学而且是同时代的作家作为自己论文题目的,竹内好是唯一的一个。在20世纪30年代,日本的中国现代文学研究还没有形成规模,它所面对的是一个卓有成效的支那学传统。当时在东大和京大这样的学术重地的支那学科执教的,主要是支那学家。支那学中有关文学研究的部分,开先河者当属狩野直喜(1868—1947年),他是东京帝国大学汉学科第一代毕业生,因不满东京帝大的作风而转到了京都,与内藤湖南等一道建立了京都的东方学,在支那学的学科建设上立下汗马功劳。[1]支那学的宗旨在于以法国的汉学学科规范为参照,在日本建立不同于传统汉学散漫知识的"科学性"中国研究,以言必有据的实证态度重新阐释被传统日本汉学牵强附会的中国典籍,赋予小说、戏曲等样式以"纯文学"的地位,并且在现代价值观的支持下把中国学作为研究外国的学问加以对待。早期支那学对于学术客观性的强调在当时无疑具有划时代的意义。在狩野直喜之后,日本的支那学有一批又一批杰出的传人,无论在京都还是在东京,他们都创造了不朽的研究业绩。比如青木正儿、吉川幸次郎、仓石武四郎等等,他们在中国古典戏曲、诗歌、典籍、语言研究等各个领域带来了日本中国研究的辉煌。但尽管这些支那学家也关注同时代中国的文化走向,比如青木正儿也撰写过

---

[1] 有关狩野直喜以及日本支那学的简单介绍,可参阅笔者的《日本近现代文化思潮中的中国古典戏剧研究》(《学人》第6辑,江苏文艺出版社,1994年9月,后收入笔者论文集《主体弥散的空间——亚洲论述之两难》,江西教育出版社,2002年)一文,在此从略。

有关文学革命的研究论文，吉川幸次郎也翻译过胡适的《四十自述》等等，但总体上说，同时代的中国不是他们研究的主体，学术研究对象仍然以古代典籍为主。

在这样一种形势之下，当竹内好公然以一个同时代中国作家作为自己毕业论文题目的时候，不管他主观意志的自觉程度如何，在客观上，他已经使自己站在当时中国学研究"学术性"的对立面了。正如他后来半真半假地解释他选择中国研究之路的原因时所说的那样，只是因为报考大学时支那学科可以免试入学，而他又希望找到一个不工作就可以继续从家里获得生活费的理由，所以才进入东京帝大的支那学科。事实上，在学期间，竹内好虽然修完了专业课程，却似乎并不是个优等生（据鹤见俊辅分析，竹内好在进入大学之前几乎一直是优等生，但在此期间他也形成了对优等生价值的怀疑和否定，以此决定了他在东京帝国大学内对支那学乃至汉学传统的反抗），但正是在这个时期，竹内好不仅受到了现代文学艺术的训练，更通过自学广泛阅读了包括左翼出版物在内的政治、经济、哲学著作，还精读了马克思的《资本论》。这些自我训练为他其后的思想工作提供了坚实的基础。

但是，当竹内好把这样一种完全属于个人素质的生活方式成功地转化为一种思想的原创性时，它就不再是他所轻松描述的那种个人的怠惰了。事实上，竹内好以及他的中国文学研究会的伙伴，正是以这种"怠惰"为武器，使其转变成一种对抗支那学传统的意识形态，这才是问题的关键。

1934年，当竹内好即将毕业的时候，他和武田泰淳等人发起的"中国文学研究会"正式成立，并在1935年出版发行了他们的会刊《中国文学月报》（从1940年第60号起改名为《中国文学》）。这份杂志在缺少经费和时局日益紧张的状态下一直持续到1943年，共出版8卷92号。[1]竹内好初期的主要活动以这份杂志为阵地,这是一个研究者公认的事实。人们通常喜欢以前期后期来区分竹内好的思想,并把《中国文学月报》时期称为竹内好的前期,我认为这是一种皮相的认识。事实上,贯穿着竹内好一生的基本思想,不仅在这个时期已经基本形成,而且终其一生也未改变。改变了的,仅仅是他对于不同时期不同问题的反应,却不是他的基本思想方式,而这个基本思想方式的核心,正是他一生执着的主体性形成的过程。笔者最感兴趣的是,在这个时期,竹内好以什么样的形态、通过什么问题,形成了他自己的这种方式?

翻开《中国文学月报》,可以留意到两个基本问题:第一是这份杂志在思考和介绍同时代中国文学状况的时候,非常自觉地以形成日本的思想传统为己任;尽管它兼收并蓄地发表了占相当比重的支那学家的意见(在很大程度上,这种兼收并蓄体现的不是年轻中国学的宽容,而仅仅是它尚未形成自己阵营时的一种特有形态;在创刊当时和其后的一段时间内,竹内好经常以主体性态度谈论汉学和支那学,说明他是在这一阵营中而非在它之外创造着新的规范,同时也说明汉学和支那学以及中国文学研究在当时并没有严格意义上的区分,属于同一学术领域),但是,它与日本支那学在是否具有日本思想的主体性这一点上已经形成了对峙。第二是竹内好在这份杂志中占有的特别位置。作为主要发起人,竹内好不仅为这份杂志付出了大量的事务性劳动,而且通过执笔后记和一部分文稿来不断为杂志确定和修正方向。竹内好所执笔的文稿与其他文稿形成强烈的反差,这是一个饶有兴味的事实。把中国文学研究会看成一个一致的整体是不合适的,竹内好从一开始就与他的亲密战友有着基

---

[1] 战后《中国文学》复刊,但是编辑者已经改变,故不在本章论题之内。

本认识的差异。毋宁说，这种差异造成的孤独感，是战后竹内好得以在一定程度上走出中国文学的圈域而与其他领域的知识分子进行合作的基本动力之一。

就第一个基本问题而言，它牵涉一些极其复杂的历史演变形态。我们必须为此简单回顾一下日本汉学与支那学曾经面对的时代课题。作为一个相当松散的知识领域，日本汉学在各个历史时期都具有不同的功能，但有一个侧面是基本不变的，那就是它不具有"外国学"的性质。日本汉学不但充当统治者的意识形态工具，而且以建立自己的"儒家传统"为指归。可以说，它在历史上所起到的作用不是对中国典籍的研究，而首先是使中国的典籍"失掉国籍"从而日本化。正因为如此，日本汉学在明治维新前后尽管表面上退出了思想界的中心，但是仍然潜移默化地影响着日本知识界和日本社会，而且影响着日本"洋学"的特性。而在19世纪末叶诞生的日本支那学，一直致力于使日本汉学的这种"跨学科"性质转变为一个具体的学科。在知识制度中，这意味着把汉学从一般性教养乃至意识形态工具变为一门可以证伪、可以独立的学问，这就是支那学在创始当初所高扬的"科学性"的目标。[1] 支那学有关把中国

---

[1] 最典型的代表是狩野直喜。这位开支那学先河的学者所做的革命性创举被掩盖在他标举的为求知而建立纯学术的口号之下，对此当专门撰文讨论，在此从略。在狩野直喜草创支那学的本世纪初，他为支那学与汉学的区别划定了基本的轮廓：二者的区别在于支那学把"在支那产生的文化"作为自己的研究对象，因而涵盖人文与自然科学所有方面，也涵盖支那从古到今漫长的历史；而汉学则仅仅处理所谓"经史子集"的专门知识，无视它所由产生的文化整体。狩野直喜强调，为了建立科学性的支那研究，首先要培育纯学术立场，亦即把对知识的追求置于实用目的之上的立场；其次要养成融会贯通地对待知识的习惯，亦即不在一门知识之内，而是在多种知识的交错关系之中理解自己的研究对象；第三要力除各种"有色眼镜"，客观地接近支那文化自身。在这种种意义上，狩野直喜高度评价法国支那学所具有的科学性，并以其作为日本支那学的蓝本（参见《支那学文数》所收《关于支那学研究》和《关于支那学研究的目的》二文，みすず书房，1973年）。

作为他者认识以及理解这一他者的立场，全部是在科学性的大前提下确立的。

　　支那学建立科学性实证传统花费了几代人的时间，它基本形成于吉川幸次郎这一代。在这一时期，支那学的学术客观性已经变成了自觉的学术规范，"言必有据"构成了知识是否成立的衡量标准。同时，由狩野直喜大力倡导的为求知而设的纯学术立场，也开始成为影响支那学家趣味的学风。《中国文学月报》早期刊登的青木正儿的文章《支那迷》典型地表现着这种区别于传统汉学的趣味。[1] 而这正是竹内好开始他的知识活动的时期。当《中国文学月报》同时登载包括汉学家、支那学家在内的"中国学研究"的时候，对于竹内好来说，他面对的是一个相当复杂的知识传统。就传统汉学而言，其知识缺乏体系性而且缺少实证性，不具备他者意识也不具备自我意识；而就支那学而言，它在知识层面进行的改革的确为汉学带来严密性与体系性，同时也为汉学注入了把中国作为一个整体看待的他者意识；但是，由于这一切是在"科学性"的前提下进行的，它不能不带来的一个弊端就是支那学研究者主体的"缺席"。这种主体性缺席直接造成的后果便是缺乏反省和批判精神的新学阀的形成。当狩野直喜那一代人通过为知识而知识的方式完成了真正的意识形态革命之后，知识便日益失掉了它所具有的活力而只变成固定化的认知对象。竹内好恰恰赶上了这样一个知识蜕变的时期。一方面，竹内好不满于旧汉学的因循守旧和僵化敝俗，而另一方

---

[1] 青木正儿:《支那迷》,《中国文学月报》第14号，1936年5月。在文中，青木回忆了他学生时代在狩野直喜教导下力图摆脱西方趣味而逐渐培养中国趣味的过程，特别是在此过程中他所感觉到的自己的日本趣味与逐渐形成的中国趣味之间从排斥到融合的微妙关系。在此，青木正儿引用狩野直喜的话把自己的中国趣味称为"支那かぶれ"，这个词比较接近的中文译法为"支那迷"，不过原文强调的是在直观和肉体感觉层面上受研究对象的影响以及对于研究对象的认同，在此特加标明。

面,他也同样不满于支那学在改造汉学非科学性的同时对于后者因循和僵化性格的无形继承。换言之,对于竹内好来说,支那学以温和态度对旧汉学进行的"科学性改造"以及前者在日本奠定的以学术客观性为基础的近代学院派精神,不仅不是宝贵的财富,反而构成了妨碍清新健康的学术空气形成的障碍。因此,饶有兴味的是,竹内好从一开始就把他的批判锋芒同时指向了旧汉学和支那学,并且用"汉学"来指称支那学。

《中国文学月报》第1卷第5号发表了汉学家竹内照夫的《关于所谓汉学》一文,力求为在当时成为众矢之的的汉学进行辩护。他强调说,汉学的特性是包罗万象和述而不作,同时又具有实践性,所以它可以充当最合适的启蒙工具,并且因其统合性而把握真善美从而成为圣学。竹内照夫为汉学所做的辩护旨在对当时支那学的学科专门化所带来的知识分化进行反批评,因为当时这种以科学精神为指归的专业化趋势是以对汉学的非专业化和非科学化的批判为照应的。按照竹内照夫的说法,当时学界对于科学精神的热衷,不仅丧失了学术整体性,而且也丧失了思想的现实人生功能。所以,"汉学分解它的各部分以建设各个学科,是对于必然性的反逆,同时也丧失了在这个世界上使人获得真正幸福的唯一精神"[1]。

应该说,竹内照夫的这篇文章在逻辑上是无可挑剔的。但它最大的问题是脱离和无视汉学在当时日本知识界的实际状况。事实上,汉学无论在当时还是在其后直到今天,都未能成为竹内照夫所希望的那种启蒙工具与圣学,倒是日益成为那些封闭保守的腐儒的寄生之地。所以,竹内照夫的这篇纸上谈兵的东西,其隐藏的问题不在于论点而在于立论方式,只有具备对现实状况的敏感才可能发现。

---

[1] 竹内照夫:《关于所谓汉学》,《中国文学月报》第5号,1935年7月。

作为编辑者,竹内好在刊登了这篇文章之后期待着能有人对其进行反驳,然而却没有人来稿。于是,他只好自己对其进行回应。他在第8号(1935年10月)发表了《汉学的反省》一文,对竹内照夫立论的方式进行了尖锐批判:"就论述汉学(当然是支那学意义上的汉学)历史基础这一点而言,论旨不愧是让人首肯的,然而一旦到了批判现实汉学的层面,不知是否因为论者聪明过度所致,他将其偷换为汉学的理念,一点也不想直接接触现实,论者的这一态度颇为奇怪。"竹内好进一步批判了汉学的堕落,即因循伪善封闭、缺少论争批评精神,"同人增田涉把我们应该采取的态度表现为一句箴言:'与其向学界诌媚,不如去迎合传媒',在此意义上,这不啻是至理名言。今日汉学最需要的就是凉爽的游戏精神";"无论汉学的理念如何,都无法掩盖一个事实,就是现实中的汉学已经失掉了治学问的热情氛围。……汉学之不振固然是汉学的罪过,但是假如我们对这样的言论连半句抗议都没有,那么,这罪过毋宁会潜移默化进我们的血液之中"。[1]

这篇短文是竹内好在《中国文学月报》上所写的第一篇批判性文字。比起其后的著述来,它固然显得有些幼稚,但是,它仍然清楚地显示着竹内好在思想起点上的方向性。竹内好强调他所说的是"支那学意义上的"汉学,这说明他不像一般人那样仅仅在表象层面把汉学与支那学看成是两回事,而是在新兴的支那学以其"科学性"取得了卓著的成就时注目于它与旧汉学局限性的关联。于是,问题的方向就发生了变化:支那学所创造的新的学术规范与旧汉学的龃龉(这主要表现为严密的学科分化与谨严的考证精神)不再是问题的关键,因而竹内照夫对于支那学的"科学性"立场所进

---

[1] 竹内好:《汉学的反省》,《中国文学月报》第8号,1935年10月。

行的攻击并不是竹内好批判的重点；相反，他力求指出的是，支那学与汉学共有着脱离现实生活、缺少人生热情的致命弱点，这致使它们共同缺少开放和论争的精神。同时，书斋式的学问可以积累知识，却不能产生思想，尤其不能"直视现实的污浊"，故对于这样的"学界"，竹内好表示了失望，认为反倒是大众传媒更具有活力。

这篇写于25岁时的短文奠定了竹内好此后一生的思想基调。他一生致力的，毋宁说就是"直视现实的污浊"，以人生的热情推进日本思想传统形成的工作；并且这种在现实的污浊中顽强地执着于思想传统形成的努力构成了他全部的生存方式本身。毋庸讳言，竹内好无法把自己的思想附丽于"学院派"的形式，他终生保持的一句口头禅"我不是学者，这问题我不懂"，当然不是谦逊之词，而是他对于那些缺少思想原创性的现代经院派的反抗和拒绝（饶有兴味的是，竹内好与丸山真男结成了思想上的伙伴关系，尽管后者是文学的外行并是严格意义上的学者，而且终身致力于在学院内建立政治思想史学科的工作；我们在注意到竹内好的反经院主义态度的时候，他与丸山的合作是一个重要的参照系，说明他并不是在泛泛的意义上把"学院"和学者当作敌人，他反对的是把学院当作退路而把思想的苍白合法化。此问题容当后论）。

于是我们便遇到了《中国文学月报》中的第二个基本问题：竹内好的这种思想基调与他的同伴们形成了强烈的反差，这使得他成为这份杂志中的一个特异存在。统观8卷92期杂志，可以发现其中一直保持着对现实的关注和对思想界知识界强烈批判精神的几乎只有竹内好一人，并且几乎只有他始终保持了一种论争的姿态；而他的亲密朋友，比如武田泰淳、冈崎俊夫、松枝茂夫等，虽然和他一起创立了这份杂志并且为之同样付出艰辛的劳作，但是他们更喜欢在学术的框架内思考和表达，并且倾向于把自己的激情隐藏在更温和的态度中。

一个典型的事例是第57号上竹内好《两年间》一文所透露的端倪。在1937年10月至1939年10月之间，竹内好依靠日本外务省文化事业部的奖学金到北京留学。后来收入《竹内好全集》的两卷日记详细而坦率地记录了他的留学生涯，那是一种迥异于"学者"的"留学"体验，恣情买醉、放胆狎妓，在饮食男女之间，竹内好以他的方式体验了异国人生，并且放言要在那样一个非常时期充当"历史的见证人"。尽管他本人后来也意识到自己完成不了如此重任，但是至少，在特异的个人体验中，竹内好追求的并不只是感官满足，而是个人性的"生"的感受（关于竹内好日记内容的历史解读问题，将在下一章进行具体讨论，在此从略）。而更重要的是，在这样的经验之后，竹内好回到战争日益升级的日本国内，立刻对这两年间《中国文学月报》平稳的学院派作风表示了强烈不满。在《两年间》里，他这样写道："我们今日已经失去了以月报为踞守地的孤高精神。看月报如同看形骸般让人伤心。"在文中，竹内好满怀温情地提及他的几位亲密朋友对于中国文学研究会的热情，并且相当温和地提到了自己与朋友在认识方式和表达方式上的差异："有一天，武田说：'我无法赞成你想把月报向政治方向转换的意图。无论我们现在处于怎样混乱的时代，月报自身所具有的意义是指向将来的，就此而言，我不认为它无益。……一直让它文化性地持续下去不是很好么？'"竹内好于是便对挚友这段议论进行了自己的阐释："武田所说的意思是，即使在追求'支那的梦'的行为中，也必定会蛰伏着使得我们自身可直接上升到生活的欢喜层次的、人生的某种东西；同时以确信这种蛰伏之存在的力量作为我们批判自己的准绳，由此再出发。""我说，那不是太过耽于趣味了么？武田昂然道：就算是趣味也好嘛！现在的我们就连趣味的程度

也没有达到!"〈1〉

不能不说,竹内好在一定程度上把自己的人生态度和思想态度强加给了武田泰淳。他的这些解释与其说接近的是武田泰淳,倒不如说更使我们联想起鲁迅。而武田泰淳在竹内好批判竹内照夫的汉学理念之后,也发表了一篇短文,与竹内好"痛打落水狗"的态度相反,力求"费尔泼赖"。〈2〉在思想的起点上,这一对挚友就显示了微妙的差异,尽管武田泰淳对于包括鲁迅在内的中国文学具有非凡的理解力,而且他也当之无愧地具备高水准的文化趣味,但是,他却不具备竹内好那种"确信这种蛰伏之存在的力量"。竹内好借武田泰淳所发挥的那种源自痛苦人生的"大欢喜",那种自我否定和自我怀疑的批判精神,需要的不是教养,而是力量的支撑,而这,也正是鲁迅精神的精髓;竹内好这种"蛰伏"着的人生品质,使得他最终放弃了他曾经热衷的郁达夫,真正通向了鲁迅。

在《两年间》发表之后,竹内好立刻着手挽救月报的"孤高的精神"。与《两年间》同一期上发表了支那学家目加田诚的《文人的艺术》,在两个月之后的1940年1月,竹内好在第59号《中国文学月报》上发表了批判文章《目加田的文章》,开始了他与支那学家的论战。由此,竹内好明确地把批判对象从语焉不详的"汉学"转移到了支那学。

《目加田的文章》是一篇相当就事论事的文章,在竹内的论战中大概是最不精彩的一篇;但是,这篇文章揭开了竹内好向支那学

〈1〉 竹内好:《两年间》,《中国文学月报》第57号,1939年12月。
〈2〉 见武田泰淳:《新汉学论》,《中国文学月报》第9号,1935年11月。在文中,武田泰淳提出的基本论点是,汉学并非一无可取之处,它关于汉籍的知识正是产生新的东方学的基础;至于汉学自身的失掉进步性、方法落后、学问非体系化的缺点是不容否定的。然而,武田泰淳不赞成因此否定汉学的价值,他建议克服汉学的"个人主义"和"孤立主义",建立新的汉学。

家（而且是其中最优秀的部分）挑战的序幕。与他批判汉学的态度不同的是，在对支那学家的论战中，竹内好的锋芒总是指向非常具体的个人，而不仅仅是批判一种趋势或风气。在他先后发起的论战中，涉及的有：目加田诚（59、60号）；吉川幸次郎（70、72号）；仓石武四郎（73号）。在这些论战中，竹内好主要是就具体的技术性问题（如目加田论文的逻辑混乱和视角的平庸、吉川幸次郎翻译的低俗格调与误译）对对方进行批评，但更值得注目的是，他借助这种方式，宣布了他对汉学和支那学的檄文："我是打算以'长泽、吉川、仓石、目加田'为题来做这篇文章的。这一类品种对我来说极有兴味"〈1〉；"我感受到了把自己与别人分开的欲望。为了打倒汉学和支那学的传统，绝对需要中国文学这一名称。"〈2〉那么，竹内好究竟为什么如此与汉学和支那学势不两立，他所耿耿于怀的，真的仅仅是那些技术层面的事情么？

　　与竹内好形成鲜明对照的是吉川幸次郎。作为一个出色的支那学家，他始终以一种观照的态度对待他所研究的对象，把"支那（包括支那的思想）"处理成一种知识。因此，当他受到竹内好有关翻译技巧方面的指责之后，花费了很大的篇幅为自己在技术上辩解，同时也接受来自中国学的挑战，不失时机地对其进行反攻击。他谈到与竹内好的争论时隐晦地使用了这样一个比喻：大人和小孩观察同一个状如手球（即玩具彩球，有棉制或胶皮、塑料多种）的岩石的时候，大人看到的是一块岩石，而孩子看到的是一个手球。"我也尊重童心……但我所说的是，在这世上有时童心万能究竟是使人为难的……我们的学问之类，不是到了需要大人的目光的时期

〈1〉 竹内好：《目加田的文章》，《中国文学月报》第59号，1940年1月。
〈2〉 竹内好：《支那与中国》，《中国文学》第64号，1940年8月。

了么?"〔1〕而他所批评的中国学的"战士们"的缺陷,也正是出于这种"大人的目光"所看到的问题,他将其归结为"事项偏重主义"或"粗枝大叶主义"。他强调"科学的体系要建立在精密的实证亦即精密的读书之上",而明治以来的支那学的内在矛盾就在于为了其体系性牺牲了读书和实证的精密性。由此,产生了只在读书时寻找语词所表达的事项而不重视语词之间的连接关系的"事项偏重主义"。吉川把矛头指向了冈崎俊夫翻译的郭沫若的《黑猫》,认为它也存在支那学旧有的弊端,一点不具备新的科学精神。〔2〕"大人的目光"所要求的实证与精密,构成了吉川幸次郎对日本现代学术的贡献与局限,应该承认,他对于竹内好的"童心"有着相当准确的涉及,却没有任何理解能力。因为竹内好所追求的,恰恰是被支那学的实证与精密的论证所忽略的、永远不可能以知识的方式加以穷尽的思想。

这也正是竹内好与支那学家势不两立的原因。他最无法忍受的,并不是近代学院派的方式以及准确的知识本身,而是把所有精神活动变成"知识",再冠以"科学"之名的做法。与中国"五四"以后的社会思潮相似的是,日本的近代知识界也把"科学"变成了一个不可质疑的绝对前提,并在此名义之下把很多相关的事物绝对化;即使经过了30年代马克思主义退潮和文学取代"科学"的努力〔3〕,对科学的崇拜也没有根本性的变化。对于竹内好这样的思想家来说,这种文化气氛和学术气氛便意味着学术主体性的丧失。所

---

〔1〕 吉川幸次郎:《翻译时评(三)》,《中国文学》第79号,1941年12月。
〔2〕 吉川幸次郎:《翻译时评(二)》,《中国文学》第78号,1941年11月;《翻译时评(三)》,《中国文学》第79号,1941年12月。
〔3〕 参见笔者论文《文学的位置——丸山真男的两难之境》,《学术思想评论》第3辑,贺照田主编,辽宁大学出版社,1998年。该文后收入笔者论文集《文学的位置》,山东教育出版社,2009年。

以，当竹内好攻击支那学家的学术本身不严谨的时候，他的锋芒所向其实是这种将科学的实验性和可证明性绝对化的"大人的眼光"。

在与吉川幸次郎进行的几次有关翻译的论争以及其后所写的文章中，竹内好提出了这样的问题："我尊敬作为学者的吉川氏，但是作为文学家，以及与此相关的作为文学作品翻译家的吉川氏，我是绝对无法诚服的。"[1] "知识若不具备否定它自身的契机（或者说是热情），就不能作为知识而活着。知识应该是为了否定它而追求的。这就是文学的态度。我在不加注释的情况下说到中国文学的时候，总是在谈论作为态度的文学。"[2]

那么，作为态度的文学是什么？文学所追求的知识又是什么？

在最初的那篇《目加田的文章》中，竹内好在结尾部分传达了他无力表达"茫然一片却又以某种官能性的鲜活感"使他苦不堪言的"支那文学"幻影的痛苦，然后，他强调自己需要语词："美丽的语词。可爱的语词。高亢的语词。从容的语词。刺向天空的焰火般的语词。凭依着柱子低声自叹的语词。语词成为思想的语词。思想直接化为行动的语词。劝说异国诗人不必悲悯世相之不如意的语词。勉励自己可爱的孩子说你要行端走正的语词。平息争端的语词。无炭时为炭、无纸时化纸的语词。必言某事时言他事却又传达某事的语词。走下教坛时不被遗忘的语词。不把非学问非艺术装扮成学问和艺术的语词。不把政治、观念、日常生活当成政治、观念、日常生活以上之物的语词。但也深知离开了政治和观念和日常生活就没有历史的语词。语词不在也会留下它的空间的语词。神们的语词。连接人间之国与河伯之国与麻雀之国的语词。无意味的语

---

[1] 竹内好：《翻译时评》，《中国文学》第70号，1941年3月。
[2] 竹内好：《书写支那这件事》，《中国文学》第80号，1942年1月。

词。疲劳无力的语词……"

这种"找不到语词"的无力感伴随了竹内好的一生，但是我们不能把这种无力感看成文学家的矫情。那是因为，竹内好是在与支那学家对语词的认知态度相对立的角度提出自己的语词观的，他所要寻找的，是在现代知识制度中被过滤掉的语词之魂。他的无力之感，恰恰证明着现代知识制度中缺少他所需要的那些"语词"——也就是作为态度的文学所追求的知识。在这里，竹内好其实提出的是一个困扰着20世纪全球知识人的共同课题：在西方，被称为"语言学转向"的哲学和思想潮流所试图面对的，正是竹内好用简洁而形象的话语传达的知识困惑——即使人们承认这个世界并不能以孤立于我们之外的方式"客观地存在"，这也并不意味着人类思维与外在世界的关系能够先回收到"语言"层面，再如同某些后现代语词游戏家所做的那样，把历史和社会过程简单地"安插"到某些话语体系中去。我们不仅不能在"主观-客观"的二元对立图式中处理人类知识，而且也无法在"话语"的层面安顿下来。竹内好在他所表达的"找不到语词"的困惑当中，非常准确地传达了这个困境：人类与外界的真实关系，存在于这样一个不断调整语词涵盖能力和寻找新的语词的张力场之中。在知识论意义上，所有的冲突都发生在这个张力场中，但是决定了种种紧张关系的，是竹内好这种对语词的无力之感和怀疑能力，它不仅决定了思想课题的存在方式，而且决定了思想介入现实的悖论方式：尽管知识人只能借助话语认知和介入现实，但是话语的不自足性是保证认知与介入真实性的前提。正是在这个意义上，深入观察竹内好和吉川幸次郎之间围绕翻译的"话语"问题进行的争论可以相当有效地促使我们反观当今的知识处境。这个论争之所以能够成立，是由于论争双方都把问题设定在语词层面；上文提到的吉川幸次郎对于"事项偏重主义"的批判,恰恰也是在语词角度进行的,然而方向却与竹内好截然不同:吉川把语词分为"单词"与"单词的复合所生的观念之网",而后者表现为语法规则的文化心理。吉川所批判的"事项偏重主义",就是这样一种学界现实:"与对于单词的注意力极度的紧张成反比例,恣意地解释在单词与单词之间纵深交织着的观念之网。更有甚者,作为为此辩护的口实,甚至有人提出因为支那语没有语法,怎么读都可以的观点。"[1] 不言而喻,吉川的批判当然是有价值的,但是这种批判建立在一个假设之上,那就是单词与观念之网业已涵盖了所有的现实,因而它们是稳定和"客观"的;而且只要经过努力,它们可以得到充分的解释,问题只在于你是否能够接近它和穷尽它。所以,在上述看上去可以与竹内好的"语词观"找到某种接触点的论述之后,吉川话题一转,开始集中讨论中文的音韵学知识,并得出中文不是没有语法,而是语法太复杂以至于很难归纳的观点,文化心理问题在这里变成了纯粹的技术。吉川幸次郎从来不曾为支那学"知识"的有限性所苦,对于他来说,支那学这个大前提是绝对的。他最大的苦恼只是在于"现代日本人急于自我完成,对他人的人生很冷淡,既然冷淡于他人的人生,就完全没有余裕观照他人的语词和投影于语词的纤细的心理隐秘"[2]。在他看来,他与竹内好的龃龉,就是因为后者不理解他所建构的支那观念之网。至于这个"支那观念之网"是建构在什么基础之上、它的合理性与局限性是什么,这不是吉川幸次郎关心的问题。

这便是竹内好与支那学家们知识态度的基本分歧。在与目加田的论争中,他强调存在着一个"与语词相向背的世界",并批评目

---

[1] 吉川幸次郎:《翻译时评(二)》,《中国文学》第78号,1941年11月。
[2] 吉川幸次郎:《翻译时评(三)》,《中国文学》第79号,1941年12月。

加田"一次也没有被语词背叛过"[1]；而到了与吉川幸次郎围绕着翻译问题进行论争的时候，他把问题推进到"是主体性地把握还是站在旁观者立场上"的层面，在此意义上，与吉川"误译是可避免的"之论相对，竹内好强调由于主体的介入，误译是不可避免的。[2] 当仓石武四郎发表他的支那语改革方案时，竹内好更是直截了当地指出支那学以学术客观性为由所掩盖的主体精神的苍白："对于仓石来说，所谓支那学是连一次都不曾怀疑过的实在的世界……在支那学已经失掉了作为学问的存在根据的时候，立志于学问手段的改革，反倒更清楚地暴露了其自我拯救方法之贫乏。今天，仓石相信依靠手段的改革可以救助支那学的贫困，其实对于支那学来说，思想本身才是贫困的。"[3] 同时，竹内好强调他本人不具备支那学家那种安身立命之所。换言之，与支那学家的自我肯定方式相反，竹内好总是站在自我否定的立场上。[4] 而如同后述，这种自我否定最终导致了他提议解散中国文学研究会。自我否定是竹内好思维方式中最具悖论性质的部分，也是他对于文学立场理解最深刻的部分，为了准确理解战后竹内好对于日本与亚洲问题的一系列具体态度，我们必须掌握他的这一源自《中国文学》时代论争的自我否定精神。

在一连串的论争之中，竹内好处于劣势。这倒不是因为他以寡对众，而是因为他的挑战面对的并非日益衰亡的陈旧学科，而是拥有生命活力的日本现代学术。但是，这个学术主流最大的问题在于，它以不断累积的方式一代一代地建构自己庞大的知识王国，却

---

[1] 竹内好：《返答》，《中国文学》第60号，1940年4月。
[2] 吉川幸次郎、竹内好：《翻译的问题》，《中国文学》第72号，1941年5月。
[3] 竹内好：《支那学的世界》，《中国文学》第73号，1941年6月。
[4] 同上。

没有任何自我反省的能力，更不必说自我否定。在此意义上，竹内好认为支那学与汉学没有什么区别，这个看法是正确的。当竹内好慨叹"人们不是曾经怀疑过所有的一切么？使得怀疑精神变得不合时宜的究竟是什么力量？为何人不怀疑也可以生存呢？为何人们会认为这世道在进步呢？"〔1〕的时候，当他悲哀地宣布"汉学以不死之身活动着，因了这样的事态，我不能不对所有的事情抱有无力感，就是说，只有那些力量强大的才能生存下去"〔2〕的时候，他已经明确地意识到了自己的处境。但是，正因为如此，竹内好提出的问题才具有强烈的现实意义，而且直到今天，他的慨叹仍然没有过时。问题的严重性不仅仅在于，今天主流学术界生产知识的基本方式，是吉川、仓石式的"大人化"的，而不是竹内好式的；问题更在于，不仅仅是那些思想苍白的"专家"，就是今天以批判为己任的学院知识分子，尽管看上去在从事批判性的思想工作，其实也很难继承竹内好那种警惕被语词所背叛的思想能量，而在事实上更接近吉川在讨论翻译问题时表现出来的信任语词的立场。了解这一点，我们就比较容易理解这样的问题了：为什么一个又一个具有冲击力的批判性思潮，总是很容易变质为高亢而空洞的语词游戏？而批判知识分子这样一个思想立场，为什么也往往会转换成谋生的手段？

问题也许还在于，这个状况不是日本知识界独有的，而是在当今知识世界普遍存在的。哪怕法国人为了打破这种状况而创造出解构的策略，情况也似乎没有太多的好转。使得那些精致的理论被庸俗化而且被收编到传统思维定势中去的，其实正是当年日本支那学家简明易懂的知识立场：你必须确定一个不可质疑的前提，否则你

---

〔1〕 竹内好：《关于支那语教科书》，《中国文学》第78号，1941年10月。
〔2〕 同上。

的工作就将没有意义。

竹内好却反其道而行之。他在思想创造工作的起点上表现出的这种对于语词不自足性与不确定性的深刻警惕，终于把他引向了对于思想生产过程本身的质疑，正是在这个意义上，作为思想家的竹内好，必然会与鲁迅相遇。

二 《鲁迅》的诞生

当竹内好经历了《中国文学》时期与支那学家的短兵相接之后，他在思想和感觉上都完成了与鲁迅相遇的准备。他带着自己特有的论争体验与孤独感，真正进入了鲁迅这个由他的"主体性误读"而幻化出无限光彩的中国文学家的世界。同时，由于竹内好这一特异的理解者和媒介，鲁迅精神在日本似乎找到了真正的载体，从而成为其后日本知识界的一个精神原点。

1943年1月，在竹内好的提议之下，中国文学研究会解散，《中国文学》杂志停刊。同年，竹内好写成了他的名著《鲁迅》。[1]

---

[1]《鲁迅》的交稿日期是1943年11月9日。12月1日，竹内好接到了入伍通知书，12月28日走上战场，被派往湖北咸宁；因此竹内好后来称，他是以写遗书的心情写下这本书的。1944年12月，《鲁迅》由日本评论社出版，武田泰淳担任校对，初版发行3000部。其后，本书亦有日本评论社改订版（1946年）、创元社版（1952年）、河出书房版（1956年）、未来社版（1961年）、讲谈社版（1994年）、未来社新版（2002年）等多种单行本版本；本书亦收入《竹内好全集》第1卷（筑摩书房，1980年），3—175页。尽管各个版本在体例、排版、后记撰写人等方面有出入，特别是1946年日本评论社改订本曾在未征求作者本人意见的情况下，将初版中的"支那"改为"中国"、"支那事变"改为"日华事变"，遭到竹内好的抗议；后在讲谈社版出版时，在编者征求了竹内好遗孀意见的情况下，将其改回初版的原貌，这里牵涉到竹内好的思想方式问题。由于本书试图呈现竹内好的这种思想方式，故在引文中保留了初版的用词。为此，《鲁迅》引文页码无法采用使用"中国"称呼的《竹内好全集》页码，以下均以1994年讲谈社版为准。

鲁迅度过的十八年文坛生活，就时间而言并不算长，但是对支那文学来说，却是近代文学的全史。

从"文学革命"以前直到最后，与其共存的只有一个人，那就是鲁迅。鲁迅的死，不是历史人物的死，而是现役文学家的死。……为什么他得到了如此长久的（文学）生命？——鲁迅不是先觉者。(《序章：关于死与生》)[1]

我认为，拥有鲁迅这样的启蒙者，足以使支那近代文化引以为荣。但是，文学家鲁迅、向作为启蒙者的自己进行反叛的鲁迅，却是比启蒙者鲁迅更为伟大的吧。毋宁说，因为有了文学家鲁迅，启蒙者鲁迅才得以具体地显现在我们面前。因而，我有一个疑问：将启蒙者鲁迅供奉起来，不是会隐没掉他以死相抵的那唯一的东西么？(《关于传记的疑问》)[2]

读他的文章，总是会碰到某种影子一样的东西。那影子永远存在于同一个地方。影子本身并不存在，但是光亮从那里生出，又在那里消逝，以这样的方式，暗示着那某一点黑暗的存在。不经意地读过去不注意它的存在也便罢了，而一旦注意到了它，那就会念念不忘。宛如在豪华的舞场中，有个骷髅在人群中跳舞一样，舞会结束时，骷髅会在你眼中变成唯一的实体。鲁迅背负着那样的影子度过了他的一生。我把他的文学称

---

[1] 竹内好：《鲁迅》，14—15页。
[2] 同上书，22页。

为赎罪的文学就是这个意思。(《思想的形成》)[1]

"绝望之为虚妄,正与希望相同。"这是一些语词。但是在说明鲁迅文学这一点上,它具有语词以上的意味。作为语词,它是象征性的,毋宁说它是态度与行为。我所思考的鲁迅的回心,如果表现为语词,恐怕也只能是这样的语词吧。绝望之为虚妄,正与希望相同。人可以说明"绝望"与"希望",但不能说明获得了这种自觉的人。因为那是一种态度。赋予了这种态度的是《狂人日记》。我认为,《狂人日记》之所以开近代文学之先河,不在于它促使了口语的自由,也不在于它使得作品世界得以实现,更不在于它具有摧毁封建思想的意义;它的价值在于这一稚拙的作品使得某种根本性的态度生了根。而且,正因为如此,《狂人日记》的作者未能作为小说家得以发展,而不得不通过摆脱小说来抵赎自己的作品。"路漫漫其修远兮"。《狂人日记》造就了一个文学家,但同时也造就了一个"吾将上下而求索"的文学家。支那近代文学最初的纪念碑,对于鲁迅来说,意味着与古代楚国诗人相同悲剧的诞生。(《关于作品》)[2]

作为一部鲁迅研究的奠基之作,《鲁迅》成了全世界鲁迅研究者的必读书。它所提供的杰出分析与不同凡俗的结论影响着日本与中国后来的鲁迅研究者,如它对于鲁迅生死观念和虚妄观念的分析,对于鲁迅研究非意识形态化的努力以及对鲁迅赎罪意识的分

---

[1] 竹内好:《鲁迅》,61页。
[2] 同上书,105—106页。

析,尤其是"回心"这一概念所凝聚的丰富内涵,直接间接地为后来者暗示了摆脱偶像鲁迅的可能性。然而,正如竹内好认为鲁迅文学的现实功能不代表最根本的鲁迅一样,在他对鲁迅的读解之中,这些现实分析也不是竹内好鲁迅观的核心。竹内好分析鲁迅与其作品的关系时说:"他所讲述的自己,是所谓过去时态的自己,不是现在时态。现在时的他,在多数情况下处于作品的旁边。他不是在作品中洗涤自己,而是像脱衣服那样地丢弃作品。"(《关于传记的疑问》)[1]而竹内好,通过对鲁迅传记、思想、作品和人生的分析所得出的一系列结论,也不过是他自己所要"像脱衣服那样地丢弃"的东西而已,真正伴随了竹内好一生的,却是那在《鲁迅》中以"黑暗""无"所表现的终极性的文学正觉,那是一个黑洞般吸进所有光明、影子般无法实体化的、骷髅一样的存在,它的无法实体化,在于只能通过对围绕着它的光明进行阐释来暗示它的存在;而它的终极性在于,假如所有对光明进行的阐释不围绕它进行,最终就会变成一盘散沙甚至是一些没有灵魂的技术性论证而已。

不能不承认,竹内好的鲁迅研究对后世的影响,主要是他的那些"像脱衣服那样地丢弃"了的结论;至于那个缠绕了他本人一生的黑洞,那个终极性的文学正觉,却没有进入日本乃至世界鲁迅研究的传统。

而这个无法直接表述却不可回避的黑洞,便暗示着竹内好所思考的文学的灵魂。那是一个"与古代楚国诗人相同的"永无答案的上下求索的宿命,一个集绝望与希望于一身的"虚妄"的所在。当竹内好留给我们的他有关一系列具体问题的判断已经失效、当历史已经证明竹内好的很多观念(包括他对鲁迅的一些解释)是偏颇

---

[1] 竹内好:《鲁迅》,40页。

乃至错误的时候，竹内好终生背负的这个影子却仍然与我们同在。"不经意地读过去不注意它的存在也便罢了，而一旦注意到了它，那就会念念不忘。"而一旦念念不忘，对竹内好一生著述的解读就会呈现一种截然不同的局面，因为，恰恰是那个竹内好没有丢弃的"作为态度的文学"，才是他终其一生所坚守的立场。围绕着这一立场他所提出的一系列观点、结论，充其量不过是生于斯也消逝于斯的光亮而已——它们的作用，仅仅在于暗示那个黑洞的存在。

在《鲁迅》里，竹内好使用了这样的方法：他所要探寻的不是鲁迅一生发生了怎样的变化，而是他的哪些部分没有变化。这一没有变化的部分，就是他用"回心"一词所表达的、存在于所有人一生中的那个决定性的时机。"在所有人的一生中，都会以某种形态存在着一个决定性的时机。各种各样的要素，不是作为要素发挥其机能，而是形成环绕着他一生的回归之轴。促使这一回归之轴形成的时机，是存在着的吧。而通常，它多少是难以向别人说明的。"（《思想的形成》）[1]"鲁迅也许是变化了。但是对我来说，重要的不是他的变化本身，而是通过他的变化所表现的东西，亦即通过表象层面的二次元转换而得以显露给我们的本质层面的回心。"（《政治与文学》）[2] 这个回归之轴，便是那使得光明消逝于其间又诞生于其间的"黑暗"的"无"。由于它的存在，人生中各种各样的要素（当然也包括思想层面的各种要素）以及它们的变化就不再仅仅意味着它们自身，而是这个回归之轴的有机组成部分。但是，由于这个回归之轴几乎是难以说明的，换言之，它是一种"文学性的知识"，所以，为了证明它的存在，竹内好只能采取迂回策略，即调

---

[1] 竹内好：《鲁迅》，61页。
[2] 同上书，247页。

动那些环绕着这黑暗又消逝于其间的"各种各样的要素",沿着它们诞生和消逝的路向,追踪那个黑暗的"回归之轴"。

在这一意义上,鲁迅一生的各种要素——他的传记、作品、论战行为本身,便不再仅仅具有其本身的意义。〈1〉当竹内好把它们围绕着鲁迅的回心之轴组织起来的时候,这些要素构成了一个具有尖锐的内在矛盾的、强韧的生活者的形象。他的一生构成了一个悖论,那是死与生、回忆与现在、绝望与希望、乡村与城市、文学与启蒙、文学与政治之间充满张力关系的结合体。但是,这种悖论并不意味着静态意义上的两极对立之间的"辩证联系",它是以一种特别的动态方式表现的:"他并不后退,也不追随。他先使自己与新时代对决,依靠'挣扎'来涤荡自己,再把涤荡过的自己从那中间拉将出来。"(《序章:关于死与生》)〈2〉具体说来,以鲁迅是否受到梁启超影响为例,竹内好这样分析:"即使他受了影响,那受影响的方式恐怕也是'挣扎'式的吧——为了从中选择出自己的本质性成分,先投身于对象之中。而后来他对革命文学的态度不也是同样的么?"(《思想的形成》)〈3〉"他把那痛苦从自己内部取出,置于对方之中,然后再对这被对象化了的痛苦加以打击。他的论争就是这样进行的。所谓他与他自身所生产的'阿Q'相厮杀者是也。因而,论争在本质上是文学性的。即是说,它不是行为之外的事情。

〈1〉 在方法论层面上,这一点具有非常重要的意义。在大量的鲁迅研究以及竹内好研究中,我们可以随处找到把这两位文学家和思想家的观念与思想仅仅作为观念与思想来对待的例子。这种研究在事实上无法接近鲁迅和竹内好思想的核心,是不言而喻的。只有当研究者不再把研究对象的各种要素仅仅作为要素本身来对待,而是把它们看成围绕着对象一生的本源性轴心存在的一个有机组成部分的时候,这些要素才能把我们引向那个轴心。
〈2〉 竹内好:《鲁迅》,16页。
〈3〉 同上书,92页。

作家在作品之中所做的,他在作品之外做了。与批评家建构批评的世界相同,他依靠论争在世界之外建构了世界。"(《政治与文学》)[1]对竹内好来说,这种对悖论关系的理解与其说来自对鲁迅的阅读,毋宁说来自他与支那学家那如入"无物之阵"的没有接触点的论战;来自他在战争时期感受到的时代矛盾与知识人自身的矛盾。于是,那曾经为吉川幸次郎抨击过、为现代知识制度所难以接纳的既不精密也无法实证的"童心",便在遇到鲁迅的时候迅速为竹内好本人的悖论特质提供了充足的营养源。

竹内好在《鲁迅》中揭示了一个基本的原则,那就是只有发自内部的否定才是真正的否定。换言之,只有自我否定才具有否定的价值,而任何不经过自我否定的思想与知识,任何来自外部的现成之物,都不具有生命力,都是死知识。不言而喻,这是他在与支那学家对阵时期业已形成的基本立场,而且在那个时期,他已经将其名之为"文学的态度"了。在《鲁迅》中,这种自我否定的原则被进一步发挥和丰富,形成了竹内好以"挣扎"这一源自鲁迅的关键词为核心的悖论性立场。它的特点在于把通常对立起来认识的矛盾事物的两极放在统一的主体之中,并通过主体的否定性介入而促进新的主体精神的形成;同时,这新的主体精神又不具有与原来的主体性简单对垒的性质,在这一意义上,主体只不过通过表层意义上的不断转换而指向其回心之轴。这种看上去有些玄学性质的论述其实并不是文字游戏,相反是一个重要的实践性原则;本书后面各章将要谈到,事实上在战后竹内好开始正面涉及日本现代化和现代性的重大问题,尤其是涉及日本接受西方现代化的方式以及思想传统的形成问题时,这种竹内式的悖论性特质一直是他论述问题的出发点。

---

[1] 竹内好:《鲁迅》,144页。

《鲁迅》作为文学性的文本分析，即使在时隔半个世纪之后的今天看来，仍然是出色的。尽管它缺少足够精细的工具，不能提供严密论证，但是，对于鲁迅这样一个复杂而又特别的对象，竹内好的方式却具有非常有效的功能。这是因为，鲁迅作为一个文学家，在他留给这个世界的精神遗产里，最精彩的并不完全是他的那些虚构作品。因此，假如遵守通行的文学定义，只把鲁迅的小说与散文视为他的文学作品主体，而把在他的文字世界中占有重要位置的杂文当作他的"思想"载体——假如是这样，鲁迅作为一个文学家的意义就要大打折扣。

竹内好的《鲁迅》并没有从这样的角度着眼。他意识到，鲁迅与通常的文学观念无缘。毋宁说，鲁迅的存在，重新定义了文学本身的内涵。当竹内好在开篇就宣布说鲁迅是中国新文学运动唯一自始至终保持了现役身份的文学家，因而鲁迅的文坛生活构成了中国近代文学的全部历史的时候，他已经有意识地把我们导向一个新的文学定义。就约定俗成的文学定义而言，在虚构的作品中鲁迅显示了与一般文学理解不同的特性："如果有这样的思维习惯，认为只有苦恼直接进入作品的作品才称得上是作品，那么，鲁迅就是使该想法得到修正的那种人。"（《关于传记的疑问》）[1]即是说，鲁迅不在他的文学性创作中表现他自己的苦恼，仅仅表现他的过去——那是他像脱衣服一样丢掉的东西。因此，文学家鲁迅在他的生涯中，使用非创作性的手段表达了他最文学性的灵魂："他没有在作品中使自己分裂，相反，而是通过使作品与自己对立起来，姑且说是在作品之外讲述着自己。他小说古风的形成原因之一即在于此，而他创造了杂感这一独特的文体也与此有关吧。……对他而言，写作

---

[1] 竹内好：《鲁迅》，40页。

小说并不是写作杂感那样的行为，而写作杂感，又以文学史研究的强烈沉潜欲为支撑之后方可成立的一种行为。"(《关于传记的疑问》)〈1〉"行为"，是竹内好为文学定位时使用的关键词，他是在与观念对立的意义上使用这一语词的。在竹内好的语汇里，真正的"行为"必须与不断的自我否定相伴。换言之，真正的行为必须是"挣扎"。竹内好感觉到如果对鲁迅的文学进行真正的界定，那么这种构成文学灵魂的"行为"存在于他的杂文，而不是他的创作之中。因而，讨论鲁迅的文学精神，就不能不把这种行为的载体——杂文——置于重要的位置。为此，竹内好指出，在创作和杂文之间，《野草》充当着桥梁，它具有使创作与杂文连为一体的作用，因而具有重要价值；而这样论述的理由在于，竹内好必须面对一个约定俗成的定见，即文学只是讨论那些就虚构创作而言的文体性问题。他的文学定义，必须从打破这种定见开始。

不言而喻，竹内好对狭义的文学定义也是尊重的。因此，他并没有以激进的方式否定鲁迅文学中虚构作品所占的重要位置。但是，这种尊重并不妨碍竹内好对这种文学理解进行悄悄的解构，这一点体现为他在事实上将"作品"与"文学"分而视之。《鲁迅》共分六章〈2〉，其中第四章与第五章形成了有趣的对照：第四章以"作品"为题，讨论的是鲁迅所说的"勉强可以称得上是创作的"小说、散文、散文诗；但同时，竹内好加了一个说明："我根本没有把创作与杂文相区别，或以这种区别为基准而讨论那种所谓的文学论的意思。我想要做的只有一件事情，那就是确定鲁迅的位置。

〈1〉 竹内好：《鲁迅》，37页。
〈2〉 这六章的标题依次为：《序章：关于死与生》《关于传记的疑问》《思想的形成》《关于作品》《政治与文学》《结语——启蒙者鲁迅》。

我想知道的不是思想、作品行动、日常生活、美的价值,而是支撑着这些杂多方面的某种本源性的什么东西。"⁽¹⁾而在第五章《政治与文学》里,竹内好讨论政治与文学的关系,使用的材料却是鲁迅的杂文,而不是他的创作。换言之,文学家鲁迅所表现的文学与政治的关系,在竹内好看来,只能在他的杂文世界中去寻找。

被竹内好冷落而在一般学界通行的"那种所谓的文学论"的确没有办法把我们导向鲁迅文学的深处。鲁迅文学所具有的强有力的精神,要求着对于文学的重新定义。竹内好的《鲁迅》所做的,正是这样一件事情。他把"文学"从一种创作行为推向终极性和本源性存在本身,同时又使这种终极性与本源性在"文学"的名义下获得现实人生的流动形态。这一点,最集中地表现为他在《政治与文学》一章中的论述:"从政治中游离的,不是文学;通过在政治中觅得自己的影子,然后冲破那影子,换言之,通过对于(文学自身)无力的自觉,文学才成为了文学。政治是行动。因而与其对垒的也必须是行动。文学是行动。它不是观念。但是那行动是以行动的异己化为前提的行动。文学不在行动之外,而是在行动之中,宛如旋转的球体的轴心一般,以集动于一身的极致的静的形态,存在着。没有行动就没有文学,但行动本身不是文学。因为文学是'余裕的产物'。催生了文学的是政治。但是文学在政治中选择出了自己。……真的文学,意味着在政治之中冲破自己的影子。"⁽²⁾这一流动性的"自我选择",就是鲁迅在孙文身上看到的"永远的革命者"的精神。与此相对,只在孙文那里看到革命的成功或失败的"文学"是凝固的世界,它不能进行自我生成,只会导致文学生命的

〈1〉 竹内好:《鲁迅》,107—108页。
〈2〉 同上书,180—181页。

消亡。

在《鲁迅》一书所进行的这种对于文学本源性定位的追究之中，竹内好形成了他对整个世界的"文学结构"的设计。文学是思想，是行为，是政治，是审美，但是它又是远远超过这一切的、催生也废弃这一切的那个本源性的"无"，那个不断流动的影子和不断自我更新的空间。由此，与支那学家的对阵不再是就事论事的技术性讨论，它获得了世界观意义上的自觉；而竹内好在和吉川幸次郎论争时所强调的寻找语词的"无力之感"，以及对被语词背叛的高度警惕，在此进一步化为投射在鲁迅身上的"文学行动"的动力。

《鲁迅》成书之前，正是竹内好经历重要思想抉择的时期。中国文学研究会，这个几乎由竹内好一人确定方向的团体，在这一时期遇到了困境。经过十年的奋斗，这个研究会已经具有相当的影响力，留下了相当的实绩；但是与此同时，它也面对了一个汉学和支那学都面对的问题，那就是如何进行自我更新。汉学和支那学都拒绝正视这个问题，这是竹内好与其对垒的真正原因，而当中国文学研究会也面对同样的问题时，竹内好该怎么办？

竹内好出色地实践了他后来在《鲁迅》中所揭示的那个终极性和本源性的文学态度。1943年1月23日，在武田泰淳宅邸，竹内好召集了五人会议，由研究会的核心成员决定了解散研究会和杂志废刊的结局。与会者之一千田九一在杂志的终刊号上详细描述了当竹内好提议他退出该团体由别人接管时的情境："竹内不干的事谁也不会干，竹内干不了的事谁也干不了。""这是没有第二次机会的文化面临绝境时的姿态。竹内肯定比任何人都感觉到了这一点。……说到底，这是竹内好的活法问题。"〔1〕

---

〔1〕 千田九一：《长泉院之夜》，《中国文学》终刊号，1943年3月。

研究会的解散和杂志的停刊,尽管有一系列的外部原因,但是,根本的原因在于"竹内好的活法"。终刊号上发表的他所写的《中国文学的废刊与我》[1],传达了这一点。这是一篇相当沉重的文章,尽管当时竹内好只有33岁,他却经历了后来写在《鲁迅》中的那种"为了活着而选择"的死亡。使用"废刊"而非"停刊"一词,是因为竹内好意识到《中国文学》这个他为之付出全部心血的"文化"已经"没有第二次机会",它不会东山再起了。这是为什么?竹内好论述了他的三个理由。

第一,竹内好说"我们已经丧失了党派性"。他所指的党派性刚好与世俗的意思相反,即不是在知识界取得某种固定的地位和影响力,而是在充满着矛盾的混沌状态中不断寻求自我确立,通过不断的自我否定而在环境中选择自己,同时通过这样的自我确认改造整个知识界。换言之,党派性不是在外部确立他者从而与之抗衡,而是在内部的本源性矛盾中培育怀疑精神从而谋求自己与环境的更新。竹内好与支那学家所进行的论战准确地体现了这种"党派性",而他并没有获得来自同伴的真正理解。"根本性的矛盾消失了,安定到来了。持续的日子开始了。我不满于这样的研究会。"[2]中国文学研究会没有如竹内好设想的那样改变日本的知识状况,反倒开始向后者妥协从而成为其组成部分。换言之,竹内好对于支那学与汉学的抗争失败了。于是,"党派性"变成了"学术",研究会宿命般地世俗化了。恰恰是向这种世俗化挑战,才构成对于本源性问题的

---

[1] 竹内好:《中国文学的废刊与我》,《中国文学》终刊号,1943年3月。本文后收入《竹内好全集》,筑摩书房,1980—1982年,第14卷,446—458页。为保持一致,以下引文采用《竹内好全集》页码。为简便起见,以下将注释中的《竹内好全集》简称为《全集》。
[2] 同上书,448页。

回归，竹内好放弃了对于光亮的追求，沿着光亮走向那终极性的黑洞。而对这黑洞的追求，也表现了他对日本知识界的失望。

第二，只有废刊和解散研究会才能使竹内好的基本理念变为"行为"，而这一"行为"关系到对日本明治以来东亚问题立场的批判性反思。作为一个现代中国研究者，在太平洋战争爆发之后，竹内好深切地感受到他寄托于这一事件的"大亚洲主义"理念遭到了背叛。下文将要讨论竹内好对于战争的态度，故在此从略；在1943年的时候，竹内好已经开始意识到他曾经无保留地支持过的向西欧宣战的国家行动具有某种欺骗性。但是，他未能达到对战争本身的否定，而仅仅达到了对支持这一战争欺骗性的文化基础的批判。换言之，竹内好对于所谓非殖民式的"解放战争"仍然抱有幻想，并且打算以自己的行动对抗当时的殖民扩张文化氛围，建立真正平等的大东亚文化："今天的文化本质上是官僚文化。官僚文化的性格是自我保全。我们日本不是已经在观念上否定了对大东亚诸地域的近代殖民地统治吗？我认为那是无限正确的。所谓否定殖民地统治，就意味着摒弃自我保存的欲望。这就是说，个体不是以掠夺其他个体来支撑自己，而是通过否定自己而在自身内部催生出包摄其他个体的立场。不是通过掠夺，而必须是通过给予来描绘世界。"[1]这是竹内好在思考战争和亚洲问题时的基本立场，也是他思考日本思想传统的时候最痛心疾首的问题点。因为明治以来的日本在东亚的所作所为，恰恰是竹内好所批判的"自我保全"。在此意义上，竹内好能够做的仅仅是"独善其身"，把自己的"自我否定"理念贯彻到底，使其成为"行为"，解散研究会和废刊。在此意义上，竹

---

[1] 竹内好：《中国文学的废刊与我》，《中国文学》终刊号，1943年3月。本文后收入《全集》第14卷，449—450页。

内好也表达了他对于狭隘但又具有扩张性格的日本文化的失望。

第三，作为从汉学与支那学阵营中以自我否定的方式诞生的现代中国文学研究，它本身亦具有最终走向自我否定的宿命——最终走向对于近代与近代文化的否定。"中国文学研究会必须否定。就是说现代文化必须否定。所谓现代文化，是存在于现代的欧洲近代文化在我们自身的投影。我们必须否定以这种方式存在的我们自身。为什么呢？因为我们把自己界定为在自己内部催生出世界史的创造者。我们必须不是依靠他物来支撑自己，而是在自身中孕育出自我。"〔1〕竹内好在此从"世界史中的近代"的视角指出自我否定的历史意义，提出了一个意味深长的悖论：日本文化只有通过否定日本文化自身，才能够世界化；同时，外国文化问题只有转化为日本文化的问题，才能具有意义。与旧汉学缺乏他者意识的状况不同，竹内好的悖论保存了清醒的他者意识；同时与一般的外国文学研究不同，竹内好的悖论提供了彻底解构以"国家""民族文化"建构他者框架的可能性。特别值得注意的是，当竹内好论述他对"外国文学研究"的看法时，他提出了"日本内部的中国"这一极其复杂的课题。〔2〕当中国文学研究会十年的努力终于使对中国毫无理解的日本社会获得了有关中国文化的基本知识的时候，竹内好却在这种固定化的"中国"意象中发现了最大的危机，这就是所谓的"中国"这一被固化的他者反过来强化了日本的"自我保存"倾向。在这一点

---

〔1〕 竹内好：《中国文学的废刊与我》，《中国文学》终刊号，1943年3月。本文后收入《全集》第14卷，453页。

〔2〕 对此，竹内好在1963年所写的《说说"日本内部的中国"无法实现的事儿》一文中做了这样的说明："'日本内部的中国'这一问题设定，包含着这样一个方法论的原则，即不在他在的意义上思考中国。这一点对于我来说，是战后一贯的基本态度。"（《全集》第13卷，490页）竹内好在战后坚持的这种基本态度，早在他思想的起点上就已经形成，却几乎终生被误解和曲解，不能不说是令人遗憾的。

上,他痛心于中国文学研究会失掉了"党派性",没有在打破官僚文化的层面发挥自己的作用:"中国文学研究会是独一无二的。不仅在理解支那方面是独一无二的,而且在进行现代文化的内在批判方面也是独一无二的。这是因为,我们在方法上遵从了一般外国文学研究的态度,但是这一点反过来说,也使我们得以通过以支那为媒介的方法来批判使一般外国文学研究得以成立的现代文化的框架。在今天,被中国文学研究会所否定的汉学以及支那学,事实上还残存着;不仅如此,中国文学研究会本身也有显著的支那学化倾向。……以否定汉学和支那学为基点、以一般外国文学研究的方法为方法的中国文学研究会,正因为如此不能不走进死胡同。为了否定汉学与支那学,中国文学研究会的自我否定也势在必行了。"〔1〕

当竹内好说以支那为媒介,通过中国现代文学研究来批判现代文化的框架的时候,他涉及了日本现代性问题最基本的方面。这就是民族国家的建构与现代文化的关系。当竹内好与吉川幸次郎论争翻译问题时,他致力于建立真正的日语翻译以区别于旧汉学的训读。换言之,他致力于把中文与日语作为两种文化的载体区分开来;但同时,他对支那学的学术客观性批判又使得这种区分伴随着另一层警惕,亦即在研究主体的意识里随时防止中国这一对象的外在化本身被绝对化。

所以,在竹内好的中国研究里,存在着一个与现代性问题相关的悖论,那就是民族国家导致了现代文化的世界化,而同时又成为现代文化世界化的阻碍。竹内好对这个问题的回应方式,就是构成《鲁迅》核心思想的"挣扎":他进入他的研究对象"中国",以整

---

〔1〕 竹内好:《中国文学的废刊与我》,《全集》第14卷,452页。

个身心体验、感受和理解；同时，他又不断从研究对象中"选择自己"，拒绝被中国化，也拒绝把中国抽象化和符号化。在这无数次的"进进出出"中，竹内好打破了中国与日本的框架，建构了他的个体性认知方式[1]；这种方式在他后来对复刊的《中国文学》提出警告的时候表现得更为充分。[2] 竹内好对于把国家抽象化符号化的警惕是与他在《废刊》中批评的两种极端的思维方式相对立的：一是以通常的外国文学研究态度表现出来的"以自我保存为前提，从而预设对方的存在"的方式[3]；二是预设"经济人啦思想人啦某种抽象的自由人什么的"，表面上不具有竹内好所说的自我保存意向

---

[1] 比如，早在与支那学家论争的时候，他就曾经这样写道："我不相信必须要爱支那人，但是我爱着某些支那人。那不是因为他们是支那人，而是因为他们与我一样，也是总被同样的悲哀缠绕着。"（《支那与中国》，《中国文学》第64号）而在《中国文学的废刊与我》中，他也强调："作为存在物的支那终究在我之外，但因为在我之外的支那是作为应予超越的存在在我之外的，所以在终极意义上说它必须在我之内。自他的对立毋庸置疑是真实的，但这种对立只有在成为我的肉体痛苦的时候它才是真实的。就是说，支那在终极意义上必须被否定。"（《全集》第14卷，455页）

[2] 1946年，《中国文学》经由更年轻的中国学研究者之手复刊，竹内好立刻在复刊的杂志中感受到了思想的枯竭和原创性的丧失。他在同年6月所写《备忘录》一文中对于复刊后的《中国文学》提出了严厉的批评。其中，他又一次强调了"党派性"的意义在于把问题变得具体和有针对性，也就是使思想获得个性；而新的杂志不具备这个特征，把问题搞得大而无当。竹内好说："就我的想法而言，一般性地'敬爱邻邦支那'、一般性地'亲近支那的文学'，这种事情是不存在的。这样的话是没有意义的。不过，倒是存在着凭借这种无意义的语词而获得安心感的人们。而这些人与'日本文化复兴'这样的创造性工作无缘。"（《全集》第13卷，94—101页）

[3] 这一点充分表现在支那学家早期的知识活动之中。青木正儿在《支那迷》中论述了他在接触中国文化时的抵触情绪以及逐渐变成"支那迷"的经过；这种"迷"与竹内好所取态度的不同之处，在于它仅仅在趣味上试图接近中国，却不把自己的全部身心投入其中。换言之，这种支那迷不把支那作为自我否定的一部分来对待。参照本页注〈1〉所引竹内好的中国研究态度，可以发现，这是一种以自我保存为前提的投入。在当时，为了研究支那异文化而建立的这一"外国文学研究"的立场，毋宁说是具有进步意义的；不过它在客观上也强化了现代文化的民族国家框架，不能够使研究者摆脱这个框架从个体生命的角度进入外国文化。

的方式。这就是竹内好所批判的支那学的客观性立场,也是吉川幸次郎所坚持的"大人的立场"。竹内好分析说,这种"旁观的态度""在终极意义上说,是自我保全式的,是肯定欧洲式近代的立场,因而是非历史的,是以某种欧洲式的世界意象为前提的"[1]。换言之,在竹内好眼里,上述两者其实是一回事。但是,以自我保存为前提的"他者意识"和旁观式的"自由人意识",却是当时直至今日知识界通行的两种思维方式,它们通常被视为相互对立的立场;而竹内好在这种表面的对立中所直感到的内在同一性,在于它们同样存在于一种非历史的思维前提之下,竹内好称之为"欧洲近代的立场",认为这两种立场都回避了日本的时代课题,仅仅以抽象和静止的态度来看待流动着的现代世界。这也正是他在下文提出的"哲学性构造"。

姑且不论竹内好把上述思维方式归结为"欧洲式近代的立场"是否准确,也暂时不必在此追究竹内好所说的"欧洲式近代"究竟有什么独特的所指;最重要的是,当竹内好完成上述批判之后,他自命为文学者,而且试图使世界"文学化"。

在《中国文学的废刊与我》的结尾处,竹内好这样写道:"所谓文学的衰退,客观地加以说明的话,就是:世界不具有文学性的构造。今日的世界与其说是文学化的,不如说是哲学化的。今天的文学处理不了大东亚战争。"[2] 从竹内好对于创造-凝固、行为-观念的对立图式的设定来看,所谓哲学构造显然是指向那些凝固与抽象的、不伴随行为(亦即流动性)的观念。在这一意义上,世界的哲学化就意味着生的本源的枯竭和历史的静态化。于是,世界便失

---

[1] 竹内好:《中国文学的废刊与我》,《全集》第14卷,455页。
[2] 同上书,456页。

去了自我更新的能力。

由于《中国文学的废刊与我》对于大东亚战争的理念表示了无保留的肯定态度，它一般被竹内好研究者一笔带过；但是，在理解竹内好的文学立场方面，这是非常重要的文献，因为它正面地表述了竹内好的"回心之轴"，并把这种回心之轴外化为真正的行为。从解散中国文学研究会到主张日本的自我否定，从鼓吹大东亚战争的理念到消解民族国家的框架，竹内好使他的文学性构造在1943年那个苦难的年头里附载于一个最费解的形态，这就是在战争这一凝聚和激化了现代性问题症结点的现代性事件的白热化阶段，竹内好试图将世界的哲学性构造转化为文学性构造。他试图把《鲁迅》所揭示的投入和挣扎于自我否定过程的文学精神，转变为处理现代性问题的最大能源。

竹内好注定失败。战争作为一个伴随着血腥和死亡以及人类兽性暴力白热化的复杂事件，很难直接为竹内好提供以"文学"代替哲学的机会，这个世界当时没有、其后至今也仍然没有获得文学构造；相反，文学正以竹内好所最厌恶的方式衰退。它没有像竹内好所说的那样变成终极性的立场，变成挣扎的真正动力，而仅仅变成了技术与教养，变成了固步自封的地盘。世界的文学化，意味着世界在自我否定的过程中不断自我更新和创造，只有建立了这样的基点，这个世界才会真正理解文学。竹内好在《鲁迅》中所做的一个难以理解的判断，倒准确地概括了文学与世界、文学家与世界的关系："对绝望感到绝望的人，他除了成为文学家没有别的选择。他必须不依赖任何之物，不把任何之物作为自己的支撑，却以此而把一切变成了自己的组成部分。"（《政治与文学》）[1] 如果说，竹内好

---

[1] 竹内好：《鲁迅》，142页。

的失败在于他面对严峻现实的时候表现了过多的理想主义激情，那么他对于现实的判断失误也仅仅是对一时一地局势的判断失误，而非原理上的失误。这些表面上"纸上谈兵"的议论之所以能够超越时空地成为我们的精神财富，就在于竹内好不是纸上谈兵，而是紧扣住现实存在的原理问题理解和实践着鲁迅的"对绝望感到绝望"。当竹内好对文学成为世界的结构的理想破灭之后，他并未因此而放弃这一"绝望"的努力；相反，它成为竹内好战后介入日本社会与现代性相关的一系列问题的起点，也成为他开放文学的原动力。

三 走向绝望，并从绝望出发

1953年，竹内好出版了他继《鲁迅》之后的又一部鲁迅研究著作：《鲁迅入门》（以下简称《入门》）。从书名即可了解，这是一本力图通俗地解释鲁迅、以便战后成长起来的一代人更容易亲近鲁迅的"普及读物"。

距离1943年，这时仅仅过去了十年。然而这十年里，日本社会不仅接受了战败，而且接受了美国主导的盟军占领，如同换了一套新衣服一样地换上了民主制度。尽管这十年里发生了朝鲜战争，琉球被"托管"从而在事实上成为日本获得"主权独立"的交换条件，尽管占领军在日本推行了民主制度之后仍然压制进步势力的政治诉求，但是与战争时期相比，日本人显然获得了从未有过的解放感，也感受到了战争时期很难感受的困惑。

竹内好1953年翻译出版了一本《鲁迅作品集》，除了全文收录《野草》之外，从《呐喊》《彷徨》《朝花夕拾》《故事新编》中分别选取了部分作品，辑成一册。在此前稍早，他以编译的方式出版了另一本《鲁迅评论集》，而这本《鲁迅作品集》是他战后独自承担的第一部翻译作品。

《鲁迅作品集》的出版引发意外的反响，出版社转给竹内好很多读者来信，他们大多是20岁前后的青年。竹内好对这批战争中尚未成年因而没有经历过战场的青年寄托了极大的热情，在他们对鲁迅的反响中看到了日本的希望。《入门》就是竹内好与这一代青年的对话。

竹内好在序言中说：

> 与鲁迅遭遇，在我是不幸福的事件。遭遇本身是不幸福的，遭遇的结果也是不幸福的。假如我当时不是不幸的，我也许不会与鲁迅相遇。我的不幸帮助我发现了鲁迅。由于了解了鲁迅，我没有变得幸福，然而却得以对于自己的不幸有了"了解"。这一点，比幸福更能给我以"安慰"。
>
> 为什么呢？因为鲁迅不允许我们在直视自己的腐肉时稍微躲闪一下视线。……所以，心满意足的人，渴望出人头地的人，还是不要读鲁迅的好。鲁迅只允许一种人把他称为朋友：他们希望与邻人共同幸福，并且因此而想要了解自己这些人的不幸。[1]

竹内好所说的"不幸"，无疑是他在战争时期感受到的日本社会的"病态"。"当世界陷入病态时，自己不可能是独自健康的；当日本整体上病入膏肓时，我们每个人都不可能是幸福的。"[2]而他所说的"希望与邻人共同幸福"中的"邻人"，也并非泛泛所指，首

---

[1] 竹内好：《鲁迅入门》，《全集》第2卷，4—5页。
[2] 同上书，5页。

先指的是中国的民众。

比起十年前的《鲁迅》,《入门》显然更希望全面地介绍鲁迅,这体现为对鲁迅生平和他作品的详细介绍;虽然比起《鲁迅》来《入门》更易读,却未必因此而更加易懂。十年前提出的关于鲁迅的基本命题,因为读者对象的设定而有所简化,却未被省略;相反,不少具体的细节判断,《入门》较之《鲁迅》有了进一步的分析,甚至因此而有了出入。不过,除去这些具体的变化之外,更重要的是,依照《鲁迅》阅读《入门》,可以发现有些基本命题得到了展开。

在《鲁迅》中,对于鲁迅的行为方式并没有多加分析,竹内好只是强调鲁迅不断从环境中选择出自己。而在《入门》中,鲁迅特有的行动方式被作为"模式"明确化了。竹内好这样写道:"正如他去南京是为了脱离家里,去仙台是为了脱离东京的政治社会一样(把这两次行动视为同一个类型,是在传记材料过少的基础上建构出来的假说,这样做固然有些危险),我们可以了解到,他不断地从环境当中脱离开来的欲求,在那个时候已经形成了。后来又过了很久,到了1926年,他逃离北京也几乎是对这一模式的重复。次年脱离广州,也基本上体现了这一模式。如果再加上没有落实到行动上的若干决定,那么,这一模式的不断复制还有好几次。"[1]

竹内好建构的这个假说,把他在《鲁迅》中提出的那个命题推向了具体层面:"他并不后退,也不追随,他先使自己与新时代对决,依靠'挣扎'来涤荡自己,再把涤荡过的自己从那中间拉将出来。"[2] 这个相当抽象的命题,在《入门》中得到了更充分的演绎。竹内好认为,鲁迅从离家赴南京求学时开始,就在不断追求新

〈1〉 竹内好:《鲁迅入门》,《全集》第2卷,17页。
〈2〉 竹内好:《鲁迅》,16页。

知的同时一次次把自己从时代潮流中拉将出来，从放弃开矿的实学转向留学东京，从脱离东京的留学生政治文化而选择无人前往的仙台，到放弃仙台回到东京，一边学习德语和俄语并开始尝试翻译，一边师事章太炎，这些选择的共同点就在于他与时代潮流的距离感。"例如，他没有加入同盟会，这一点似乎是确实的；而关于他与同盟会的前身之一、章炳麟主导的光复会的关系，存在着两种对立的说法：一种是他加入了（许寿裳），一种是他并未加入（周作人）。……但是，即便如此与政治密切相关，就另一面而言，他同时具有从中把自己抽离出来的倾向。也就是说，即使他加入了光复会，他也同时有着看上去并没有加入的一面。"〔1〕鲁迅后来从北京去厦门，从厦门去广州，再从广州去上海，虽然原因各不相同，但是就不想简单融入周围政治环境而言，性质是相同的。

鲁迅这一次次的挣脱与逃离，当然绝不轻松，他通过"挣扎"使自己与时代潮流保持了距离，却并未因此而摆脱政治。竹内好说，在一次次重复这一行动模式的过程中，鲁迅追求的那个影子一样的东西变得越来越纯粹，这使他无法与世道同流合污。但是假如仅仅是直接追求洁身自好的话，他完全可以选择废名或者早期周作人的路，然而他并没有那样做，而是不断地让自己卷入政治旋涡。当然，他的这种选择带给他极度的孤独。

竹内好大费笔墨为鲁迅这个行为模式确定的轮廓，并不止于与时代保持距离。先后作为侵略国国民和士兵在中国经历了战争的竹内好，深知不断从环境中"选择出自己"的困难。在一切并不像事后诸葛亮想象的那样黑白分明的混沌时刻，做出选择需要强有力的精神力量。竹内好在写于1956年的另一篇长文中写道：确认鲁迅

---

〔1〕 竹内好：《鲁迅入门》，《全集》第2卷，30—31页。

的人格内容与思想内容,是个实践性的课题,所以不免因人而异。在瞿秋白看到"清醒的现实主义"的地方,林语堂看到的是"处世哲学",蔡元培则看到了真正的学者。而竹内好本人,"从自己的实践要求出发,我希望姑且把它作为始终独立不羁的精神品质来对待"。[1]

逃离并不是逃跑,鲁迅以他特有的行为模式,不断拒绝他不能妥协的环境。从"三·一八事件"之后开始,他的不少次逃离都伴随着人身安全问题,可以说是"不得不走";然而这并不能解释他的行为模式。他逃而不避,逃而不离,以他称之为"壕堑战"的方式拉开距离地对抗。而独立不羁的精神品质,最终为他带来了深刻的绝望。他孤独,却并不虚无,于是,他开始了"绝望的抗战"。

竹内好在《鲁迅》中对鲁迅的绝望是如此说明的:"对绝望感到绝望的人,他除了成为文学家没有别的选择。他必须不依赖任何之物,不把任何之物作为自己的支撑,却以此而把一切变成了自己的组成部分。"[2]这个相当暧昧的说法,能够明确传达的,其实只是鲁迅不在绝望处止步,因此他没有虚无,并因此而投入不妥协的战斗(即竹内好反复强调的"行动"),由于对"绝望"本身缺少分析,读者很难理解对绝望感到绝望之后为何不能依赖任何之物。在《入门》中,竹内好进一步展开了这个命题,并且正面解释了鲁迅的"绝望":"'绝望'是一种确信,然而它却是无法主张的确信。'绝望'是意识的状态,却是不安定的状态。安定的绝望不是绝望。绝望正如没有延长线的点,是只有通过'有',才能将自己表现出

---

[1] 竹内好:《历史中的鲁迅——为了鲁迅文学的入门》,《全集》第2卷,322页。
[2] 竹内好:《鲁迅》,142页。

来的'无'。就是说，绝望不具有自身，它本身就是可疑的（不可疑的东西不是绝望）。"[1]

紧接着，竹内好引用了《两地书》中鲁迅写给许广平的一段话："因为我常觉得惟'黑暗与虚无'乃是'实有'，却偏要向这些作绝望的抗战，所以很多着偏激的声音。其实这或者是年龄和经历的关系，也许未必一定的确的，因为我终于不能证实：惟黑暗与虚无乃是实有。"[2]

绝望作为一种"不安定的状态"，传递了特定的感觉。假如绝望是通过"有"才能表现出来的"无"，这就意味着表现出来的种种"绝望"并不是它本身。鲁迅的偏激，是绝望的表达形态，但并不是绝望本身，一切实有并非真实，但黑暗与虚无本身也不真实。这里需要强调一点：在鲁迅那里，黑暗并不仅仅是身外之物，也同时是渗透他骨髓的内在要素。用竹内好的话说，他与他所直视的黑暗并没有分化。这一点带给他深刻的痛苦，而只有在这种痛苦中，他才能意识到自我。鲁迅文学的本源，不曾偏离与这种黑暗进行绝望抗争的抵抗感。[3] 如果我们有能力搁置常识意义上"与黑暗对垒"时外在于黑暗的感觉，我们才能进入这个与黑暗一体却不断抵抗黑暗的鲁迅，才能理解何以鲁迅以黑暗表述自己内心的同时，也以黑暗表述他的抵抗对象。鲁迅的"确信"建立在不安定之中，绝望本身是可疑的，同时，鲁迅的论敌也是可疑的。这令人联想起《野草》中的名篇《这样的战士》。当战士举起投枪的时候，他面对

---

[1] 竹内好：《鲁迅入门》，《全集》第2卷，38页。
[2] 鲁迅：《〈两地书〉第一集·四》，《鲁迅全集》第11卷，人民文学出版社，2005年，21页。
[3] 参见竹内好：《作为思想家的鲁迅》（1949年），该文后以附录形式收入创元社文库版《鲁迅》（1952年）。

的却是"无物之物"。投枪射出,对方颓然倒地,然而倒地的却只是外套,无物之物已经逃脱,它们或将幻化为另一些形状,显现为与其实质正好相反的假象,并因了这假象而获得舆论的支持。而战士,在这时却成了戕害慈善家等类的罪人。鲁迅一生就在这样的无物之阵中战斗,他无法真刀真枪地对垒,打出去的总是空拳;这正是鲁迅所说的"绝望的抗战"的内涵。

如此一来,鲁迅不能依赖任何之物的绝望,就比较容易理解了。假如我们小心地避免用常识意义上的绝望和虚无来理解鲁迅的话,那么他在给许广平的信中所说的不能证实黑暗与虚无乃是实有,就是问题的关键。这封信写于鲁迅与许广平开始通信的早期,正值三·一八惨案的前一年。接续此前的信,讨论的是"如何战斗"的问题。在前面的一封信中鲁迅写道:"对于社会的战斗,我是并不挺身而出的,我不劝别人牺牲什么之类者就为此。欧战的时候,最重'壕堑战',战士伏在壕中,有时吸烟,也唱歌,打纸牌,喝酒,也在壕内开美术展览会,但有时忽向敌人开他几枪。中国多暗箭,挺身而出的勇士容易丧命,这种战法是必要的罢。但恐怕也有时会逼到非短兵相接不可的,这时候,没有法子,就短兵相接。"[1]

年轻的许广平在回信中说,自己的性格使然,很难与环境同流合污。她借子路在战斗中因恪守孔子"君子死冠不免"的教诲而被敌人所杀的典故表示,被砍成肉泥或许可以,但壕堑战是很难忍受的,没有办法时就只能站出去。鲁迅回信说,子路死得有点迂,帽子掉了,原本可以不理会,披头散发战起来,也许不至于丧命;因为听信了孔子的话,导致"结缨而死"。孔子本人却很滑,厄于陈蔡时却并不肯饿死,违背了他一向的信条。所以青年不平与抗战是

---

[1] 鲁迅:《〈两地书〉第一集·二》,《鲁迅全集》第11卷,16页。

必要的，但最好不要轻率地牺牲。提倡"壕堑战"无非是为了多留下几个战士。

在这样的上下文里，鲁迅提出了"黑暗与虚无"是否实有的问题。比较容易理解的表面逻辑，是鲁迅不希望年轻一代受到自己作品中黑暗情绪的影响，但是一旦与信中的上下文联系起来考虑，恐怕问题就不止这些了。提倡壕堑战，是因为中国多暗箭，轻易地挺身而出容易丧命；而多暗箭的中国又多僵化道德，它鼓励高调姿态，青年也难免受到影响，在很多情况下，"挺身而出"很可能是无意义的。在鲁迅看来，女师大学生必须学习自卫，拒绝子路式的迂腐，不能被表面上堂皇的口号绑架。不能证实黑暗与虚无的实有，在鲁迅这里，并非意指黑暗与虚无不存在，而是说它们并没有固定的形状。那些通行的正确观念和口号，并不能引导人认知它们，却有可能葬送战士的热情乃至性命。

"绝望之为虚妄，正与希望相同"，鲁迅说自己就偷生在这不明不暗的"虚妄"之中，"而我的面前又竟至于并且没有真的暗夜"。[1] 鲁迅一生战斗在"无物之阵"中，他不断受到各种攻讦，正是因为他的壕堑战术不仅拒绝"挺身而出"，而且常常把枪口对准"慈善家、学者、文士、长者……"。正是这种不断交手又不断打空拳的经历，让他慨叹"没有真的暗夜"。

鲁迅一生战斗在文坛，他主要的对手并不是所谓迂腐黑暗的封建旧势力，而是时髦的新派文人，是打着各种耀眼旗号的进步知识分子。鲁迅这样写道："我自己也知道，在中国，我的笔要算较为尖刻的，说话有时也不留情面。但我又知道人们怎样地用了公理正义的美名，正人君子的徽号，温良敦厚的假脸，流言公论的武器，

---

[1] 鲁迅：《野草·希望》，《鲁迅全集》第2卷，人民文学出版社，2005年，182页。

吞吐曲折的文字，行私利己，使无刀无笔的弱者不得喘息。倘使我没有这笔，也就是被欺侮到赴诉无门的一个；我觉悟了，所以要常用，尤其是用于使麒麟皮下露出马脚。"[1]

鲁迅杂文中最为重要的主题之一，就是在各种文坛事件中"使麒麟皮下露出马脚"。他的激烈，他的尖刻，不能理解为性格所致，也不能以鲁迅的批判是否正确作为标准反过来衡量他的激烈。事实上，鲁迅的有些批评事后看来并不准确，甚至部分具体判断是错误的。但是，鲁迅却并不曾迷失方向。在他引发和卷入的大大小小论战中，他彻底地致力于"使麒麟皮下露出马脚"，一生不曾改变。可以说，他针对的不仅仅是事件中的个人，更是新文化运动退潮之后文坛的"不明不暗"之风。各种美名与徽号，往往掩盖着拙劣和丑恶，这使得鲁迅不能轻易相信新的比旧的更有价值，他向一切以新事物名义占领高地的旧势力开战。这正是使得鲁迅"不依赖任何之物，不把任何之物作为自己的支撑"的原因所在：旧的不是他想要的，新的同样不可靠，他的武器正如《这样的战士》描绘的那样，不是毛瑟枪，不是盒子炮；他也没有甲胄自卫，只有蛮人使用的脱手一掷的投枪。

这种拒绝一切现成武器的战斗，构成了鲁迅文学的特征。竹内好在《入门》中解释了鲁迅式绝望的"不安定"性，并把不安定与"行动"和"非实有"结合起来体会，针对的是通行的把正确的和善的事物以及它们的对立面固定化的思维惰性。为此，他给《入门》中关于鲁迅的绝望这一节确定了一个饶有兴味的标题：走向绝望，并从绝望出发。对竹内好而言，鲁迅的绝望是他战斗的动能，

---

[1] 鲁迅：《华盖集续编·我还不能"带住"》，《鲁迅全集》第3卷，人民文学出版社，2005年，260页。

只有从绝望出发,才能理解鲁迅思想深处的那个"黑洞"。

有一个事件能够具体地向我们展示鲁迅式绝望的特征,这就是在1936年展开的"国防文学论战"(亦称"两个口号论战")。

1936年,文化界就是否应该在国防文学的口号下进行创作、文学艺术界如何放弃立场之别,共同推进国防文学等问题进行了论战。论战的背景,是日渐升级的日本侵略态势,和民众日益高涨的抗日情绪。在这样的局势下,提倡捐弃前嫌,在文学艺术界建立抗日统一战线这样的口号,毫无疑问是顺应历史潮流的。

然而国防文学的口号仍然引起了论战。论战一方的核心人物是鲁迅。1936年6月成立的中国文艺家协会,发表了由111人署名的关于组织更广泛统一战线的宣言,鲁迅没有加入,而是在7月发表的《中国文艺工作者宣言》上签名;该宣言78位署名人中有65人没有加入文艺家协会,所以就在事实上被视为与其对立的另一个组织。如果仅仅看两篇宣言的内容,其实并没有什么根本性的龃龉,但是双方却展开了激烈的论战。于是,作为与"国防文学"相对的"民族革命战争的大众文学"这一口号的倡导者,鲁迅被视为破坏已开始形成的统一战线的主要人物。

竹内好下一代的鲁迅研究家丸山升,在细致的资料考索基础上,注意到了国防文学论战的基本特征:这不是一场关于是否应该结成文坛统一战线的论战,而主要是对于"左联"成立以来文化人内部宗派斗争的清算;尽管论战以"国防文学"还是"民族革命战争的大众文学"这两个口号的理解为线索展开,但是鲁迅、茅盾等主张后一个口号的人,也都承认"国防文学"有它的存在价值。在鲁迅的病情开始恶化的时候,他以口述的方式请冯雪峰代笔了两篇短文,其中《论现在我们的文学运动》明确提出:口号和空论并不是问题的关键,需要的是实际工作,而文学创作需要的不是在作品后面插一条民族革命战争的尾巴,而是真实的生活[1];在逝世前不久,鲁迅在冯雪峰起草的初稿上进行了大幅度删改,完成了《答徐懋庸并关于抗日统一战线问题》,这一篇长文更深入地显示了鲁迅在这场论战中真正关注的问题。

丸山升对《答徐懋庸并关于抗日统一战线问题》手稿进行了详尽的研究,并对比了冯雪峰的初稿和鲁迅修改稿的差异,对其中有深入探讨价值的部分进行了分析。他提供了如下发现:一、冯雪峰初稿的前半部分以理论和思想层面的分析为主,这一部分鲁迅并未多加修改,只是对其中谈到人物时的具体说法进行了少量订正;二、冯的初稿在论及具体人物比如徐懋庸和"四条汉子"时,通常使用比较中性的、回护性的语言,但鲁迅把它改得更为尖锐激烈;三、鲁迅集中改动的是文章后半部分,他大量删除冯的初稿,亲自动笔重写。重写的内容,主要是关于具体人物的评价,具体反驳了徐懋庸对他的指责,并对当时文坛"喊喊喳喳"的小报风气提出了严厉批评。鲁迅质问:"在'统一战线'这大题目之下,是就可以这样锻炼人罪,戏弄威权的?"[2]

丸山升细读了这篇论战文字,提出了这样的分析:"对于前半部分很少修改,是因为比起这半部分来,鲁迅的关心更倾向于后半部分所涉及的周扬等人的作风问题,包含对胡风、巴金、黄源等人的态度在内的文艺界人际关系问题。"[3]

---

[1] 鲁迅:《且介亭杂文末编·论现在我们的文学运动》,《鲁迅全集》第6卷,人民文学出版社,2005年,612—614页。
[2] 鲁迅:《且介亭杂文末编·答徐懋庸并关于抗日统一战线问题》,《鲁迅全集》第6卷,558页。
[3] 丸山升:《由〈答徐懋庸并关于抗日统一战线问题〉手稿引发的思考》,丸山升著,王俊文译:《鲁迅·革命·历史——丸山升现代中国文学论集》,北京大学出版社,2005年,273页。原文见丸山升:《鲁迅·文学·历史》,汲古书院,2004年。

鲁迅并不反对抗日统一战线，所谓两个口号之争并不是他关心的焦点。这篇论战文字与鲁迅其他辛辣的杂文一样，并没有在抽象层面展开，针对的是非常具体的人物评价问题。在距逝世仅两个月的病笃状态，鲁迅亲自执笔删改了这篇文章，对文艺家协会主导者们的不信任感乃至激怒的情绪，透过字里行间折射出来。这篇论战文字的写作，无疑在结果上缩短了鲁迅的寿命，他何以在病中执意做这件事呢？他难道真的是徐懋庸所说的"不看事而只看人"（见《答徐懋庸》文章开头所附徐懋庸给鲁迅的信）吗？

竹内好早在1946年同样注意到了丸山升通过绵密的考证关注的这个"修改后半部分"的问题。他在这个时候还无从获得丸山后来使用的那些史料，但是，却得出了与丸山在方向上相当接近的判断。竹内好说：

> 在民众一致希望建立抗日统一战线的时刻，即使曾经反对抗日的人也因为惧怕被视为汉奸而不得不叫喊统一战线口号；但是，鲁迅知道，1931年9月让持有武器、"曾经训练过的'民众'"（《中国文坛上的鬼魅》）出来对付为对日出兵请愿而徒步赴南京的学生团体的革命官僚，和1919年5月4日杀害抗日学生的军阀官僚一样，在即将到来的抗日斗争中都不会是真实的战斗力量；鲁迅还知道，"'联合战线'之说一出，先前投敌的一批'革命作家'，就以'联合'的先觉者自居，渐渐出现了。纳款，通敌的鬼蜮行为，一到现在，就好像都是'前进'的光明事业"（《半夏小集》）。鲁迅知道，因害怕镇压而背叛了革命作家大众组织"左翼作家联盟"的"民族主义文学"家，并不能担当起作为民族主义正确内容的民族革命战争；鲁迅知道，在对内敌斗争方面背叛同伴的卑劣者，在对外敌斗争的方面也

有背叛同伴的危险；鲁迅比任何时候都深刻地知道，无论战线的统一如何必要，毋宁说战线的统一越是必要，仅仅依靠妥协形式建立的统一就越是妨碍形成真正的统一。

鲁迅知道这一切的一切。鲁迅的"知道"，并非作为思想的"知道"。那是作为肉体、作为投身于其中的"挣扎"，作为倾注了文学家诚实的行为，通过他一生的体验所获得的"知道"。〈1〉

这也正是鲁迅式"绝望"所具有的积极内涵。他通过一生与"无物之物"战斗的体验，在各种攻击中深切体会到"不看事而只看人"的必要性；准确地说，就是不看对方说什么而看他怎么做。然而正是在这个过程中，鲁迅失掉了很多政治正确，他无法利用公认的正确思想乃至正确口号来说明自己，因为它们都被论敌作为道德高地抢占了；他也无法摆脱论敌加给他的各种"罪名"，因为他不得不向这些道德高地开战。《这样的战士》开篇即强调战士并没有各种新式武器，也没有自卫的甲胄盾牌，表达的正是这样的处境。应该说，对于提倡抗日统一战线的文艺家协会主导者的不信任，对于其中一些人宗派习气的抗拒，特别是对于在"大题目"之下戏弄威权的可能性，这一切使得鲁迅甘冒破坏抗日统一战线的风险推动论战；正如竹内好所说的那样，鲁迅的这个行为，并不是奉行某种思想的实践，而是作为肉体的、倾注了他诚实体验的"挣扎"。

绝望于绝望，在鲁迅那里，并不是一种思想状态，而是生命的内在驱动力；用竹内好的话来说，那是因为绝望本身就是可疑的，它是只能通过"有"来表达自己的"无"，它本身是不安定的，因

〈1〉 竹内好：《关于鲁迅之死》，《全集》第1卷，189—190页。

此没有静止的确定形态。鲁迅所说自己的"多疑",或许是绝望最深刻的表达,这种深刻的内在驱动力,使他即使在临终之际,也不肯放下蛮人的投枪——他以具体人物的是是非非来论战,并不依靠所谓的思想高度,这暗示了鲁迅对于思想观念使用方式的警惕。在鲁迅活动的文坛上,以"大题目"取胜是容易的,以臧否人物承载思想却是艰难的。然而鲁迅做到了。竹内好敏锐地察觉到,鲁迅式绝望,鲁迅式挣扎,才是鲁迅思想的灵魂。

1946年,竹内好在讨论鲁迅之死的时候,非常动情地写下那一连串"鲁迅的知道",从他的修辞方式,可以明显地感觉到他对此投入的深度。经历了战败,日本思想界发生了巨大转变,曾经被禁止的语词例如民主、自由等等忽然获得了正当性。但是这并不意味着曾经的黑白颠倒又回到了正轨,竹内好从鲁迅那里学到的,正是不依赖正确的观念,而是通过体验诚实地面对现实。应该说,这是支撑了竹内好战后思想活动的基本立脚点,也是他敢于处理那些进步人士不屑于处理的保守乃至危险思想的原因所在。

竹内好这个思想习惯的形成并非始于战后。不回避政治不正确的危险,执意追索问题的真实性格,这是战争期间主编《中国文学》的经历赋予竹内好的基本品质。在这个混沌而暴力的时代里,竹内好形成了他走近鲁迅式绝望的感觉方式。

在中国被称为"支那"的20世纪30年代,竹内好使用"中国"这个语词建立了中国文学研究会,当时汉学和支那学的主流还在使用"支那"一词;但是随着时代推移,由于意识到中国人对"支那"一词的反感,也由于"支那"一词不够现代,颇有过时感,于是包括汉学家和支那学家在内,日本文化人多把"支那"改称为"中国"。这时,竹内好却反其道而行之,把他一贯使用的"中国"改称为"支那"。在1940年写作的《支那与中国》里,竹内好申明他何以这样做。他说，语词本身是无罪的，把"支那"改成了"中国"，中国人所厌恶的歧视态度就消失了吗？以中国之名建立的中国文学研究会，真的履行了值得以"中国"命名的文化使命了吗？竹内好对于依靠流行的价值判断而选择语词这一文化行为所包含的轻佻性格，明确地加以拒绝。他说，对他而言，中国这个语汇是他目前无法穷尽的，而被视为陈腐之词的"支那"，对他而言刚好合适。他说："假如支那人在支那这个称呼里感受到了侮辱，那么我希望拂去这种被侮辱的感觉；我希望可以培养这样的自信：有朝一日在支那人面前，毫不踌躇地、不需要忖度对方心情地、干脆地使用支那这个词。……支那这个词假如能够切实地使用到位，那么，用中国取代支那就不过是举手之劳而已。为了这一天的到来，我现在要不断练习使用支那。在这一天到来之前，别人使用支那也好，使用中国也好，或者使用片假名音译'中国'也好，我都不打算在意。我不打算简单地理解语词的问题。"[1]

不过，《支那与中国》最值得关注的，不是这部分对于语词使用的轻率性与绝对化的批判，而是该文以大量篇幅描写的1937—1939年竹内好在北平生活期间乘坐人力车的感受。人力车夫这个"五四时期"曾经被各种立场的中国文化人描写的意象，在竹内好的笔下具有了另外一种象征色彩。竹内好写道：他乘坐人力车的时候，离开了地面，于是获得了安心感，思考力也恢复了，这时，他觉得自己与北平澄澈天空之间的距离缩短了。当车夫停下脚步他不能不下车的时候，便会感到地面的憋闷。这个象征性的描写无疑表述的是竹内好在现实中的压抑感和对于精神自由的渴求。但是，当这种很容易被抽象为一般文化人的通行感觉以人力车夫作为表达的

---

[1] 竹内好：《支那与中国》，《中国文学》第64号，1940年。

媒介时，竹内好传递了特别的信息：车夫帮助他离开了地面，获得了精神的解放；而让他获得了这种解放感的，却是在不断乘坐人力车的过程中形成的一个自我诘问："我能给这个人什么？"随着这个设问的不断重复，它不再具有意义，只剩下了形式。正是这种形式，为竹内好提供了思考的契机，让他开始海阔天空地驰骋思绪，并且得出了一个有些跳跃的结论："我们的中国文学岌岌可危！"[1]

在"五四"新文学开端处，人力车夫曾经被赋予多重内涵。胡适、沈尹默表现了同情，鲁迅表现了尊敬，蔡元培则在人力车夫身上发现了"人"。然而这一切似乎都没有对竹内好产生影响，他只是引用了徐志摩《谁知道》中的一段诗句：

"我说拉车的，这道儿哪儿能这么的黑？"
"可不是先生？这道儿真——真黑！"
……
天上不见一个星，
街上没有一个灯，
那车灯的小火
囊着街心里的土——
左一个颠播，右一个颠播。
拉车的走着他的踉跄步；
……[2]

徐志摩这首长诗，缺少其他人力车夫作品的写实色彩，具有明

---

[1] 竹内好：《支那与中国》，《中国文学》第64号，1940年。
[2] 徐志摩：《谁知道》，《志摩的诗》，人民文学出版社，1983，73—74页。

显的象征性。随着每一段诗句修辞的不断重复，此诗营造出一种诡异的氛围。进一步说，人力车夫并不是徐志摩的书写对象，而是他的书写媒介。竹内好引用了这段诗，准确地传递了他试图在文中讨论的课题：在30年代末40年代初期，作为媒介，支那与中国这两个语词，在凝缩着悠久历史的意义上，象征着不同的内涵，歧视与反歧视的问题，新与旧的问题，仅仅是这两个语词的一部分表层语感而已。

竹内好说：人道主义者蔡元培在人力车夫身上发现了"人"，但是他自己却没有能够得到同样的发现，"反倒是在车夫身上感觉到了人的根源——如果说有这种东西的话——的存在。那是某种超越了生生不息之人的茫然的实体。催生出在所谓无限时空中扩展的人间，我感受到了那样的土壤。……茫漠之物，可以称之为天地，称之为混沌。在现世中显赫一时的人们，不久必然会灭亡。人们所归属的某种本源性的东西，假如把它以民族的名义命名的话，我觉得恐怕那应该称之为支那民族吧"。[1]

这篇评论的写作，针对的是日本中国学界乃至文坛一窝蜂地把"支那"改成"中国"的倾向。竹内好并不认可这种依靠修改语词证明自己跟上时代潮流的做法，所以作为最早在中国文学研究领域倡导"中国"一词的人，他在这时反倒选择使用人们纷纷放弃的"支那"。以北平人力车夫为媒介，他试图让"支那"这一语词承载混沌苍茫的历史。战后《鲁迅》再版时未经他的同意，出版社擅自把"支那"改成了"中国"，遭到了他的抗议。虽然竹内好也在其他论文中使用"中国"而不再使用"支那"，但是他显然希望在《鲁迅》中保留40年代初期他所经历的这段抗争的痕迹。

---

[1] 竹内好：《支那与中国》，《中国文学》第64号，1940年。

不过，竹内好在这里提出的问题并不是使用什么来称呼中国，而是在何种情况下，人们才能不在语词层面打转，殊途同归地使用不同的称呼；在何种情况下，可以毫无顾忌地使用"支那"这个词而不会被中国人厌恶。他敏锐地觉察到，人们在迅速改换名称的同时，也迅速避开了反省自己的麻烦。所谓跟上时代，其实不过是在不改变自己的情况下自我粉饰的手段。这一次，他并没有把矛头指向汉学和支那学，而是大声疾呼：我们的中国文学岌岌可危！

在更深刻的意义上，竹内好在这里提示了一个他并未展开的课题意识：当他自我诘问"我能给这个人什么？"的时候，他面对的不是一个车夫，而是无限时空中的人的本源。竹内好笔下车夫的形象，让我们联想起鲁迅《颓败线的颤动》中那个老妪，当她张开两手面向苍穹的时候，人类的语言失去了意义。在车夫身上，竹内好发现的不是"人"，而是历史，是中国历史那混沌苍茫的宏大能量。在这样的历史面前，竹内好感觉到了自己苦心经营的中国文学研究苍白无力。这种无力感，是他在晚年回忆自己一生思想历程时重要的支点，富有悖论意味的是，恰恰是对这种无力感的自觉，为他提供了一生拒绝历史虚无主义的可靠保证。

应该说，竹内好这时已经在酝酿三年之后的"废刊"了。或许他已经意识到，鲁迅当年从绝望出发的那份决绝，也将在自己的生命中催生巨大的能量。与鲁迅的遭遇，使他不会在直视自己的腐肉时稍微躲闪一下视线；与鲁迅的遭遇，让他强化了不依赖现成观念、诚实地面对具体问题的习惯；与鲁迅的遭遇，使他真正开放了文学的边界，从而以鲁迅文学的精神，投入战后日本的思想重建。

第二章

探寻现代文化政治

一 竹内好的近代论述：作为世界结构的文学

1948年，在丸山真男发表他的《从肉体文学到肉体政治》的前一年，竹内好发表了《中国的近代与日本的近代——以鲁迅为线索》(后改名为《何谓近代——以日本与中国为例》)〔1〕一文。与丸山真男抨击日本社会的实体化所具有的前近代性的方法相反，竹内好的日本近代批判是从日本无抵抗的近代化着眼的。而恰如竹内好为该文所加的副标题所示，这篇探讨日本战后的近代化出路的长文，是以鲁迅为线索的。该文开篇就说道：尽管鲁迅包含有很多前近代的成分，但他仍然是建设了近代文学之人。鲁迅的出现重新书写了历史：在鲁迅之前，有过若干先驱者的类型，但是他们从历史里孤立了出来；只有当鲁迅出现了，他们才有可能被评价为先驱者。而构成了鲁迅精神核心的，是他的"抵抗"。

在这篇讨论日本与中国近代的论文中，核心命题是：日本的近

---

〔1〕 竹内好：《何谓近代——以日本与中国为例》，《全集》第4卷，128—171页。为了引文的一致性，以下均以《何谓近代》为题。

代是一种"优等生文化",是不断向外的、缺少自我否定的"奴隶"文化,是一种无媒介的转向文化;与此相对,中国的近代是一种不断指向自身内部的"回心"文化,它不断以抵抗为媒介而促进自我的更新。竹内好摧毁了日本近代主义者对进步观念的理解,指出明治维新的成功恰恰意味着近代日本堕落的开始,因为日本在不断加速的近代化过程中,形成的只不过是奴隶变成奴隶主的结构而已。

这一基本命题不言而喻具有划时代的意义,所以它一直是日本思想界所关注的重要文献;该文1948年发表之后,1951年被收入竹内好的《现代中国论》(河出书房,1951年9月);1959年被收入筑摩书房的"现代教养全集"第15卷《日本文化的反省》,1964年《中央公论》10月号特集又将其作为"创造了战后日本的代表论文"收录于其间,并附野村浩一所写的解说;1971年筑摩书房"现代日本文学大系"第78卷《中村光夫・唐木顺三・臼井吉见・竹内好集》也收入该文。但是,尽管这篇论文成为战后日本讨论日本近代问题的名文,却不等于真正得到了理解——在1966年竹内好亲自为收入该文的《竹内好评论集》第3卷《日本与亚洲》写作《解题》的时候,他是这样评价这篇论文的:"发表当时几乎不曾得到注意。相隔十六年入选《中央公论》,只能说是一个奇缘。野村浩一氏在解说中写它是'战后日本所诞生的、语词本来意义上的历史哲学之一',我觉得这是以主观意愿而非实际效果为准的、好意的解释。"[1]竹内好显然没有得到他所期待的阅读效果。换言之,假如仅仅在"回心"与"转向"之间理解东方的现代化,不能企及竹内好要表述的根本性问题。事实上,这篇重要的文章里最不重要的才是它所使用的"回心""转向"一类术语,与一般的学术论文不同,

---

[1] 竹内好:《解题》,《全集》第4卷,444页。

我们只能依靠这些语词寻找进入这篇论文的路径,而不能把它们视为文章的基本立论乃至关键词。

《何谓近代》在结构上相当松散(这当然是由于作者在极度的生活困难中不能连续写作,但同时也因为它包含了太多的命题以及作者自身的表述习惯问题),贯穿全篇的潜在线索只有鲁迅。所以,必须借助竹内好对于鲁迅的独特解读,才能了解它的基本思路。论文的开头部分,借助鲁迅在中国近代历史中的位置,阐述了竹内好的"历史哲学"(应该说,野村浩一的这个评价是准确的)。竹内好首先强调,鲁迅的出现具有"改写历史的意义",在稍后讨论欧洲近代历史形成的段落中,他又以欧洲近代为例深化了"改写历史"的内涵:"所谓近代,是欧洲在从封建的存在中解放自己的过程中(就生产面而言,是自由资本主义的发生,就人而言,是独立平等的个人人格的成立),把从那封建存在中区别出来的自己作为自己,在历史里注视着它的自我认识,因此在根本上,既可以说使欧洲得以成立的就是在这样的历史之中,又可以说使历史本身得以成立的就是因为有了这样的欧洲。历史并不是空虚的时间形式。如果没有使自己成为自己、为此而与困难相拼搏的无限个瞬间,那么自我会丧失,历史也会丧失吧。"[1]在后面论述欧洲与东洋一进一退的紧张关系时,他又写道:"前进—后退是瞬间。它是欧洲之所以为欧洲(因而东洋不再是东洋)的紧张的瞬间。所谓瞬间,与其说它是作为极限没有延长的历史上的一点,毋宁说那是历史从中产生出来的场所(不是扩展)的意思。"[2]这就是竹内好的历史哲学,也是他所说的鲁迅"改写历史"的含义。它的表述虽然有些晦涩,却不难理

---

[1] 竹内好:《何谓近代——以日本与中国为例》,《全集》第4卷,130页。
[2] 同上书,137—138页。

解，至少，我们可以借助本雅明《历史哲学命题》中惊人一致的论述理解竹内好说的意思，那就是历史只有借助现在的主体才能够存在，而且它只有当现在的主体具有了高度紧张的危机意识的时候才能在瞬间展现并使得主体进入历史。但是问题在于，理解了竹内好的这种历史哲学之后，必须追问的是，他为什么要强调瞬间所具有的没有延长和扩展的特性并把它视为历史所由诞生的母体呢？当他强调历史不是客观存在的延续性的实体，而是以没有任何回旋余地为前提的"瞬间"的产物时，当他强调没有自我和自我形成的紧张就会丧失历史的时候，他想告诉我们什么呢？

我们不妨参照上一章最后一节讨论的"鲁迅的绝望"。在《鲁迅入门》中，竹内好同样使用了没有延长的点这一说法，但是他讨论的是鲁迅的绝望。把这两个不同的用法放在一起比较，可以理解竹内好对于极限状态的独特理解。他认为历史不是各种条件松弛累积的结果，而是危机饱和的瞬间以不可扩展的方式爆发出来的不可视之场域；这同样也是他对鲁迅式绝望的诠释。在鲁迅《影的告别》中出现的那个具有极其强烈的内在张力的意象中，我们可以具体地感受到竹内好所说的"绝望正如没有延长线的点，是只有通过'有'，才能将自己表现出来的'无'"的意义。影子没有属于它的落脚点，无论是阳光下还是黑暗中，它都无法驻足；影子也没有属于它的时间，只有"睡到不知道时候的时候"，它才有可能出现，并且白天和黑夜都不是它安身之处，就连从黑夜向白天过渡的半明半暗也不能让它安顿；这就是极限状态。竹内好把以西方近代象征的"历史"和鲁迅的绝望，共同作为没有延长线的"点"加以定位，他的着眼点恰恰是这种极限状态。竹内好在鲁迅身上看到了坚持这种极限状态的艰难：只有在不安定的情况下，也就是只有在高度紧张的运动当中，极限状态才能得到坚持。当紧张松弛，绝望被固化，极限状态就被放弃了。

竹内好紧接着谈到这种紧张的瞬间是"欧洲式的"，并强调说界定它是欧洲式的或东洋式的根据并不充分，它或许只是一种不可知论或相对论；但讨论这一类问题不是他的任务："我只是基于自己经验性地了解到的情况，以文学的直感为线索，试图解决面对的（亦即现在我自身的）问题。与其说是解决，或者不如说是摸索问题的本身。"[1]换言之，竹内好并不是哲学式地对这个世界的东西方对立问题和历史形成图式给出一个"说法"，他面对着非常实在的对立面，他的历史哲学针对的就是他所不满的知识处境而发的。他想告诉我们的是，历史正在被实体化，被作为可以利用知识不断接近的客观实在物而凝固化；在这个凝固的思维方式之上，人们争论不休的东洋和西洋的对立问题或者历史认识的相对化之类的问题只是伪命题。所以竹内好说："对我来说，认为所有的东西都可以提炼出来的理性主义的信念是可怕的。与其说是理性主义的信念，毋宁说是使得那信念得以立足的理性主义背后所存在的某种非理性意志的压力是可怕的；而且它被我视为欧洲式的东西。我一向并没有意识到自己的恐惧感情包含了这样的内容。我只是感觉到：日本的多数思想家、文学家，除掉少数的诗人之外，他们感觉不到我所感觉的东西；他们不害怕理性主义；并且他们所称的理性主义（包括唯物论）我怎么看也不像是理性主义——于是我感觉到了不安。就在此时，我与鲁迅相遇了。而我看到，鲁迅以身相拼，隐忍着我所感受到的恐怖。或者毋宁说，从鲁迅的抵抗之中，我得到了理解自己感觉的线索。我开始思考抵抗的问题，就是从这时开始的。"[2]这

---

[1] 竹内好：《何谓近代——以日本与中国为例》，《全集》第4卷，138页。
[2] 同上书，144页。

才是竹内好所要告诉我们的真意,也是他强调自己以"文学性的直感"为线索的沉重语感。这篇写于1948年的论文揭示的问题贯穿了竹内好一生的论战,这是不容忽视的。早年当他说吉川幸次郎无限接近既存研究对象的"学问的态度"与自己不同道的时候,他悄悄地"改写了历史"。在主体为了自我形成而拼搏的那一个个瞬间,历史产生了;而对于竹内好来说,这样的历史便意味着主体为了成为自己而甘冒失去自己的风险,亦即建立自我更新的流动状态。他在与支那学家冲突的二十余年之后,围绕着"亚洲主义"的问题仍然以同样的姿态与日本的历史学家们进行论争,并且由此再次重申自己二十余年前的立场:"在远山(远山茂树,日本当代马克思主义历史学家——笔者注)氏那里,人是动机与手段有明了区别的、可以由他者整体把握的透明的实体,而在我这里,人只有在流动状态下针对具体情况才能够区分自己与他者。历史对于远山氏来说是沉重的既存之物,对于我来说则是可塑的可以分解的建构之物。"[1]由此可见,竹内好的历史哲学所具有的批判锋芒直指日本学院派中占主导位置的实体性思维,而他强调历史的瞬间性,意义首先在于对抗理性主义的历史解释,但必须同时强调的是,假如我们因此而将竹内好归类为"非理性主义者",那将是大错特错的。

因此,问题到这里才刚刚开始。当竹内好强调历史的瞬间性所具有的没有回旋余地的"极限"状态的时候,他要引出的不仅仅是对于"学者"的理性主义抽象手段的质疑以及对于日本近代的批判,更重要的在于他要进行复杂的正面建设,把他以鲁迅为模式所进行的对于"抵抗"和"绝望"的解读具体化到东方现代性的建构中来。

结合着洋洋洒洒的对日本理性主义的批判,竹内好讨论了这样几

---

[1] 竹内好:《关于学者的责任》,《全集》第8卷,273页。

个基本问题:一是在东西对立的图式之中西方与东洋的关联性问题;二是东洋在抵抗西方入侵的过程中如何把握自己近代形成的契机问题;三是绝望的意味问题。困难之处在于,竹内好不是以逻辑的方式和顺序提出这些问题,而是把它们糅合在一起来谈,因而对其进行提炼需要相当谨慎的态度;同时竹内好使用的是通行的被高度实体化了的概念,而他想要讨论的却是一种机能性的问题,故他真正的讨论其实并不在字面上或他的逻辑推论里,而是潜在地形成于字缝之间。为此我们必须在谨慎的提炼中不断排除这种通行概念带给我们的思维惰性,这就是这篇论文难以被准确理解的基本原因。

竹内好讨论第一个问题即西方与东洋的关联性问题时,借助的是通行的模式,即把欧洲与东洋视为对立的概念。但是,他清晰地指出了这种对立并不存在于欧洲与东洋之间,而是存在于欧洲内部:"理解东洋并使东洋变成了现实的,是存在于欧洲的欧洲式的因素。使得东洋得以成立的,是在欧洲的内部。……如果用理性这个概念来代表欧洲,那么,不仅理性是欧洲的,反理性(自然)也是欧洲的。"[1]竹内好早在1948年就已经意识到,亚洲(尽管在这篇论文里,对于亚洲问题的讨论还不是正面的话题,"东洋"概念由于它的观念色彩,远不能涵盖亚洲问题的复杂性,但是在方向上,我们不妨注意东洋概念与亚洲概念的内在一致性)问题不仅不是一个自足的问题,而且最初也不是亚洲人自己的问题。这其实已经为他在十几年后讨论亚洲问题奠定了一个非常高的方法论起点。至少,这个起点暗示了今天的东亚知识界还纠缠于亚洲问题是谁的问题之类的论述是一个思维上的倒退,而把亚洲问题回收到西方问题中去,其实还没有达到竹内好起步的水准。事实上,竹内好在这

---

[1] 竹内好:《何谓近代——以日本与中国为例》,《全集》第4卷,136—137页。

篇论文中提出的,恰恰是如何打破在欧洲思想框架内讨论亚洲的怪圈,呈现亚洲思想资源的真正形态的问题,而这个亚洲资源的形态,尽管与"欧洲"相抗衡,却并不以"反欧洲"为其特征。借助鲁迅,竹内好一开始就揭穿了"东西二元对立"思维的虚假性。已经有很多日本论者指出,竹内好的西方与东洋,并不是真正的实体性地域概念,这是基本准确的。[1]同时还要指出的是,欧洲与东洋的概念在竹内好的语境中各自同时包含贬义与褒义两种价值判断,有时是他推崇的对象,有时是他否定的对象,所以显得非常混乱。如果以此判断竹内好是个特别的近代主义者或者相反是个特别的民族主义者,那都是皮相的,如果在这个层面上寻找竹内好的贡献,那将一无所获——因为这种判断本身正是竹内好在文中试图解构的所谓"理性主义"的产物。包括竹内好本人在行文中不断使用的"欧洲式的""西洋式的"一类判断,其实也不是他真正关心的问题,因为比起他对于"抵抗""绝望"等概念不厌其详的说明,他无论在褒义还是在贬义上使用"欧洲的"这类判断词,都几乎不加说明或说明得极其草率。正如竹内好自己所强调的那样,"欧洲与东洋是对立的概念。正如同近代性的事物与封建性的事物是对立概念一样。不过这两组概念之间存在着空间和时间这种范畴上的差别吧。但是我既不研究逻辑学,也不研究历史哲学,那种事情对我无所谓"[2]。"尽管说到东洋的一般性质,我并不认为那种东西是作为实体存在的。有关东洋存在与否的讨论,对我来说是无意义的、

---

[1] 不过,竹内好也试图把实体性的地域概念引入他的世界史图式中。比如,他在文中把欧洲近代的内在矛盾所导致的分裂对象化为苏维埃、美利坚和东方三个部分,认为俄国革命是欧洲矛盾的产物,美国是以超欧洲的形态与欧洲对立,而东方则通过抵抗而建立了非欧洲的形态。但是在竹内好的整个论述框架中,这种分析不具有重要价值,基本可以无视。
[2] 竹内好:《何谓近代——以日本与中国为例》,《全集》第4卷,136页。

无内容的、只有学者的脑袋里才会有的、无视对方论旨的毫无诚意的讨论,……这情况本身我认为是象征着东洋这一观念在日本的堕落史,因而也就象征着学问整体的堕落史。"〈1〉这就是说,竹内好其实是在与"认为所有的东西都可以提炼出来的理性主义的信念"划清界限,他不关心欧洲与东洋的概念究竟包含着什么样的"能指"和"所指",那是学者们的差事;因而当他使用"欧洲的"或"欧洲式近代的"一类语词来为他的某个论述作结的时候,我们完全不必把它看得太重。竹内好关心的不是这一类判断,而是近代以来欧洲思想观念对于东方的渗透这样一个基本事实对于世界思想史的意义——首先,是它对于东方思想传统形成的意义。

仔细阅读这篇论文,可以注意到竹内好在处理欧洲与东方关系的时候,关注的基本点是东西方关系中的关联性问题。这种关联性可以表现为"前进与后退"的关系,也可以表现为"入侵与抵抗"的矛盾。但是,竹内特别强调东西方关系具有以排他为基础的依存性格,并始终在一种流动性的运动状态中去认识它。竹内好指出,当运动进行的时候,一方前进则他方后退;而后退观念本身亦是从前进观念中产生的。在这一意义上,后退是前进向对方的投影,它们互为媒介,并依靠对方实现自己。在竹内看来,这种有着依存性格的矛盾关系只存在于欧洲近代化过程内部,因为"在欧洲,不仅物质是运动的,精神也运动着"。〈2〉竹内好对经济史没有兴趣,物质运动的近代化不是他讨论的对象,他关心的仅仅是"精神的运动"。他指出,在东方没有欧洲式的精神自我运动。所以,当东洋面对西方的近代化运动——它体现为各个层面的扩张——的时候,

---

〈1〉 竹内好:《何谓近代——以日本与中国为例》,《全集》第4卷,145页。
〈2〉 同上书,139页。

很容易产生把西方的运动凝固化和实体化的倾向。具体而言，就是把前进和后退当成孤立的实体固定化，它们之间的相互依存和相互媒介的关系被消解掉了，剩下的只有一个简单的价值判断。

假如运动是西方精神的性格，假如东洋并不存在运动的精神，那么，在不得不世界化的近代，东洋如何面对欧洲的入侵，如何在世界史中确定自己的位置呢？

在此，竹内好最容易受到的非难之处就是，他的这种在学理上极为武断的界定是建立在当时通行的看法，即西方先进东洋落后的论调之上的。但是假如我们纠缠于这个其实在前提上已经被竹内好否定了的问题——欧洲与东洋具体指称什么对于他无所谓——的话，那么我们就会在竹内好的语境中迷失。问题的方向性潜藏于竹内好探讨东西方关系的关联性时提出的这个基本命题：西洋存在精神的运动因而具有不断超越自我的流动机能，东洋不存在这种运动因而具有将对抗和矛盾静态化和孤立化的倾向，这才是竹内好发展他论点的基础。于是，我们便可以接着阅读竹内好紧接着展开的对于日本学者理性主义思维的批判，这就是在上文中业已提到的竹内好的历史哲学所针对的"把东洋存在这一命题与东洋不存在这一命题对立起来的方法，即比较抽取出来的东西"这种"科学方法"[1]，

---

[1] 竹内好：《何谓近代——以日本与中国为例》，《全集》第4卷，146页。在这段分析里，竹内好提出了一个非常急迫的思想课题：如果因为反抗"东洋"作为自明的前提，而追问东洋是否存在，那么这种追问是正确的；因为在现实当中强调这种自明性的是在东京审判中受到审判的日本军阀，他们为自己辩护的时候一直在强调日本是代表东洋对抗西方；因此，对于东洋自明性的追问也构成一种政治实践的态度。然而这不等于在任何上下文里追问东洋是否存在都是有意义的，特别是在知识群体当中，把东洋存在和不存在对立起来的操作方式是抽象的和观念性的，这种讨论方式使问题远离了它真正可能深化的位置，而在事实上仅仅被封闭在表面性的知识陈述中。竹内好意识到，关于东洋这个概念在何种意义上使用这个问题，并不是最根本的课题，它的意义是非常有限的；而这种"学者讨论"背后隐藏的思维惰性则在于它实际上回避了东方知识分子建立自己知识传统的必要性：当这种必要性被理解为孤立地对抗西方的时候，它的复杂性就被消解了。

结合着他对于运动所造成的关联性的认识和对于实体化思维所带来的静止眼光的批判，我们可以准确地找到他对于这种理性主义思维以及它所由产生的日本优等生文化批判的原点：问题不仅仅在于有没有自我，更在于这个自我以何种方式介入近代化过程。换言之，日本的近代化过程并没有把欧洲的扩张变成自我形成的媒介和契机，它只是迅速地把预先设定在自己之外的"被给予之物"拿来，并且不断地抛弃旧的，追求新的。在这样的过程中，最关键的问题是日本与欧洲其实并没有发生关联，也就是说，日本之于欧洲，没有形成后者自我形成的契机，而欧洲之于日本，也没有变成后者自我实现的媒介。这是一种没有矛盾互不相关的并存关系，"优越感与劣等感并存这种缺乏主体性的奴隶感情，其根源就在于此"。[1]竹内好一直抨击日本在近代化过程中只是重复了鲁迅所说的"想作奴隶而不得"和"暂时作稳了奴隶"的恶性循环而已，其真意并不在于表象上的日本屈从于西方强国，而在于这种屈从是以优越感和劣等感并存为基础的，它的结果是日本不会在近代化过程中借助与异文化的关联性而形成自己的历史——我们不要忘记，竹内好的历史哲学强调，如果没有自我的紧张和为形成自我所做的拼搏，那么就会丧失历史。毋庸置疑，在他看来，明治维新以来的日本已经丧失了形成历史的机会。

那么，如何形成东洋的历史呢？我们由此进入了竹内好的第二个问题：东洋在抵抗西方的过程中如何把握自我形成的契机的问题。在此，竹内好引出了他讨论东方现代性问题的关键词——抵抗。

关于"抵抗"一词，竹内好有自己的界定。在《鲁迅》的注释里，他这样写道："挣扎这一中文，具有忍耐不屈、坚忍不拔、苦

---

[1] 竹内好：《何谓近代——以日本与中国为例》，《全集》第4卷，143页。

挣苦熬之意。我认为它作为理解鲁迅精神的线索是重要的,故经常原封不动地借用原文。如果硬要把它译为日语的话,用今天的说法,它比较接近抵抗的意思。"〈1〉在《鲁迅》一书中,竹内好的确经常使用汉语的"挣扎"一词,这个汉语语词经由竹内好进入日本,其意义可能不在于它本身,而在于它为"抵抗"进行了重新定义。在通常意义上,抵抗一词的方向是对外的,它不会带来主体内部的自我改变乃至否定,所以很容易在"排斥他者"的意义上被使用;而在竹内好这里,抵抗的方向是向内的,它正如"挣扎"一词所象征的那样,是对于自身的一种否定性的固守与重造。联系《鲁迅》中有关政治与文学一章的论述,可以清楚地发现,所谓挣扎,是主体在他者中的自我选择。挣扎的过程,是进入又扬弃他者的过程,同时也是进入和扬弃自身的过程。就竹内好而言,这两者必须是同时进行的。如同他在《中国文学的废刊与我》一文中所表述的那样,支那这一"他者"与竹内好之间具有自他对立的关系是不言而喻的;但只有"当这一对立对于我来说成为肉体的痛苦的时候,它才是真实的"。〈2〉也就是说,只有当他者成为主体的一部分的时候,它才具有意义。而这又意味着,在不断自我否定的过程中,他者也必须经历不断的被否定过程才能够成为他者。当早期的竹内好讽刺支那学家们"每天夹着皮包到支那文学事务所去上班"的时候,当他宣布自己与吉川幸次郎的根本分歧在于"对我来说,使支那文学得以存在的是我自身,而对于吉川幸次郎来说,无限地接近支那文学才是学问的态度"〈3〉的时候,他所揭示的,其实正是这样的一个重要的"挣扎"亦即"抵抗"的立场。在竹内好的眼里,这才是东

〈1〉 竹内好:《鲁迅》,195页。
〈2〉 竹内好:《中国文学的废刊与我》,《中国文学》终刊号,1943年3月。
〈3〉 吉川幸次郎、竹内好:《翻译的问题》,《中国文学》72号,1941年5月。

方近代的立场。

在《何谓近代》中,竹内好贯彻的正是这样的基本立场。这篇文章易于被误读之处在于,它使用"抵抗"和与此相关的"回心"作为关键词,也使用了鲁迅作为全篇的线索,但是没有引入"挣扎"这一明确规定"抵抗"方向性的语词(在很大程度上,这与"挣扎"不易找到相应的日语语词有关)。但是,在文中竹内好仍然明确地表达了他对"抵抗"一词的理解:"什么是抵抗这一问题,对我来说仍然是不明白的。把抵抗的意味追究到底,这我做不到。我不习惯于哲学性的思索。……如果问什么是抵抗,我只能回答说就是鲁迅所具有的那种东西,而且它在日本基本是不存在的或者是很少的。从这里,我开始使自己的思考建立在比较日本的近代与中国的近代的基础之上。"[1] 换言之,竹内好在文中仍然是紧贴着鲁迅来讨论现代性基本问题的。所以,"挣扎"一词依旧有效而且依旧具有定向作用,是不言而喻的。

在鲁迅身上,竹内好感觉到了东方在近代化过程中进入世界史并且形成自己历史的契机,这就是通过抵抗来自我实现。既然东方在近代化过程中处于后发的位置,那么,与最先开始扩张的西欧不同,它必然要以抵抗的方式加入这个全球化的运动过程。但是,竹内好所关注的这种"抵抗"的意义不在于它是否要取西欧而代之或从劣势转为优势,而在于它包含了与西方近代发生关联的契机,如同上述,它是一种"挣扎",是在自我之内否定了他者也否定了自我之后重新创造的与他者相异乃至相矛盾的自我。这样的自我,不能孤立于他者而存在,也不可能认同于他者;在挣扎之中,主体

---

[1] 竹内好:《何谓近代——以日本与中国为例》,《全集》第4卷,144—145页。

才具有了不断更新的流动性——这才是竹内好所说的"行为"的意义。鲁迅,只是在这样一个层面上才真正具有了近代性,当竹内好说鲁迅的出现改写了历史的时候,他是在说,鲁迅使得中国的近代与世界史发生了关联,这种关联的媒介产生于抵抗行为之中。从鲁迅身上,竹内好看到了历史是如何形成的,从而痛感日本丧失了历史:日本的"优等生文化"促使它得到最快的经济发展,却没有因此而导致自我的形成,"自己不进入历史,而是从外面眺望在历史这一跑道上奔跑着的赛马。自己没有进入历史,所以也坐失使历史充实起来的抵抗的契机"[1]——竹内好把这样的日本近代化称为"堕落",而在这堕落最前列的,就是他所批判的学院派知识分子以及他们的"理性主义精神"。

当竹内好讨论抵抗的时候,他所进行的其实是他在《中国文学》时代就开始的对学院派"客观主义"的批判。在这条线索的延长线上,才有了他对于西方近代与日本近代以及中国近代的看法。可以说,竹内好把他对于人与学派的看法扩大为他对于文化的评价,但是视角严格限定在《鲁迅》和《中国文学的废刊与我》的基点上。换言之,当竹内好讨论东方对西方的"抵抗"的时候,这个西方已经经历了东方的内在否定,它由于东方才得以存在和自我确认;同时,东方也由于进入西方再从中"选择出自己"而获得了自我确认。这样的自他关系在近代世界史上伴随着的是铁血之战,然而"挣扎"的性质却与《鲁迅》里所描绘的没有什么两样。竹内好批判的日本近代优等生文化,缺少的是这种来自内部也指向内部的挣扎,它永远带有明亮的理想和喜新厌旧的特点。在此,竹内好把他的中国文学研究推向了现代性研究层面,彻底否定了思想史上通行的东西方

---

[1] 竹内好:《何谓近代——以日本与中国为例》,《全集》第4卷,160页。

对立的简单化思维模式。[1]竹内好试图建立他自己的现代化理论假说,这就是所谓后发国家的现代化模式,至少有日本与中国这两种形态。前者为转向型,后者为回心型。前者在不断的追求变化中放弃自我,后者在不断的抵抗中获得自我的更新。因而,前者的近代化是从外部引进的,而后者的近代化是从内部催生的。如果说时过境迁,竹内好的这些具体论述不再有意义,那么至少,他对于历史与现代性流动状态的基本认识和由此而生的对于实体性静止思维的警觉,却不但仍然有效,而且具有强烈的现实批判意义。最不可忽视的是,竹内好尝试着在世界史之内建立日本史的努力是通过他对"抵抗"和"绝望"的阐述表现出来的,它所隐含的竹内好式的历史哲学,在今天仍然有着强烈的现实针对性。下面将要谈到,这正是竹内好与丸山真男在现代性态度问题上最根本的一致之处。

在竹内好把抵抗作为东方进入世界史不可或缺的契机时,他不能不面对的一个最大障碍是日本的"人道主义"。自从白桦派在日本为它正式"注册"之后,这种脱离日本现实的乌托邦主义一直长盛不衰。竹内好在《中国文学的废刊与我》中就曾批判过抽象的自由人,认为那是以遮盖自我而达到静态的自我保存目的的"欧洲近代的立场(亦即竹内好所定义的'近代主义'的立场)"。在《何谓近代》中,竹内好对于这种日本式人道主义发起更猛烈的进攻,在此,对人道主义的批判是与竹内好阅读鲁迅的核心概念结合在一起的:人道主义的浅薄在于它不具备鲁迅所表现出来的、体现为"挣

---

[1] 竹内好在《何谓近代——以日本与中国为例》中有这样的论述:"国粹主义与日本主义曾经流行过。这种国粹主义与日本主义驱除了欧洲,却没有驱除使欧洲置于自己之上的奴隶式结构。现在作为对于它们的反动,又流行起了近代主义,但那使近代凌驾于自己之上的结构仍然没有成为质疑的对象。就是说,试图改换主人,而不是渴求独立。……原封不动地保留着日本文化的奴隶结构,只是试图改换附载于其上的部分。"(《全集》第4卷,168—169页)

扎"的绝望与抵抗精神。竹内好这样写道:

> 他拒绝成为自己,同时也拒绝成为自己以外的一切。这就是鲁迅所具有的、而且使鲁迅得以成立的绝望的意味。绝望,在行进于无路之路的抵抗中显现,抵抗作为绝望的行动化而显现。把它作为状态来看就是绝望,作为运动来看就是抵抗。在此没有人道主义者插足的余地。〈1〉

在这段话的上下文中,竹内好重新叙述了鲁迅的《聪明人和傻子和奴才》这个著名的寓言。竹内好借助鲁迅另一个有名的关于铁屋子的比喻解释说,这则寓言揭示的是人在被唤醒之际不能逃离他试图逃离的境地的痛苦;"不过,如此解释这则寓言,我觉得解释一方主观上要具备某种条件,而那条件却又是由被阅读的对象鲁迅从他那一方面反过来所规定了的"〈2〉。这暗示着,竹内好的解读是在进入鲁迅的前提下进行的,同时又具有竹内好自身对于"无路可走"的体验——它首先针对的是日本人道主义作家"有路可走"的希望。竹内好是这样叙述的:这则寓言的"主语"是奴才,他不是抽象的奴才劣根性,而是具体的奴才(极端地说,就是鲁迅自身);换言之,不能从这则寓言中抽象出聪明人与傻子这种人性的对立面,而要读出它不能抽象的个性。那么这种以奴才为主语的叙述个性在哪里呢?就在于傻子不能救助奴才(因为奴才拒绝这种救助),他只能把奴才唤醒并告诉他没有出路;聪明人能够救助奴才,但他的方法是让奴才处于不被唤醒的状态而让他继续做梦。于是,

---

〈1〉 竹内好:《何谓近代——以日本与中国为例》,《全集》第4卷,156—157页。
〈2〉 同上书,155页。

奴才便面对着不可能得救的绝望境地。这时的问题已经不在于奴才是否能得救，而在于他是否抗得住梦醒之后无路可走的"人生最痛苦"的状态。假如他抗不住，那么他会失掉自己是一个奴隶的自觉而成为继续沉湎于梦幻的奴才；假如他抗得住，那么，他就会拒绝成为奴隶，但是同时也以清醒的现实精神拒绝解放的幻想。在这个层面上，鲁迅的"绝望之为虚妄，正与希望相同"才获得了具体的内涵。而竹内好上面那一段对于绝望与抵抗关系的精彩论述，也不再是费解的玄思。我们可以结合《鲁迅》开篇所说的鲁迅不是先觉者，因而他才得以与中国现代文学共存的命题来理解竹内好对于绝望与抵抗关系的理解，并进一步理解现代性在东方、在中国的存在方式——鲁迅不是聪明人也不是傻子，尽管他憎恶前者而热爱后者；鲁迅是奴才本身，只是与他笔下的奴才不同，他是能够打熬和隐忍那梦醒之后无路可走的人生最大痛苦的奴才。与鲁迅这种深刻的黑暗相比，中国现代文学中代表着决裂和新生的人道主义作家不能够代表中国的现代文学（换言之，不能以文学的形态体现中国的现代性问题），在某种意义上说，是中国现代文学的宿命。

那么，日本的"人道主义作家"如何？竹内好写道，他们一定不会像鲁迅那样处理这个寓言，在他们笔下，奴才要么被聪明人所救，要么被傻子所救，或者自己救自己，总之不会把被唤醒的处境作为痛苦来描写。[1]在日本的人道主义作家与鲁迅之间存在的根本

---

[1] 一个有趣的佐证是，笔者1991年在东京观看过当代日本戏剧作家井上厦（井上ひさし）所作的以鲁迅为主人公的话剧《上海的月亮》。该剧结尾处让鲁迅摆脱了阴暗心理，让他表示接受各种治疗以恢复健康，并且积极地在上海以杂文为武器继续揭露这个世界的缺点，同时，还让他表态说从周围日本人的"活法"那里获得了治疗自己的良药；换言之，鲁迅因了井上厦笔下那些日本的人道主义者，自己也变成了一个摆脱了奴才地位的人道主义者。时隔近半个世纪，肤浅的人道主义在日本通俗文化的支持下如此严重地篡改了鲁迅，竹内好如果在世，当会作何感想？

差别是，前者追求被给予的"解放"，并依靠拒绝承认自己的奴才处境而获得幻觉上的解放；后者则拒绝被给予的解放，正视身处的绝境，从而对绝望产生绝望，在这种极限状态的挣扎中发生抵抗。

  在讨论了上述三个方面竹内好的观点之后，我们可以把问题推进一步，讨论一下《鲁迅》与《何谓近代》的关系。在前一个文本中，竹内好提出了他对中国现代文学的基本看法，那就是"后进性"；这种后进性与东亚现代化过程的"后发性"是一致的，因而它是最真实的；由于这种后进性，中国现代文学的代表者不是那些先驱者，而是经常落后于时代半步的非先觉者鲁迅。同时，鲁迅创造了中国现代性最真实的存在样态，它表现为指向内部的挣扎和抵抗。这种永远伴随着自我否定因而永远不会有成功和停顿的、以过客为载体的"不断革命"，构成了东方现代性对于世界史的回应。而这种不断革命的载体，就是作为行为的政治（比如孙中山和毛泽东）或者作为行为的文学（比如鲁迅）。在后一个文本中，竹内好强调了鲁迅式绝望之于历史哲学的意义——它使东方的历史成为世界史的组成部分；而同时，竹内好在这篇论文中完善了他在《鲁迅》中业已形成的有关东方现代性和现代东方文学的悖论，把文学这样一个通常被理解为实体性领域的精神样式开放为一种主体的流动性自我否定和创造的机制，具体而言，就是把文学变为一个不断释放又不断吸纳的终极性"黑洞"，它造就思想家、文学家，不断以各种形态实现自我，但是它本身不具有固定形态，不能被凝固为一个对象；它是它自己，同时，它又总是拒绝成为它自己。这种文学的悖论性格又被扩展为东方现代性的性格，以及东西方关系的性格：主体一旦丧失，就不会构成自己的历史，而主体一旦被绝对化，一旦与他者在形态上实体性地对立，那么相关性也会丧失，在绝对的实体化对立之中，现代性问题就被消解掉了，东方的历史也会由此而丧失。

由此,另一个相关的疑问被激发出来了,那就是竹内好为何以如此激烈的方式对日本的"理性主义"精神进行批判。对此要做一个简单的界定,那就是竹内好所批判的"理性主义"不是抽象意义上的现代理性主义精神,而是具体语境中的具体问题。换言之,他对于日本相关问题的批判确实可以归入讨论包括西方现代性问题中对理性质疑这样一个大的框架,但必须注意的是竹内好批判日本理性主义的具体问题点,这种问题点鲜明的个性才是竹内好参与世界现代性讨论的前提。

当丸山真男在《日本的思想》和《近代日本的思想与文学》中讨论理论家的伦理意识以及政治与文学的相似性的时候[1],他是在学院派的内部讨论理性主义存在方式问题的。而他所针对的目标,恰恰是日本知识界那种竹内好"怎么看也不像是理性主义"的所谓理性主义。在丸山真男那里,问题的症结在于不能涵盖现实的理论无限扩展为现实的代替物,这种思维定势所造就的"理论的无限责任"是丸山真男对近代日本思想的批判重点;因而在学理上,他确定了个别性经验的重要价值,并把理论与现实之间的不对等紧张关系纳入理论工作的视野,从而试图建立理论工作者的伦理意识;而竹内好却是从外部讨论这种"理论的无限责任"的,他采取了全面否定的态度,这使他表面上看去似乎与丸山真男站在对立的立场上。在批判力度和效果方面,丸山真男对于日本近代理性主义的分析与批判显然远远胜过站在学院派对立面的竹内好。当然,丸山真男自始至终谨守他的工作伦理,这使他对很多问题的看法反倒失之谨严;而竹内好恰恰在这一点上与他形成了互补关系。就上述对于

---

[1] 参见笔者论文《丸山真男的两难之境》,《文学的位置》,山东教育出版社,2009年。

日本近代理性主义的讨论而言，这两位思想家表现出惊人的一致性，这是耐人寻味的。这种一致性表现为，他们批判的对象都是被绝对化的所谓科学理性精神的虚假性，而他们所试图确立的，又都是能够面对复杂的近代化过程的思想传统并具有建设性的思维方式。就丸山而言，它是"虚构"精神，就竹内好而言，它是作为"行为"的文学。

当竹内好开放自己的文学行为时，他比任何时候都强烈地表现了自己的悖论精神。如果说竹内好所试图批判的封闭式学院派学术立场是以静态的分析和绝对化的二元对立观为思维基点的话，那么竹内好的所有重要著述都具有针锋相对的悖论特征。换言之，在竹内好的所有重要观念中，都包含有相反或相互矛盾的基本成分，如同《鲁迅》所展示的那样，所有观念内部都具有不可消解的张力，恰恰是这种张力构成了竹内好对人与历史流动状态的关注基础。在丸山真男那里，这种张力更主要地存在于观念与观念之间，而不在它的内部；在竹内好这里，张力的内在性使他注意到问题更为复杂乃至"无解"的部分。这固然为解读竹内好带来极大困难，因为在现代学术习惯中，"求解"是最普遍的思维定势，它又与另一种习惯相辅相成，即认为事物是客观存在的相互区分的实体。竹内好的悖论不是一种方式或手段，而是一种立场，一种认识世界的出发点；早在他与支那学家冲突的时候，我们已经看到了他对客体与主体关系的思考具有强烈的非实体性特征。换言之，客体与主体对他来说仅仅具有机能性意义。而只有把思考基点建立在机能性之上，悖论才获得了方法以上的价值。

对于文化主体性形成的这种悖论性的目光，贯穿了竹内好战后思考的全过程。不言而喻，这种思考不能不涉及几个基本范畴：民族国家、民族主义、国民文学等等。这些最富有歧义和最具意识形态色彩的问题点,给竹内好的文化主体性探讨固然带来了丰厚的土壤,但同时也使他更深地陷入了困境:他甚至试图把民族国家和民族主义等最具实体色彩的观念乃至情结"机能化",并且自己也置身于这种机能当中,他必须以真正的悖论姿态处理实体与机能性之间的关系。他不能在形而上层面谈论所谓世界的文学性结构,而是要把自己投身其中的文化行为从它所在的那个"场"中抽离出来,再还原回去,在这反复的抽离与还原之中,竹内好寻找着文化主体在开放的现代世界格局中建设自身的健康途径。不言而喻,在战后所谓主体性论争盛极一时的情况下,竹内好这种对于主体性的悖论性认识难以获得生长的土壤。[1] 那是由于,在战后的日本思想界占主导的是竹内好所批判的优等生式近代思维,它的特点是封存日本本土的"肉体感觉",使用与此无关的另一套话语来讨论日本的问题(即使在今天,这套话语仍然在讨论现代社会问题时被不断地再生产着)。这是一种没有绝望因而也不会产生抵抗运动的"怎么看也不像是理性主义"的理性主义思考模式,"使得那信念得以立足的理性主义背后所存在的某种非理性意志的压力是可怕的"[2]。它以简单的预设掩盖了真正的问题。

从某种意义上说,竹内好面对的,其实是鲁迅在1936年进行"两个口号论争"时遇到的情况。他意识到,这种思考与现实之间

---

[1] 战后从1946年开始,从日本文学界到哲学界持续进行着有关主体性的论争。该论争涵盖了很多问题,例如精神与物质的辩证关系、政治与文学的关系、文学中人性的问题、马克思主义文学艺术观与艺术中个性的独立问题,等等。但是,这场论争与其说是论争,不如说是一种时代气氛,除了反映出战败后日本"近代主义"知识分子呼应世界潮流的努力和他们对马克思主义理论肤浅的"清算"之外,没有留下建设性成果。在哲学领域,其后有广松涉对其进行的批判,在文学领域,至今尚未见到有人做真正意义上的清理。
[2] 竹内好:《何谓近代——以日本与中国为例》,《全集》第4卷,144页。

的错位不能靠日本已有的民族主义来救助（在有关丸山真男的论文中笔者涉及过战后日本演绎的"日本的肉体"与"外来的思想"相对立的图式，这一图式反倒掩盖了错位本身的性质，把它变成了简单的二元对立），也不能靠否定民族主义或批判它的国家形态来解决问题；关键在于这种错位本身必须被作为问题加以揭露，从而使战后日本思想界抓住自我形成的契机。因此，当丸山真男对诸如田村泰次郎所表现的"没有媒介的实话精神"进行清算的时候，竹内好要做的工作则是开启被封存的日本的"肉体感觉"，揭示它与日本近代主义之间的内在关联，寻找"拒绝成为自己"并"拒绝成为自己以外的一切"的可能性。

二　民族独立的"机能化"问题与文化政治的存在方式

20世纪50年代初期，日本知识界一个共有的课题是民族主义问题。在经历了明治以来以进入西方列强行列为指归的社会上层的努力之后，日本民族主义问题基本以一种潜在形态曲折地存在着，一直不能与社会革命的趋向结合。所以，日本民族主义以"二战"时期为顶点，只有在与天皇制国家主义意识形态结合的情况下才能浮现在思想的表层，而这时它只能以极右的面孔出现。日本的无产阶级文化运动从一开始就标举了鲜明的国际主义立场，这当然是对狭隘和极右的民族主义势力的一种有力批判，但是同时，每当社会转折的时候都会有与右翼意识形态结合的民族主义思潮沉渣泛起，国际主义并不能遏制它的泛滥，更无法取代它。这也暗示着在日本并未因对民族主义的否定而产生出一种足以代替它的健康的民族主义精神。而伴随着"二战"的复杂经验，日本的民族主义与近代主义思想之间的纠葛又被简单地加进侵略和反侵略、维护和反对天皇制国家主义的内容，这就使得健康的民族主义更加无法生长。在战后的被占领状态下，思想界的所谓"近代主义"趋势即简单套用西方近代价值观的状态虽然具有抵制右翼民族主义思潮的进步意义，但是它不能促成健康民族主义的形成。正是由于这种现实，对于日本民族主义进行深入分析的思想家和与之进行着实际斗争的左翼政治活动家，都对日本的民族主义表示了深刻的绝望。

在这样的情况下，竹内好在发表了《何谓近代》之后，几乎是必然性地把他的目光转向了日本的民族主义问题。在50年代初期，已经有各个学科的学者参与了民族主义问题的讨论，其中最引人注目的说法是丸山真男有关日本的民族主义失掉了"处女性"的论述。[1]竹内好对于日本民族主义讨论的起点与丸山真男一致，他也肯定日本民族主义在未能获得健康的社会能量时就已经变质和堕落。但是，在竹内好对于日本民族主义的思考之中，始终有一条与众不同的基本线索，这就是如何以"投入民族主义"的方式促使健康的民族主义生长，而不仅仅是压制已有的失去处女性的民族主义。在这个方向上，竹内好引发了一场未能深入的争论，即国民文学论争。

1948年到1954年期间，竹内好发表了以《近代主义与民族的问题》为核心的一系列论文，把近代主义与民族问题联系起来，讨

---

[1] 参见《日本的民族主义》（1951年）、《关于战后日本民族主义的一般性考察》（1951年），收入《丸山真男集》第5卷，岩波书店，1995年。丸山真男提出，在亚洲各国中，日本是唯一一个因为经历了"超级民族主义"的过程而失掉了民族主义的处女性的国家，与此相对，亚洲其他国家的民族主义则具有青年期的旺盛生命力。显然，丸山真男是在民族主义在社会革命的结构中所占位置的层面来讨论其是否具有"处女性"的问题的。有关丸山真男的民族主义观念以及他和竹内好在此问题上的差异和一致性，笔者拟另行撰文讨论，在此从略。

论战后日本民族意识危机的实际状况和症结点。竹内好的这部分论文后来被冠以《国民文学论》的总标题。[1] 粗略而论，"国民文学"在战后的语境里既具有接续战争时期"国民文学论"的国家主义思潮[2]的嫌疑，为进步知识分子所回避，同时又具有日本共产党系统的意识形态色彩：日共主流1951年在新纲领草案中把"人民"改写为"国民"，也把国民文学或"民主主义文学"的建立作为自己的使命。于是"国民文学"变成了一个复杂的概念，受到了来自各种立场的知识分子的关注。正因如此，竹内好不得不强调："即使'国民文学'这个语词曾经被玷污过，今天，我们也不能因此而舍弃对于国民文学的关怀。"[3] 在此条件下，由于问题过于复杂，竹内好当时的议论难以澄清包括他自己思考在内的主要问题点，但是他的参与使这场讨论获得了较高起点，却是一个事实。[4]

把竹内好的一系列论文结合起来阅读，才能够理解他提出"国民文学"时的基本思考脉络；而同时，在他对其他文学家的质疑和批评的回应之中，我们才能较准确地把握竹内好所面对的基本问题。首先，必须指出的一点是，竹内好是把国民文学与民族国家问

---

[1] 东京大学出版会1954年出版了单行本《国民文学论》，此书收入竹内好的论文和对谈18篇；其中与国民文学论争直接相关的8篇后被辑入《全集》第7卷，其他文章除对谈外均被分散收入其余各卷。
[2] "二战"时期，从1937年到1943年前后，日本一直存在着在国家主义立场上强调日本精神与日本民族主义的"国民文学论"，它在逻辑上与"日本浪漫派"一样，很难与军国主义意识形态划清界限。由于这种特定的时代氛围，当时知识分子有关"国民"的一些思考未能与国家主义的框架加以区别而为后人所继承。
[3] 竹内好：《近代主义与民族的问题》，《全集》第7卷，36页。
[4] 对此，本多秋五的《物语战后文学史》有相当准确的判断："国民文学的问题，在竹内好提出它的当初，是要求探求日本人灵魂深处的问题。而当它被导入文学运动的时候，无论是'人民文学'派还是新日本文学会，都只是停留在政策讨论的浅层次，把它变成了一时性的话题。"（《物语战后文学史·中》，岩波书店，1992年，242页）

题、进而与战败后的日本以事实上的殖民地方式推进自身近代化的问题放在一起考虑的；而在这一思考中，又贯穿着他对中国和日本两种现代化图景的一贯性看法，尤其是他在《鲁迅》中确立的基本立场。因此，在读解竹内"国民文学论"时，必须同时兼及他对上述几个方面的基本态度，而不能就事论事地只谈论其中的一点。其次，当我们讨论竹内好在这场争论中对于"文学的功能"的关注的时候，不能不结合当时其他文学家的思考来为竹内本人的思考定位。如此我感觉到竹内好提出然而未被理解的基本命题，以及当时其他的文学家对该命题的解读方式，其实也揭示了中国同样的问题，并且在今天仍然具有现实意义。

1948年竹内好发表《中国文学的政治性》，就已经持续了三年的"政治与文学"论争发表了自己的意见。该论争发生于日本民主主义文学阵营内部的进步知识分子之间[1]，由于论争中的"政治"被抽象化和实体化为与文学相对的力量，有关文学和人性的讨论不能不停留在是否与公式主义和政治划清界限的层面，与中国的同类论争一样，没有留下建设性结果。而从《鲁迅》的时代就一直注目着政治与文学机能性关系的竹内好，直觉到这场论争业已引出了重大命题，却没有得到关注。他决定参与讨论。

竹内好指出："对于近代文学来说，政治是文学从中导引出自己的场。如果文学具有向社会开放的形态，就不可能将场的问题与价值的问题混为一谈导入文学内部。文学家就文学的问题发言，同

---

[1] 该论争以1946年5月平野谦发表《一个反命题》、同年8月中野重治发表《批评的人间性（一）》为标志拉开帷幕，主要在平野谦、荒正人与中野重治之间展开，围绕对战前无产阶级文学特别是小林多喜二文学的评价以及人性与文学的关系问题进行了激烈的论争，直到1948年，共持续了三年。

时就可以成为政治性发言。"⁽¹⁾这是他在《鲁迅》中已经论述过的立场，不同的是，竹内好在此将其具体化为他对日本文坛论争的评价。在竹内好看来，这场论争的症结点不在于文学是否要与政治分庭抗礼，而在于如何把被日本文学家当作价值而排斥的"政治"还原为场，并在文学与政治之间建立生产性的关系。

《中国文学的政治性》其实是竹内好"国民文学论"的纲领性论文，因为文中表述了他后来进行该论争时的基本方法论。尽管该文对中国文学状况的描述并不完全准确，却抓住了一个核心问题——当文学的存在方式不是实体性的而是机能性的时候，它就会从行帮式的文坛中解放出来，真正获得政治感觉，"茅盾在战后写道，关于中国文学的方向，战后与战时没有不同，就是说根本目标在于，对内是民主的彻底化，对外是独立于一切帝国主义。必须沿着这条线索讨论个别的文学问题。这在日本文学家看来，无疑是政治性的发言，事实上，在日本如果说同样的话，绝对要被如此看待。但在中国不是这样。即使反对茅盾看法的人，也不怀疑那是文学性的发言。这里存在着政治感觉的差异。为什么（中国）会如此呢？因为文学从行帮里被解放出来了"，"在中国文学里，语词不是实体性地，而是机能性地存在着。特殊的文坛用语那种东西是不存在的"。⁽²⁾竹内好所讨论的"政治"（亦即他所说的文学的"场"），实际上是极朴素因而也更为本源性的内容，即与社会整体利益相关的行为空间，它倒有些近似于我们今天所说的"公共领域"。衡量政治性的标准，在于是否具有社会性，是否具有非实体性的功能，亦即是否超越特殊集团和阶层的

〈1〉 竹内好：《中国文学的政治性》，《全集》第7卷，7页。
〈2〉 同上书，8页、10页。

欲求而与一般社会意志相通。就这一点而言，竹内好完全是在丸山真男所说的近代意义上的、作为虚构的政治的层面上来讨论问题的；竹内好以中国的学生运动为例说明这种政治性格："在中国的政治运动中，学生掌握着主动性，这是人所共知的。然而这些学生却是极少数。这些少数何以能够动员大多数人呢？因为他们站在民众的立场上。中国的学生并没有像日本那样，形成特殊的封闭性社会阶层。他们不是凭借学生的身份，而是凭借学生的职能，完成着一种代议制的作用。"[1] 在此意义上，竹内好一方面称中国比日本更具有近代性格，一方面又尖锐地批判日本文学界缺少政治感觉。日本无产阶级文学由于缺少这种机能性的政治感觉，致使小林多喜二白白地牺牲。

竹内好因而强调，日本需要建立国民文学，需要打破行帮式的封闭文坛，而小林多喜二，直到生命的最后都一直紧紧抓住呈剪刀状的政治与文学乖离状态不放，试图以生命为代价把这两者结合起来。竹内好认为小林是日本民族的骄傲，他的存在使日本无产阶级文学运动的全部历史性错误得到了一个挽救的机会：他的一生都在实证着那迫使他走上此路的"错误的力量"，那就是缺乏政治感觉的日本无产阶级文学。这种缺少政治感觉的政治文学运动，并没有独立的和面对状况的判断能力，它仅仅为自己设定了一个外在的政治性终极目标，并且因为无法像小林多喜二那样壮烈地献身于这个目标而感到愧疚。这种愧疚感，使得无产阶级文学运动远离了不断变动的大众社会，同时也很容易造成自暴自弃的变节行为。在这个意义上，小林的血白流了。竹内好说，日本非政治感觉的政治性

---

[1] 竹内好：《中国文学的政治性》，《全集》第7卷，9页。

不承认长矛战胜坦克是无法做到的，所以它才是非人性的，正是这非人性的政治感觉，不仅造成了日本无产阶级文学运动的孤立状态，而且也是以卵击石的"特攻队"现象的精神土壤。在这个意义上，竹内好引用鲁迅的说法，"血的应用，正如金钱一般，吝啬固然是不行的，浪费也大大地失算"，并强调说这是充满了智慧的语言。可以说，竹内好在这里重申了鲁迅当年对许广平强调的"壕堑战"精神，以自己的方式批评了日本"子路们"的非政治性。显然，竹内好在此强调的政治智慧，与抽象而凝固的"伪政治"针锋相对，而恰恰是后者，极大地简化了政治过程的丰富性，造成了非政治感觉的横行以及政治与文学、政治与学术对立等等虚假的命题。

竹内好在文中又一次再现了他对"世界的文学结构"的想法，这是一种与抽象化和教条主义的非政治的"政治性"对抗的立场。他指出：日本知识分子常常以二分法图式观察中国，把中国人分成共产党与国民党、唯物论与观念论、共产主义与自由主义等等。"这也是由政治感觉的阙如所造成的误解。""实际上中国人的政治意识不是那种图式性的东西，他们所拥有的政治要求更为切合现实的日常生活，中国社会的阶级结构复杂，其要求也千差万别，但是仍然存在着一个全体性的统一，而最充分地表现了它的则是文学。"〈1〉

竹内好对中国文学政治性的分析虽然有理想化的缺点，但是他的论述本身的确抓住了问题的要害。如果参考丸山真男《从肉体文学到肉体政治》中的论述，就会更清晰地理解竹内好试图确立的

〈1〉 竹内好：《中国文学的政治性》，《全集》第7卷，11页。

"文学结构"在于它的机能性,它的对立面是实体化和抽象化的思维方式:现代政治与文学的关系并非文学家所设想的那样可以构成两个对垒的实体,而是机能之间的交错关系。它们不断变动,不断改变着相互之间的力学关系,只有在这种机能性互动中,文学才能确立自己的独立性。尽管竹内好使用"场与存在"的比喻来说明,但这个"场"并不是一个固定的空间,它也是一种机能。竹内好至此完成了他从1936年写作《鲁迅论》,中经《鲁迅》一书的写作直到1948年本文发表为止的一个漫长的思考历程,这个思考的核心就是文学的功能问题。困扰着竹内好的问题一直是如何在现代社会政治中为文学定位,如何在文学开放的状态下确立它的独立品格。在竹内好看来,这只能是一个悖论。这个悖论的形成花了他十二年工夫。当他写作《鲁迅论》的时候,他尚且认为"政治与艺术的相克是现代中国文学的基本性格",而鲁迅一方面承接着这基本性格从而放弃了作家生涯成为"文化的指导者",一方面又从政治主义的偏向中保卫着文学的纯粹性。[1]而到了《中国文学的废刊与我》,文学从一个领域变为一种结构,而且是与哲学对峙的世界结构,这无疑把从属于政治的文学推进到与政治互相渗透的位置。到了《鲁迅》,政治与文学的关系以及对中国现代文学的性格评价发生了很大变化,竹内好明显地把《鲁迅论》中处理的政治与文学的对立关系推进了一步,注意到了二者间错综复杂的关联性,因而,鲁迅之"放弃了作家生涯"便不再意味着他放弃了文学家的立场;相反,在中国特有的现代语境当中,鲁迅的这一"放弃"却使他成为与中国现代文学唯一始终相伴的"现役文学家"。最后到了《中国文学

---

[1]《鲁迅论》是竹内好最初发表的有关鲁迅的文字,载《中国文学月报》第20号,1936年10月。

的政治性》，政治与文学的关系被确定为场和其中的存在的关系，它们的相互依存和相互掣肘构成了文学定位的非实体化，也就是竹内好反复强调的"行为"和"机能"。

在这里我们看到，竹内好对文学功能与定位的理解与丸山真男有着惊人的一致性。在他们讨论文学的本源性问题时，无论文学处于什么样的位置，这个位置首先必须是机能性的，不具有实体意义。这就是说，它必须经常处于流动状态，能够自我更新而不是凝固不变；这就是竹内好在《鲁迅》中反复强调文学是行为的真意。就丸山真男而言，他借助文学的功能讨论的，是日本政治思想史研究如何突破实体性思维乃至日本社会政治机制如何从直观的肉体性中解放出来而真正具有现代虚构精神的问题，他由此导出的思考方向是现代政治的"虚构性"；就竹内好而言，这样的讨论要打破的是日本文坛狭隘的封闭性，他将其称为文坛"行帮"（guild），在这个小圈子里不断再生产着私小说式的思维方式，从而把文学问题局限在狭小的圈域；而所谓"国民文学论"的提出，首先起因于竹内好尝试打破这种封闭性、发挥文学政治机能的努力。换言之，只有当文学具有了政治性，它才能够开放，才能从实体性的束缚中解脱出来。而这种政治性文学，竹内好称之为"近代性的文学"，它的载体就是近代意义上的"国民"。在此意义上，竹内好认为开放的中国文学比日本文学更具有近代性。于是，我们看到了近代意义上的政治与文学有趣的互补关系：就丸山真男而言，他通过文学完成政治的虚构；而就竹内好而言，他通过政治促进着文学的虚构。或许，两位相似点极少的日本现代思想家，就此而找到了一个深层意义的契合点吧。当然，竹内好并没有进而追究政治本身的含义，他讨论的仅仅是文学的政治机能问题，而不是政治结构和政治过程本身，那是作为政治思想史学者的丸山真男的工作，但是，如果把这两位思想家的工作放在一起考察，把"虚构"作为理解政治和文学的机能性的入口，我们将不得不面对一个文学和政治学领域都同时存在的问题：在无数个把"文学"和"政治"对立起来的相似模式（比如学术与政治、学术与思想的二元对立等）被不加质疑地得到认可的时候，我们认可的究竟是什么？那不正是竹内好在《何谓近代》中所批判的把一切事物抽象化之后再对立起来的思维模式吗？显然，当政治、文学、学术、思想等都被抽象为可以对立起来的观念的时候，被遮蔽的是它们存在方式的复杂性；而正是这复杂的存在方式，构成了历史，也构成了当下的社会。当竹内好把问题从早年与支那学家的论战推进到对文学政治性的正面阐述之时，"机能"作为一个关键词使他真正参与到了同时代的政治当中。竹内好文化实践的政治性格，正是在机能性的层面形成的，而这种政治性格，进而规定了他参与论争的方式，和他关注问题的角度。

在《中国文学的政治性》结尾，竹内好以鲁迅为例又一次强调了自我否定的必要性："为了新的事物，旧事物能够做的就是摧毁旧的事物。这同时也会为理解中国人的心灵打下基础。"[1]

在竹内好那里，理解中国人不仅仅是所谓中国学家意义上的理解研究对象。早在编辑《中国文学月报》时期，他就自觉地把对中国的理解建立在自我理解的基点之上。当他痛感日本文学界不具备自我否定与更新能力的时候，他对中国文学这种政治机能性的近乎理想主义的描述变成了他参与日本文化传统建设的方式。

遗憾的是，竹内好的这种"作为方法的中国"很难在实体化思维占主导地位的日本知识界得到真正理解。在他和日本知识界首先

---

[1] 竹内好：《鲁迅论》，《中国文学月报》第20号，1936年10月。

是和日本文学界之间，存在着某种根本性的分歧；当他发表《亡国的歌》(1951年6月)对日本文坛进行具体的正面批判、发表《近代主义与民族的问题》(1951年9月)倡导对日本民族问题进行正面处理、发表《国民文学的问题点》(1952年8月)试图对已经展开的讨论的混乱进行整理和诱导的时候，来自日本文坛两类代表性人物的误读饶有兴味地显示了这种分歧。

第一类人物是那些试图使艺术摆脱政治图式并在此前提下讨论艺术的民族性问题的自由知识分子。1952年5月14日，竹内好与作家兼评论家、在1950年因翻译《查泰莱夫人的情人》而被起诉并借此方式为言论自由而奋斗的伊藤整在《日本读书新闻》发表往返书简，就国民文学的含义进行了讨论。在《近代主义与民族的问题》中，竹内好提出了这样的观点：日本的近代主义[1]在战后的空白状态起到了某种文化性的作用，在摆脱强权统治、表现解放的喜悦方面具有相对积极的价值；但是近代主义思维（包括日本共产党和左翼知识分子的意识形态）中排除了日本民族主义的因素，因为后者包含着战时噩梦；在这种状态下，近代主义可以填充文化空白，却不能进行文化创造。而民族问题，"它是具有当被无视之时就会成为问题性质的东西。民族意识因为受到压制才会发生"[2]。意味深长的是，竹内好提出，战时的"日本浪漫派"本来是作为对于当时近代主义的一种对抗而存在的，在当时的思想格局中，它的作用只是把民族作为诸多要素中的一个加以强调，而战后民族的问题却从一个要素变成了万能的前提，这不仅是由

---

[1] 近代主义一词在日语里特指简单套用来自西方的思想乃至文化模式，直接应用于日本现实的做法。在战后，这个词的含义转为日本知识界对"二战"战胜国的理论模式的模仿，也包括对新中国相应部分的照搬。
[2] 竹内好：《近代主义与民族的问题》，《全集》第7卷，34页。

于政治权力格局所致，更是由于近代主义避免与它正面对峙，这反倒促使民族主义硬化和无节制地膨胀起来。从白桦派设定抽象自由人的时期开始，民族主义作为近代文学的一个要素就被抹煞了。日本无产阶级文学也在白桦派的延长线上产生，没能拯救被抹煞的民族问题。因此，无产阶级文学中出现的转向者成为极端民族主义者，是一个必然。

竹内好说："在文学创造的根本处横亘着的暗影，只使用一个照明点是不能充分照亮它的。对于这种不充分性的无视，导致了日本无产阶级文学的失败，进而，这个失败的无可避免，体现的是日本近代社会的结构性缺陷。"[1]对西方艺术理论和文学史有相当造诣的伊藤整对这个说法进行了呼应："近代主义骨骼般的图式无法包容的肉体性实质是大量的，它是依靠民族的内容形成的。我们不能无视这一事实。"[2]伊藤整注意到，仅仅依靠近代主义的西方式批评方法，不能不无视日本文学史上的一些大家，而且也不能不对很多文学家进行削足适履的处理。这就是他所说的近代主义的骨骼无法包容民族肉体性实质的意思。在这个层面，他和竹内好是一致的。但是，在国民文学的讨论中，伊藤整始终在"文学"的框架内设定问题，这是他与竹内好的分歧。伊藤整关心的问题是，文学如何在自身的规律当中完善自己，而不是如何成为与哲学对垒的"世界结构"。当竹内好在给他的信中提出要对问题进行整理的时候，伊藤整不以为然，认为问题必须在"以思想为结果的创作方法本身的具体性中展开"，而竹内好的"整理的方法"只是一种预先的设

---

[1] 竹内好：《近代主义与民族的问题》，《全集》第7卷，33页。
[2] 伊藤整：《关于国民文学论致竹内好》，《伊藤整全集》第17卷，新潮社，1973年，275页。

定，他没有体会到，竹内好强调"整理"是由于他痛感当时的讨论所提出的问题十分混乱，而这种混乱起因于近代主义对垒民族主义的图式被以二元对立的方式固定化了。在给伊藤整的信《国民文学的提倡》[1]中，竹内好通过简要分析当时文坛上不同立场的知识人对国民文学的态度，指出，在不同的历史时期，近代主义与民族主义在外观上的对立，并不妨碍它们以不同方式缠绕在一起。特别是战后，国民文学的提倡者并不仅限于民族主义者，那些采取近代主义立场的知识分子也同样参与进来。因此，"国民文学"这个概念已经包括了相当复杂的价值取向，这是竹内好提出整理问题的出发点。这个整理的意图，暗示了竹内好已经感觉到"国民文学"以及"民族"和"近代主义"等概念无法有效承载当时的现实状况，他试图把问题引向更有实践价值的层面，以赋予这些概念以非意识形态的、更准确的现实内涵。而竹内好对于这些概念的清理，也的确把问题引向了一个在意识形态层面很难注意到的方向：国民文学的提倡，并不是强调民族主义立场，而是致力于他在《中国文学的政治性》中所强调的破除文坛封闭性、建立机能性文化政治的努力。毫无疑问，竹内好意识中的"国民文学"，具有《鲁迅》以来一系列著述中反复出现的"自我否定"和"涤荡自身后把自己从中选择出来"的基本母题，他不满足于当时文坛上的概念性论战，是不言而喻的。

伊藤整并没有像竹内好期待的那样把问题进一步推进到打乱近代主义和民族主义的对立图式从而揭示文坛更复杂格局的层面；相反，他在自己的回信中整合了竹内好已经打乱了的模式。尽管这位出色的文艺评论家也注意到了"为了民族的文学"与"近代式自我

---

[1] 竹内好：《国民文学的提倡——致伊藤整氏的信》，《全集》第7卷，38—42页。

确立的文学"并不是对立的,但是,这并没有构成他进一步推进问题的动力;相反,他仅仅是在观念层面搁置了这个问题,话题很快就转向了东方文明(中国、印度、日本)特有的思考样式与近代主义对立上来,并进而提出依靠这些东方思想资源对"欧洲系统的文化构造进行批判"的必要性。在同一个层面上,伊藤整对竹内好所重视的文坛封闭性的问题也仅仅在纯文学(亦即文坛文学)和大众文学在商业社会中的分裂层面加以一般化理解,认为这是必然的,没有看透竹内好针对的是日本文学象征的日本社会结构本身的重大问题,只是强调如藤村、啄木、漱石等作家具有的、为文坛人所不理解的大众性格,是进一步考虑国民文学形态的线索。

竹内好在伊藤整所说的骨骼与肉体关系的层面完全赞同他把"近代"和"民族"对立起来的意见,但是问题再推进一步,他就很难满足于伊藤整浅尝辄止的态度了。在其后发表的《国民文学的问题点》中,他又一次强调了日本文坛的封闭性是问题的症结所在,并对伊藤整的说法表示了不同意见。他指出,仅仅用传媒在商业社会中的作用说明文坛文学与大众文学的乖离是无济于事的,因为所有资本主义国家都有传媒的参与,但日本式的文坛(尤其是它的私小说传统)却是日本独有的;毋宁说这种乖离体现的是日本式封建身份制的问题,在这一意义上,大众文学与纯文学是同根的。[1]

在较早发表的《亡国的歌》中,竹内好曾经对日本文坛的封闭式行帮形态进行过尖锐的批判,并且强调他所批判的文坛的狭隘并非指文学家不关注文学以外的事物,而是指他们对待文学的思维方法狭隘,不考虑文学的本质。换言之,文学家不能跳出文学的圈域来看待文坛的问题。应该指出,即使是伊藤整这样的民主主义作

---

[1] 竹内好:《国民文学的问题点》,《全集》第7卷,43—48页。

家，也仍然不能摆脱竹内好所说的这种狭隘性。当问题推进到不得不对每一个观念进行清理的时候，西学训练相当好的伊藤整，反倒甘心于在抽象的层面架空概念，这显然不是学识问题。

但是在另一面，竹内好的命题面临更强大的挑战。这是因为他面对的第二类人物是日本共产党系的进步作家，他们自觉地承接战前无产阶级文学的传统，试图以"国民文学"的方式拯救民族危机。与一般意义的民主主义作家不同，他们强调文学的社会功能，并以藏原惟人这样的理论家为代表，将其赋予理论化的形态。而这类知识分子，在思想立场上与伊藤整那样的自由知识分子往往是对立的。竹内好必须解决的一个问题是，假如他试图打破文坛的封闭性，建立立足于广泛社会基础之上亦即具有"政治性"的国民文学，他是否与日本左翼知识分子同道？

在《中国文学的政治性》中，竹内好曾经预言"将来的文化由无产阶级承担，几乎是毫无疑问的。但是这将来的文化，只要清扫得不彻底，就要像过去的无产阶级文学那样走弯路。只是想到这一点，就够悲惨的了"[1]。这"弯路"是什么呢？结合其他文章中的有关论述看，他认为日本战前无产阶级文学存在的最大问题是"近代主义"的问题。在竹内好看来，日本无产阶级文学从一开始就走了"进口思想"的路，在它的国际主义和阶级理论中，省略掉了日本的民族主义问题；而在无产阶级文学理论中反复强调的"民族独立"中的民族，也是先验的概念，不包含自然生活感情的内容。这样，日本无产阶级文学借着西方和俄国的目光看本土的"阶级问题"，导致了它不能与后来发展为法西斯意识形态的民族主义对垒并且改造后者的结果，更为重要的是，由于对日本民族主义缺少真

---

[1] 竹内好：《中国文学的政治性》，《全集》第7卷，12—13页。

正的认识，日本无产阶级文学作为思想运动所具有的组织形态，保持着隐蔽的日本特色，即天皇制的投影。竹内好在天皇制结构中看到了日本社会的权力存在方式，他指出那不仅仅是暴力性的镇压，更是如同空气一般弥漫在日常生活当中的精神氛围，部落共同体作为天皇制的基础，不断生产着绝对主义的意识形态，它不是一个价值体系，而是复合的体系，与其说它是体系，不如说是一种抹杀诸种价值的装置。因此，弥漫在日本社会各个层面的天皇制氛围有着德国纳粹所无法企及的社会动员力量。竹内好因而提出了"一草一木里面都隐藏着天皇制"的著名论题，把天皇制所象征的权力问题从狭义的制度讨论转变成为一个社会性的公共话题。[1] 因此，竹内好认为在日本无产阶级文学运动中同样保存着这种结构，所以建议从该运动入手研究天皇制的实质，更重要的是，竹内好还指出这是发掘日本革命思想的唯一源泉。看上去这是一个两难的处境：竹内好把日本无产阶级文学运动的外来性（这种外来性同时造成了它脱离本土的"先进性"）视为它脱离民族问题的根源，而把目光投向它的本土特征的时候，却只能发现它具有的天皇制结构特征；但是，他不得不在这一最保守的结构之中发掘日本真正的革命可能性[2]，这个思路后来一直延续到他整理日本亚洲主义思想遗产和在

---

[1] 竹内好：《权力与艺术》，《全集》第7卷，142—171页。
[2] 在发表于1959年的《无产阶级文学》(岩波讲座《日本文学史》第13卷，同一丛书第15卷收入了丸山真男的《近代日本的思想与文学》）中，竹内好这样写道："作为艺术的无产阶级文学几乎没有留下成果，但是，作为创造产生艺术的条件的思想运动，没有比它更强有力的了。无产阶级文学运动，为了它的强有力而成为特殊日本式的、亦即小田切所说'移植观念式的'、用我的话说就是'近代主义式的'结晶，同时也由于同样的原因在那之上又刻印着天皇制构造的印记。这是一个特殊的日本式的思想运动过程。为了弄清天皇制的本质，无论如何要从日本无产阶级文学入手。而这也是发掘日本的革命思想的几乎唯一的源泉。"（《全集》第7卷，242页）

明治维新以及福泽谕吉乃至明治天皇那里寻找日本民主主义思想和制度原型的探索当中，成为竹内好思想创造的主线。

由于上述理由，可以看出竹内好与日本左翼知识分子特别是共产党系作家不同道。他几乎是把无产阶级运动及其战后的延续看成研究日本的近代主义与民族主义内在关系的最好模本，却无法向这个思想运动认同。当他讨论文坛封闭性的时候，在他看来，走了"弯路"的这个思想运动并没有因为其所标榜的民族解放而突破了封闭性，恰恰相反，其近代主义观念性反倒遮蔽了真实的处境，使其无法认识自身的日本式组织结构。但更重要的问题是，竹内好与左翼知识分子之间的这种距离感，与他对文学自律性的思考究竟有什么关联？

在国民文学讨论展开之后，竹内好《国民文学的问题点》引起了共产党系中实力派作家野间宏的批评。1952年9月到12月，野间宏分三次发表了《关于国民文学》，与竹内好进行了高水准的论争。野间宏对竹内好的论文进行了切近文本的细读，很注意它的上下文，所以他的批评是言之成理的。与伊藤整不同，野间高度评价了竹内好关于"整理问题"的想法和实践，因为他同样注意到有关国民文学的论争存在着混乱；而同时，野间对竹内好的"整理"本身却持保留态度。他首先注意到在竹内好的行文中存在着一个很大的暧昧不明之处，这就是他强调文学自律性的时候，一方面试图使其区别于为艺术而艺术的立场，一方面又试图排除"文学之外的强制"，因而他的国民文学论既不是所谓纯文学，也不是作为手段的文学。野间宏分析说，由于竹内好有关文学自律性的界定不明确，故他对于文学自律性的考虑只不过是把文学从政治中区分开来而已。野间宏认为之所以竹内好产生这样暧昧不明的说法，一方面起因于左翼文学运动的确存在着把文学作为手段的倾向,另一方面,也是因为竹内好本人所设想的国民文学并不包含为了民族独立而实现各个领域之间的相互合作。文学的自律性,按照野间宏的设想,应该是"贯穿着在政治、经济、文化各领域中的革命和改造运动内部的思想改造运动的自律性,是作为创造新灵魂运动的自律性"[1]。而这样的自律性,使得文学与政治经济等领域处于同样的层面,革命运动与文学运动各自保持自己的特性,同时也都对思想改造运动负有责任。因此,由于竹内好没有把文学自律性置于这样的思想改造运动脉络中来强调,他的文学自律性是狭隘的。进而言之,竹内好所考虑的"人"是以个人主义为中心的,而野间宏所代表的左派知识分子的"人"则是以"社会主义的人间像"为中心的。因而,后者对国民文学的设计必须以民族解放斗争的全部内容作为日本国民文学的全部内容。[2]

竹内好迅即对此做出了反应。1952年11月,他在杂志《群像》发表《文学的自律性等等》,认真回答了野间宏的批评。他首先承认,在他和野间宏之间,围绕着民族危机感和解放日本民族灵魂的大前提,意见是一致的;但是,关于文学自律性的内容和日本如何从封建制度中解放出来的方向性问题,他与野间的意见有着分歧。就第一个分歧来看,它首先在于思维方式的相悖:"我说文学的自律性的时候,如果给予了野间氏以在实体上区分了政治和文学的印象的话,那是由于我的说明不充分;我并非是那样考虑的。我所主张的是,必须在机能上区分政治与文学。文学不能代理政治,政治也不能代理文学,目的是整个人的解放(对此野间氏以思想这一语

---

[1] 野间宏:《关于国民文学》,《野间宏全集》第16卷,筑摩书房,1970年,11页。
[2] 同上书,5—20页。

词来表示）；对于这一目的，政治与文学必须从各自的侧面来负起责任。小说的写作也同时是政治行为，而纲领的措辞表达又是文学式的行为。负责任地实现自己的机能，为了目的的实现而有机地结合起来的，才是真正的自律性。"[1]这是一个虽然有些费解却很清晰的界定：当竹内好说"机能性"的时候，他讲的是要把实体与实体所具有的机能分而治之，而其结果，必将导致完全不同的认识事物的方式——以实体为基点的思维方式，把一切状况都归因于具体实在物，甚至连那些没有实体的对象，比如文学创作过程和政治运作过程，也只有在"物化"之后才能分析和理解。这样，人们就把关注重点从过程转移到了结果（比如文学作品或者政治制度条文），因为只有结果才是可以物化的；这种思维方式也因而要求对象具有静态性格，即以排他为特征的自足性。实体性思维总是与高度的抽象性结为共谋关系，就是因为具体实在和高度抽象都可以在"静止"的意义上把对象局限在一个相对封闭的范围内，只不过前者具有个别内容而后者可以简单套用而已。[2]对于机能性的强调，正在于消解这种"物化"的本能，在流动过程中观察对象的变化本身，也因而把关注的重点从结果转移到过程。在国民文学论争中，把文学和政治对立起来，因而强调文学的自律性就是排除政治干扰的看法，是典型的实体性思维方式，因为在这里政治被物化为政权暴力

---

[1] 竹内好：《文学的自律性等等》，《全集》第7卷，63—64页。
[2] 实体化的抽象必须与理性思维的抽象进行区分，后者是建立在机能性基础上的理论思维，而它的特点是以非直观的方式建立面向现实的开放性思维过程，因而必须是一种虚构。如果理论思维要具备真正意义上的虚构功能，那么，它将关注现实过程中那些关键的问题，并且以不能简单还原为现实的方式建立解释的结构。而实体化思维完全不具备这样的能力，它仅仅满足于从理论思维那里借来一些结论，然后直观地将其物化为具体的现实问题，但是由于缺少理论思维必要的思考过程，这些"联系实际"通常是简化的和因循的，不具有任何思考的张力。

或者体制压迫，甚至在道德判断层面被抽象地视为"恶"；而政治过程中的各种可能性、各种复杂的内在矛盾却被轻易地抹煞了。另一方面，野间强调的要把各个领域联合起来，为实现民族独立而恪尽职守的想法，其实也是把文学抽象为与政治、经济并存之"物"，它仅仅是对于文学排他性"自律"的一个反命题而已，并没有深入推进问题。当竹内好主张要在机能上区分文学与政治的时候，他关注的是文学作为一种特有的"文化政治"过程，如何才能避免从简单演绎政治结论的怪圈里解脱出来的问题。正如丸山在政治学领域通过强调现代政治的"虚构性"而建立政治判断的努力一样，竹内好在文学领域通过对机能性的强调也致力于使文学摆脱直观性而建立它作为精神产品的自律品格。显然，野间的误读就在于他无法理解竹内好对于文学自律性不排除其政治功能的看法。但是，野间宏的这种误读真的是因为竹内好"说明不充分"吗？实际上，竹内好对所有同时代重大问题的反应方式都是"机能性"的，而对他的误读大部分来自实体性思维，野间宏这位有着出色创作实践的作家，在他对竹内好有关文学与政治关系思考的质疑中，也不能不说实体性的思维占有主导的地位。这不是靠简单的说明就能够解决的问题，竹内好与野间宏的这一讨论没能再进行下去，也许就是因为他们都意识到了双方的分歧点是根本性的，而不是简单的误解。

与文学自律性的问题相关，竹内好对第二个分歧点的解释是，野间宏以"民族的独立"为文学的目标，却忽视了"国民灵魂的解放"。同是强调与封建制度进行斗争，但是在基本方向上，强调民族独立的野间宏与以解放国民灵魂为文学目标的竹内好存在着根本分歧。竹内好在《国民文学的问题点》一文中批评日本的左翼作家在文学规律之外强制性地附加"民族独立"的标准，以此衡量文学是否具有国民文学特征，是缺少"自我"的标志，因此，它是在回避与封建制度的斗争[1];而野间不能理解竹内好究竟在说什么。他反驳道:"我们的文学把民族解放的纲领在文学的层面上具体化,并在文学的领域里以实现这一目标为指归,对此我已经论述过了,这样的文学如何会回避与封建制度的斗争呢?日本共产党的纲领揭示了有关殖民地从属国的革命方式与帝国主义国家的革命方式的区别,并在此基础上规定殖民地日本的革命为民族解放革命,进而指明为了解放日本民族所必须做的中心工作就是农村的土地改革,还有打倒作为帝国主义支柱的天皇·封建官僚制度,无法想象我们的文学何以竟会回避与封建制度进行斗争呢?"[2]而竹内好所说的与日本的封建制度斗争,显然是他基于对日本的无产阶级文学运动本身所包含的"天皇制"特征的观察而得出的结论:他认为,日本左翼文化阵营由于过分注重政治正确的观念性,其实并没有完成它面对现实时的批判工作;不仅如此,其实它间接地使自己以"反命题"的方式强化了日本的封建制土壤。竹内好看来,引用了日本共产党纲领进行反批评的野间宏,为此而失掉了在文学领域内处理政治纲领的机会,"我看到了党员艺术家的悲剧"[3]。在这里,竹内好又一次强调了他在《鲁迅》中已经触及的问题,那就是文学的真正功能并不是演绎正确的政治纲领,而是以它自身切入现实的独有方式建立自己的"文化政治",这个立场与现实政治并不对等,也并非总是一致的,它以悖论的方式参与现实政治的全过程;这就是竹内好在批评野间时所说的"在文学领域内处理政治纲领"的含义。

竹内好与野间宏的第二个分歧,令人联系起鲁迅在《论现在我

---

[1] 竹内好:《国民文学的问题点》,《全集》第7卷,50页。
[2] 野间宏:《关于国民文学》,《野间宏全集》第16卷,13页。
[3] 竹内好:《文学的自律性等等》,《全集》第7卷,65页。

们的文学运动》中强调过的那个问题：文学创作需要的不是在作品后面插一条民族革命战争的尾巴，而是与民族生存有关的全部生活。鲁迅在两个口号论争中始终强调的是，正确的口号并不能代替创作实践，抗日的文学不一定必须直接描写抗日，关键的是作品中真实的生活。当竹内好批评野间宏以文学诠释日本共产党纲领的思路是"党员艺术家的悲剧"的时候，他采用的正是鲁迅的这一视角。

日本文学思潮史有关这场国民文学论争的公式性见解是，由于日本共产党的介入，国民文学论被意识形态化，未能按照竹内好的预设深入到文学自身规律的层面上来。其实问题是相反的。至少在我们上面所涉及的材料中，已经充分地展示了这场论争所提出的，甚至是超出竹内好预设的重大问题。那么，这个重大的问题是什么呢？

这就是文学在现代国家和民族的框架中的定位问题。民族的解放和民族灵魂的解放，就是在这个意义上必须加以区别——前者在现代国民国家的框架内存在，而后者却超出了这个框架。

我们必须再回到野间宏的误读问题上来。这个有着丰富创作经验和严肃论争态度的文学家，在细读了竹内好的相关文本之后，仍然不能理解竹内好所讨论的是文学作为一种行为与政治之间的悖论性关系这样一个命题，似乎不能简单归结为"党员艺术家的悲剧"。事实上，这个党员艺术家对于政治的理解具有相当的代表性，而且这种代表性并不仅仅局限于日本共产党系统的知识分子，也代表了其对立面——自由知识分子对于政治的理解。而这个问题的分量，也绝对不是竹内好草草收场的"党员艺术家"之类的评价所能表现的。野间宏1953年在另一篇专门论及政治与文学关系的论文中提供了理解这一问题的线索。这位有着急切的政治忧患意识的日本知识分子在其中首先强调了所有人都无法回避现实政治力量的命题："人无论怎样试图不牵扯政治，政治都会把相关的关系强加到他的头上。而那种认为自己与政治无关，自己是独立存在的想法，结局也是一样的。"[1] 接着，他痛切地分析了当时日本面临的政治局势："现在世界上最为重大的问题就是和平问题。如果认为自己与政治无关，并且躲开这个问题，会有什么结果呢？如果战争爆发，战争绝对不会因而躲开那些自认为与政治无关的人。……我们日本人为了思考和平并保卫和平，必须追问的问题是，日本发起了战争并且战败，其结果是什么；战后日本发生了什么变化并且向何种方向转变，必须从这样的追问里寻找通向和平的有效途径。日本遭受了战争的破坏，长期受到美国的占领，去年缔结了旧金山和平条约，尽管在名义上独立了，但是并没有因此给予日本人自由，日本没有审判外国士兵的权利，在日本的基地上，每天有装满了炸弹的美国飞机起飞。可是，哪怕仅仅是日本不再充当美国军事基地这一件事情可以实现，美国也没有办法像现在这样继续进行朝鲜战争。……"[2] 接着，野间间接引用了马克思主义原理，把阶级斗争分为政治斗争、经济斗争、意识形态斗争三类，强调文学活动属于意识形态斗争领域，并把话题转到了文学的作用问题："通过具体的主人公，显示在反对战争的斗争中，存在着人活下去的路，以此表现正确的姿态。特别要注意的是文学家与科学家不同，他是通过小说诗歌来把握这些人的国民感情体验的本质，并把它作为典型而描绘为人的五官姿态，读者也会在阅读的时候把它作为自己的体验加以认识，于是作品也化为了读者的血肉。就是说，渗入了读者的灵魂，灵魂

---

[1] 野间宏：《政治与文学》，《野间宏全集》第16卷，66页。
[2] 同上书，66—67页。

依此而得到升华。文学家被斯大林称为'人类灵魂的工程师',现在日本的灵魂工程师的任务,就在于通过文学作品,彻底明确地区分美国强加给我们的虚假和平与国民所寻求的真正和平,不断去除自己所接受的根深蒂固的虚假和平,培养真正的灵魂的力量。"[1]

以上略嫌冗长的引用,是为了尽可能完整地传达野间宏对当时政治局势的紧迫感以及他对文学作品所寄托的政治期待。似乎没有理由说野间的想法是错误的,甚至也很难断言他的这些想法与竹内好关于文学与政治关系的思考是对立的;那么,为什么野间与竹内在政治与文学关系上并没有形成真正的对话呢?

我认为,在这位日本文学家的视野里,缺少一个最基本的参照系,那就是以鲁迅为代表的中国现代文化政治,以及竹内好对这种文化政治的阅读视角。应该说,假如不把《鲁迅》作为竹内好的思想原点,就不能理解他对日本文学和思想的所有发言。而这个"鲁迅",正如竹内好所言,是机能性的而非实体性的,他是竹内好切入日本思想和日本文学的契机,而不是一个远在竹内好之外、如同吉川幸次郎所处理的那种"客观的"研究对象。鲁迅把竹内好引向了与野间宏不同的政治理解,那就是放弃"正确"观念的抽象演绎,面对真实的复杂现实。不难看出,野间宏对时局的分析固然正确,但这种正确的"应有姿态"却微妙地脱离了战后日本大众社会的基本课题,而日本文学也并没有承担这种"意识形态责任"。反过来看,当野间把文学设定为思想意识形态斗争的一个部门的时候,他关注的是这个部门如何与其他部门一道,有效地在反对美国占领军称霸东亚的斗争中成为启蒙的工具。他承认文学的特殊性,但是如上所述,他把特殊性仅仅视为一个"手段",文学的终极目

---

[1] 野间宏:《政治与文学》,《野间宏全集》第16卷,69页。

标是规定好的。

竹内好所看到的"党员艺术家的悲剧",或许在这个意义上是存在的。野间不能够认可的一个棘手的问题,就在于文学的特殊性往往使它在现实当中并不一定与现实政治同步,有时看起来甚至会与现实政治目标相忤逆;而改造灵魂的工作,也不等同于把党的政治纲领通过文学的形象化"正确地"渗透到读者的血肉中去。这样的作品,几乎大多流于表面化的说教,读者很难配合野间的要求,把阅读转换为自身的体验。这样,左翼知识分子只能面对竹内好在《中国文学的政治性》中批判日本无产阶级文学运动非政治性时所指出的那个结果:因为现实没有按照他们的预设发展,而指责"现实的错误"。理解这个与政治性相关的问题,需要进一步追问政治过程本身的性质问题。显然,野间宏仅仅把日本共产党的纲领演绎成为"政治",并且在高度抽象的层面把握了现实的危机,但是现实政治过程中的种种偶然性和瞬间决策以及形势突变所造成的状况、性质转变等一系列构成政治过程本身的结构性要素,显然没有进入他的视野。这种"大政治"与日常政治的脱离,使得野间这样优秀的进步知识分子简化了政治过程而将其"意识形态化",实际上,正如竹内好所批判的那样,这个分歧表现的是日本左翼知识分子教条主义态度的"非政治性",而不是他们成熟的政治智慧。

意味深长的是,与野间宏真正构成对立的,其实并不是竹内好,而是主张文学应该脱离政治的自由知识分子,或者更为反对文学艺术政治化的艺术家。在这个对立当中,有一个基本问题是相通的,那就是文学被对立的双方同样视为可以和政治并列或者对立的"东西",而政治也都被简化为意识形态教条。正是在这个意义上,野间宏有关政治与文学关系的思考也涵盖其论敌的思维方式,而竹内好恰恰在这一思维方式之外。

在国民文学论争中，竹内好遭遇到的，主要是这种把政治和文学实体化，并作为实体对立起来或者结合起来的思维定势。这场论争由于竹内好所持的"追究政治和文学各自的机能"的立场，不同于以往文坛的类似论争，激发出一些饶有兴味的问题。当文坛分化为例如伊藤整那样的自由知识分子和例如野间宏那样的社会主义知识分子并因此产生"政治与文学的对立"的时候，竹内好对于文学机能的思考刚好解构了这种对立，从而揭示了这种对立的虚假性；竹内好指出，问题不在于观念的对立，而在于与观念并行不悖的生活实感。"民族独立这一高度政治性的目标，不一定是从民众生活中直接引出的东西"〈1〉，所有背离了生活实感的理念，最终都会把思想引向绝对化的死胡同。当竹内好把目光投向了民众这一对知识分子集团具有瓦解功能的存在时（必须指出，竹内好所说的"民众"在很大程度上不过是一个观念，只是他牵制知识分子的策略，尽管他也在战后对诸如赵树理研究表示过兴趣，但他的民众观包含着相当的精英意识，不能简单地等同于对民众的理解和认同），不能不说，他对民族国家框架的相对化思考恰恰是借助了他对民众（国民）的强调才得以完成的。国民文学的提倡无疾而终，但是竹内好思考的方向性却借助这个讨论浮现了出来；与他的其他不成功的努力一道，这次讨论对理解竹内好有关文学性世界结构的思考是非常重要的。而最重要的或许在于，如果试图把竹内好一生的思考历程作为我们研究的对象，那么他基本的思考方向就存在于这一次次具体的论争之中；至于论争本身以及它的结果，比起竹内好留给我们的超越他那个时代的精神遗产来，反倒显得无关紧要了。

借助国民文学论争，至少可以清理出下列基本问题：对政治的

〈1〉 野间宏：《政治与文学》，《野间宏全集》第16卷，64页。

概念化理解，是强化政治正确的意识形态立场的基础；而在文学阵营里，由于正面进入复杂的现实政治过程不是文学的任务，因而对于政治过程的简化和观念性的理解是相当普遍的趋势。文学家普遍具有的将政治道德化的倾向，使得他们很容易在进入政治分析之前就在善恶意义上简单地对现实政治做出是非判断，而在整个20世纪的动荡历史当中，这样简单的政治判断其实往往会使知识分子处在历史进程之外，而不是在它之中。在这种情况下，知识分子的行动与现实的脱节，体现为他们过于信任自己的"正确理想"，而较少思考这一理想在变动的现实中是否应该调整，更少思考正确的理念要经过何种转换才能与现实连接，也就是大政治与日常政治的课题是以什么样的形态发生连接的。于是，经常可以观察到所谓"机会主义"与"原理主义"之间的对立，真正的政治智慧在这样的对立中完全无法成长。[1] 除掉少数例外，就基本状况而言，日本的左翼在战后渐渐趋向教条主义，日本的右翼则日益失掉原理性而具有投机性，这使得政党政治的成长受到阻碍，也使得政治思想的成熟受到阻碍。比较复杂的问题在于，例如野间宏这样投身于政党政治的知识分子，他们的政治视野显然要比伊藤整那一类知识分子具体和直接；在上述野间宏的引文部分，我们也可以看到他基于日本共产党纲领的时局分析充满着紧迫感和使命感。其实，他的时局分析中有关美国在战后建立东亚"殖民地"的部分，与竹内好的相应分析是相当一致的，而且也几乎代表了当时进步知识分子的基本看法。问题是，当野间引用日本共产党纲领来表达自身的危机感时，他无

---

[1] 关于这个问题，战后丸山真男、竹内好、鹤见俊辅等有过正面的讨论。机会主义与原理主义在观念上简单对立会遮蔽什么样的问题，它们在现实中的复杂存在方式等等，在这个讨论里得到了揭示。参见笔者《把握进入历史的瞬间》，收入《遭遇他者：跨文化的困境与希望》，北京联合出版公司，2020年。

视了这个纲领性目标并不具备日常政治的品格这样一个基本事实。在讨论文学如何实现这个纲领的时候，野间几乎是本能地反复使用了"正确"这个词，强化了衡量状况的标准，使得问题微妙地转向了"应该变得如何"的方向，遮蔽了当时的现实政治以及社会状况的复杂维度。竹内好在论争中"整理问题"的态度，其实根本动机是把讨论从抽象的"应该怎样"的层面拉回到复杂的现实状况中来，这种态度不能简单地视为状况主义，而是一种面对现实的原理性态度。正是在这个意义上，竹内好提出了民族独立这一高度政治性的目标并不一定来自民众生活的大胆质疑，这是对于政治正确的知识分子姿态的一次大胆的挑战。

但对于竹内好来说，挑战政治正确并不是他关心的课题。他关心的是如何真正进入历史。在这个意义上，付出了政治不正确这一代价的竹内好，以他的思想实践示范了进入历史的艰难，也示范了思想在状况中的存在方式。

第三章

战争与历史

一 历史瞬间的"错误"抉择

在上述讨论之后,让我们掉转头来考察竹内好思想中最棘手但又是最关键的部分——他对日本侵略战争的态度。

1943年年底,当竹内好完成了《鲁迅》并由武田泰淳转交给出版社的时候,他本人被迫赴中国湖北参战。关于竹内好在中国参战的经过,由于他本人守口如瓶,我们无从在他避重就轻的几篇有关文章中找到充分的材料;根据《竹内好全集》年谱和他本人所写的文章记载,竹内好应征后被分配在羸弱者和学生兵的补充团队,几乎没有经历第一线的战斗,也幸运地没有杀过人;然而他仍然有机会目睹战场上的死伤以及遭遇正面冲突。由于竹内好不是个合格的士兵(如曾被任命为通信兵但是搬不动器材;以行军掉队闻名,甚至从马上落地摔昏过去),也由于他当时患了严重的痢疾,应征半年后就被调往大队本部的"宣扶班"(他是班长唯一的部下),获得居住在营区外的权利;此后又教授中文和充当翻译。这段从军经历从1943年12月起,到日本战败为止,持续了近两年。

即使从军经历使竹内好偶然地处于战争的边缘,他也仍然是日本侵略战争的参加者,这段经历对他思想的形成无疑是重要的。而我最为关心的,是考察竹内好在他的思想活动中如何处理自身的这段经历,并把这种个体经验从时代的整体意识形态中区分出来,再重新投入到时代的思想形成过程中去——必须依靠竹内好在《鲁迅》中界定的这种思维方式,才有可能接近历史过程中极不自由的个体选择所具有的真正意义,从而打破那种笼统地讨论某一个时代再把个体经验简单还原到该时代中的思维惰性。

1942年1月,亦即日本偷袭珍珠港从而引发太平洋战争的次月,《中国文学》第80号发表了由竹内好执笔的中国文学研究会宣言:《大东亚战争与吾等的决意》。他在这篇充满浪漫主义激情的宣言中表示了对太平洋战争毫无保留的支持态度,那是因为日本开始对象征着西方近代的美国宣战了。竹内好宣称,当卢沟桥事变爆发后,他和同人们无法摆脱日本以强凌弱的印象,因而对战争持保留态度,但是太平洋战争宣告了日本对强者的抵抗,它"出色地完成了支那事变",把战争的性质转变为"从东亚驱逐侵略者";因此,一直从理念到行动都抵抗日本侵华的竹内好,一变而无保留地支持太平洋战争。他写道:"今天的我们依靠东亚解放的战斗决意再一次重新否定了我们曾经否定了的自我。我们被正确地置于自己的位置上。我们恢复了自信。为了把东亚解放到世界的新秩序中去,今后我们要在自己的岗位上尽自己的微薄之力。我们研究支那、与支那的正确解放者协力,使我们日本国民了解真正的支那。我们要驱逐那些似是而非的支那通、支那学者以及没有操守的支那放浪者,为日支两国万年的共荣而献身。"[1]

---

[1] 竹内好:《大东亚战争与吾等的决意》,《全集》第14卷,297页。

如果细读这个文本，可以看到一个显著的特征，那就是它的空泛性。这篇宣言基本上是以极为抽象的方式写成的，除了表达竹内好对日本从恃强凌弱转变为不畏强暴的"美学"姿态的激情之外，没有任何对于现实状况的分析。然而文中却存在着唯一被实体化了的现实对象——"似是而非的支那通、支那学者以及没有操守的支那放浪者"。如果联想起早年竹内好与支那学家的论争，可以了解竹内好的这段话决非泛泛而论。正是由于这个原因，竹内好的这篇战斗檄文具有非常微妙的特定含义：偷袭珍珠港和日本海军空军的自杀式攻击，在竹内好的文中仅仅被虚化为一个背景，被推上前台的，则是竹内好从30年代就开始的对支那学家不妥协的"战斗"。这两种"战斗"看上去风马牛不相及，但在这篇短文里却以非常简洁的方式融为一体：使它们发生关联的，恰恰是竹内好参与历史建构的热情和理念。从他与支那学家的争执，到《鲁迅》中对鲁迅"行动性"的定位，再到战后讨论"何谓近代"，他始终一贯地坚持了与历史共存而不是在历史之外指手画脚的基本立场。恰恰是这篇表面看来极为空泛的宣言，在一个高度紧张的历史瞬间，强化了竹内好的这种历史感觉：战争塑造有形的历史，思想则从内部改变历史的结构，关键在于，人必须设法处于时代旋涡的中心。

为了认识竹内好和他主持的《中国文学》支持太平洋战争时这种特定历史感觉，有必要粗略地翻阅一下同时期的其他杂志。当1941年12月8日珍珠港事件爆发之后，日本的综合性杂志显然都立刻行动起来组稿表态。月刊杂志最快的特辑只能刊载于1942年的1月号，而这个月里重要杂志都做出了反应。《改造》《中央公论》《日本评论》几乎都以全部篇幅刊载了"大东亚战争"专号，前两个刊物还刊登了编辑部的"卷首语"，表明了该刊物的基本立场。《改造》作为左翼进步刊物，与中国一向保持着密切的连带关系，在30年代因为大量刊载日本侵华与中国人民的抵抗等第一线报道和有关作品，经常被检查机构删掉尖锐的词句，从而在刊物中夹杂大量的删节符号。但是在太平洋战争爆发之后，《改造》却一变而无保留地支持战争，并且在1月号"卷首语"《关于东亚解放战》中反复强调日本取代美英帝国掌握太平洋区域支配权的必要性，还非常具体地把问题引向了为孤立以英美为后台的蒋介石政权而切断缅甸信道、关注苏联介入的可能性等现实论述方面。这个特辑以醒目的标题强调美国是诱导世界大战爆发的元凶，强调日本对亚洲民族解放的责任，并以"国难挺身之辞""美国战争实力的基础""日美开战与支那经济""无敌海军论"等为主题组织了座谈和文章。相对更具自由主义知识分子色彩的《中央公论》，在"卷首语"《国民的决意》中也同样表示了对战争事态的无保留支持，然而与《改造》相比，它显然更具有对战争进行整合性说明的企图："（今日的战争）首先是武力战，同时也是思想战、文化战、经济战、外交战等等，并且这些要素是以复杂的方式组合在一起的。……战争长期持续下去的理由之一，就在于近代战争含有复杂的要素，而使长期战争可能获胜的一个要因，就在于那些复杂的要素被完全统一起来。"〈1〉与此篇"卷首语"相呼应，该期杂志刊发了哲学家三木清的《战时认识的基调》、大河内一男等人的座谈会纪要《长期整体战意识的结集》，以及京都学派四位学者著名的座谈会纪要《世界史的立场与日本》，是这个月里最富有"学理性"的一个特辑。在同一时期，另一份综合杂志《日本评论》邀请陆军中将石原莞尔参加了以"战争的形态"为题的座谈会，并且以极富煽动性的标题推

〈1〉 中央公论编辑部：《国民的决意》，《中央公论》1942年1月号。

出了《美英打倒论》《战争目标在此》《举国战争体制论》等文章。该杂志在2月号和3月号继续了有关战争的讨论，并逐渐把话题从政治军事和经济推向文化。与这些综合杂志形成对照的，是那些专门性的杂志和同人杂志：它们不需要也没有能力对这场战争指手画脚，所以如同在任何一个时代和社会里都可以看到的那样，这些由狭义的专家支撑的、与思想张力基本无缘的言论空间对战争的态度是应景式的，比如书评类杂志《读书人》（东京堂）在1月号发了一些《祝福皇国》之类的短文和短歌，《外国的新闻与杂志》（日本读书协会）刊登了日本昭和天皇对英美宣战的《诏书》，而同人杂志《学灯》《湘风》则篇幅不等地发表了相应的迎合文章，并且显然有些力不从心。在众多杂志里态度最微妙的是岩波书店的《思想》。该月的《思想》没有一篇与珍珠港事件有关的文稿，仅在《编辑后记》里写了这样一段话："昭和十六年十二月八日，这一天成了世界史上值得特别书写的日子。只有现在，所有的日本人才真正了解了日本在世界史上应该起到的作用。在人们那明朗而严肃的表情之中，我们看到了光明的未来。"[1]这段话被排在《后记》三段话中的最后一段，也就是该杂志所有文字的最后部分，与其他杂志的版式形成了强烈的反差。尽管在2月号里该杂志发表了京都学派的高山岩男和高坂正显的两篇论述世界史和战争形而上学的论文，并且在6月号刊出了特辑"大东亚战争"，但是它显然一直试图保持战争作为思想界课题这样一个讨论的层面。总之，横向浏览1942年1月和稍后时期的杂志，可以发现在众口一词支持太平洋战争的明朗表情之后，存在着千差万别的立场分歧。在这些看上去并不对立的分歧中，暗含的正是那个特定历史时刻所包含的兴奋、紧张、游移、观

---

〔1〕《编辑后记》，《思想》1942年1月号。

望以及各种被暂时统一的知识立场，这些千差万别的分歧本身，才是昭和前期特有的丰富性。即使在高压之下它们并没有呈现出鲜明的色彩，但是与历史过程中任何一次紧张时刻必然带来的表面单纯的瞬间反应一样，贫瘠的假象之下，隐藏着的才是"差之毫厘"的差异。或许对理解日后历史中出现的"失之千里"的种种对立而言，这毫厘之差才是最真实的线索。

当然，有一个隐藏在这种社会气氛之后的重要因素是不能忽视的，这就是当时由东条英机政府直接操纵的舆论控制。早在1937年就开始的强化言论管制的官方政策，由陆军情报部直接插手，在太平洋战争前后升级到了高压状态。纸张供应的限制、大量裁减报纸杂志，再加上严格的审查制度，甚至还有每个订户只准订阅一种报纸的规定，已经使得媒体处于苟延残喘的状态，而在1941年12月9日亦即珍珠港事件的第二天，陆军情报局出台了严格控制战局报道的一系列规定，绝对不允许泄露战局的真相。这种舆论控制首先指向报纸，其次是综合性杂志。而综合性杂志中，首当其冲的就是《改造》和《中央公论》。早在珍珠港事件之前的1941年2月，出席陆军情报局"恳谈会"的中央公论社社长岛中雄作曾经天真地试图说服顶着大佐、少佐军衔的情报官员："你们以为只要命令一下，国民就会照你们的想法去做，这是军队式想法，言论指导可不是那么单纯的事情。首先，就国策的实行而言，我们在根本点上没有任何与你们不同之处，只是以知识阶级为对象的言论指导，到底还是我们更专业。所以，就算是多花些时间，思想指导是否还是交给我们来干？"这段书生气十足的话激怒了情报官员，一个少佐跳起来威吓说："我就是现在也可以把你们这个出版社给灭了！"在这样的气氛当中，当时的代表性杂志《改造》和《中央公论》也只好屏住声息。[1]《中央公论》社的立场因此被视为"自由主义",成了情报局的眼中钉,也是顺理成章之事。1943年《中央公论》因在1月和3月号连载谷崎润一郎的《细雪》而以"导致国民失去战斗意志"的罪名受到了情报局干涉,杂志主编不得不停职;而到了1944年7月,《中央公论》和《改造》都接到了废刊命令。

在1942年1月这个特定的历史瞬间里,意识形态高压作为最基本的威慑性力量,迫使日本的大小杂志不分立场的左中右之别,使用了相当一致的表达方式支持日本军国政府以卵击石的自杀式攻击行为;然而假如我们这些后来者满足于把问题仅仅归结到这样一个层面,这段历史就将与我们擦肩而过。事实上,这个瞬间包含的历史内容远比后世人们想象的复杂。至少我们可以判断的是,除掉六家主要的综合性刊物之外,其他杂志虽然受到了同一意识形态的压力,但是压力的强度是非常不同的。换言之,在意识形态高压之下,仍然存在着各种可以利用的缝隙和方式,因而也就足以出现各种不同的"支持"方式乃至消极的对应;同时,陆军情报局虽然出台了一系列控制战局报道的指令,且通过检举、告密、查封、合并等一系列手段控制舆论,但是纵观那个时期令后来日本知识人汗颜的著述,我们仍然可以发现它们并非如后世想象的那般贫瘠。在那些细微差别之中,透露的是当时知识分子的不同思想进路,乃至在实质上尖锐对立的立场。或许真正贫瘠的是后世人的想象力,因为按照"意识形态高压"和"知识分子妥协"的模式,我们摸不到这段历史的脉搏。但是在另一个方面,我们也不能因而如同今天的"自由主义史观"那样,简明易懂地抹掉那个特定时代的历史紧张,

---

〈1〉 前坂俊之:《言论死灭国即亡:战争与报纸 1936—1945》,社会思想社,1991年11月,179—180页。本节所引其他有关言论统治的材料亦主要依靠该书,特此注明。

把当时的社会氛围单纯地归结为全民的欢呼和陶醉。历史的真实并不存在于教科书式的归纳中，它存在于时代的张力关系中，而这种张力关系往往是后来竹内好所描述的那样，以"毫厘之差"的方式存在于表面上极为近似的现象背后。[1]

在此需要指出一点，就是在战后日本知识分子眼里，太平洋战争与日本侵华战争是性质不同的战争，因此后代人倾向于将二者分而视之，这也是将南京大屠杀和广岛、长崎作为两个相互独立的象征符号加以对待的逻辑根据；日本右翼民族主义的意识形态恰恰钻了这个空子，把日本人的"二战"史描述为对抗西方不幸受挫的"受害者历史"。而事实上，太平洋战争作为转移战局窘境的手段，在当事者那一代人的感觉中，仅仅提供了使到那时为止的侵略战争以具体可视的方式组织进"对抗英美"图式中去的契机而已。通览太平洋战争爆发后一段时期的杂志，可以发现对太平洋战争的支持态度导致日本知识人开始重新讨论他们在中国战场和东南亚战场的局势，以及扭转当时东亚和东南亚战局的可能性。[2]

让我们再回到竹内好的那篇宣言中来。作为一个同人学术刊物，《中国文学》当然与商业性的综合杂志有很大区别，它遇到了

---

[1] 竹内好后来在1959年写作的《近代的超克》中使用"毫厘之差"（原文可以直译为"一纸之隔"，为适合中文习惯在此译作"毫厘之差"）。笔者认为，这是理解竹内好基本视角的重要关键词之一，他一直是在思想史的毫厘之差处寻找历史的张力关系并试图以此建立思想传统的。有关竹内好《近代的超克》，参见本书第七章《寻找"近代"》。

[2] 当时的日本人称太平洋战争为"大东亚战争"，把东亚和东南亚作为对抗英美的基本单位，这是值得注意的基本思路。1942年年初的代表性杂志纷纷刊发了有关"大东亚政治""大东亚经济""大东亚建设"等的专题讨论，关注点仍然在东亚与东南亚战场；在结构上，正如三木清在《中央公论》1942年1月号发表的《战时认识的基调》所显示的那样，"当下，支那事变一跃而进入了决定性的阶段。对于在事变进行中不断加以妨碍的美英，日本终于到了决意宣战的时刻"。太平洋战争正是在此意义上与日本对东亚和东南亚的侵略相辅相成。

官方不配给纸张的困难，但显然也因此不会受到情报局的重点关注，不必为了避免自身被"灭了"而说太多违心的话，至少，它也可以像《思想》那样，把不得不表的编者的态度放在这一期最后的一段文字里。可是竹内好没有这样做，而是在这一期开头的特殊位置以大字刊登了这篇文字，可见他说的不是违心之言。事实上，竹内好直到战后也没有对他的这篇文字表示懊悔，这是一个旁证；而在另一个方面，《中国文学》也并没有像其他同人学术刊物如《湘风》那样，在1942年1月这一期刊登一个"大东亚战争"专号，或者在后来发表有关无敌海军之类的官样文章[1]；这一期《中国文学》的专号是"中国文学与日本作家"，竹内好发表了他的那篇《书写支那这件事情》。而此后直到废刊，《中国文学》不仅没有刊出过有关大东亚战争的专号，也没有刊登过一篇直接讨论大东亚战争的文章。当《思想》在同年6月号出版颇具学理色彩的特辑"大东亚战争"的时候，《中国文学》却在6月号出版了特辑"中国文艺的精神"。

在这样的上下文中，竹内好的这篇游离于《中国文学》杂志整体氛围之外的《大东亚战争与吾等的决意》似乎显得有些突兀，因此它通常被视为竹内好的一次"失足"，或者是竹内好对日本浪漫派右翼立场的一次认同。作为思想里程中的一个污点，竹内好的对话伙伴试图好意地把它解释为竹内好战后自我反省的出发点[2]，但

---

[1] 《湘风》（财团法人湘风会发行）1942年5月号只发了一篇文章：《无敌海军的大作战》，署名伊藤正德。该文是一篇讲演稿，论述了日本海军如何举世无双，无敌于天下。《湘风》杂志也有相当篇幅讨论中国的古典，但带有浓厚的日本汉学色彩，不是一个有影响的中国研究刊物。
[2] 例如鹤见俊辅的《竹内好 一种方法的传记》，129页。鹤见俊辅在把这篇宣言视为竹内好其后的思想基础的同时，也把它置于《中国文学的废刊与我》和竹内好代表中国文学研究会拒绝参加大东亚文学者大会的事件之中加以定位，认为这个行状上的污点使得竹内好处于难以自辩的难堪立场。

无论是何种好意，似乎都绕不开一个棘手的问题，即竹内好终究在这篇宣言里明确地表示了对日本军国主义的认同："我们和我们的日本国是同体的。……在这一世界史变革的壮举面前，支那事变在我们是一个可以忍受的牺牲。曾经为支那事变感到道义苛责、沉湎于女人式伤感，从而迷失了前途大计的我们，是何等可怜的思想贫困者呵！从东亚驱赶侵略者，我们不需要任何道义上的反省。敌人应该一刀两断地彻底消灭。我们热爱祖国，其次热爱我们的邻邦。我们相信正义，也相信力量。"[1]

无论出于何种善意，竹内好的这段话都难以开脱。这倒不是因为他对侵华战争的合理化态度，而是因为他违背了自己与国家保持距离的立场而宣布"与日本国同体"。但是我所感兴趣的，是竹内好为什么直到晚年都没有对他的这篇文字表示过忏悔和隐瞒，相反，还主动把它收进了1973年出版的评论集《日本与中国之间》，他对这篇文章的处理方式，难道仅仅是出于为后人保留历史真实的责任感吗？

鹤见俊辅把竹内好的这种处理方式解释为通过自我批判进行思想建设的行动样式，认为它与战时的"转向"知识分子在战后公开刊载自己的"转向"文字、以此为反省出发点的方式完全一致。[2] 但是这个类比不太准确，竹内好并不曾"转向"，在战后也并不曾反省。[3] 换言之，竹内好尽管一直承认他在不同时期对时局的判断有很多失误，以至于他后来将自己的一部评论集命名为《预见与错

---

[1] 竹内好：《大东亚战争与吾等的决意》，《全集》第14卷，296页。
[2] 鹤见俊辅：《竹内好 一种方法的传记》，124—125页。
[3] 比如在1963年与鹤见俊辅等人举行的座谈会上，竹内好曾经就这篇宣言做自我辩解；他说，自己当时只是借支持太平洋战争的方式来抒发对日本侵华战争的不满，同时也有保全刊物免受查禁的用意。他不承认自己的行为是"转向"。参见《大东亚共荣圈的理念与现实》（《思想的科学》1963年12月号）。

误》,他却从来不曾把对这些失误的反省作为自己的思想动力。鹤见俊辅在晚年从另一个角度对《大东亚战争与吾等的决意》做出判断,比起十几年前的《竹内好》来,更为深入地解释了这篇宣言对于竹内好的意义。他指出:"(日本国家)既然以大东亚的解放作为旗帜,那么当然,沦为日本殖民地的朝鲜和台湾也必须解放。战争如果推进,一定要解放的吧。不这样的话,那就完全是虚伪的,那可不行。还不止如此。假如向这个目标推进国家,日本国家将会毁灭。除了毁灭没有其他可能。这一点也包括在竹内好的目标当中。竹内好这个人,完全就是毁灭型的人。……国家的目的本来就是消灭国家。大东亚战争就是这样的契机。这样读起来的话,我觉得战后竹内好并没有撤回这篇《中国文学》宣言,是完全可以理解的。"〔1〕

应该说,鹤见的这段评论切中肯綮,准确地把握住了竹内好的思想风格。本书第四章将要提到的写于战后的《屈辱的事件》一文,可以说对鹤见晚年的这个论断提供了有力的佐证。事实上,竹内好似乎很少关心自己的立场是否具有政治正确性,他关心的是如何进入历史而不是在外面观察它。写作《何谓近代》的时候,他认为日本近代以来一直在历史之外;而这个问题的提出可以上溯到《鲁迅》中对于鲁迅的那个特别的评价——鲁迅正因为他的非先觉性,正因为他与新时代的对立和由此而来的"挣扎",才得以成为唯一与中国的现代文学共存的文学家。而如果再往前追索,我们就可以把同样的思路追溯到《中国文学的废刊与我》和更早的《大东亚战争与吾等的决意》中来。在这一连串的论述里,基本的思路并

---

〔1〕 鹤见俊辅:《怀疑进步的方法》,收入鹤见俊辅、加加美光行编:《超越无根的民族主义 竹内好再考》,日本评论社,2007年,52—53页。

不是对时局问题的具体回应，而是参与和建构历史的焦灼之感。那些令后人难以释然的、在政治上非常不正确的立场性问题，在这些论文里是可有可无的附属物，对它们的批判构不成对这些文章的批判，而对它们的辩护也构不成对这些文章的辩护——这些文章是以另外一些问题为轴线结构起来的。1975年，竹内好接受杂志《第三文明》的访谈，做过一次长篇谈话。谈话记录事后经过本人确认，分两次在第10、11期杂志上连载。此时，距离竹内好离世还有不到两年时间，这篇回想可以视为竹内好在晚年对自己一生所做的总结。经历了一生大大小小的波折，人到了晚年，曾经的紧张、焦灼和纠结都会淡去，记忆会过滤掉不重要的东西，同时，也会更为准确地表述曾经难以表述的东西。这篇谈话记录，正是这样的写照。

谈话录分为十四个话题，分别冠以相应的小标题。其中一个小标题为"到12月8日为止"。有趣的是，关于太平洋战争的爆发以及日本社会对它的反应，竹内好提到了京都学派的座谈会"世界史的立场与日本"，却没有提到自己起草的"宣言"。这恐怕并不是为了政治正确而故意回避，因为在这个时期，随着世代更迭，日本已经没有了追究这种问题的社会氛围。竹内好不提这个"宣言"只有一个理由，那就是"宣言"本身对他来说不重要。

但是竹内好没有回避12月8日为他、为他同时代的日本人带来的特定感受。他以相当的篇幅谈到了到这一天为止的感觉：

> 看看《中国文学月报》就可以知道，卢沟桥（事变）之前和之后完全不一样啊！诸如支那语教科书批判之类的文章还在继续登载，同时，跟那些不一样的、更自虐的一面也明显地表现出来了。
>
> 就是说，研究中国文学，到底以什么为对手进行争斗呢？

敌人变得不那么鲜明了。最初我们设定的斗争对象，是东大庸俗的学风，还有京大看上去学院化的烦琐的自以为是的学风。我们的目标就是针对这样的学风树立另一种学风——简单地说就是这么回事。还有一个原因是当时的文学状况。无产阶级文学破灭之后，当时的日本文学中，岛木健作那类作家，是跟着国策走的路线，另一个选择算是艺术派吧，也渐渐枯竭了，文学倾向上越来越贫乏。我们就在这样的局势中随波逐流，不甘心呐，可是又毫无办法，憋了一肚子的火气。最初的学风问题渐渐不再是问题了，全都跟战局的进展配合，都往那个方向走了。……对我们来说，要是没有某种反叛的东西，就不算是文学。

那时候一切都在维持现状，我们的立场无法确立了。可是，我们也完全没有可能脱离当时的环境。无力感。那种复杂的、也许没有那么复杂的感觉。总之，就是觉得自己被时流裹挟，却毫无招架之力的那种无力感。

极端虚脱的时代。我们也在那个时代里。彻底打破这一切的，就是12月8日。〔1〕

日本偷袭珍珠港，让竹内好获得了一个契机，使他得以从虚脱和自虐的情绪中突围。当时，拥有类似感觉的并不是竹内好一个人，武田泰淳也有同样的感受，岩波书店创始人岩波茂雄，在同样的意义上也表示了对向英美开战这一行为的肯定。一批曾经在意识形态高压之下坚守底线的知识精英，在这个特定的历史时刻却表现出由衷的兴奋，竹内好的上述回忆道出了个中理由。对后人来说，

---

〔1〕 竹内好：《我的回想》，《全集》第13卷，254—256页。

那个特定历史时刻的氛围早已消散，留下来的只有文字；然而这些文字形成之前的特定氛围与作者的特定感受，才是解读这些文字的钥匙。

《大东亚战争与吾等的决意》的开篇第一句是："历史被创造了。世界在一夜之间改变了面貌。"接下来，竹内好使用夸张的情感表达方式宣泄了他对日本挑战强大西方这一历史事件的感动，以及在这个转折之点他所感觉到的振奋。在此，竹内好强调的是他借助这个特定的历史时刻体验到了日俄战争的场面。假如我们联想到孙中山当年发表《大亚洲主义》演讲时的态度，那么不难理解竹内好在此强调的是有色人种战胜白人的特定喜悦。与此相关，竹内好表达了珍珠港事件之前他对日本侵华的质疑和无力感，以及以12月8日为转折点所感觉到的"圣战"的意义：我们日本并不畏惧强者！紧接着这一段话，就是前面所引的关于"与日本国同体"之说和在东亚驱逐侵略者没有道义上反省之必要的说法。而接下去是这样的一段话："历史往往是由于一个行动而被决定的。今天的我们稍有狐疑，明天就会被放逐到历史的范畴之外。这场战争是否会成为赢得民族解放的战争，取决于东亚诸民族今天如何决意。"在下面的一段空泛的"号召"人们迎接困难的文字之后，竹内好话题一转，引出了驱逐支那通的一段。其后还有一段同样空泛的结尾，全文就此了结。

假如把竹内好的这篇宣言与同期其他杂志的文章相比，其特异性非常明显。这篇文章里只有两个问题是真实的：一个是进入历史，以自己的"决意"影响时局的性质；另一个是在民族生死存亡的关头恪尽职守，驱除干扰日本人正确理解中国的支那通和支那学者。与三木清那样的哲学家对于"时局"的分析相反，竹内好对于时局没有任何现实性分析。甚至连当时成为某种共识的"太平洋战争排除了妨碍支那事变的因素"的看法，在竹内好这里也被置换为"不畏强者"的英雄主义。显然，支撑着竹内好问题意识的，是一个与现实政治经济和社会认识不直接相关的精神层面，他正是试图在这个层面"介入历史"：依靠思想从内部改变历史的结构。对于这个时期的竹内好来说，对日本国的认同并非他的认识前提，而是他进入历史的手段。而按照鹤见的分析，这个将日本国家推向毁灭的激情宣言，是把自己也放进去的。"与日本国同体"的竹内好，在精神上产生了与这个国家一起毁灭的契机。

特别值得注意的是，在竹内好写作了那篇参战宣言之后，他并没有在实践层面不加选择地介入时局；相反，他却一直致力于建设相对于国家行动的"党派性"。一个突出的例子是1942年由"日本文学报国会"主办的"第一次大东亚文学者大会"两次请求竹内好以日本唯一研究中国现代文学的团体名义承担接待工作，但遭到了竹内好的拒绝。根本的理由是，他认为"与其参与报国会的事务，不如校对《中国文学》更有意义"[1]。进而他还强调说，中国文学研究会承担这种会议的事务性工作，不符合自己的传统。

中国文学研究会的传统，就是竹内好所说的"党派性"。那是一种不断地投入时局之中，又不断地从中"选择出自己"的文学的传统。1934年4月这个研究会成立之后，第一次公开露面的形式是周作人和徐祖正访问东京时召开欢迎会。这次活动是研究会宣告自己诞生的一个契机，因而周作人对他们来说象征着某种特别的记忆是不言而喻的。但是，在1941年周作人成为文化汉奸又一次前往日本参加"东亚文化协议会"的时候，竹内好等只是礼节性地前往他下榻之处进行了私人性拜访，没有为他举行任何活动。"周氏享受

---

[1] 竹内好：《关于大东亚文学者大会》，《中国文学》第89号，1942年11月。

最高的礼遇与繁忙的日程,似乎受到要人的欢迎,我们当然必须与之保持距离。对此我一点也不懊恼。做该做的,不做不该做的。"[1]在一年之后竹内好拒绝参加大东亚文学者大会的时候,他又一次引用了这句话:"做该做的,不做不该做的。"并且强调这是因为"有着在文学中能够实现12月8日的自信"[2]。由此,竹内好的《大东亚战争与吾等的决意》与《中国文学》的文学传统的关联性被揭示了出来。如果再联想起竹内好在《中国文学》废刊时所表达的对文学处理不了大东亚战争的失望,我们可以清楚地看到,竹内好既不是在御用文人层面也不是在民族主义者层面更不是在军国主义者层面支持日本的太平洋战争,他始终是在文学的位置上思考和处理战争的。决定"该做的"和"不该做的"之根本出发点,不是狭义的政治需求,甚至也不是迫于战争时期日本法西斯的升级或者对它的直接反抗,对竹内好来说,这个根本的出发点只能是那个作为世界结构的文学。整个翻阅一下《中国文学》,可以发现一个重要的事实:这个杂志组织了多次专题性特辑,而其中以一位作家或学者为主题的专辑只有三次,它们依次是鲁迅、王国维、蔡元培。这不是偶然的,如果仔细阅读《鲁迅》和它的相关文本,可以发现,竹内好一直是沿着相同的方向为这三个人定位的。这个方向就是"非消闲":"这一'非消闲'与'消闲'一道,都与'功利'相对立。"[3]竹内好在"非消闲"的意义上理解鲁迅,并且认为这条线索可以追溯到王国维、蔡元培。竹内好称,区别于现实主义和浪漫主义的"人生观上的人生派、艺术观上的艺术派"为"象征派",认为鲁迅、王国维都与此最为相近;他从对美既非消闲又非功利的态度上,换言

---

[1] 竹内好:《后记》,《中国文学》第72号,1941年5月。
[2] 竹内好:《关于大东亚文学者大会》,《中国文学》第89号,1942年11月。
[3] 竹内好:《鲁迅·关于作品》,《全集》第1卷,80页。

之,从文学不断从政治中选择出自己的态度上,看出了这三个人的共同之处。⁽¹⁾可以说,竹内好本人,也正是从同样角度介入他的时代的,这就是他所说的"在文学中实现12月8日"的含义。在国民文学论争中他与野间宏的分歧,就发生在这个"非消闲"与"功利"的对立中。一个饶有兴味的象征是,1965年,当历史学者家永三郎为在教科书中正确反映日本侵略历史而提起诉讼之后,竹内好立刻致函表示了敬意与支持:"我对您的英明决断深表敬意。此乃只身支撑倾斜大厦之气概,不尽。"但是他本人却拒绝参与这一重要的政治性行动。⁽²⁾日本侵华的历史至今仍被不断美化篡改,家永三郎等人"只身支撑大厦"的努力至今仍在持续;但这并不是竹内好的方式。换言之,"《中国文学》的传统"不允许他以这样的方式工作。

即使上述脉络足以使我们用同情之理解的态度对待竹内好的这篇《决意》,仍然必须说,那是一个错误的抉择。这个错误或许是一个时代的错误,对于个体来说,承担它似乎过于沉重;然而,对于一个思想家而言,这样的开脱是没有意义的。至少在分析了竹内好战争期间的实践立场和战后一系列论争的着眼点之后,我们可以意识到这样一个易于被人忽略的问题:历史地考察一个思想家在某个时刻的决断或者失误,对于后人来说绝不是为了获得"前车之鉴"。事实上,思想家的错误抉择常常不像通常想象的那样是一个可供后人裁断或者辩解的"过失",它总是包含着极度的思考张力

〈1〉 参见竹内好:《鲁迅入门·历史的环境》,该书1953年由东洋书馆刊行,后收入《全集》第2卷,75—108页。
〈2〉 参见家永三郎:《竹内与我》,《月报》,《全集》第4卷,3页。据家永分析,竹内好对于日本的"组织"抱有反感,所以对当时为了取得诉讼成功所采取的组织化方式取否定态度,自己当然也没有介入这一行动;但是他对于家永本人的勇气给予了高度评价,使后者深受感动。

和内在矛盾，而正是这种思考张力和内在矛盾，给予后人进入历史的机会。正如后人往往并没有能力借助这种机会进入历史一样，前人的错误也很少能够真正成为后人的"前车之鉴"。理由很简单，没有人能够以直观的方式重复前人的错误或者避免它，历史上的所有事件在后来时代的再生，必须经过复杂的转换程序。如果直观地对待这个失误，竹内好为了进入历史而付出的代价就会被政治正确的结论所遮蔽。

对于竹内好来说，这个宣言的意义或许不在它正确与否，而是在历史的关键时刻，他作为个体的参与方式。竹内好以这样的方式，使得太平洋战争与他自身、与他的事业发生了关联，他得以以此为契机摆脱卢沟桥事变以来的虚脱感觉，重新找到中国研究的动力；这一关联又转而使他获得了重新审视自己思想形成过程的契机，使他从狭义的文学领域走出来，从他关注的郁达夫、林语堂等作家转向了鲁迅。与其说是这篇"宣言"促使他转向了鲁迅，不如说，在这篇"宣言"诞生之前的那几年，即从卢沟桥事变"到12月8日为止"的无力感，打造了竹内好进入鲁迅精神世界的基础。他借此理解了"挣扎"的含义，而太平洋战争的进行也使他体验了理想遭到背叛的特殊痛苦。经由一系列挫折，他终于走近了鲁迅。

在竹内好一生的事件中，这篇"宣言"并不占有特别的位置，作为"事件"，它远比不上早年与支那学家论战、《中国文学》的废刊和1960年的辞职更具有标志性和实质性；但是它所具有的一个不可替代的思想功能在于，这篇宣言所标示的"决意"，是建立在一个对时局的虚假判断之上的，而与同时代其他的虚假判断相比，这一错误却具有自己鲜明的个性，那就是在投入时代错误的预设前提和思路之后，尽可能地从中选择出自己。不言而喻，这一投入和选择的过程，就是和时代共存的过程。然而，它同时也因而具有了超越那个时代的可能性。竹内好超越他的时代，恰恰不是因为他正确，而是因为他在介入自己的时代课题时从不回避那些最棘手的问题。这样，他似乎越发难以得到政治正确的机会。

于是，这种在错误之中的选择，这种在决断瞬间的内在张力，就构成了本书第七章所讨论的"毫厘之差"的思想存活方式。

二 非日常性的道德实践：主体进入历史的渴望

即使明确了竹内好支持太平洋战争的基本立场和"在文学中实现12月8日"的抱负，仍然有一个棘手的问题无法回避，那就是这一文学式立场与现实中铁血之战的关联。

当竹内好在出征前把《鲁迅》交给出版社的时候，他把这部手稿看成自己的"遗书"；换言之，他把那个时代里最曲折的话语和情绪，都凝聚在他对鲁迅的解读之中。这种情况在当时并不鲜见，武田泰淳的《司马迁》也有同样的功能。在竹内好出征的1943年年底，距离太平洋战争爆发已经有整整两年，他经历了《中国文学的废刊与我》中表达的对于"大东亚战争"理想的破灭，不再具有写作《大东亚战争与吾等的决意》时的浪漫激情。

1943年11月21日，竹内好在致松枝茂夫信中说："《鲁迅》总算是脱稿了。不知为什么有种不舒服的感觉。一点也感觉不到高兴的感情，只留下似乎是悔恨（而且说不清这悔恨的内容）的情绪、寂寞的感觉。这到底是怎么回事呢？莫非是鲁迅的影响？总而言之，我第一次经验到这种感觉。"[1]

或许鲁迅确实对竹内好产生了巨大的影响。但是如果从相反方

---

[1] 竹内好：《竹内好信笺（上）》，《边境》第5号，1987年10月。

面考虑，即竹内好的"鲁迅"意象与他的内心世界有紧密关联，或者说"竹内鲁迅"带有强烈的竹内好色彩，这就不是单纯的"影响"问题了。在经历了与支那学家的论争、太平洋战争爆发和竹内好投射了自己全部感情的杂志经他本人之手废刊等一系列事件之后，写作《鲁迅》第一次给了竹内好正面表述他内心复杂感情的机会，而与此同时，这一切的发生都以现实中的战争为背景。可以想象，《鲁迅》的脱稿并未带来竹内好的解脱；相反，由于他第一次通过对鲁迅的阐释把自己的复杂内心世界对象化了，原来潜在的诸种感觉反倒获得了相对成型的形状。于是竹内好陷入了他给鲁迅营造的那种氛围：在对绝望也绝望了之后，只好诉诸"文学行动"。

但是，竹内好在当时面临的"行动"却是作为侵略军的成员进入鲁迅的祖国，与鲁迅的同胞作战。特别值得注意的是，在私人信笺和公开的文章中，竹内好几乎没有留下关于他作为一名"军人"的感想。这固然与他没有真正参战有关，但更重要的是，竹内好以这样的方式给后代人的战争想象留下了一个十分特别的空间，那就是战争时代的平静，准确地说，是《鲁迅》中提示的"如同旋转的球心之轴一样，以极致的静集运动于一身"[1]的那种外表平静的"行动"。

在这次不体面的中国之行六年前，《大东亚战争与吾等的决意》发表四年前，1937年，竹内好在卢沟桥事变后刚好作为文部省留学生赴中国考察。这是他在1932年首次来华之后的第二次造访。他的《北京日记》记录了对后人来说应该充满火药味的那段时期的体验，却很难从中嗅出火药味。从日记字面看，他在当时的北平过着相当懒散或者简直可以说是相当放荡的生活，与中国文人的交往似乎并

---

[1] 竹内好：《鲁迅·政治与文学》，《全集》第1卷，143页。

不多于与在京日本人的交往，也经历了与日本女性恋爱的挫折。可以说，竹内好的北平生活一直限定在一个有余裕的文化层面（这与他随时发生的囊中羞涩状态并不矛盾）；然而当他回国的时候，却宣称他对这种生活方式并不感到有羞于示人的耻辱感——发表于1939年11月的《两年间》，大部分篇幅是对他北平日记的摘抄，竹内好说这是他试图把生活在"低能虚脱时代的自己客观化，从日记中提取材料"；这样做的原因则在于"我们的时代内含着郁结之物，却有各种牵制使得这些郁结无法真正发散和祛除；不倾吐出来，那郁结之物的真伪就无法辨认"；"与其什么都不干，还不如赌上一把（此处竹内引用的是松枝茂夫给他信中的看法——引者注），也就是说，如果犯有不德之行，它或许引起为弥补过失而做的善行，或许相反，招致为掩盖它而干的更大的恶事：这是为鞭挞胆小鬼而借助冥冥中神力的、极为简单的无情的警句"。[1]

当竹内好在《两年间》中摘抄他北平时期日记以回应松枝的"无情的警句"的时候，他当然注意到了自己的日记中记录的主要是一些散漫和放任的行为，对此他自己也不由得表示"我去掉了私生活中那些不像话的地方，即使如此，还是有些许令自己瞠目之处"[2]。在这些连竹内好本人都感到"瞠目"的日记里，值得注意的倒不是他如何在留学期间花大量时间喝酒作乐，而是相反，通过这些私生活记述，我们可以读出相当丰富的那个特定时代的信息。

首先值得注意的是，竹内好并没有在日记里流露他追求"异国体验"的意图，也没有过多描述他与中国知识界的交往。这暗示着一个重要的历史事实——在北平沦陷之后，几乎在竹内好踏上中国

---

[1] 竹内好：《两年间》，《中国文学月报》第57号，1939年12月。
[2] 同上。

国土的同时，国立北京大学、国立清华大学和私立南开大学在长沙组成了西南联大的前身国立长沙临时大学，北大、清华的大部分教授南下，竹内好无缘见到曾经活跃于北平文化舞台的中国知识精英——最后一批教授是在11月撤离北平的，10月27日才抵达北平的竹内好正赶上了这个混乱而萧条的时期，但是他并未在日记里留下多少有关这一方面的痕迹。在1937年10月的日记里，竹内好记录了他抵达北平之后立刻拜会周作人和钱稻孙等，并且勤奋地了解中国学术状况，在书店淘书，组织日本人的读书会研读钱穆的《近三百年中国学术史》，但是这种来往只持续了很短一段时间，周和钱相继在日记中消失，只有钱稻孙介绍的杨联陞作为中文会话教师较为频繁地与竹内好来往。1937年11月18日日记里写道，听说梁宗岱迅疾南下，沈从文也刚刚南下，老舍在山东，似乎巴金到了天津等等。而周作人，怕是也快南下了吧。[1] 周作人并没有南下，但是竹内好却没有记录他继续拜访周作人，而是让他消失了。直到1939年10月竹内好归国前夕，日记里才出现"下了决心，去访问周先生"[2] 这样包含着潜台词的记载。

与此同时，竹内好开始描写沦陷后北平的日常状况。大量日本人（包括文化人）涌入北平，酒馆、暗娼与人力车相互配合，兜揽日本人的生意；书肆的书籍文物、图书馆的藏品、文化名胜和商家也默默地接纳了这些不速之客；卢沟桥事变带来的沦陷创伤似乎在竹内好到来时已经被掩藏在宪兵和伪政权建立起来的"新秩序"之后，竹内好作为一个日本人，可以毫无挂碍地平静生活在北平似是而非的文化氛围中。正是在这样的氛围中，竹内好扩大了他的阅读

---

[1] 竹内好：《北京日记》，《全集》第15卷，178页。
[2] 同上书，338页。

视野，从狭义的中国现代文学跨入了中国近现代学术史。

但是，当竹内好在日记里记录他饱读学术与文学书籍之后坐上人力车出门访问日本友人或者去书肆买书，或步行盘桓在东安市场、前门一带，或品尝北平的传统佳肴后再听任人力车夫拉他到某家"暗门子"等的经历时，有一些他没有记下来的内容或许更为真实。事实上，日后出版这些日记时是否进行了删改这件事本身并不像想象的那么重要，不仅如此，这些日记作为那个时期北平生活的写照也缺少绝对意义上的信凭性——因为这些日记在最初就并不是"客观真实"的记录。

一个线索有力地证明着这一点。1972年，应杂志《边境》之约，竹内好整理了他在1934年的部分日记，以《中国文学研究会成立前后》为标题发表，并附有简短的前言。他写道："因为与战灾不合，所以留下的是过去旅行中国之类的记录。""重读过去的日记，最让人难以忘怀的究竟还是放浪北京时期的日记。但是这些东西公开发表实在是有伤大雅，如果公开发表，需要做相当的加工，所以我决定选择不必加工且对于公共事业或许有某种助益的1934年的日记。"[1]可以看出，"战灾"对于不直接介入现实的竹内好来说，也仍然构成一种语言表述的威胁。他能够比较安全记述的，只是"旅行记录"一类的内容。这暗示着竹内好有些所见所感没有被写入日记；同时，这段话中谈到的"放浪北京时期"，正是1937年至1939年记下《北京日记》的时期。竹内好以"难以忘怀"和"有伤大雅"的表述方式，明确指示了这段时期日记的私人性格。尽管他后来宣称自己试图把这种私人性相对化和客观化，但是其限度是显而易见的。这也就意味着，竹内好的日记不能毫无媒介地直接转化为

---

[1] 竹内好：《中国文学研究会成立前后》，《全集》第15卷，39、41页。

时代的记录，必须经过一定的转换，其中包含的特定时代信息才能呈现。

《北京日记》在竹内好去世后由他当年的助手整理出版。关于这部分日记是否应该公之于众，曾经使出版社感到相当踌躇。当筑摩书房从1980年至1982年出版了17卷本的《竹内好全集》之后，该书店的杂志《筑摩》于同年9月号刊登了就全集中两卷日记对丸山真男进行的访谈，《北京日记》是其中主要的话题之一。丸山真男高度评价了《北京日记》的价值，甚至断言"从今以后的'竹内好论'不涉及北京日记就不具有意义"[1]。有趣的是，丸山的这个判断正是基于《北京日记》的私人性以及这种私人性所传达的与时局的距离感。作为同时代人，丸山在这些日记里读到了他自己也曾经共有的"同时代体验"，这就是当个体经历到曾经由福泽谕吉表述的那种"以一身历二世"[2]的巨大时代转变的实际经验时，选择的不自由恰恰是对每一个个体自由意志的严峻考验。丸山真男注意到，竹内好在卢沟桥事变后的北平表现出的对重大时局变故的冷淡态度，与他对个人私生活和读书状态的热衷，形成了一个巨大的反差，"当时北京的客观状况与竹内好个人内在心理的曲折隐晦状态相重合，构成了这部日记"[3]。对个人生活的描述和与其相应的对时局状态的冷漠不仅显示了竹内好与时局保持距离的思想张力，而且它的结果导致了竹内好的自我解体。丸山认为这促成了竹内好自身的"回心"。丸山真男无意中揭示了一个重要的线索：阅读竹内好的日记，不应只在其中寻找"客观的"历史真实，而是应该首先关

---

[1] 丸山真男：《读竹内日记》，《丸山真男集》第12卷，28页。
[2] 福泽谕吉：《文明论之概略》，岩波书店，1995年，12页。中文译本参见福泽谕吉：《文明论概略》，商务印书馆，1992年，3页。
[3] 丸山真男：《读竹内日记》，《丸山真男集》第12卷，28页。

注"主观的"时代体验,并通过使这种体验的客观化,将它转化为历史的记录——体验的记录。为此,丸山真男注意到了竹内好在北平时期的自我解体,并从自身的同时代体验出发给这一解体赋予了高度的思想史意义。

丸山真男在一个并不准确的判断之下揭示了竹内好作为个人的自我解体的思想背景:"当时的中国可以说是一个土崩瓦解的半国家,否则,恐怕很难想象在敌国之中可以度过北京日记所记载的那种日常生活。(竹内好)在敌国的腹地,一方面接触着作为军事占领派出机构的日本权力机关,一方面又广泛接触从北大教授和中国知识分子到街头卖笑女的中国人。……日中战争是作为国家的帝国主义与作为运动(重点号为原文所加,下同)的民族主义之间的较量,应该说日本帝国败给了中国的民族主义运动。包括日本在内的帝国主义国家把魔爪伸入中国的过程,同时也是新生中国的阵痛。"[1]

丸山对中国的无知导致他只能最大限度地"活用"他所习惯的西方理论思维,把中国的"国家"与"民族主义"设定为两种对立而相互掣肘的力量,用以反衬日本"有国家无民族"[2]的状况。这样做固然是丸山真男一贯性的批判日本式国家主义的态度使然,但是,由于丸山的思想资源仅仅来自西方现代性理论,中国只不过是他借题发挥的媒介而已,这使他不可能把他作为思想史家的理论感觉贯彻始终,去追究他已经触及但并未深入的那个关键问题——中国的"民族主义"作为一种运动,它是否能够被依靠西方的理路简

---

[1] 丸山真男:《读竹内日记》,《丸山真男集》第12卷,29页。
[2] 对于以日本国体论即以天皇制为中心的国家主义观念的批判,是丸山真男终生的工作母题,他认为日本缺少能够对抗超国家主义的社会力量,因而在对中国的讨论中,丸山几乎是一贯性地把中国的民族主义作为对抗国家的力量加以高度评价。

单置于与国家和社会的互动关系中加以讨论？他上述分析的有效性和有限性是什么？这段分析或许在抽象层面对概括中国现代史有些帮助，对解释竹内好的《北京日记》却不能提供有效的视角，对理解中国的思想资源和使用这一思想资源的竹内好也没有真正助益。

竹内好在北平两年间体验到的，或许恰恰是与"国家解体"相反的经验。他并没有得到机会"广泛接触北大教授和中国知识分子"，在这个水准上，他面对的只不过是被中国人称为"伪北京大学"的少数"留平教授"，中国的学术文化界已经从北平移向了南方；而那位对竹内好等中国文学研究会成员而言具有特殊意义的周作人，在1937年至1939年间正在为是否与日本军部合作出任伪华北临时政府的教育督办而前瞻后顾。竹内好抵达北平的三个多月之后，1938年2月9日，周作人出席了有日本军方背景的"更生中国文化建设座谈会"，被中国文化界视为周作人"投敌"的信号。对竹内好来说，北平的平静生活远远不是丸山真男推论的由于当时中国的"半国家"状态造成的混沌的空隙，而是在中国漫长历史中多次出现的由于战争状态导致的文化乃至政治中心的转移所造成的结果；尽管这个时期所发生的转移在内容和方式上与历史上的王朝时代非常不同，但它仍然是一个不可能使用国家与民族主义分庭抗礼的图式加以解释的复杂历史瞬间，它暗含着中国历史的内在逻辑；而作为一个以知识为业的文化人，竹内好刚好与这样一个历史瞬间相遇——他来到了被中国文化知识界暂时舍弃的北平，这里依旧保持着昔日的景观，却失掉了昔日的灵魂。

在日记里并未传达自己这方面感受的竹内好，通过另一个渠道为我们留下了他在这个瞬间里的复杂反应。1938年10月12日，亦即来北平一年之后，他在致松枝茂夫的信中写道："我渐渐地开始讨厌支那、支那人、支那文学了。现在我正在学习日语——不是因为要教授日语，而是因为觉得日语很有趣味。"在同一封信里，他还使用了这样的说法："我辞去了近代科学图书馆的工作，在新（？）北京大学理学院教授日语。"[1]假如不了解当时的北平在文化意义上的"人去城空"状态，不了解竹内好对中国知识界状况的了解程度，就无法理解他"讨厌支那、支那人、支那文学"这一说法里的复杂感情。尤其是当竹内好把当时的北京大学称为被质疑的"新"北大时，这个问号的力度和丰富性是很难诉诸语言的。[2]

只有在同一个方向上，我们才能为竹内好的其他一些说法定位。1939年竹内好短期归国后返回北平途中，在客船上给正在中国境内作为日本军人作战的武田泰淳写的信中说："我们这些没有进入军队的家伙，不可能把握现在时代的思想脉搏，而且也认定试图把握它是徒劳的；对于我们这些没有着落、混混沌沌的人来说，作为军人的你的来信特别显得痛切而鲜烈。"[3]回到东京后，他说并不为自己在留学期间没有学习支那文学而感到耻辱，却为自己试图把个人行为客观化相反却陷入了混沌状态而感到深深的悔恨，同时，他也希望把虚脱时代的自己客观化。[4]在同时期的另一封致松枝茂夫的信中，他暗示失恋对他的打击导致了内心的空虚之后说道："不知怎的，北京时期之后，我很奇妙地对从事精神方面的工作失掉了自信。"[5]假如把北平时期直到竹内好走上战场的这

---

[1] 竹内好：《竹内好信笺（上）》，《边境》第5号，1987年10月。
[2] 几个月后的1939年1月14日，在日本军人公开出场的状态下，伪北京大学举行了成立典礼。竹内好在日记里冷淡地记录了他的观察，但在非常事务性的记述中穿插了一个细节，即某北大"留平教授"看似坦然的坐姿与他对人寒暄时的紧张态度之间的微妙反差。见《北京日记（1939）》，《全集》第15卷，280页。
[3] 竹内好：《1939年7月8日致武田泰淳信》，《边境》第5号，1987年10月。
[4] 竹内好：《两年间》，《中国文学月报》第57号，1939年12月。
[5] 竹内好：《1939年10月27日致松枝茂夫信》，《边境》第5号，1987年10月。

六年里他不断使用的"虚无""混沌"的语词与他对《鲁迅》写作的感觉结合起来考虑，可以看到竹内好在那个"虚脱的时代"里经历的"回心"状态并不仅仅是丸山真男所归纳的"自我解体"，更重要的，那是一种被排斥在充满痛苦和活力的历史进程之外的"没有着落"的感觉，和这种感觉进而延伸出来的试图进入历史的渴望。

如果说两年的北平生活使竹内好体验到了无法进入跃动着的中国文化知识界的无奈与隔膜的话，这还仅仅是他"没有着落"的外在因素；更为内在的因素则是他作为一个日本知识分子不愿面对又不能不面对的战争现实本身。这一现实带来的困境，不仅仅在于法西斯高压政策所导致的个体无法正面对抗时局，而且还在于后来竹内好所传达的那种"抵抗与服从的毫厘之差"[1]的复杂情势。丸山真男作为同时代人，深刻地认同竹内好的这一感觉，因此在前述访谈中，他以自己的表述方式再次强调了战争中知识分子选择之艰难："日本国内状况在三七年以日中战争的扩大为转折，其后的社会运动和昭和研究会等动向不得不同时具有对战争的合作与对时局的批判的两义性。合作与抵抗之间不再能够清楚地划清界限。"[2]对从事现代中国学研究的日本知识分子来说，这种状态的背后还有他们作为研究对象的敌对国成员的尴尬处境。丸山真男指出的竹内好的"回心"，就此而言是准确的：竹内好的确是在北平时期形成了他对自身真实处境的自觉。这也正是他说自己失掉从事精神工作自信的原因。

可以想见，在经历了如此曲折的精神历程之后，竹内好在太平

---

[1] 参见126页注[1]。
[2] 丸山真男：《读竹内日记》，《丸山真男集》第12卷，28页。

洋战争爆发时表达的兴奋是顺理成章的——他似乎找到了摆脱"虚脱状态"和"没有着落感觉"的有效途径，并且依稀看到了进入历史的可能。其后，当战争暴露了它的残酷和欺骗性之后，竹内好才在精神世界里走向了《鲁迅》。必须把竹内好的《北京日记》和他的《大东亚战争与吾等的决意》结合起来阅读，才能体会竹内好为何可以毫无障碍地在感情层面支持战争并将其审美化；并且也才能体会为何他直到最后也没有为自己对太平洋战争无保留支持的态度感到悔恨。

然而，即使这样的过程有它可以理解之处，还有一个问题仍然无法解释，那就是竹内好如何建立他对战争的道德判断。对基本的道德问题——战争是要杀人的——他是如何感觉的？作为加害国的成员，他是否忏悔过？又是如何忏悔的？

对于杀人这件事本身，竹内好似乎没有正面触及。他在战后对战争体验的讨论以及对战争与伦理道德关系的讨论针对了另外的问题。为了准确把握竹内好的战争观和道德观，有一个早期的问题必须提及，那就是在30年代初期日本文坛曾经流行一时的"舍斯托夫体验"对竹内好的影响。这个影响是复杂的，其复杂性在于，"舍斯托夫体验"作为一种时代氛围，显然也缠绕过竹内好，但是竹内好却以自己特有的"投身于其中，再从中选择自己"的方式，回应了这一特定的文化思潮。

日本文学家本多秋五把竹内好放在同时代日本文学家的序列里加以解释的时候指出："竹内好以'政治与文学'的形态处理的问题，其实与同时代的日本文学家所苦恼的'宿命与自由''命运与意志'或者'从绝望中再建自我'等问题处于同样的背景之下。也就是说，其间有着共通的体验，在文学史上，它被称为'舍斯托夫体验'。"[1]

流亡法国的俄国思想家和宗教哲学家舍斯托夫,是经由日本文学家的翻译活动进入日本的。专攻法国文学的河上彻太郎,在1934年与阿部六郎合作翻译,出版了舍斯托夫的《悲剧的哲学》日译本。所谓"舍斯托夫体验"主要是由这部讨论陀思妥耶夫斯基与尼采的著作引发的。值得注意的是,日本知识分子在这个特定的时期,以一种特定的"误读"方式接受了舍斯托夫,从而把自己的思想课题投射到舍斯托夫身上,所谓"舍斯托夫体验",其实并非建立在对舍斯托夫的细致和准确的理解上,而是建立在日本知识分子自身的焦虑之上。

《悲剧的哲学》把陀思妥耶夫斯基和尼采在非理性、非道德乃至非真理的层面结合起来,开启了重新认识现代人生存状况的途径。这部著作的分寸感在于,舍斯托夫的这一切论述并不是在反理性、反道德和反真理的意义上展开的,他的用意在于揭示既有的和稳固的真理与科学价值体系以及这种体系不断再生产的理想主义世界观的虚假性,并进而揭示致力于调和理想与现实的努力本身所具有的自我欺骗性。在这一意义上,舍斯托夫揭示了陀思妥耶夫斯基对自由主义的彻底批判性,同时也清醒地提示了陀思妥耶夫斯基反过来被自由主义所利用的可能性。与此同时,不能忽视的是,在舍斯托夫对陀思妥耶夫斯基和尼采的论述中,始终存在着一个潜在的参照线索,那就是由托尔斯泰所代表的俄罗斯人道主义的理想,而这一理想被舍斯托夫在宗教意义上加以有限定的认可,并使其在非日常性的结构中重新定位。这样的一个叙述层面,使得托尔斯泰和陀思妥耶夫斯基的精神世界同时脱离了日常性的理解,从而可能建

---

[1] 本多秋五:《物语战后文学史·中》,岩波书店,1992年,267—268页。

立一个新的评价体系。

据译者河上彻太郎分析，在这部著作进入日本知识界的视野之前，日本人已经开始阅读舍斯托夫了，但是真正流行"舍斯托夫热"，却是在这部著作被翻译之后。使得舍斯托夫得以成为一种流行思想的，首先是在1931年九一八事变之后产生的日本知识界的"不安体验"。这里所说的"不安"，是日本人为30年代初期一股特殊的文化思潮的引进所确定的称呼，构成所谓"不安体验"的，并不是本土新的文学创作或哲学思考，而是借助引进的西方同时代文学和哲学以及神学思潮加以形塑和表达的本土经验。不言而喻，如同现代发生在东亚各国的情况一样，这种形塑与表达不能不具有双重性格：一方面，它以西方的眼光结构、取舍了本土经验的复杂内容；另一方面，它以本土的经验改变了西方资源的脉络和结构。

1933年，三木清以哲学家的眼光对于这场"不安"的骚动进行了相当准确的概括。他指出："人、生活、世界，看上去已经不能纳入理智的框架了。一切曾经是合理的东西、思想或人格的支撑物，看上去已经破碎了。一切都给人以不安定的感觉。"[1]因此，柏格森、弗洛伊德、普鲁斯特、纪德、陀思妥耶夫斯基作为怀疑、不安乃至否定的体现者，为日本侵华战争所引发的日本知识界的精神危机提供了成形的感觉方式。在1932年前后，相继有文章谈及"不安的文学""不安的哲学"等等，致力于介绍欧洲的哲学家和文学家在第一次世界大战后如何在颠倒的世界中建立一个颠倒的和不确定的认知世界，使得一个日本知识分子陌生的表述系列克服了一系

---

[1] 三木清：《不安的思想及其超克》，《改造》1933年6月号。后收入《三木清全集》第10卷，岩波书店，1967年，289页。

列阻力进入他们的话语世界。作为马克思主义理论家，三木清特别指出了一个饶有兴味的事实，那就是这股"不安"的潜流是在直到1932年前后马克思主义理论和无产阶级文学运动遭到政治镇压、青年知识分子无法找到精神依托的情况下才得以成为流行的社会思潮，用三木清的话说，它使"社会的不安变成精神的不安"，使"知识的悲剧"从属于"行动的悲剧"。〈1〉也就是说，所谓"不安体验"，与现实中的政治状况有直接关联，它集中体现了知识分子对法西斯专制政治日益升级的现实状况的无奈和悲观，其特点是精神世界的认知服从于现实行动的需要，它必然潜在地规定思考的路向：所有的不安定感，最后都要指向对现实中安定状况的渴求，它隐含了向理智、正常和安定的回归要求。

"不安体验"对当时的日本知识界来说，在很大程度上也是一场追求新奇的思想潮流，但是和马克思主义思潮进入日本的情况相仿，它毕竟把日本知识分子的危机意识和西方的相应理论、文学结合在了一起，以这样的方式使日本的知识精英又进行了一次自我锤炼。可以说，这个思想潮流的最大成果，在于使日本知识人找到了一些自我表述的关键词，它们在"不安"的背景下获得了相互连接的效果。这些关键词主要是"生死""无""流动主义""赎罪""主观意志""真实"等等。舍斯托夫体验，就立足于这样的关键词之上，它的轮廓在很大程度上也取决于这些关键词所规定的边界。

《悲剧的哲学》出版后，引起了毁誉不一的反应，只有在关于此书"难于评论"这一点上是一致的。在倾向于挖掘舍斯托夫的思

〈1〉 三木清：《不安的思想及其超克》，《改造》1933年6月号。后收入《三木清全集》第10卷，290页。

想资源的肯定性阅读中，自然主义作家正宗白鸟在其中读出了理想与审美感的破灭，认为丑恶中才存在着摆脱"日常性哲学"的真正人性；评论家小林秀雄则在其中读出了颠覆理论、哲学、科学既定权威的正当性；哲学家三木清读出了海德格尔和雅斯贝尔斯的存在主义基本命题，即破除形而上学的本质与现象的区分方式寻找现实——在舍斯托夫这里，日常性与非日常性成为区分的基准。而在译介者河上彻太郎那里，读解的关键则在于舍斯托夫不是悲剧的表现者，而是悲剧中的人物；因而，他认为舍斯托夫的文本渗透了思想的实践性。

但是，舍斯托夫著作中最基本的结构却被忽略了，那就是他探索人类心灵秘密时的宗教感情。舍斯托夫笔下的陀思妥耶夫斯基和尼采之所以得以成为悲剧哲学的主人公，"反常的现象"之所以得以成为探索人类心灵的入口，与舍斯托夫这种在严酷的现实中不妥协的宗教感觉直接相关。当舍斯托夫论述不确定的真实和颠倒的价值时，很难使用"不安"这样的概括表述他的真正意图，因为他并不依靠确定的衡量标准比如通行的道德标准或科学、理性等观念看待事物，他并不需要静态的和概念化的标准。舍斯托夫所依赖的陀思妥耶夫斯基的"第二视力"，把悲剧哲学引向了最后审判："就托尔斯泰而言，问题是人性的，有附加条件的，有着宽容，特别还有着被饶恕的希望；而在（陀思妥耶夫斯基）这里全然没有宥恕可言。并且更为严酷的是，在这里，所有的道德家所依赖的听天由命的谛念于事无补。"[1]

对于缺少宗教感觉的日本人来说，理解舍斯托夫这种反观念和

---

[1] 舍斯托夫：《悲剧哲学》，河上彻太郎：《河上彻太郎全集》第7卷，劲草书房，1970年，71页。

挑战信仰的宗教感情只能借助理念。尽管三木清对"不安的神学"做了哲学阐释，但是日本人的"舍斯托夫体验"的现世性是显而易见的。而它的结果，即是日本知识人借助所谓舍斯托夫体验试图回归"正常"，回归理性，回归行动。在舍斯托夫体验流行的同时，作为以小林秀雄为核心的《文学界》同人对立面的"行动文学"的问世是一个明显的参照系。1933年，《行动》杂志由舟桥圣一、阿部知二等人创刊，呼吁知识人起来发挥艺术的能动性，建立积极的文学；1935年该杂志停刊后，次年又由舟桥等人创刊《行动文学》，以继续促进行动主义运动。

行动主义本身作为一个文学思潮似乎没有什么特别的贡献，它的价值其实在于作为对立面揭示了"舍斯托夫体验"的非舍斯托夫性格。这一场虚无主义的思潮使得日本知识分子的危机意识得到了表达，却并没有接近舍斯托夫最核心的问题，就是突破已有的价值观念体系，重新寻找面对复杂和丑恶现实的信仰。这固然是因为舍斯托夫并没有给出答案，但是也最有效地证实了日本自然主义思维风土的强固性。经历了舍斯托夫体验之后，日本知识界重新依靠理性和人道主义建立他们的行动目标，似乎是一个历史的反讽。

竹内好是否受到了"舍斯托夫体验"的直接影响，我们找不到证据。在舍斯托夫流行的1934年前后，他正醉心于郁达夫。从九年后问世的《鲁迅》的思路和用语看，他似乎确实如本多秋五所说，与同时代问题有着千丝万缕的联系，使用了"舍斯托夫体验"流行时的多数关键词；但是仔细看起来，问题似乎又不尽然。竹内好并没有采取作为"行动主义"对立面的虚无主义立场，如果说他的立场里包含了某种舍斯托夫性格，那么这种性格恰恰是同时代日本"舍斯托夫体验"所缺少的成分，那就是唾弃一切先入为主的观念和前提，把静止的二元对立和抽象化的表现视为自己的最大敌人，而不是把对这一敌人的根本性攻击视为混乱和虚无乃至理智的失控或能动性的丧失。竹内好一直采取非道德化判断的立场，的确有舍斯托夫的影子，但是它与日本的所谓"舍斯托夫体验"有根本性区别，这就是它并不追求对日常道德的回归，而是探求背反于日常道德的终极性道德。

有一个问题很难加以判断，这就是竹内好是如何形成他的这一基本立场的。与同时代日本知识人一样，竹内好同样没有舍斯托夫的那种宗教感情，舍斯托夫或许是通过竹内好同时代人的误读才进入他的视野，或者基本上在他的视野之外。但是有一个问题可以确定，那就是鲁迅是在与舍斯托夫提出的基本问题相同的意义上进入了竹内好的视野并影响了他的一生。这个基本问题就是，在去掉了"最终审判"这一连上帝也要面对的事实之后，鲁迅"没有宥恕可言"的态度使得日常道德的善显现了它的虚假性，竹内好藉此确立了他超乎日常性的道德立场，这是一种难于被理性回收的道德，或许只有从鲁迅那里，才能得到进入这一道德世界的暗示。

我相信，这才是竹内好在《鲁迅》杀青后出现那种悔恨、寂寞感觉的原因所在。这感觉同样不能以"不安"加以命名，虽然它也缺少舍斯托夫面对价值世界颠倒时的那份笃定。

竹内好的战争体验与战后体验，就基于他的这种特定感觉。沿着这一特定感觉，我们可以进入竹内好对战争这一血腥事件的道德判断。

第四章

缠绕在一起的历史与现在

一 战败体验：战争责任与文明观的摸索

竹内好正面谈到他在日本战败时身处中国战场、作为侵略军一员所见所感的文章主要是发表于1953年的《屈辱的事件》和发表于1955年的《八月十五日》。前者谈到他与丸山真男在战败时感觉的差异。战后《波茨坦公告》发表时，在日本国内的丸山真男读到"应该尊重基本人权"一句时，由于这久违的字眼变成了眼前的铅字，不觉感到一惊；同时"脸上的肌肉自然地松弛下来，想控制也不能"。丸山害怕被别人看破了自己的喜色，为了压制自己的感情费了很大的力气。竹内好说："听到这段话，我非常感动。而且回想自己，当时并没有那样的体验，我感到遗憾，也感到后悔。""这恐怕与抵抗的姿态有关，还有，就是政治知识——或者说是政治感觉的差异。我没能够预想战争会以那样的形态结束。"

"我认为天皇的广播不是表示降伏就是号召彻底抵抗。而且我的预测倾向于后者。在此存在着我对日本法西斯的过重评价。我预想到了战败，却没有预想到会是那种国内统一没有异议的战败。"于是，竹内好感到了一种"喜悦、悲哀、愤怒、失望相混合的情绪"。"八·一五对于我来说，是一个屈辱的事件。它既是民族的屈辱，也是我自身的屈辱。这个事件给了我痛苦的记忆。我看到波茨坦革命悲惨的过程时，痛切地想到一件事情，就是八·一五时是否完全不存在实现共和制的可能性？如果明明存在着可能性，我们却没有尽到把可能性转化为现实的责任，那么，我们这一代人就要为留给子孙的重负承担连带的责任。""八·一五的时候，如果有建立人民政府的宣言，哪怕仅仅是微弱的声音，哪怕那个运动失败了，我们也可以多多少少地从今天的屈辱感中获救——然而类似的声音完全不存在。高贵的独立之心，在八·一五的时候，不是已经被我们丧失殆尽了吗！"[1]

在某种意义上，1945年8月15日这个历史性日子里，竹内好与丸山真男对于战败的不同政治感觉塑造了他们其后一生的不同思考轨迹。就竹内好而言，他对日本思想传统形成的强烈关注在他那瞬间的"喜悦、悲哀、愤怒、失望"的复杂情感中，获得了具体形态。这就是对日本民族独立之心的期待和这个期待被背叛时的愤怒。可以说，以8月15日为界，此前的竹内好围绕战争的所有发言都为这一天他复杂的感情铺垫了基础，而此后他的主要思考，也都围绕着这一天他的这种难以名状的心情展开。就思想史的课题而言，战争和战败的意义远远不是在国家间关系的范围内可以穷尽的，它首先指向国家内部的政治和社会思想结构的调整；而在竹内好这里，这个调整的最大契机本来潜藏在战败的时刻，但是，少数局部性的负隅顽抗并未造成日本内部的混乱，举国上下全民一致对天皇诏书的服从，使竹内好失望地看到，这个机会被错过了。

《屈辱的事件》推出了一个沉重的话题，那就是日本的侵略战

---

[1] 竹内好：《屈辱的事件》，《全集》第13卷，77—85页。

争使得日本与中国、朝鲜半岛形成了鲜明的对照。日本的法西斯专制耗尽了日本人的气力,却在中国和朝鲜激起了强烈的抵抗。这个不同使得战后的东亚邻国保持了"独立之心",却使日本被迫接受了被支配的地位。如果说,竹内好对日本在太平洋战争初期挑战强者的姿态还抱有幻想的话,那么,这个幻想在战败的瞬间彻底破灭了。按照竹内好在战争末期的设想,战败之时日本应该发生混乱,在美国军队登陆日本的时候,日本的主战派和主和派对峙,革命浪潮席卷全国,军队统帅权不复存在,派往国外的军队也将变成一盘散沙。明治以来建立的"天皇制国体"将在这个混乱过程中瓦解,民主社会将在混乱中诞生。战败是必然的,但是竹内好无法接受这个全国一致的战败方式,对他来说,这意味着日本即使战败,也没有从残酷的代价中获得任何改变的可能。

当他在1953年回忆当时的情景时,那种复杂的感情已经经过了八年时光的过滤,而在此期间他又参与了"国民文学论争",所以把《屈辱的事件》看作当时情感的自然主义再现是不合适的。但是反过来说,这种时光的过滤倒是便于我们简捷地接近竹内好思想世界的主线,因为竹内好借助时光的过滤提炼了他的感情。我们看到,竹内好最关心的问题,基本不是战争为中国和日本人民带来的创伤(尽管这种关注包含在他的视野里,并且成为他后来讨论"战争体验一般化"问题的重要内容,但这并不是他讨论战争问题的原动力),也不是为这次战争定性(尽管他多次强调战争的性质是侵略);他关心的是在付出这些沉重代价之后,日本是否获得了"独立之心"。在美军占领的情势下,独立不仅意味着摆脱美国从属国的地位,摆脱野间宏所尖锐揭露的"虚假的和平",还意味着日本将从战败的阵痛中产生自己的民主制"共和国",而不是依靠外力接受美国强加的"民主"。但是,竹内好在战后体会到,日本还不具备这样的独立之心，他的预设过高评价了日本人乃至日本的法西斯。这个民族在拿起武器和放下武器的时候表现得如此"一致"、如此缺少主体感觉，正是这种一致性，让竹内好感到心寒。于是，他把问题追溯到战争中日本人在人格强度和道德修养上的缺陷。竹内好痛心疾首的问题集中在一点，那就是日本人缺少抵抗精神而善于转向。对竹内好来说，12月8日的偷袭珍珠港象征着弱小的岛国日本向强大的美国挑战，他从中看到的不是这一军事行动的政治含义，而是一种道德与美的自我完成。一年后他解散中国文学研究会的时候，已经意识到这种道德自我完成的幻觉只是他个人的幻想而已，与日本军国主义的现实行动无关。进而当战败时他身处中国战场、目睹日本军人"齐声痛哭，然后睡觉，醒来后马上开始收拾准备回国"的无抵抗状态，又耳闻日本国内随着天皇一纸诏书而上下一致地接受了战败事实的情况，竹内好感到了作为日本人的强烈耻辱。不言而喻，这种耻辱感当然不意味着他主张应该把侵略战争"进行到底"，而仅仅意味着他痛心于日本人抵抗精神的缺失。这种轻易转向的状态暴露了日本人伦理意识的缺陷，直接决定了日本社会的政治形态，限制了日本在战后履行战争责任的范围。竹内好意识到，战败那一刻留给战后日本社会的课题，并不是如何摆脱战争的创伤经验，而是如何深入开掘日本人在侵略中国的沉痛事实中获得的教训，使其转化为战后重建的契机。

  1949年5月发表的《中国人的抗战意识与日本人的道德意识》（后改题为《中国的抵抗运动》），把这种战败时感受到的耻辱外化为对日本的道德批判。该文以林语堂的《京华烟云》在翻译成日语过程中所暴露的日本人对中国人抵抗精神的无知为线索，批判了日本人在中国人高水准的道德意识之下相形见绌的现实。他指出，林语堂的小说缺少历史意识，也不具备中国社会生活的现实基础，对中国民众来说他的小说是失败的；但是，即使在这样一部失败之作里，仍然存在着成功之处，那就是中国人抗战的民族意识得到了道德层面的完整表现。

竹内好引用小说的细节展开了这样一个话题：日本对于中国的入侵伴随的是偷税与贩毒，它不是局部性行为，而是得到日本军方默许的公然掠夺；最无耻的是，日本人的贩毒竟然波及中国的小学生。而中国人民对日本的抵抗意识，也恰恰是出于对这种野蛮无耻行径的道德义愤而被激发出来的。在中国人眼里（在此，首先是在林语堂眼里），这场战争被视为野蛮人的入侵；它被理解为一时性的征服。这样的理解显然体现着林语堂浅薄的历史认识，但是就一点而言他是正确的：林语堂看到了日本侵略战争中"前资本主义的掠夺"的一面。而同时，中国人民、中国共产党在抗战中表现出来的高度的国民伦理，使竹内好找到了反思日本国民道德缺欠的参照系。竹内好认为，毛泽东对战争的分析尽管精辟和全面，但是他把战争视为帝国主义的侵略，因此过分强调了日本内部反战势力的作用；而日本国民没有具备那样的可能性，因为这场战争是帝国主义与野蛮人心理的结合，没有近代意义上反战势力存在的余地。"我在军队里大量目睹了无意义的破坏性行为，它是那种既非出于战术上的必要，亦非可由战场上的异常心理加以解释的、无目的的破坏。在我看来，那不是出于失掉了价值基准的近代人的虚无主义心理，而是更朴素的野蛮人的心理。也许，在我们内心深处，盘踞着那种野蛮人的本能。"[1] 姑且不去讨论竹内好关于文明或野蛮的定义本身是否准确，也不去讨论他对近代人等于文明人这一价值判断是否得体，穿透竹内好概念的恣意表象，我们可以看到真正的问题所

---

[1] 竹内好：《中国的抵抗运动》，《全集》第4卷，34页。

在：正是出于对这种"野蛮人的本能"的深刻反省，竹内好以1945年8月15日为起点，开始了他对日本思想传统形成的一贯性努力。

从战败开始，进步的日本人开始了痛苦的自我反省。对于这种全民总忏悔的意识形态性格，竹内好显然保持了距离。从他对中国人的道德意识以及中国以抵抗为动力的现代化模式的讨论方式上看，他关心的问题使得战争这一现代性事件被组织进一个更为复杂的结构中，而对于战争责任的追究也被组织进了非意识形态性的问题中。需要特别指出的是，竹内好的这种反省战争经验的视角，的确抓住了日本侵华战争的要害：道德沦丧的野蛮性问题。这次战争所具有的日本战争史上从未表现出的野蛮性格，使得战后世界范围内对它的评价不能不区别于其他战争，而恰恰是竹内好尖锐的文化自我批判立场，揭示了一个重要的事实：日本的这次侵略战争不能与其他现代战争简单地同日而语，因为它具有空前的野蛮性格。时至今日，仍然有包括进步人士在内的日本人出于各种考虑试图把日本的侵华战争"常规化"，亦即使它与其他现代战争相提并论，其要害正在于忽略了这个"野蛮性"的问题。

如果说竹内好曾经有过"舍斯托夫体验"的话，那么战后这个时期恰恰是他与这种日本特定时期的知识分子体验分道扬镳并且进一步真正接近舍斯托夫的时刻。但是竹内好似乎没有表现出对这两者的兴趣。他或者无意识地做到了前者，即摆脱了所谓日本式"不安"从而避免了以忏悔的方式重新陷入虚无与绝望；或者他也部分地做到了后者，即接近了舍斯托夫那种深刻怀疑既定价值基准的清醒态度，因为他没有简单地采取进步知识分子应该采取的立场而使自己追随既定的价值观和理念，尽管它们看起来似乎十分正确。但是他并没有如同舍斯托夫那样采取彻底的"反常立场"，而是选择与鲁迅相近的态度，看上去离"日常性"并不那么遥远。在反对通俗人道主义的意义上，竹内好采取了鲁迅式的决绝态度，当日本人在全民总忏悔中也暗自咀嚼自身的战争创伤经验时，竹内好已经开始思考如何把战争的创伤经验转化为面对战后冷战局势的严峻问题了。

当导演黑泽明通过电影《罗生门》传达着新一轮日本式的价值颠倒和"不安"并因而获得国际性喝彩的时候，竹内好却显示了他在战争期间不曾显示过的"行动精神"。他在北平给松枝茂夫写信时曾经表达过的那种对于精神工作的丧失信心状态一扫而光，开始全力投入精神工作之中。而他最为关注的，就是如何在"独立"的意义上建立日本的思想传统。在50年代末期到60年代前期，竹内好写作了他的"战争三部曲"——有关日本战争责任问题的三篇论文。这三篇文字把50年代初期竹内好的战争观进一步推向深入，它们共同的特点在于把战争问题置于更大的背景下讨论。这三篇论文依次是：《近代的超克》（1959年）、《关于战争责任》（1960年）、《日本与亚洲》（1961年）。

有关《近代的超克》请参照本书中的专章，此处从略。这篇长文旨在讨论如何在日本知识分子支持并投身于太平洋战争的立场中寻找思想形成的契机，而不是从结果出发简单地否定战时思想形成的努力。在这个前提下，该文致力于对"二战"中日本的战争责任性质进行分析定位。《关于战争责任》和《日本与亚洲》把《近代的超克》中提出的日本在"二战"中发动战争的二重性格，亦即侵略东亚的战争和发动太平洋战争两者之间的区别问题进一步深化，整理出这样的基本观点：日本在1931年开始的战争基本可以分成两个部分，一个是侵略战争（即至太平洋战争爆发为止的对华侵略战争），另一个是帝国主义对帝国主义的战争（即太平洋战争）。就前者而言，日本必须无保留地承担战争责任；就后者而言，日本不能单方面承担战争责任。但无论是前者还是后者，在战争体验无法普遍化的情况下，战争责任也无法普遍化。所以，唯一的办法只能是在日本的传统中寻找自然感情并且把它作为处理创伤体验的基础。

《关于战争责任》是一篇提纲式的短文。但是，它以整理当时战争责任讨论中各种立场的方式，提供了了解当时日本社会特别是日本思想界对战争责任问题的不同看法，并在此基础上把战争责任问题从抽象的观念推进到复杂的现实层面。竹内好在文中涉及卡尔·雅斯贝尔斯的《罪责论》中著名的四大罪责分类，并援引丸山真男的意见进一步指出这种把战争犯罪归结到一般性罪责中并进行统一说明的分类法并不适合日本的情况："正如丸山指出的那样，责任里面必定含有对谁负责的问题。而且，罪责是客观存在的，而责任不经由'责任意识'这一主体化过程就无法证明它的存在。至少是无法令人信服的。而战争责任，它具有'只要可以摆脱就不必蒙受耻辱'的性质。为了改变这个处境，我们除了依靠民族感情中自然责任感的传统之外别无他法。能够构成这个传统的，仅仅是侵略亚洲，特别是侵略中国的创痛。……如果只是从野蛮对文明、法西斯对民主主义的图式出发，这个潜在的巨大前景是不可能得到挖掘的。"[1] 在这里，竹内好区别了战争犯罪与战争责任这两个通常被联系起来甚至被混为一谈的概念，尖锐地指出，由于在日本广泛存在着不伴随罪恶意识的战争体验，战争责任论就必须以加害意识的

---

[1] 竹内好：《关于战争责任》，《全集》第8卷，216—217页。该文前半部分（212页）转述了丸山真男对于雅斯贝尔斯的四大罪责分类的看法以及丸山对于战争责任观念的分类："第一，搞清楚对谁负有责任。例如对于本国国民的责任和对于它国的责任；后者又进一步区分为对于英、美、苏、中国、亚洲诸民族的责任等等。第二，根据负责行为的性质进行的区别。例如由错误和过失造成的责任与对于犯罪的责任之间的区别。第三，根据责任本身的性质进行的区别，在这里作为范畴区分的例子，雅斯贝尔斯被引用。第四，由主体的地位和职能所造成的差别。例如指挥者，下级指挥者，追随者。此外还需区别积极的协作者和受益者。"

第四章　缠绕在一起的历史与现在

持续为前提，而这种加害意识的确立只能诉诸主体化的"自然责任感"。

显而易见，竹内好在《屈辱的事件》中谈到的对日本民族缺少独立之心的痛切感受在这里被推进到追究战争责任的层面。这种讨论方式当然与一个特定的历史事件有关，那就是在1946年5月以反轴心国联合体的名义进行的远东国际军事审判，亦即"东京审判"。对于竹内好那一代人来说，如何对待这个事实上由美国操纵的军事审判是一个非常棘手的问题，因为在审判日本军国主义主要责任者的意义上，有良知的日本人都认可这个审判；然而这个体现了美国的意志而非亚洲受害国人民意愿的军事审判，以正义之名掩盖了很多根本性的问题。[1]

东京审判明显的"胜者为王败者贼"的性格，不能不使日本的进步知识分子陷入困境。这个审判是否真的审理了日本的战争事实？它规定的战争责任是否能够有效地补偿亚洲人民在战争中的创伤？这些疑问还不是困扰日本进步人士的要害问题。要害在于，在不存在由亚洲受害国联合主持的军事审判的情况下[2]，这个以盟国名义进行的军事审判是当时唯一以"国际"为单位对日本整个战争过程进行的军事诉讼和裁决。日本的侵略罪行在战后必须得到清算，显然并不公正的东京审判虽然没有完成这个清算，却至少以扭曲的形式完成了一个最低限度的"制裁日本"的任务，这个任务在亚洲受害国的国别审判中并未完成。而日本右翼民族主义者，在战后经

---

[1] 关于东京审判的具体问题，本书将在第五章第一节讨论，在此从略。
[2] 战后亚洲部分受害国分别审判了日本的B级以下战犯，中国也在1946年以中华民国的名义进行了审判。在新中国成立后，鉴于国民党政府的审判没有达到惩处战犯以平民愤的目的，周恩来总理代表中国政府向日本提出抗议，又一次进行了军事审判。但是，A级战犯的审理是在远东军事法庭进行的，东京审判因而具有了事实上的权威性。

过一段时间的准备之后，正是反向利用了美国和英国等国在东京审判中的霸权事实，在与其对立的意义上简化了战争历史，美化了日本的侵略。因此必须强调的是，因为这个审判存在的问题而否定它的历史定位是不明智的，但是因为它所起到的历史功能不可否定，就简单地"拥护"它也同样不明智。换言之，以二元对立的思维方式无法进入这个事件的核心部分，赞成东京审判与反对东京审判这些笼统的政治立场，在这个复杂的事件中都是缺少政治判断力的。

当竹内好把民族独立的问题与战争责任问题结合在一起讨论的时候，他的视野里显然面对了东京审判这个基本的事实。竹内好赞成东京审判所定义的"反和平罪"与"反人类罪"这两项裁决标准，但是相当明快地否定了美国操纵东京审判的正当性，这个态度在他的《近代的超克》等文章和其他场合的发言里被表达为"帝国主义不能制裁帝国主义"。然而竹内好并没有因此把自己置于反对东京审判这样一个笼统的立场上，更没有因此混同于简单的民族主义右翼立场；他是把对于东京审判中美国霸权的否定作为追究日本战争责任的一环来处理的。正是在这个意义上，竹内好对战败之时日本民族独立之心的追究，具有了现实政治意义；他诉诸日本民族"主体化的自然责任感"的努力，他在讨论战争责任问题时反复强调欧洲战场经验不适用于日本，雅斯贝尔斯的罪责论不适用于解释天皇制下日本的战争责任的思想立场，都在对抗美国的霸权和非正义性的定位上，获得了现实的针对性。

在《中国人的抗战意识与日本人的道德意识》中，竹内好把日本的野蛮性格与中国的高度道德意识进行了对比，而在《关于战争责任》中，他反对把日本的侵略战争定性为野蛮对文明、法西斯对民主主义的冲突。显而易见，竹内好在使用这些概念的时候，充分注意到了它们在现实政治关系当中的指向性：文明对野蛮的图式，不仅在东京审判时是反轴心国与轴心国的代用词，暗含了民主主义对法西斯主义的图式，而且也是日本明治维新以来一直追寻的目标。在日本的近代化过程中，文明作为一个核心观念，催生了一系列价值标准，而这些价值标准又被外化为具体的对象，由此产生了明治以来日本愈演愈烈的"脱亚"风潮。从脱亚到代表亚洲挑战西方，日本在近代化过程中始终没有破坏掉一个既定的预设：文明是来自西方的"先进"产物，而亚洲一直没有摆脱"落后"的野蛮状态。东京审判"文明审判野蛮"的图式提供了一个重新思考文明理解方式的契机，这个契机不仅把日本近代化过程中自任的"文明"打得粉碎，而且这个审判对于亚洲受害国的不平等待遇，在事实上也打破了日本明治之后渐渐定格化也渐渐空洞化的"文明"等于"西方"的幻觉。可惜的是，当时的日本社会包括知识界，大多仅仅理解了前者，却没有意识到后者。

在东京审判过程中，有一个事件使日本人可能注意到这个问题，就是印度代表帕尔（Radhabinod Pal）法官提交的判决意见书。作为当时法庭上持少数意见的审判员之一，帕尔主张日本的战犯全体无罪。值得注意的并不是他的结论，而是他提出这个判断的逻辑。作为一名国际法学者，帕尔对东京审判的合法性提出了质疑。在提交给法庭的长达25万字的英文判决意见书中，帕尔强调了东京审判在断罪的时候缺少国际法的依据，比如对于"侵略战争"的定义不足，使用证据的程序有明显的缺陷，以"全面共谋"为由对战争责任者定罪的方式在当时的国际法范围内难以成立，以及远东军事法庭仅仅审判太平洋战争开始以后的"战争"，却没有同等对待卢沟桥事变之后的"战争"，亦即把中日之间的战争排除在审理对象之外等等。由于在法律上缺少足够的正当性，帕尔认为宣布日本的战犯有罪作为一个法律判决是不能成立的。帕尔的这些完全基于法律程序的意见，与法国审判员贝尔纳等其他少数派在"法律程序"层面上的反对意见有相当重合之处，但是在客观上，帕尔这一有为日本的侵略开脱罪责之嫌的纯粹法律程序的思考，却与其他在承认东京审判的大前提下提出的反对意见不同，这个不同在于它质疑的不是具体的技术环节，而是东京审判的整个前提。正是帕尔反对意见的彻底性，使得它在当时和今天都具有独特的意义。

这个意义就在于以国际法的名义质疑美国操纵远东军事审判的合法性。帕尔仅仅依靠他的法学逻辑，纯粹程序化地推导出日本战犯无罪的结论，在如此重大的历史事件面前，的确显得有些学究气和非政治；不过考虑到印度被英国殖民的历史和日本未及以"大东亚共荣"为由侵入印度就战败的事实，可以推论，作为印度人，帕尔或许对日本抱有幻想，对英美则更多憎恶。笔者未及调查有关资料，无从判断帕尔此举的政治背景，而且本章也无力涵盖关于法律的程序公正与人类正义之间紧张关系的课题；但是从逻辑上看，帕尔对东京审判的质疑无疑是相当有力的，因为他的判决意见书针对的不是日本战犯是否有罪的问题，而是这场审判本身在法律程序上"违法"的性格，这份判决意见书宣布，违背法律程序的东京审判不能获得断罪的权威性。

日本的右翼和战犯们当然很欢迎帕尔的结论。虽然这个结论在帕尔那里是一个逻辑的结果，但是已经足够转化为右翼为侵略战争翻案时的口实。然而，这并不是帕尔判决意见书的真正功能。作为一份法律文件，帕尔的判决意见书提供了一个需要发掘和转换的重要线索，那就是利用法律的特有功能，揭露美国强权政治的虚假正义性。

竹内好敏锐地意识到了这个问题。在东京审判的时候，他尽管也对胜者审判败者的做法有所抵触，但是当时压倒一切的是解放感。和所有人一样，竹内好并没有余裕怀疑东京审判的合法性。十几年过去，在经历了朝鲜战争和安保运动之后，对于日本进步知识分子而言，美国已经失掉了"二战"结束时的欺骗性，竹内好开始重新审视东京审判，并且在原理层面思考这个审判对于日本思想传统形成的意义。1961年，竹内好写作《日本与亚洲》，在原理层面重新审视帕尔提出的问题，把日本近代以来的文明观念与东京审判的前提放在一起讨论。于是，竹内好在超越所谓"东西方文明冲突"的意义上，提出了关于文明观念的重大思想课题。

《日本与亚洲》在结构上是把以福泽谕吉为代表的日本近代文明观和以东京审判为代表的欧美文明一元论模式结合起来讨论的。这个结构本身已经打破了实体化的东西方对立模式，它针对的是文明单线进化论的观念，而且全部分析都建立在历史的动态过程特别是历史张力当中，这使得这篇论文具有相当复杂的内在关系，它直接挑战了那种实体性地区分东、西方，概念化地套用"文明"观念的思维惰性。

竹内好首先讨论了福泽谕吉的文明一元论。"所谓文明一元论，是建立把历史解释为从未开化向文明发展的不可逆的历史观，并以这种历史观为轴心解释世界的思想。所谓文明，是某种本源性的力量，是那种应该加上定冠词来称呼的对象。这种文明向野蛮渗透的自我运动轨迹就是历史。……文明就是一切，这一思想成为日本近代化的动力。"[1]竹内好的这个定义是他对日本近代历史上文明观的梳理，他一方面承认这一整理有单纯化之嫌，但同时为了引出下文的讨论，他坚持要把这种单纯化的整理进行下去。在这个思路上，他指出福泽谕吉作为单向一元文明论的最大鼓吹者，在日本近代从

---

[1] 竹内好：《日本与亚洲》，《全集》第8卷，69页。

封建制向中央集权的近代国家过渡的历史时刻,起到为明治国家的思想提供架构、为其后的日本人精神形成提供模式的作用。《文明论之概略》强调文明的本质在于"智",它被置于"德"之上;"智"与"德"的总和构成文明,它因地域之差而有程度之差,通过努力,这种差别可以被消除。福泽的这一哲学给了他本人以改革的自信,这使得他成为明治初期伟大的启蒙思想家。而"智"被视为可以计量之物,这一信念也深刻地规定了现代日本人的心性。

按照竹内好的分析,日本在明治维新之后经历了打破封建制、建立近代国家、完成工业革命三个阶段。第三个阶段即工业革命阶段,发生在中日甲午战争之后,与殖民地掠夺密不可分。到了这个时期,一元论的文明史观已经失掉了修正自身的可能性,发展为掠夺殖民地国家的名义,而福泽谕吉作为启蒙者的作用也已经完结。"作为战斗的启蒙者的福泽谕吉,他的作用恐怕到日清战争(即中日甲午战争)就结束了。他的思想作为国家的思想得以实现,并被确定下来,因而思想家本身也就被消灭了。其后的所有军事行动,亦即外交政策,时时处处依靠文明一元论的观念被正统化。至少直到太平洋战争为止的阶段是这样的。"[1]

在"文明与殖民地战争"这样一个背景之下,竹内好深刻地揭示了文明一元论在近代历史过程中的实际功能。他注意到一个反讽的事实:"东京审判以日本国家为被告,以文明为原告,裁决了作为国家行为的战争。……东京审判的检察官和法官(除掉少数意见之外),都立足于文明一元观。这一文明观念的内容,与福泽相差无几。福泽的文明论源流被认为来自基佐和巴克尔,属于近代欧洲的古典文明观,因而,福泽和从纽伦堡审判套来了审判模式的东京

---

[1] 竹内好:《日本与亚洲》,《全集》第8卷,71页。

审判的原告，在关于文明的意见上当然是合拍的。这样一来，被告日本国家的代表，岂不是被福泽本身通过盟国而起诉了么！"〈1〉

这个反讽的事实曾经支撑了日本战后的思想潮流。也就是说，战后思潮倾向于把日本发动的法西斯战争视为对明治以来"文明传统"的一次脱离和背叛，而不是它的延伸。这种思想立场也在逻辑上支持了东京审判以文明之名裁决日本野蛮罪行的思路。在确认日本法西斯战争野蛮性格的前提下，竹内好谨慎地推进了这个问题，对日本这一战后思潮的肤浅性加以分析。他指出，在战后的历史过程中，法西斯并没有得到根除，反倒是曾经起诉法西斯的"文明"一方内部发生了混乱和动摇。这个事实说明应该重新讨论"文明一元论"这一不曾被质疑的绝对前提。"遗憾的是，我们并不拥有当年福泽以整个身心投入日本独立这一紧迫课题时所把握到的那种活力四溢的文明版本。想起来，恐怕原因至少和主体把文明一元论作为不可质疑的前提，从那里滋生出来的思维惰性有关吧。"〈2〉

竹内好的问题意识从这里展开。他援用帕尔在提交判决意见书四年之后再次造访日本时强调法的普遍性时的讲话，转述了帕尔关于东京审判"私刑"性格的判断："'只为一部分人制定的法律，不是法律，而只不过是私刑。''他们说纽伦堡和东京的审判是依照宪章所规定的法律裁决的。这样随意制定宪章，随意裁决人，倒是裁决的法官自身作为真正的罪犯——歪曲法律的犯罪者，必须加以裁决。'……在帕尔看来，这个文明反倒是虚伪的文明，或者是文明的退化。因为它侵犯了法的普遍性，伤害了真理。"〈3〉

〈1〉 竹内好：《日本与亚洲》，《全集》第8卷，72—73页。
〈2〉 同上书，74页。
〈3〉 同上书，78—79页。

竹内好关心的问题并不是法律的神圣不可侵犯，也不是国际法在纽伦堡和东京审判之后是否产生了事实上的修正；他关心的是帕尔所触及的对西欧文明正统性的质疑，并且由此把问题延伸到文明观的存在方式本身。

竹内好指出，当福泽谕吉提出"脱亚论"的时候，"与西洋文明国共进退"是当时谋求国家独立的唯一手段。这个手段也就是主动引入"外来文明"，在此意义上，其实文明并不是一个安琪儿，而是一个对东方而言难以抗拒的暴力性趋势——这正是福泽谕吉在《脱亚论》中把文明比喻为"麻疹"的原因。但是，随着日本的国家独立基础逐渐稳固，福泽这种源于内在紧张的目的与手段的关系产生分裂，并被各自孤立起来。在《脱亚论》中出于紧迫感而提出的"谢绝亚细亚东方恶友"的手段要求变成绝对化的静止目标，而兴盛亚洲的目的却转而变成发动侵略的手段，在这个微妙的转换之中，日本的"大东亚共荣"口号实际上仅仅变成了君临亚洲成为"盟主"的借口。竹内好提醒人们注意，在《文明论之概略》中，福泽曾经强调北美洲的文明并不属于白人，而是印第安人的文明，白人的掠夺使得美利坚变成北美文明的代名词，而这种来自白人文明的暴力性不仅覆盖了北美，也同样覆盖了亚洲。由于这种以文明之名推行的暴力，日本作为亚洲国家即使暂时不受侵害，也早晚在劫难逃。在福泽作为思想家而活跃的明治二十年代之前，他在上述论述中表现出来的紧迫的危机感和冷静的状况认识，表现了日本的亚洲认识和世界认识中潜在的思想可能性：福泽在《文明论之概略》等一系列著述中强调日本的非欧洲性格，强调亚洲被欧洲蚕食的现实危机，并在此状况之下把脱亚作为文明抉择的手段，同时也指出这个手段很容易被妨碍国家独立和本国文明的"伪文明"所取代。明治时期流行的"鹿鸣馆文化"，就是这种伪文明的范本。

竹内好抓住福泽在他作为思想家活动高峰时期的这种内在紧张，提炼出一个思想课题，就是亚洲如何形成自己的文明。竹内好说，福泽在提出有关西方文明的悖论性认识之后，并没有能力继续在原理上推进这个问题；相反，在写作《时事小言》时期，他已经后退到简单认同西方文明的暴力性强制的程度。"但是，在福泽后退的地点继承福泽，是不能真正继承福泽精神的。毋宁说，还是重新把福泽立足的原理本身问题化，有助于进行文明的重建。"[1]

在1961年提出文明重建的课题，暗示了竹内好当时思考的问题包含这样的历史侧面：50年代末期汤因比造访日本的时候，曾经引起以反共亲美知识分子为倡导主体的"日本优越论"的盛行，亚洲在当时被基本定位为"文明序列中的劣势者"，"日本"在毫无福泽早期紧张感的脉络里被又一次"脱亚"。在这个"脱亚"的上下文中，东京审判的问题被重新提出，而日本被视为与西方同质的近代文明国家，因而并没有人质疑东京审判的合法性格[2]；而试图建立文化机能论以破除文化谱系论的梅棹忠夫，和当年以法律程序挑战东京审判合法性的帕尔一样，也无法抵挡文明一元论的强大思维惰性。[3] 在这种情况下，竹内好面对的思想课题，其实是如何把当年福泽谕吉没有原理化的"文明论"原理化，在与伪文明相区别的意

---

[1] 竹内好：《日本与亚洲》，《全集》第8卷，91页。
[2] 事实上当时质疑东京审判的言论并不多，其中最具有代表性的是反共亲美知识分子竹山道雄的《昭和的精神史》（1955年以《十年后》为题在杂志《心》连载，后以《昭和的精神史》为题出版）。这部书的基调是对抗当时进步派知识分子批判昭和时期由日本国家发动侵略战争的历史叙述，为日本国家的无罪辩解，但前提是认可东京审判作为文明代言人的定位。
[3] 关于梅棹忠夫的文明生态史观，请参见本书第五章。简单而论，他反对以政治和意识形态的理由把地理风土区分为亚洲、欧洲等，也因而反对建立亚洲内部的一体感。他的文明生态史观，强调以生活样式为标准划分文明形态，这种对于文化本质论和谱系观念的挑战曾经在日本知识界激起很大的反响。

义上建立东亚的文明。

在《日本与亚洲》中，鲁迅并未出场。但是，《鲁迅》的方法论却贯彻始终。竹内好在这篇结构复杂的文章中超越历史时空，围绕文明一元观和多元观的对立，处理了两组有内在关联的思想立场。一是暗含多元可能性的福泽谕吉的文明一元论与不包含多元可能性的竹山道雄的文明一元论。福泽的文明一元论在强调欧洲文明的强势之时并没有忘记强调它的霸权性格，因此对于日本和亚洲文明可能性的思考是"非西方"的，但是这一思考未及生长和成型，随着日本殖民地侵略的扩张和福泽本人的思想倒退，最终流向单纯的文明一元观。竹山道雄继承了福泽倒退之后的文明一元论观念，却与作为思想家的前期福泽无缘：他在战后一直坚持日本的非亚洲性格和明治国家的"文明性格"，在此前提下强调日本的战争罪责仅仅是少数军国主义者的责任，与明治以来日本的国家理念无关。

另一组有着内在关联的思想立场是帕尔与梅棹忠夫。这两个看上去毫无关系的人物，其实在历史过程中所起的作用是极其相近的：他们都以非意识形态的方式介入了意识形态问题，并且都被保守派视为同盟军。但是，他们在历史过程中真正起到的却是一种"多元化"的功能。就帕尔而言，他对国际法的阐释是基于对印度法律精神"普遍性"的理解，在这个意义上，他反对的不仅仅是东京审判的"私刑性格"，更是西方文明一元观的"单边主义文明论"立场。就梅棹忠夫而言，他的文化机能论打破亚洲和欧洲的区分之后，试图建立一个重新解释世界的图式，这个图式由于比较的是文化的样式而不是文化的内容，排除了文明的谱系论以及价值判断功能，最大限度地打破了作为意识形态的东西方对立的文化本质主义思路。帕尔的"日本战犯无罪论"和梅棹的"日本非亚洲论"，都是他们非意识形态思考的结果，这个结果从属于他们各自的思考过程，不能被孤立对待；但是，对于非意识形态思考介入意识形态问题的负面功能，他们显然无力面对。

竹内好在自己的文章中结构了上述两组思想立场，并在历史进程中把它们统一到文明多元论与文明一元论的对立上。正是在这个脉络里，亚洲如何形成自己文明的问题具有了实践意义。

竹内好指出，文明一元论的基础是对亚洲认识能力的低下。竹山道雄代表的非现实的日本观和亚洲观，是日本"脱亚"以来历史性地形成的对亚洲无知的产物。这种无知使得日本看不到亚洲在对抗欧洲文明入侵过程中的变化，看不到甘地用纺车对抗"文明"、孙文"大亚洲主义"呼吁王道取代霸道的真意。竹内好显然认为，这些看上去对抗西方文明的民族主义独立运动，实际上对抗的是亚洲内部模仿西方文明的"伪文明"，它的作用在于否定伪文明，在伪文明的内部把它改造成别的文明。换言之，这是一种迫近现实的思想立场，它直面亚洲无法在排他意义上对抗西方文明，而必须在西方文明内在化的历史过程中建立独立的文明机制这一宿命。但是这一使西方文明内在化却又不屈从于文明一元观的立场，必须使自己既区别于"伪文明"亦即东方的西方中心主义，同时又区别于保守主义的民族主义。竹内好在此又一次强调了他在《何谓近代》中所描述的那个拒绝成为自己也拒绝成为自己以外的一切的极限状态——这正是他在鲁迅那里学到和在福泽谕吉那里感知到的在极端不自由状态下的独立意志。竹内好因此说："使得伪文明虚伪化的作用只能由在这个文明内部的人来完成，不能够依靠外力。独立不是文明的恩惠，就是因为这个道理。"[1]

当年福泽谕吉意识到文明在日本被无抵抗地"摹制"之后将变

---

[1] 竹内好：《日本与亚洲》，《全集》第8卷，91页。

为"虚说"亦即被架空的形式,并且指出为了防止这一点,必须调动日本人的"抵抗精神"[1],竹内好正是在这个视野里看到了继承福泽思想遗产的可能性。他发挥在《鲁迅》中提出又在《何谓近代》中发展了的基本观点,那就是"伪文明"必须经历其内部的自我否定和重构,才能形成真正的独立运动。对于竹内好而言,这种自我否定与重构的原理,就是亚洲的原理。

在这个意义上,战争责任的追究与文明重建的课题,以及对于以文明之名行霸权之实的美国世界政策的应对,变成了一个相互缠绕的政治和思想结构,呈现这个结构需要相应复杂的事件,战后,这个事件就是发生在1960年的安保运动。

二 安保运动:战争体验的"现在进行时"

所谓"安保反对运动",是指1960年日本的岸信介政府在准备与美国政府签署关于修改1952年缔结的《日本国与美利坚合众国安全保障条约》时引发的大规模群众性反对运动。"新安保条约"把旧条约中那些仅是设想的军事和经济条款具体化和扩大化,把日本牢牢地拴在美国的战车上。这激起了日本社会各个阶层的强烈抵抗。安保反对运动的前史是1958年的"警职法改正案反对运动",它催生了以"国民会议""国民中央大会"等命名的群众性组织,以有组织的抗议行动有效地阻止了这个法案在国会通过。1959年,日本共产党、全学联等分别成立了反对安保条约修正案签署的组织,并且随着局势的进一步恶化,反对安保的运动组织逐渐扩大。由14个组织联合组成的"国民会议"构成了协调不同组织间行

---

[1] 福泽谕吉:《丁丑公论绪言》,《福泽谕吉全集》第6卷,岩波书店,1970年,531页。

动的媒介，全学联作为学生组织也扮演了独立的角色。1960年1月16日，为阻止岸信介首相赴美签署新的安保条约，全学联组织700名学生在羽田机场跑道静坐。2月，日本众议院安保特别委员会开始审议该条约。4月，以东京为中心的各行业的工人开始间歇性地有组织罢工，各团体开始组织请愿活动，纷纷要求不承认"安保条约"、岸信介内阁辞职、在国会通过"安保条约"之前进行大选等等。5月1日，日本爆发战后最大规模的示威游行，全国900多个地方共约600万人、东京有60万人参加了示威游行。5月19日深夜，国会在示威群众和反对党的静坐抗议中派出警察维持秩序，众议院安保特别委员会在内部的混乱状态中强行通过了"安保条约"。5月20日，国会周围冒雨抗议游行的群众达10万人。此后，各种规模的抗议活动陆续展开，抗议内容从拒绝承认"安保条约"进一步扩展为要求解散国会和要求岸信介内阁总辞职。6月15日，约10万人参加了由国民会议、全学联组织的国会前示威游行，当日发生武力冲突，全学联主流派学生在与警察的冲突中多人负伤，女学生桦美智子当场死亡。6月21日，政府完成批准"安保条约"的所有程序。6月23日，"新安保条约"生效。与此同时，不承认"新安保条约"和要求解散国会的抗议活动仍持续进行，社会党、自民党中的反主流派和民社党结成倒阁统一阵线。岸信介内阁被迫解体。

安保反对运动（以下简称"安保运动"）从1959年开始酝酿到1960年5月19日新安保协定强行通过，经历了一年多的时间，就结果而言，它没有能够阻止"日美新安保条约"的签署和生效，但是它促使岸信介内阁垮台，显示了日本民意的力量。没有能够阻止"二战"中日本的侵略并充当了炮灰的普通日本人，在战后的反对"日美安保条约"的斗争中，显示了他们潜在的民主主义能量。

但是，本章勾勒上述这种教科书式的轮廓，仅仅是为了把安保运动的一般状况以最易于接受的方式交代给对这段历史陌生的读者，假如对安保运动的认识止于这个层面，我们其实根本无法接近那段历史。与历史上任何一个紧张时刻一样，安保运动也充满了内部的激烈纠葛与各种偶然性，社会权力关系的制衡在这样的紧张时刻充分显现；而知识分子作为那个时代的"声音"，传达的也是相当复杂的多声部不和谐音；或许在这种不和谐的音调中寻找那些发生共振的接触点并以此来建构流动性的思考场域，才是我们进入历史的意义所在。

关于安保运动主体——民众——的想象，是认识和评价这场持续了一年以上的大规模民主运动的基本出发点。当位于东京都腹地的日本国会前聚集了数以十万计的日本市民的时候，当这些市民中不乏刚从外地赶来还来不及放下行囊就赶到示威现场的外地示威者的时候，日本平民似乎表现出了极高的民主主义素养。事实上，在评价群众运动的时候，有关民主程度的评价通常也仅仅依赖于这种"激动人心"的场面。大规模的群众集会和有组织的罢工，给日本政府施加的压力是可以想象的。问题是，为什么岸信介内阁仍然能够置群众的强烈抗议于不顾，悍然强行通过了"新安保条约"？

对于将天皇制下的军国主义体制直接转化为由美国操纵的民主主义体制的日本社会而言，1960年这个历史的转折点或许只是一个民主主义的碰撞。姑且不论当时的冷战结构和日美关系，仅就日本国内而言，这个碰撞至少是由双方面承担的——日本政府需要面对群众的意志，而国民需要摸索参与国家政治的有效途径。当民主主义仅仅以代议制的体制，亦即以国会中各政党席位的多寡来影响国家政治的方式加以体现的时候，国民的直接参与往往需要借助诸如游行示威和罢工等非常手段加以实现。安保运动碰撞出的第一个基本问题，就是对于这个"民主结构"的反思。

社会学家日高六郎对于安保运动的民众土壤做出了相当准确的判断。他在运动结束后总结道:"战后日本的政治过程,一方面在价值感情上存在的是不具有'国民'共同性的私人个体以及小集团利己主义的杂居状况,另一方面则是与(制度性的)硬件建构同步的政治物理学机制的有序性系统化——这二者在方向上是并存的。因此日本在外观上似乎存在着单一的政治社会,但那仅仅是形骸化的井然有序而已,并非是以内在有机关联性支撑的。"[1]日本官僚政治在制度上的确立和硬化,正是以此为土壤的。与此相辅相成的是,日本民众在战后一直生活在"国家之外",亦即生活在与国家政治经济生活脱节的私人生活空间里。正如日高六郎指出的那样,安保运动其实是在战后日本民众的"自然状态"和"私生活主义"状况下以"突然爆发"的形态呈现的"政治热情"[2],而它的基础其实是与公共空间无关的私人性理解。当日本民众被卷入反对"安保条约"的抗议示威热潮时,他们在那之前经历的民主经验是局部性和直接性的,例如为反对美军基地进行的反抗斗争,是以当地人的直接经验为基础的,它缺少对间接性问题亦即公共性问题的想象。因而,在50年代日本各地断断续续地持续反对美军基地的运动,都具有这种缺少联合的局部地域性特征。

安保运动在这一意义上具有新的意义。它唤起了全国性的呼应,具有明显的公共性。但是恰恰因为此前的民主运动具有的直接性和局部性,它对于安保运动有潜在的定向功能,塑造了安保运动作为一个大规模民主运动的内在机理。安保斗争中一个典型的插曲是,1959年6月25日,全国统一的十万人大规模抗议行动举行的

---

[1] 日高六郎编著:《1960年5月19日》,岩波书店,1960年,5页。
[2] 同上书,15—19页。

同时，在东京都中心地带的后乐园娱乐中心，万余名观众正在观赏棒球优秀选手选拔赛；而在国会前刚参加过示威活动转而就到后乐园娱乐的行为模式在安保运动期间并不鲜见。这种对政治的参与意识与私生活的享乐并行不悖的模式，是观察群众参与民主的真实状态的一个有效视角，它可以防止我们把群众的民主参与行动与政治意识形态简单地等而视之，也有助于防止将群众运动神话化。在安保运动时期，日本的知识精英扮演了启蒙者的角色，将群众运动神圣化的倾向并非主流；但是，将"民主"神圣化的倾向却占有主导地位。知识分子如何对待民众参与民主运动时的这种局部的和直接的性格，其实是对于民主想象的一个训练。或许正是出于这样的考虑，日高六郎曾多次在他的文章中强调示威活动中的"恋人现象"，甚至断言："假如不存在把'约会'看得比国家更重要的意识，或许运动不会发生。"[1] 为了把民众从局部的直接利益关系组织到参与国家政治的公共空间中，在1959年由社会党及共产党等政党、工会组织、知识分子和学生团体分别进行了不同形式的宣传动员，而该年度发生的一些具体事件构成了适当的铺垫，为次年的大规模群众运动打下了基础。在1959年3月由14个政党和团体组成的"国民会议"，充当了联合行动的协调机构，它引发的一系列内部分歧与冲突使它一直不能有效充当运动的首脑部门，成为后来批判者的众矢之的。

　　本章无法详细讨论"国民会议"在安保运动期间的功能，笔者感兴趣的是这个时期知识分子呈现的基本分歧。在安保运动发生的一两年里，活跃的知识分子几乎直接参与了这一民主行动的全过程，通过集会、演讲、请愿等诸多方式，充当了社会的精神领袖。

---

〔1〕 日高六郎编著：《1960年5月19日》，25页。

尽管知识分子对于运动的影响是间接的，他们并不能直接组织运动本身，而且他们的态度也未必对运动中各个组织有直接的效用；但是他们的著述言论，作为那个时代的痕迹，成为后人可以继承和借鉴的精神遗产。

在安保运动前期，日本的传媒几乎众口一词地谴责岸信介内阁。尽管在实际报道方面，传媒内部有着相当严厉的审查制度，这也引发了当时对言论自由的呼吁；但在相对的言论自由中，传媒仍然可以给知识分子一个讨论空间。在这个特定时期，以杂志为主，刊登了大量的讲演稿、"共同讨论"或"学术研讨会"记录，形成了一个相当丰富的话语空间。如果对问题的内容进行粗略的整理，可以说，知识分子的讨论以5月19日"强行通过新安保条约"为界，具有十分不同的着眼点：之前的主要关注是阻止国会通过对"安保条约"的审议，而其后的关注则集中于日本社会的民主主义政治本身。但是假如换一个视角，从问题意识的定位上看，有一个基本的对立并未以5月19日为分界线发生改变，这就是对运动具体目标能否实现的关注和对原理性问题关注的对立。在这个对立点上，群众运动推上前台的日本社会民主制度的结构问题，被引向了不同的方向。

抽象而论，原理性问题与具体实践之间本来不应该存在矛盾，但是在具体状况之中，这两者常常是对立的。特别是在知识分子可以充当精神领袖的时代，这个矛盾尤其尖锐。实践通常要求理论为其提供直接性的指导和论证，而对原理的讨论往往不能提供这种直接性的功能，甚至在很多时候会给运动带来某种障碍。在运动的状况里，这个矛盾的激化常常引出知识分子之间的争论，但是这种争论很少能够有机会把问题推向深层：原理与实践的关系是否应该仅仅在功能性意义上被加以认识？它们之间究竟应该如何建立良性的互动关系？

在运动当中，这样的问题无法被提出是正常的。尤其是在安保运动这样一个大规模的群众运动面前。这个群众运动面对的敌人错综复杂：从斗争的结构上看，它面对的是试图把日本殖民地化和军事基地化的美国政府，因而是一场对外的民族国家维护主权独立的群众运动；而就斗争的内容看，它自始至终把目标指向日本政府和国会，废除"新安保条约"的要求是通过对岸信介内阁提出抗议的形式表现的。这有些类似于中国的"五四运动"，它的性质基本是民族国家内部的民主主义运动。民族国家的国家机器不能体现人民的意愿，却以国家的名义签署了外交协定，这一行为引发的不仅仅是人民主体对外和对内双重性格的对抗，而且必定造成对国内政治制度的冲击。当内政问题与外交问题相互结合以致引发多重抗议的时候，运动的目标很容易因为它的多重性而被轻易转移，揭示这种多重性的内在关联非常困难，因而知识分子的争论就发生在这些转移的点上。

安保斗争进入高潮，也就是当新的"安保条约"已经生效而斗争目标需要调整的时候，以政治学与政治思想史学者为主，在《世界》杂志上组织了一次"共同讨论"。丸山真男、日高六郎、藤田省三、坂本义和等在专业兴趣上相当接近的知识分子，以相互配合的姿态将运动目标的转移问题推进到较深入的层面。他们指出，事实上并非所有参与运动的人都反对"新安保条约"的签订，这是因为有些日本人担心日本失掉了美国这个靠山将无法发展经济；因而丸山真男主张淡化"安保条约"的问题而强化民主化制度的问题，从而使更多的人有可能参与运动；坂本义和则强调并未清理安保问题与民主化问题之间的关系就把民众的关注点引向民主主义问题是危险的，因为这种民主论述有可能遮蔽日后日本内部的"警察背后是自卫队，自卫队背后是美军，也就是说安保绝不仅仅是对外的，它同时也是对内的机制"⁽¹⁾这一严峻的现实。藤田省三则指出：更为棘手的是，一方面是民主主义原理问题和民众的现实感觉之间存在着空白地带，如何把民主概念翻译为民众熟悉的语汇是一个重大的课题；另一方面则是岸信介和反对新安保体制的力量双方都在使用"民主主义"这个概念，从而造成了所谓国会正常化与议会主义（亦即把5月19日视为国会的失常表现与从根本上否定日本国会组织方式）的对立。⁽²⁾

这场座谈会代表了当时日本政治学的高水准。它以政治学的学科训练涵盖了当时复杂局势中的基本课题，并且相当准确地扣紧了时代的脉搏：这些学者意识到日本民主制在制度的层面存在着明显的非民主乃至反民主倾向，而它的民间基础是日本民众在安保斗争中表现出来的组织形式；在这样的情境下，民主主义的原理如何"翻译"的问题变成了一个迫切的任务。政治学和政治思想史的训练使得这些知识分子坚信这个"翻译"是可行的，因为他们坚信的一个共同的前提是：假如原理是正确的，它就能够与现实的复杂实践发生某种关联——因此，他们的具体分歧在一个大前提下得到了统一，即既然民主主义与安保运动的实质互为表里，把它们对立起来讨论根本没有意义。

在这一立场的对立面，存在的是同样具有忧患意识的"运动知识分子"的疑虑和批评。在安保运动的各个环节都以发动签名、发表讲演和署名文章等方式进行具体的组织和动员工作的学习院大学教授清水几太郎，对"五·一九"之后以丸山真男和竹内好为代表的知识精英力主的"建立民主主义高于一切"的立场表示了强烈的

〈1〉 石田雄等：《现在的政治状况——应该做什么（共同讨论）》，《世界》1960年8月号。
〈2〉 同上。

不满，因为这一立场忽视了对"新安保条约"签订的反对和赞成两种态度的差别，把其统一到民主主义立场上来。清水强调说："如果不把目光从阻止'新安保条约'这一目标转移开的话，我们没有理由否认斗争已经失败了；但是假如把目光移向拥护民主主义的目标，那么毫无疑问，由于斗争的能量空前地喷发，谁都会承认这是胜利吧。新安保问题是固体的，民主主义的问题是液体的；测量的尺度是不同的。"〔1〕清水几太郎认为竹内好等学者在当时的发言因其简洁明快具有很强的号召力，但使得运动的目标发生了转移，促使安保运动以失败告终。

　　清水几太郎与其他知识精英之间的分歧，看上去似乎是如何处置安保问题自身，但是这一分歧显示了思想界对于原理和状况关系的基本认识框架。对此框架，前述那个以政治学者为主的讨论虽然有所揭示，但被轻易地置换为对安保斗争具体内容和民主主义理念一致性的论述中来。即使对于在那个讨论会中最接近这个框架的坂本义和而言，他也仍然在政治学分析的层面最终统一了现实中这个棘手的问题——"新安保问题是固体的，民主主义的问题是液体的！"清水的这个比喻虽然并不精确，却很形象：每一个现实课题都因为它的具体针对性太明确而缺少弹性，因而像固体一样很难随意改变形状，而思想课题不仅可以随状况改变自己的形状却并不改变基本立场，而且还可以超越具体状况创造持续性课题。就清水几太郎这样的活动型知识分子而言，他在安保运动时期所要实现的目标是挫败"新安保条约"的签订和生效，因此所有的问题都围绕着这个"固体"的问题被组织起来；在某种意义上说，现实中的成败

---

〔1〕 清水几太郎：《安保战争的"不幸的主人公"——安保斗争为何受挫・私小说式的总结》，《中央公论》1960年9月号。

高于一切，一切致使运动在可能获胜的时刻发生逆转的因素都是他百倍警惕的[1]；而对于包括坂本在内的政治学者而言，他们关注的问题并无"固体"与"液体"之分，对于他们来说，现实中的成败不具有决定性意义，分析现实状况并确立指导性思想课题才是根本性问题。值得深思的是，这些同样投身于安保运动的政治学和政治思想史学者并非在象牙塔中说话，他们的讨论本身具有很强的现实感和问题意识，但是作为政治学和政治思想史等领域的学者，他们工作的思想层面是分析性的，他们只能使用政治学与政治思想史的分析方法，套用清水的说法就是，他们只能讨论"液体的问题"并使"固体的问题"液体化。在这个学者的讨论会里，清水感觉到的"固体与液体"之间的矛盾最终被消解，安保反对运动与维护民主主义的立场获得了统一。日高六郎的疑问充分表达了这种统一的感觉："是安保问题还是民主主义这种二者择一的举动不是很奇怪吗？"[2]

揭示上述这个存在于日本进步知识阵营中的基本分歧，并非意在非难清水几太郎的急功近利或政治学、政治思想史等领域的学者过于理念化，因为这样的指责对于双方都不公平；笔者所试图指出的，是一个隐形存在的困难课题：当清水几太郎深信自己正在运动中追踪原理的时候，当那群优秀的学院精英正在以自己的方式试图使原理深入实际运动的时候，他们各自都认为自己正在处理原理与现实的关系，然而他们追踪问题的不同方向却在他们之间形成了一个相互排斥的张力场，这个张力场本身意味着理论与现实的悖论关

---

[1] 与同时期的其他知识精英不同的是，清水几太郎关注的问题始终是运动中各个组织所起的具体作用，以及运动期间一些关键时刻由于指导部的指导不当所错过的迫使政府改变方针的契机。他在文章中强烈抨击了日本共产党等政党和组织在运动中所起的破坏性作用，他认为抽象地讨论民主主义转移了斗争的攻击目标，付出了使得安保斗争转胜利可能为失败结局的沉重代价。
[2] 石田雄等：《现在的政治状况——应该做什么（共同讨论）》，《世界》1960年8月号。

系，即无论何种指导性原理都不能在原理的层面改变它所把握的复杂现实，而现实实践目标的具体直接性往往排斥可能转移这一具体目标的原理性思考。由于理论与实践之间真正关系的揭示无法单独发生在理论与实践任何一方，所以尽管这个问题不停被讨论，却很难真正得到解决，因为讨论似乎总是发生在理论或实践的单一层面。当安保运动平息之后，它所激发出的这个问题并未真正展开，而是消逝在每一个学者的个体思考当中，尽管参加了那个讨论会的政治学和政治思想史学者后来大部分在自己的研究中深化了日本社会的民主化课题，却没有真正面对那个清水几太郎碰撞出来的难题："固体"和"液体"如何关联？

这个在安保时期未能真正得到揭示的困难课题，至今仍然作为一个隐形的存在支配着日本进步的知识阵营。现实运动与原理思考并未找到真正互动的层面，左翼知识分子要么"固体"地面对每一个具体事件并使相应理论对号入座，要么"液体"地分析可以抽象讨论的那些现象。而那些纠缠着现实与原理困境的问题，却似乎在"固体"与"液体"之间的真空地带游荡，找不到自己的位置。

竹内好在安保时期与上述两种批判知识分子形成的互补关系，恰恰需要在这个位置上加以考察。这并不意味着竹内好比别人高明，而是只有在这个结构里，竹内好作为一个批判知识分子的贡献才能得到认识。

在安保运动方兴未艾的1959年12月，竹内好发表了他在安保时期的第一篇讲演。这篇讲演典型地表现了竹内好特有的思想基调：他把大事件置于身边的小事件中来认识，再通过把小事件类推到大事件中，揭示那些被概念禁锢的事物真实的存在形态，从而寻找与现实真正相关的思想课题。

竹内好的这篇讲演名为《基本的人权与近代思想》[1]，中心是谈日本各个层面的"歧视"问题。在竹内好看来，日本人的各种歧视问题发生在日常生活层面，从敬语和人称代词的使用，到对日本部落民的歧视，再到潜移默化歧视中国人和朝鲜人的集体无意识，这一切都是构成日本在国际关系中基本立场的基础。"安保条约"的修改，在竹内好看来，集中反映了日本与强者联合而歧视弱者的思维方式，它体现的是日本传统中丑恶的一面；竹内好反对日本缔结"新安保条约"，与他在太平洋战争爆发时无保留地支持日本开战的基本立场是完全一致的，他反对的是与强者结盟而凌驾在弱者之上，支持的是与强者的霸道相对抗的精神。

值得注意的是竹内好这篇演讲的基本思路。他在演讲中两次援引鲁迅，提出了两个相互连带的问题：一个是大的社会改革比小的日常生活改革更容易进行，一个是奴隶成为奴隶主并不意味着奴隶的解放。就前一个问题而言，竹内好揭示了日常生活中民众的精神构造问题其实是左右着社会运动和政治事件的基础；就后一个问题而言，竹内好揭示了国际关系中强权政治的本质性特征。而当他把两个问题结合起来讨论时，他给安保运动揭示了一个沉重的课题，即通过这个运动重新打造日本普通市民的平等意识，消除日本传统中恃强凌弱的恶习，发扬日本传统中扶弱抗强的因素。因此，竹内好几乎从投身于安保运动的时刻开始，就把消除日本社会日常性的"歧视"作为自己的工作目标。与此相关，他反复强调作为正面价值的"独立"的意义。在他的诸多讲演中，日中关系占了很大比重，而值得注目的是，在竹内好的论述当中，日中关系不仅仅是两个国家之间的具体问题，更是一种关于"独立"的哲学："中国援

---

[1] 竹内好：《基本的人权与近代思想》，《全集》第9卷，7—42页。

助日本'独立'的外交方针,并不仅仅源于各自都是被侵略国的同情之心;也并非仅仅源自把日本从美国一边拉开有利于现实政治的需求。这一政策与所谓意识形态的强制几乎毫无关系。那么其出发点到底是什么呢?构成基础的是一种源自自身体验的哲学:非独立国对于和平是一种威胁。与不具有自主判断的人对于社会而言是危险的一样,非自主行动国的存在对于国际社会而言也是危险的,因为它成为诱发战争的原因。中国在自己的历史中学会了这一点。"[1]

安保时期,日中关系问题是一个非常具体的课题,很多同时代人也因而把竹内好视为日中关系的权威分析家,从而忽略了他言论中的原理色彩。其实,安保时期的竹内好,与太平洋战争时期的竹内好想要做的几乎是同样的事情,那就是建立独立、和平和民主这一切理念的基础——平等意识。而"中国",恰恰是他建立这一意识的重要媒介,它作为"媒介"的意义甚至远远超过了它作为真实存在的意义。对于近代日本而言,"脱亚入欧"能够成为一个口号不是偶然的,它源于日本"与强者联手"的传统;福泽谕吉的文明论,在这个方面起的是推波助澜的作用。竹内好敏锐地意识到,讨论日中关系不仅仅是为了改善现实中的日中关系,更是为了以中国为媒介破除日本"恃强凌弱"的思维定势。在长期的中国研究中,或许尤其是经历了"北京日记"时期名不符实的中国体验之后,竹内好从"中国"、从鲁迅那里汲取了对于日本人来说非常陌生的经验,这就是以自己的力量获得独立和在事实关系中考察形式真实性的习惯。在整个安保斗争时期,竹内好之所以显示出与其他精神领袖的微妙差别,就在于他对"独立"和"形式"的这种"中国化"

---

[1] 竹内好:《日本的独立与日中关系》,该文为1960年3月演讲稿,初载《世界》1960年5月号,后收入《全集》第9卷,69页。

的理解。⟨1⟩因此，必须指出的是，在竹内好的思路与政治学和思想史的思路之间，存在着一个重要的差别，那就是竹内好从来不认为正确的原理可以通过"翻译"本土化，因为在他那里，原理只能依靠自身的力量寻找自己的形态，不可能以任何方式"拿来"。事实上，面对大规模群众运动的热烈场面，竹内好并没有被冲昏头脑，他和日高六郎同样，也注意到了这个运动的内在机理问题，在使用"民主"这个概念的时候一直强调它的歧义性及其被反向利用的可能，尽管他本人发表了《民主还是独裁》这一著名的讲演，但是竹内好关心的问题却在于日本人的"独立"。⟨2⟩竹内好在安保时期对于民主这一诱人概念的广泛使用表示高度警惕，这使得他有能力指出一个重要的问题："经过形式上的民主主义程序，独裁者诞生了。"⟨3⟩

安保斗争是一个采取了民主化形式的民众独立运动。借助清水几太郎的分析，我们可以看到这个运动中群众的热情与指导层组织之间的冲突和不协调；借助政治学的分析，我们可以看到运动在制度层面带来的革新契机和国际政治关系在运动过程中微妙的消长沉

⟨1⟩ 有关竹内好对于"独立"和"平等"的理解不需要多加诠释，但是他对于"形式"的理解是一个需要说明的问题。竹内好在《日本的独立与日中关系》中以新中国未能加入联合国为例说明了日本人和中国人在"形式"感觉上的差异："在日本，习惯上倾向于认为新中国未能参加联合国，未能得到美国的承认，所以中国的国际地位正在削弱；而就中国的立场而言，这样的想法是本末倒置的，中国人认为，联合国排挤了中国，与其说是中国的损失，不如说是联合国的损失。"(《全集》第9卷，76页）竹内好对于日本人形式感觉的分析在今天仍然适用于日本社会和普通日本人；中国人的形式感觉是否都以主体性为依托又当别论，而日本人的形式感仍然以各种意义上的"潮流"为基准，这一点无可否认。
⟨2⟩ 竹内好在《我们的宪法感觉》《回答〈战后〉同人的提问》《为了不服从运动的遗产化》(均收入《全集》第9卷）等文章中，准确地阐释了他对民主主义的感觉：这是一个让日本人觉得隔膜的好词，尽管在安保运动中这个观念得到了培养，但是日本的民主运动缺少独立的要素；更重要的是，把民主主义这个语词置于特定的状况中才有意义，它不仅是一个斗争的象征符号，更是一种政治力量的制衡关系。
⟨3⟩ 竹内好：《我们的宪法感觉》，《全集》第9卷，136页。

浮，同时还可以看到民主化的理念与民众实际状况的隔膜。假如没有这些不同定位的分析，孤立地依靠竹内好的上述论断，那么民主化运动很容易被道德化，而对于大规模群众运动而言，道德化的阐释通常会简化问题的复杂性和现实含量。竹内好或许直觉到了这一点，他在投身运动的时候自觉地把自己的声音融合进多声部的旋律，哪怕其中充满了不和谐音。

三 "传统"的悖论：内在否定与重建的政治性

安保运动通常被划为两个阶段，以1960年5月19日为界，此前被视为阻止"新安保条约"签订的"反对安保"阶段，此后被视为争取日本民主主义形成的阶段。有关这两个阶段的关系的争论，亦即清水几太郎提出的"固体"和"液体"之分的问题不是本章讨论的重点，在此忽略，但是对于这个问题的提出所引发的关于知识精英工作边界的思考，却是本章要讨论的问题，因为竹内好提供了一个尝试的范例：是否有可能建立一个工作层面，以解决清水的那个"固体"和"液体"的对立问题？

在5月19日日本国会强行通过"新安保条约"之后，21日，竹内好决定辞去东京都立大学教授的职务。他让研究室的助教连夜用蜡纸刻印了有关辞职的说明信，并在翌日上午不顾助教的再三挽留，执意要他们从邮局按照自己提供的名单尽数寄发给三百名左右的相关者。在教授会正式通过辞职请求之前，此事只能悄悄进行，所以竹内好是以私人的方式表明自己的态度的。但是在说明信发出的第二天，东京的传媒就报道了这件事情，引起了沸沸扬扬的社会效应。

竹内好辞职的理由是对于日本变了质的"宪法"的拒绝。他在《辞职理由书》中这样解释："我在就职于东京都立大学教授的时候,曾经宣誓作为公务员尊重和拥护宪法。我认为5月20日以后,宪法的重要环节之一的议会主义已经失效。……在这样无视宪法的状态下,我仍然留在东京都立大学的教授职位上,是对就职时誓约的背叛,也是对教育者良心的背叛。"[1]

竹内好这种被攻击者指斥为"不食周粟"的态度只是一种姿态。正因如此,他的辞职才具有了公共性。特别是数日之后鹤见俊辅也辞去了他在东京工业大学的教职,无形中使得"辞职"这一行为变成一个具有社会性的抗争模式。尽管竹内好再三宣布自己的辞职是个人性的,其前提是靠笔耕也可以维持生计,但是他仍然必须面对他无法逆料的社会反应。其实这也正是竹内好辞职这一行为的真正意义——它改变了竹内好与安保运动的关系,使他不再可能仅仅以评论者和鼓动者自居从而与运动保持一定距离,通过辞职这一个人行为,把安保运动引入了竹内好私人生活的空间。

对竹内好辞职的社会反应也集中在这种私人性上。恶意的攻击似乎主要集中在竹内好是"赤色"的(当时学界曾有谣言说竹内好从中共得到了1000万日元的津贴以及他是秘密党员等)和他是想"沽名钓誉"这两点上,善意的反应中也有许多误解。比如认为竹内好的辞职是为了便于政治活动,是因为他讨厌在岸信介内阁手下做事,或者辞职之后不该太张扬等等。

竹内好辞职的个人动机当然不能完全归因于5月19日国会强行通过"新安保条约"这一反民主反宪法的事件,而且也不仅是出于公共性的原因;但是他辞职的姿态正是针对这一事件的。恶意的谣言与善意的误解,都没有有效地分清个人动机与社会性姿态这两者之间的区别,竹内好因而面对着严峻的考验:他必须有足够的冷

---

[1] 竹内好:《辞职理由书》,《全集》第9卷,99—100页。

静,在人身攻击和善意的辩护中指出问题的思考路向。

竹内好相继写了三篇"杂感"回应社会的反响。他指出一个重大误区,那就是他的辞职并非"不食周粟"。恶意的攻击与善意的辩护,都在无形中强化了这一传统思维:辞职就是不再为岸信介内阁做事。竹内好说:"这是报纸传播的说法,它的宪法感觉是不成熟的。它是'天皇的官吏'式的感觉。公务员是国民选定的,不是政府的使唤人。"[1] 同时,竹内好还强调,他的辞职并不是为了便于从事政治活动,他不认为自己在安保时期从事的是政治活动:"无论当时还是现在,我都不认为那个时候我干的是政治活动。我只不过是对于政治不正当地介入市民生活进行了不得已的抗议而已。"[2]

这些简洁的杂感准确传达了竹内好这次民主实践的复杂内涵。就表层意义而言,竹内好试图通过辞职确认国民与宪法之间的关系;然而在深层意义上,竹内好通过辞职这一"旧式"的行为样式谋求日本传统中缺少的民主主义实践,无形中揭示了战后日本最困难的思想课题:如何使现代性的基本价值与本土传统中那些积极的要素结合起来,真正建立本土的现代思想传统。竹内好为此反复强调了辞职这一行为所包含的"个体责任"问题;但是他同时强调,自己是以全部心力试图追究什么是国民的责任这一问题,"责任的承担方式、负责任的行为这样的观念,在战后可以说几乎没有建立起来"。[3] 竹内好以自己的全部身心所碰撞出的基本问题,其实是日本社会在60年代的一个基本问题,那就是,日本人一般性理解的

---

[1] 竹内好:《回答世间的评论——杂感(一)》,《全集》第9卷,169页。
[2] 竹内好:《近况报告——杂感(二)》,《全集》第9卷,240页。
[3] 竹内好:《回答〈战后〉同人的提问》,《全集》第9卷,231页。

"国民",其实并不是现代社会的"公民",仅仅是共同体成员而已。

辞职的纠纷使得竹内好的社会影响力迅速扩大。这件事情的私人性给竹内好惹来不少麻烦。其中,最大的麻烦恐怕是舆论的兴趣集中在竹内好个人的动机,而不是其辞职的姿态上。这一姿态所引起的正面效应,似乎仅仅在于都立大学游行队伍打出的那一个标语:"竹内不要辞职,岸辞职!"而辞职引出的原理性问题——公务员与宪法的关系、公务员与政府的关系等等,却没有得到正面讨论。至少,"不食周粟"这样一种传统的理解,似乎并没有被竹内好辞职的姿态所打破。作为一个社会性话题,人们的兴趣似乎更多集中在对于竹内好本人的议论和猜测上。

竹内好这段个人经历固然给他增添了很多烦恼,但是,他对于自己工作层面的自觉或许因此而得到了强化。在这个意义上,当清水几太郎批判他转移了安保斗争的方向导致阻止条约生效的运动失败时,他进行的回应是值得关注的:"这个(批评)表面上看是基于现实政治,但实际上反倒是观念性的。我认为,条约也好,法律也好,实际上并非仅仅靠程序就能定乾坤,它是由更具弹性的因素、由力量关系的制衡所决定的。"[1] 竹内好在此显示了一个至今仍然很难为活动家们认可的思想原则,这就是不必拘泥于形式上的胜负,而是关注社会生活中实质性的进展。按照竹内好的看法,清水几太郎关注的运动结果及其判断显然是表面化的,因为即使日本在1960年成功抵制了"新安保条约"的签署,在日本民众没有树立真正的独立意识的前提下,沦为殖民地仍然是不可避免的。反过来说,"安保条约""带着满身伤痕以最低的限度生效,实际上的效

---

[1] 竹内好:《回答〈战后〉同人的提问》,《全集》第9卷,227页。

力已经减少了许多。池田首相的低姿态也是安保斗争的结果"[1]。这种认识论与不成功即失败的看法最大的不同，在于不把静止的形式（或曰概念）作为唯一的衡量标准，因此它反对那种要么是一百要么是零的静止的判断方式；但接下来的问题是：如果不把形式或概念作为衡量标准，那么标准的建立就需要在分歧重重的动态性理解中寻找某种统合的要素，并使它能够得到公众的认可。对于习惯依靠确定性的指标来看待事物的人们来说，这是一个比舍斯托夫现象还要难以理解的尺度。

正是在这个时期，竹内好开始讨论战争体验的"一般化"问题。

对于战争体验一般化的讨论，直接承接了安保运动的思想课题。竹内好认为，假如能够在安保运动中更好地整理个人的战争体验并使其得以集约化或曰一般化，那么，安保斗争或许能够进行得更顺利和更有成果。

写于1961年11月的《关于战争体验的一般化》，表面上简短平易，内里却包含了一个庞大的结构。它重述了安保时期竹内好与丸山真男、开高健三人的一次座谈，但重述的方式是专门谈当年的讨论所没有展开和未能咬合的话题。在这次座谈里，至少有两个话题没有得到深入：一个是在战争体验问题上代沟的存在；另一个是关于日本"民主主义"的国家主义性质与自然主义精神风土的关系。就前一个问题而言，竹内好强调安保斗争时期不同年龄段的人由于不能共享战争中的体验，故运动中的感觉方式也大不相同，这导致运动的分化与连带的薄弱；就后一个问题而言，自然主义的精神风土使得日本"国家"的人为性质不可能被认识，它被视为不可变

---

[1] 竹内好：《收获很大》，《全集》第9卷，329页。岸信介内阁在1960年7月因民众的强烈不满不得不宣布集体辞职，其继任者为池田勇人。

更的实体,因而对于日本人来说似乎是先在的和绝对的。于是,这种自然主义立场强化了日本式"国体论"的立场。反过来,这种自然主义思维方式塑造了日本人的民主感觉,使其也变成了固化的实体。上述两个问题其实是紧密相连的:竹内好强调,正是因为自然主义的认识论,战争体验才被封闭起来,成为个人记忆的产物,它除了自我陶醉和感伤之外,不能提供任何思想的土壤。而下一代人拒绝进入这样的战争体验,也是必然的。

竹内好特有的跳跃式表述方式,使得这篇短文隐含的庞大论述结构不容易被发觉;但是,只要沿着他的问题铺陈方式追问,这个结构不难呈现。竹内好为什么要如此安排他提出问题的顺序?首先,他提出战争体验问题上代沟的存在与战争的思想处理未完成有关,下一代人拒绝上一代人的战争体验谈,这个拒绝本身说明他们事实上并没有摆脱战争留下的创伤,也说明战争体验的个人化记忆方式无法在思想上完成对这笔负面遗产的客观化处理。其次,他强调在运动中拥有共同体验的重要性并由此引申出体验的"一般化"在记忆定型方面的功能。接下来,他提出最难解的问题点:战争体验在自然主义意义上不能构成真正的体验,因为那是一种"埋没于体验的体验"。这种"伪体验"的基础,就是支撑着"国体论"的日本式认识方法。最后,他揭示了使战争体验一般化的途径,就是把战争体验与战后体验结合起来,并进而依靠战后体验重新进入未经思想处理的战争体验。

整理这个论述的顺序,可以看出一个基本的构想:以个人体验为基本视角,竹内好试图建构的思想结构是一个使体验思想化的结构。然而这个结构包含的是战后思想史最基本的课题:使日本人摆脱隶属于"国体"的思维定势,获得真正意义上的"民族独立"。在60年代初期的冷战结构里,竹内好意识到日本社会的战争问题并没有成为历史,岸信介内阁追随美国以便重新武装日本的意图以及国会践踏民众意愿的做法,让他又一次感知到战争时期法西斯处于进行状态时的那些特质。他认为唯一的出路就是在日本培养他在《何谓近代》里借鲁迅的形象所表达的"抵抗"精神。由此他指出,安保斗争的真正价值在于"本来在战争中应该出现的东西,推迟十五年发生了。那就是在法西斯和战争时期发生的抵抗的类型"。[1]

不难看出,竹内好在此处理的是与丸山真男极为相近的思想课题——他们都关心如何在日本建立真正的民族独立基础以对抗根深蒂固的天皇制国体思想。同时,他们也都对日本社会直观性的自然主义精神风土具有高度警惕。不过,他们处理这个问题的思路非常不同。竹内好把问题设定在使战争体验一般化的层面,他试图通过开放个人的自我感觉世界,谋求能够使直观经验发生转换,从而与下一代甚至未经历过战争的更年轻的日本人共享,以此持续性地承担反法西斯的历史责任;在竹内好这里,战争体验不能离开身体感觉,但是以诉诸身体感觉的方式转化为对战争、对政治、对社会的责任感。这正是他在文明论意义上力图开掘和创造的"民族感情中的自然责任感"。在写作《关于战争体验的一般化》的同时,竹内好还写作了几篇相关的评论,具体体现了他这种不离开感觉层面却承担思想责任的工作方式。例如,他以自己研究室的学生幼童时期的战争记忆为例,提出了这样一个问题:战争后期出生的一代人,他们的战争记忆与自己这一代人完全不同,他们只记得集体避难时的饥饿以及在此过程中被老师压抑的不甘。幼年体验使这些学生进入大学后对教师拥有潜在的憎恶感,在1960年安保运动发生时,这种感觉转化为学生组织与社会人团体之间的隔阂。竹内好认为,即

---

[1] 竹内好:《关于战争体验的一般化》,《全集》第8卷,232页。

使就幼童避难这一事件而言，需要了解来自教师、父母、幼童的不同体验才能完整，而战后出现的各种"体验论"（也包括他自己的"近代的超克论"），都只提供一种视角，因此很狭隘。更重要的是，尚未发现足以对他人的体验进行"再体验"的方法："这种方法从私小说的传统里不会产生，从祖述学问的传统里也无法产生吧！"[1]

竹内好希望从战争体验入手，把战争这种极端状态作为暴露日本社会精神痼疾的契机，最大限度地推动日本文明的重造。在竹内好的历史感觉里，没有任何一段历史可以用全盘否定或者全盘肯定的方式简化处理，因此从体验入手在最不堪的战争历史中"火中取栗"成为他的课题。同时，竹内好认为，不进入日本人微妙的情感体验不能抓到症结点，而埋没于情感体验又无法达成思想生产。竹内好试图打造能够承载历史的体验，他断言"埋没于体验中的体验并非真正的体验。用自然主义的方法使之体验化是不可能的"[2]。他痛感于战争体验的私人化与直观性，惋惜日本的自然主义文学传统与学术传统不能提供开放和转化个人体验的认识论。

耐人寻味的是，为竹内好的工作提供有效呼应的，却是一直拒绝把个人体验带入思想生产的丸山真男。

作为杰出的政治思想史家，丸山真男的战争体验几乎排除了身体感觉的成分。在他留下的有关战争经验的论文和谈话中，"体验"基本上被限定在精神和思想领域，身体感觉并不是他关注的重点。作为政治思想史家，丸山关注的是社会心理层面的政治要素，尤其关注心理变化在政治生活中的实际功能。但是就战争时期的政治心

---

[1] 竹内好：《战争体验论杂感》，《全集》第8卷，221页。
[2] 竹内好：《关于战争体验的一般化》，《全集》第8卷，232页。中文版收入竹内好：《近代的超克》，三联书店，2005年。

理而言，丸山显然不相信可以提炼出"民族感情中的自然责任感"。他个人没有经历过竹内好在中国战场上感受到的面对普通中国人的复杂心态，却经历了竹内好没有经历过的被特高课拘留和其后的长期监控，以及战争末期在广岛亲历的原子弹爆炸。可以说，战争带给丸山的创伤经验是另外一种精神历程，无从落实到民族感情的层面。至于自然责任感，在丸山那里，更多地表现为对于"天皇制之前的自然法（自然权）"的探讨。〈1〉对丸山而言，在绝对天皇制意识形态之下，并不存在外在于国家的自然权利意识，这当然意味着自然责任感不可能从日本人侵略邻国的创伤经验中转化出来。

然而丸山真男却为竹内好在认识论上提供了转化战争体验时突破困境的有效工具。写于1949年的《从肉体文学到肉体政治》，对日本自然主义思维进行了激烈的批判。丸山在文中抨击了日本自然主义精神风土中根深蒂固的"实体性思维"，指出它的要害在于使包括感觉在内的所有对象固定化为确定的实体，完全抹掉了事物流动和变化的可能性。同时，实体性思维对社会关系的理解是直接性的，缺少媒介感觉，所以仅仅是作为媒介的现代制度、组织，在实体化思维面前成为固定不变的实体，它本身变成了价值。〈2〉

丸山真男对实体性思维的批判，直接关涉他对现实的理解。政治如何选择和实现那些尚未成为现实的可能性？现实主义是否等于追认既成事实？他在1952年写作的《现实主义的陷阱》，可以视

〈1〉 关于自然权乃至自然法的问题，参见松泽弘阳、植手通有编：《丸山真男回顾谈》上卷，岩波书店，2006年，198—205页。丸山在晚年回忆说，战争时期，他从尾崎咢堂、南原繁那里受到的一个启示，就是意识到日本的天皇制绝对主义意识形态排除了前于天皇制的自然权利。由于不存在自然法思想，日本不可能产生国家之外的私有财产权等自然权意识，这也是日本式自由主义的限度所在。
〈2〉 参见丸山真男：《从肉体文学到肉体政治》，《现代政治的思想与行动》，未来社，1969年。中文版见商务印书馆，2018年，陈力卫译。

为《从肉体文学到肉体政治》的续篇。[1]丸山这些通过建立媒介感觉打破实体性思维的认识论,对于理解竹内好在体验论中"两面作战"的维度极有帮助。

有一个线索可以有效地帮助我们理解竹内好的"体验论",这就是他的辞职。竹内好辞职这一事件,激起的最大社会反应是自然主义的。无论是恶意还是善意的,人们最关心的是竹内好本人的动机。至于辞职这一姿态所暗含的与"国体"感觉(亦即"不食周粟"的感觉)相对立的"公民意识"(亦即竹内好所反复表述的国家公务员的责任感),则很少引起人们的兴趣。这当然也与竹内好行为方式的传统性格有关,恰恰是这种传统性格,使竹内好在与丸山不同的层面,亦即在传统之中而不是在传统对立面建立了自己的思想批判立场;同时,也使他得以以完全不同于丸山的方式,追问丸山在政治学研究中追问的那个问题:如何在缺少媒介意识的公共生活中,建立对事物机能性的感知习惯?

以自己的生活变化作为社会公共生活的变化媒介,在日本知识分子的行为史上并不鲜见,鲜见的是无论在当时的日本社会生活中还是在当事人的思想历程上,个人生活的变化都具有结构转变的关键意义。竹内好辞职恰恰是这样一个事件。恐怕令竹内好本人也始料不及的是,这个事件以它充满内在矛盾的丰富性,揭示了竹内好本人所实践的那个思想层面的存在:它既区别于自然主义的个人生活动机,又区别于理念性的抽象意义,竹内好把自身投入到他

---

[1] 该文收入《现代政治的思想与行动》。关于现实中可能性如何实现的问题,后来,政治学家筱原一发展出更为精细的政治过程论,可以视为对丸山反对实体思维的发展。参见笔者《历史与人:重新思考普遍性问题》第二章,三联书店,2018年。

所为之奋斗的那个思想的课题之中，却同时谨慎地区别个人动机与社会效果之间的差别。竹内好辞职所暗示的这种体验的真实性，是一种超出个人经验领域但又不容许进行简单抽象的真实，他本人围绕辞职发表的一系列言论，都说明了这个事件的性质；而这个事件的思想史意义在于，它以有形的方式告诉我们，所谓战争体验的一般化，并不是一个理论命题，它要处理的正是把个体的感情和动机"事件化"（亦即媒介化）之后所引发的那些具有冲击力的现实中的原理问题。因而竹内好一直追问的是，在同样参与了安保斗争的人们中，隐藏在其行动背后的"发条"是什么？他警觉到，由于感情记忆的不同，表面上相同的行为，其指向性却可能是不同的，而对这个事实的忽视削弱了真正的连带可能性。不言而喻，这一问题很难在使用概念进行分析性工作的政治思想史领域真正展开。

在安保斗争退潮之后，日本社会进入新的"民族主义"阶段，各种有关战争的叙事，特别是有关"大东亚战争"的叙事陡然激增，在反美的意义上，战争体验被重新动员。在1963年前后，已经有若干有关"大东亚战争"的著述问世，在这个时期，竹内好完成的是他对日本明治以来的亚洲主义思想脉络的梳理。他关心的问题是，日本是在什么时候，以什么为契机，使大东亚的理想从连带滑向了侵略？与其他有关的民族主义叙事不同的是，竹内好的"民族主义叙事"贯彻的是他有关"独立"的理念，其基点依然是战争体验。在此，他对抗的不仅是美国的军事占领，更是本土的国家主义或曰"国体论"。于是我们可以观察到一个饶有兴味的事实：在这个时期，竹内好曾经在安保时期密切合作的那些思想史对话伙伴大部分消失了，他开始与其他学科的知识分子对话。在安保时期使用西方现代理论工作的那一部分进步知识分子，在这个时期并没有致力于对本土战争体验进行梳理——即使这不是他们在立场上和学理上加以否定的对象，至少也是他们没有能力正面处理的对象。由此，进步知识精英的立场又一次产生分化，批判知识分子的工作进一步被推向理论和意识形态层面。留在情感领域寻找"本土"思想契机的，除了少数人之外，多是保守派的知识分子。

这一时期里有两个座谈会值得充分注意。它们暗示了竹内好的工作边界和他在当时思想界的定位。

第一个座谈会"大东亚共荣圈的理念与现实"是竹内好与鹤见俊辅、桥川文三、山田宗睦参与的。这个座谈会纪要刊载于具有明确的反天皇制和反国家主义立场的杂志《思想的科学》1963年12月号。同一期还刊载了一个以"大东亚共荣圈"命名的特辑，从座谈会纪要和其他文章中可以看出，当时日本社会正在悄悄扩散"大东亚共荣圈热"，电视里在持续播放战争时期的新闻纪录片。传媒传递的信息主要偏重日本军队进入东南亚地区时如何受到当地居民的自发性欢迎等方面。参与座谈的几位知识分子有分寸地利用这些信息，重新讨论了进入这一段历史的途径。他们不仅指出"二战"期间"大东亚共荣圈"构想的形成过程中德国所起的刺激作用和"东亚共同体"在理念和现实中的空洞性，而且指出这种没有思想的理念同时催生了日本人在"大东亚共荣圈"名义下产生的浪漫主义幻觉；他们指出普通日本人在太平洋战争爆发后所产生的短暂的英雄主义色彩，特别强调了对日本侵华战争持保留态度的日本人在对欧美开战问题上的无保留态度，以及这两种态度之间的反差；他们还讨论了在此过程中试图改写官方意识形态、从而尽量阻止右翼化的"东亚协同体论"等不成功的努力，以及战争末期在印尼战场上曾经出现的背离日本充当盟主的国家意志、转而帮助当地建立独立政权的日本部队。在这个配合程度相当高的座谈会里，几乎每一位参加者都注意到日本的"二战"历史不能被简化为单纯的侵略罪行，几乎每个人都在探讨历史状况的复杂性；特别值得注意的是他们对"大东亚共荣圈"这一官方意识形态的历史分析。座谈会明确了这样一个思路："大东亚共荣圈"是明治以来日本朝野共同打造的"日本梦"，但是这个口号包含了两种互不相容的指向性。一种是东亚各国为了抵御西方压力而共存共荣，建立平等的地区秩序；另一种是以日本为盟主的东亚结盟，它的目标是争夺西欧列强在东亚乃至南亚的殖民地，自己取而代之。最终，以日本为盟主的国家意志占据了主导，而建立地区平等联盟的思想则被吸纳进国家意识形态。

竹内好在发言中说，日本军队在进入东南亚的时候，最初的确受到欢迎，但是这种情况并非日本宣传的那样，是由于日本的进入使原西欧殖民地各国的民族精神觉醒，而是相反，东南亚各国为了自己的民族独立运动利用了日本的入侵而已。因此，当入侵的日本军队开始占领和统治时，情况急转直下，日本受到彻底的憎恶。

这个座谈会由评论家山田宗睦主持。1959年，在竹内好发表《近代的超克》时，他出版了《战后思想史》，试图以1945年8月15日战败为界，把日本的现代史一分为二。山田认为以战败为标志，明治维新以来的历史画上句号；而战后的历史，是从"八·一五"开始的。本书第五章将要涉及，山田其后在1965年进一步把自己的"断裂史观"发展为明治以来的历史与战后历史的对立，显然这个座谈会对他的历史区分方式并没有产生影响。

这个座谈会的后半部分提出了一个分寸感极强的问题，即明治以来国家与民间在理念上的关联与错位。话题转向"国家的梦想与个人的梦想"时，几位讨论者显示了视角上的不同：桥川认为，明治以来民间一直存在亚洲取代欧美的梦想，而且目标是平等的联盟，并不是以日本为盟主，但是这些梦想最后都以破灭告终。这是因为日本国家吸收民间的梦想，权力操作使得许多好的梦想破灭，最后变成"大东亚共荣圈"的幻觉。桥川提出,要建立新的梦想时,有必要区分个人的梦想与国家的梦想。

鹤见认为,日本国家反正不可能变好了,最好不要以国家为单位建立梦想,还是应该限定更小的场域来建立梦想。比如大阪的孩子们在暑假里为在日朝鲜人小学修建操场,每天跟朝鲜人接触交流,自己头脑中的偏见就没有那么强了。鹤见认为,这才是真正的"大东亚共荣圈"。在这个意义上,鹤见提出要努力让日本的国家对亚洲无害,就是对"大东亚共荣圈"的贡献。

竹内好试图把话题带回战败之前的状态,他指出,以"大东亚共荣圈"之名推行的日本殖民行为无法自圆其说,假如真的相信"共荣"的理念,就要把国家意志与"大东亚共荣"的理念以战败为契机对立起来:"是让自己同化于国家意志,还是与此相对,站在国家之外,同化到自己赞成的'大东亚共荣圈'里去,二者择一。我相信那时候有很多人在想这个问题。还没有想清楚战争就结束了。不过现在开始也不晚,再仔细想想这个问题不是很必要的么?"[1]

竹内好认为,日本战败是一个契机,有可能促使日本人脱离狭隘而牢固的国家意识,"站在国家之外"。但是由于全体一致接受战败,他们错过了这个契机。"现在开始也不晚",是他对安保运动作为另一次契机的期待。在战争末期,与国家意识对峙的是"大东亚共荣圈"的理念,但由于国家意志的操纵,它是虚幻的。在60年代,前所未有的反政府群众运动,使日本社会产生了抵抗的能量,然而这一能量与什么理念结合才能帮助日本人摆脱国家至上的积习,却不明朗。竹内好正是在这样的情况下,感觉到了讨论亚洲理念的必要性。"再仔细想想这个问题"——选择称霸邻国的国家意

---

[1] 山田宗睦等:《大东亚共荣圈的理念与现实(座谈会)》,《思想的科学》1963年12月号。

志,还是选择共存共荣的亚洲,是他对日本社会的呼吁。

虽然这几位座谈者在拒绝国家霸主意志的问题上有共识,并且都力图从国家意识形态中抢救出"大东亚共荣圈"潜在的另类可能性,但是只有竹内好正面提出了一个棘手的问题,那就是分离民族与国家这一设想,在日本并不具有现实性。比如,鹤见认为日本应该以"技术顾问"的方式参与亚洲事务,并且不要破坏民族,只要削弱国家功能就可以了。竹内好说:"在日本这很困难。因为日本的 state 几乎构成了某种自然存在。明治时代的人还有制造国家的想法,那以后就没有过制造的经验。……由此可见,我总是感觉日本人的国家观念这个东西是非常顽固的。作为元首的天皇、国家、政府,这几样假如可以分开,那还好一些,但是在结构上它们是不可分离的。"[1] 竹内好这一段话需要结合丸山真男的视角加以理解。民族是自然形成的生活共同体,而国家是人为制造的产物。自然形成的共同体具有某种自生性格,虽然可以在人为条件下变化,但不容易在短时间内改变;人为制造的国家不但可以改变,而且必须随着历史的变化而改变。日本明治维新打造的现代国家,在形成期经历了"制造"的过程,即在不同政治势力的较量中经历了设计和实验的人为过程;但是这个过程并没有伴随日本朝野对国家这种"人为性格"的自觉。而天皇这一传统的民族象征在明治维新之后被直接视为国家的顶点,政府从内阁总理直至下层官僚,都以效忠天皇作为自己的职责,从而形成了一个"无责任体系"。这就是竹内好所说的天皇、国家、政府无法分离的结构。它的直接后果即是民族与国家的一体化,两者不仅缠绕在一起,而且同时成为不可改变的

---

[1] 山田宗睦等:《大东亚共荣圈的理念与现实(座谈会)》,《思想的科学》1963年12月号。

"自生之物",这也正是天皇制国家绝对化的政治风土。[1] 今天回头来看,这个座谈会的话题具有非常强的现实意义。竹内好似乎在30多年前就预见了90年代中期日本将要发生的改写战争史的事件,并且提供了对抗这一改写的思路。问题在于,早在安保斗争结束后不久就被提出的这个对抗日本自然主义国体论的思想课题,为什么时隔近40年,仍然没有得到真正的进展,为什么今天的日本没有走向"nation"和"state"的分离,而是走向了对这二者的同时否定或同时肯定?

竹内好从战后开始就一直执着于对战争体验的整理,其中的一个课题就是从战争体验的角度质疑日本人与国家的关系。直到70年代,他仍然致力于这个课题,试图寻找战争体验里瓦解日本人国家观念的资源。[2] 这是一个在政治思想史领域很难见到的着眼点,它的难度在于既打破观念性论述的分析常规又不能失掉具有生命力的

---

[1] 关于自然与制作的讨论,最早见于丸山真男的《日本政治思想史研究》(1940—1944年),结合丸山其后陆续写作的《从肉体文学到肉体政治》(1949年)、《日本的思想》(1957年)、《近代日本的思想与文学》(1959年),可以清楚地看到丸山区分自然与制作的政治思考轨迹。在丸山这里,"自然"意味着被给予的不可分解的事物,它以肉体文学为象征;"制作"则是人为的过程,它不但可以分解、改变和重组,而且必须经历不断的革新和否定。这个思路用以解释民族与国家的时候,丸山对于虚构即制作的强调直接联系到国家感觉的问题。在丸山庞大的著书群中,有一个基本主题一直在延展,即日本如何才能摆脱自然主义精神风土,建立具有"虚构"品格的现代制作精神?换言之,日本社会只有建立了真正的制作精神,即建立关于国家和社会制度是人为产物,因此需要随时进行调整改变的共识,才能不再把一切既定政治制度视为不可改变的事物,从而真正有可能培养"开国"精神。

[2] 在70年代初期,竹内好与鹤见俊辅有一次对谈,这是他们唯一的一次在"nation"问题上没有产生分歧的对话。那是因为,这个对话讨论的是如何把自身的战争体验投射到受害国的受害者身上,以建立跨越国族框架的历史感受力的问题。竹内好在这个对话里强调说,在日本战败时很多日本人被遣送回国,而也有很多人选择了放弃日本国籍。日本人并不是仅仅有做日本人这一个选择,但是多数日本人仍然认为这是无可选择的。竹内好对照中国的状况指出,对中国人来说,国家是可以选择的。参见竹内好、鹤见俊辅:《真正的受害者是谁》,《潮》第142号,1971年8月。

理念，既保持对现实感觉的整理和升华能力又贴合社会生活领域中民众的真正感觉。进入这样一个思考范围，政治正确的先在前提就失效了。扑面而来的，是现实生活中纷纭的状态本身。从生活经验中流动的活生生的思想资源，又使其切合状况的核心问题，这是竹内好做出的一个示范，他为此付出了政治不正确的代价。〈1〉

在"大东亚共荣圈的理念与现实"座谈会纪要发表之后不久，竹内好又在另一个座谈会"为什么要重新评价大东亚战争"中登场。与前一个座谈会不同，这个座谈会的参加者在立场上并不接近，他们仅仅是在"大东亚战争"这样一个前提下坐在了一起，但是这个相当复杂的座谈会集中了今天仍然存于日本社会的基本战争观模式。

座谈会的五位参加者中，有两位在当时发表了引起轰动的著述。一位是哲学出身的上山春平发表的《大东亚战争的思想史意义》，一位是作家林房雄在其后开始连载的《大东亚战争肯定论》。二者在很多基本点上是对立的，但是当时很多望文生义的读者乃至批评家却把它们视为同一种声音。以"大东亚战争"的提法取代"太平洋战争"，在战后美国占领状态下这一做法是遭到禁止的。两位作者使用了这样的命名，容易被视为相近的国族立场，这是可以想象的；不过有一个微妙之处在于，尽管上山春平的论文发表在先，林房雄的连载在后，但在社会上引起的反响显然是以后者为中心的。〈2〉

在林房雄和上山春平都参加的这个座谈会里，与会者在一个问题上获得了相互之间的让步与合作，那就是对抗东京审判的姿态。但是在这个共同姿态之下，一个派生的问题就不那么容易统一了，

〈1〉 参见竹内好《关于学者的责任》第三节（《全集》第8卷，252—259页）。该部分记述了日本马克思主义史学家井上清对竹内好的批判。他认为竹内好对日本亚洲主义的整理与"反动作家"林房雄鼓吹"大东亚战争肯定论"的基本立场没有什么区别。
〈2〉 关于上山春平与林房雄各自的"大东亚战争论"，参见本书第五章第三节，在此从略。

这就是如何维护日本的民族自持力问题。林房雄的思路是通过强调日本早期的历史来淡化"二战"时期日本的侵略事实，从而使日本人的罪孽感逐渐减轻；而上山春平的思路则是通过将战争观多元化而排除简化这段历史的倾向；但是，由于林房雄所坚持的非意识形态立场和非道德化立场，在场的其他人显然都被他的叙述搞得有些混乱。于是，在谈到太平洋战争爆发所出现的局势变化时，出现了这样的对话：

> 林：这样，日本在支那正在进行的那场不对劲的战争，这回总算是走上正道了。
> 五味川：不对劲的战争这个说法，是说侵略的意思么？
> 林：呀，这个么……
> 五味川：是说跟不应该打仗的对象打起来的意思么？
> 林：对对！
> 上山：刚才您说过那种认为卢沟桥事变、满洲事变是恶的，而其后的大东亚战争却是好的看法不符合事实，这话和您现在的话是什么关系？不应该打的战争，这话是什么意思？
> 林：看上去的确缺少逻辑上的一贯性。
> 上山：我并没有追究逻辑一贯性。
> 林：我认为的确这场战争没有意义。
> 上山：我想知道的就是这个。[1]

竹内好显然对这样的谈话缺少兴趣。这个座谈会里竹内好的发

---

[1] 大熊信行、五味川纯平、竹内好、林房雄、上山春平：《为什么要重新评价大东亚战争（座谈会）》，《潮》第44号，1964年2月。

言并不多（当然也许是事后本人做了删节），只有在话题被林房雄扯到不着边际的民族主义情感发泄的方向上去时，他才插话打断林房雄。除了在反驳林房雄的意义上援引上山春平之外，其实他对上山的认同也是有限的。与在《思想的科学》那个座谈会中的侃侃而谈相对，在这个座谈里，竹内好表现得极为节制。座谈结束时，上山天真地建议把互不契合的话题加以整理归纳时，竹内好立刻加以反对，这暗示着，竹内好很清楚这是一次没有接触点的讨论。

那么，竹内好和这次座谈的关系应该如何认识呢？

在座谈会里，竹内好并没有陈述新的意见。他不过重复了他有关日本近代脱亚和兴亚二重变奏的基本看法而已。但是，当竹内好加入这样一个谈话阵营的时候，他带来的是一种新的结构可能性。事实上，在政治立场上显示了进步姿态的上山春平，并没有能力在林房雄式的历史叙述里抓住问题的真正要害，如同上面所引的对话显示的那样，他仅仅满足于迫使林房雄不得不表明他的政治立场。但是对于竹内好而言，加入这个讨论并谨慎地区别自己与其他人的立场，却是一个远为复杂的努力。在这个座谈里，竹内好并未站到林房雄的对立面，他显然尊重后者瓦解道德和意识形态判断的努力，但他同时了解这种瓦解的危险性和应有的分寸感；因此竹内好含蓄地表示，他写作"战争三部曲"的动机与林房雄是一样的，但内容是不同的。[1]

在太平洋战争爆发之际写作了《大东亚战争与吾等的决意》的竹内好，在"战争三部曲"中致力于发掘本土思想传统因而重新探讨福泽思想的可能性以及明治维新的历史意义的竹内好，认为"二战"不该和日本的百年历史割裂开来看待的竹内好——从动机或者

---

[1] 大熊信行、五味川纯平、竹内好、林房雄、上山春平：《为什么要重新评价大东亚战争（座谈会）》，《潮》第44号，1964年2月。

表面上的思路看，他的确与单纯地强调"日本民族苦恼"的林房雄是相近的：竹内好几乎毕生致力于"火中取栗"地建立日本民族的独立精神。在战后反对日本国家和民族主义的进步思潮中，竹内好以他独特的方式，如同他当年描述鲁迅时所说的那样，"以身相拼，隐忍着我所感受到的恐怖"。毫无疑问，竹内好在60年代初期着手清理日本的亚洲主义，讨论这个被贴上军国主义标签的历史思潮在什么环节上从思想蜕变为意识形态，是因为他又一次感受到了1948年写作《何谓近代》时感受到的那种凝固的实体化思维，这种思维把东、西方的二元对立理解为静止的不可改变的本质性对立，而对日本本土传统的思想清理也被笼统地视为保守派的工作。安保斗争的洗礼似乎并没有给竹内好提供更有效地讨论亚洲问题和日本近代历史的合作伙伴，他不得不与林房雄这样思维直观、立场保守的文人一起讨论"大东亚战争"，这似乎是一个辛辣的讥讽。竹内好并不孤独，因为在当时的日本思想界，讨论大东亚战争、清理明治维新以来的日本历史是一个热门话题；竹内好又是孤独的，因为他无法像刚刚战败的时期那样找到志同道合的对话伙伴。在百般让步之后，竹内好仍然坚持他和林房雄"内容的不同"，这个底线为我们传达了竹内好真实的处境。

竹内好与林房雄"内容的不同"，恐怕是日本思想史上最棘手的问题。林房雄的反意识形态性和日本人的"抵抗精神颂歌"，作为直到今天仍然被以"自由主义史观"的方式再生产的思维模式，是一个比较易于定位的模式，它的特点在于完全没有内在自我否定要素，在于单纯的排他性以及突出的直观和煽情特征。这个模式最容易转化为狭隘的民族主义立场，因而具有相当的危险性；而这一模式的基本对立面，是以日本马克思主义中最教条的那一部分为象征的意识形态批判，它应用正确的政治结论，却不善于应对复杂的现实状况，尤其无法妥善处理日本民族感情的功能问题。因此，不断再生产的自怜自恋的日本自我认同，几乎每一次出现都明确地打出与马克思主义或左翼知识分子相对立的招牌。但是，在这两种单纯化了的极端之间，其他的立场很不容易归类。例如丸山真男代表的理性主义批判立场，上山春平和鹤见俊辅以不同方式代表的"反国家主义立场"和人道主义立场，以及竹山道雄那样被吸纳进冷战结构中去的"自由主义知识分子"的反共立场等等。这些立场在今天被不同程度地再生产着，我们仍然可以在知识界的言论中找到它们的影子；但最难归类也最难以继承的，却是竹内好的立场。或许是因为它太难归类，所以它似乎已经失传了。

在前文关于"战争三部曲"的简要介绍中，我们已经看到竹内好对于战争经验梳理的基本轮廓，这就是以"伪文明的内在否定"为轴线、以民族感情记忆的普遍共有为视角的战争观，它与亚洲的近代问题互为表里，却又是非道德和非意识形态的工作。竹内好表面上采取的，是与战后所谓自由主义知识分子非常相似的方式，即追溯日本人精神上的民族自豪感的原点——明治维新时期充满思想上的紧张感和英雄主义的历史人物：在竹内好这里是福泽谕吉，在林房雄那里是西乡隆盛；他们似乎都试图寻找能够唤起现代日本人自豪和自信的媒介。同时，他们也试图诉诸日本人的感情经验，排斥那种简单演绎意识形态结论的做法。但是，一个根本的差异是，竹内好的这些追溯，源于他对日本文明内在批判和重建的需要，因此他始终贯彻的视角是他在《鲁迅》中所确立的自我否定的视角；战争作为一个自我否定和自我重建的媒介，是他分析和瓦解"伪文明"的有效契机。如果把竹内好在50年代初期对于战争中日本的野蛮性所进行的反省与60年代初期有关亚洲主义的梳理中所关注的日本亚洲主义思潮从连带滑向侵略的质变问题结合起来考虑，可以清楚地看到竹内好思考的主线一直是围绕日本民族的现代精神如何建构的问题展开的。这里，占据了重要位置的是，如何在开放的国际视野中思考日本的处境问题。这正是竹内好反复强调日本民族独立的真意所在。在战后的国际冷战格局中，几乎所有日本的"自由主义知识分子"都采取了表面上的反美和骨子里的亲美姿态，他们毫无自我否定意识的"抵抗"叙事在事实上有很强的依附性：对美国的殖民地政策批判和对苏联、中国的恐惧，其实是一虚一实的。在座谈中林房雄与竹内好的一段对话，显示了这种状况：

> 林：中共方面没有要求日本低头么？我不过开个玩笑。
> 竹内：这要看怎么讲了。我得请教你的意见。
> 林：中共不要求日本低头么？
> 竹内：美国向日本要求臣服了，中国当然也许会要求。我可是反对向美国低头的。[1]

拒绝使用"中共"称呼中国大陆的竹内好，在林房雄眼中也许是让他感到不舒服的亲华派，但竹内好在此表达的并不是他对中国的态度。林房雄典型地传达了日本社会广泛存在的对冷战格局虚虚实实的反应方式：反美是虚晃一招，反对"中共"却是实实在在的。相对于此，竹内好却表现了他对国际政治关系的基本视野。对于60年代初期的日本而言，美国的次殖民行为已经成为了现实，竹内好深知这一现实意味的是日本将要成为冷战格局中的一枚棋子。他很明确地在美国与中、苏的冷战关系中看待日本的真实处境。与

---

〔1〕 大熊信行、五味川纯平、竹内好、林房雄、上山春平：《为什么要重新评价大东亚战争（座谈会）》，《潮》第44号，1964年2月。

林房雄观念性的恐惧不同，竹内好的忧虑在于现实中的真正威胁和它将要引起的一系列效应。因此，当林房雄在座谈会的最后开始论述"日本退隐"的时候，当上山春平强调日本必须建立自卫的武装的时候，竹内好却与他们唱反调，强调说自己"没有将来的意象"，但是太平洋战争并没有解决卢沟桥事变的问题，这个问题仍然以原来的方式遗留着，战争并没有结束。"让这场战争结束是包括我在内的这一代人的责任，它也是交给下一代人的课题。"[1]

　　竹内好与丸山、鹤见的合作关系，以及他对后者的理性主义分析立场的肯定，是他对日本摹制文明内在批判的一个重要理路。与单纯地使"日本人"的心情在自然主义意义上对立于外来理性主义的立场不同，竹内好在整理传统的思想资源时充分破除了传统与外来的对立。竹内好一贯倡导的日本民族的抵抗精神具有开放的意识，因而避免了排他性；而林房雄代表的排他性立场，在这一点上与竹内好是完全对立的。事实上，安保运动并没有吸纳类似于林房雄、竹山道雄这样的知识分子，这个在某种意义上继承了福泽谕吉"日本国民抵抗精神"的思想传统的现代社会运动，没有推出强力鼓吹日本抵抗精神的文人作为精神领袖。这个事实本身似乎提供了一个隐喻，那就是，现代社会的民族自信心，并不能依靠直观的非理性感情加以支撑，它需要具有国际视野和紧扣状况的紧张感，也需要以继承传统为契机的自我否定和自我重构。竹内好竭尽全力希望完成的，其实正是这样的工作。竹内好在安保运动结束后似乎自觉地从精神领袖的队列退了下来。1965年他宣布结束评论家工作，不再发表指导性和预言式的言论。虽然他并没有因此真正沉默，而

---

[1] 大熊信行、五味川纯平、竹内好、林房雄、上山春平：《为什么要重新评价大东亚战争（座谈会）》，《潮》第44号，1964年2月。

且他的这个决定与他的身体状况有直接的关系,但是他的"评论家停业"姿态与他当年辞职一样,同样具有某种社会性的结构转换意义——它象征着一种重要的工作方式在尚未确定自己的真正定位时就不得不退出言论中心,而由于它的退出,日本的言论世界更容易巩固二元对立的思维形态,进步知识阵营也更易于趋向意识形态批判。当日本人的"民族感情"仅仅被林房雄式的缺少自我否定意识的"心情论"加以表达的时候,竹内好当年的努力似乎更显示了它的可贵和艰难。如果日本进步知识分子试图为主体的再生寻找内在否定的原动力,该从哪里寻找思想资源?

竹内好在为他的三卷本评论集所写的简短序言里,讲述"和氏璧不得赏识"的故事之后,转而假托该典故总结了自己前半生的工作:"并非和氏的我,花费了二十年挖掘出来的,是玉的原材料,抑或仅仅是一堆乱石头,我自己也无法判断。因为没有献给君王,得以避免被砍掉双足;不过也因此怠慢了请玉人鉴定。我只是热衷于发掘而已。当我注意到时间的时候,太阳已经西沉。我却也没了力气,不知自己是否还能把它们带回家去研磨。或许最好还是站在大道边上,召唤过路的人吧:'我不知道这是玉还是石头,你不想试试看吗?'"[1]

是玉还是石头,或许也并非我们的气力所能研磨和判断的,但重要的是,作为后来者,我们有责任回答竹内好:"是的,我们想试试看!"

---

[1] 竹内好:《〈竹内好评论集〉刊行的话》,《全集》第13卷,367页。

第五章

作为方法的亚洲

一 东京审判的历史定位

日本战败之后,发生的最大事件就是东京审判与紧随其后的美国对日本的占领。

开始于1946年5月、结束于1948年11月的东京审判,是与冷战的"铁幕"一起拉开的日本战后历史的序幕。时至今日,这个绝不单纯的审判仍然构成理解日本政治特征的基本线索,也在一定程度上依然揭示着构成今日世界张力基础的历史结构关系。

东京审判由"二战"中的盟国主导,共有十一国参与,其中的亚洲国家只有中国、印度与菲律宾;虽然苏联和中国都作为盟国成员参与了东京审判,但是这场充满了紧张与矛盾的审判基本是按照美国的意志推进的。这场审判与其后的美国占领日本以及朝鲜战争的爆发,有着相当直接的联系。正是因为东京审判主导势力的特定构成,使得它审判的对象主要被设定为太平洋战争,即日本与以美国为首的西方阵营之间的战争,而不是1941年12月日本偷袭珍珠港之前,日本对中国大陆的侵略及对朝鲜半岛和中国台湾地区主权的篡夺。虽然南京大屠杀在东京审判中也被提及,但是日本的侵华战争以及日本对朝鲜和中国台湾地区的殖民掠夺，都没有成为审判的重点。审判中关于"反人类罪"的裁定，主要集中于日军对俘虏的非人道对待，而日军在东亚特别是在中国对普通百姓的大规模屠杀和摧残，并没有成为审判的对象。至今仍然没有得到妥善处理的东亚各国的慰安妇问题，在东京审判中完全被忽略。特别令人无法容忍的是，美国为了秘密接收日军在中国以极其野蛮的反人道方式进行的细菌战试验资料，作为交易甚至赦免了关东军731部队的头目石井四郎。至于战争末期美国在广岛、长崎投下的两颗原子弹对日本平民所造成的惨剧，在这场审判中虽然被提出，却最终被主导审判的美国以结束战争的正当性为借口而逃避了审判。

东京审判这个特定的结构与立场，不仅为战后东亚的冷战格局奠定了基础，而且也在日本战后思想界投下了复杂的暗影。在战后所谓"一亿人总忏悔"的时期，对亚洲邻国的野蛮行径或许构成了忏悔的内容，但被日本人所无意识共享的"战败感觉"，却与东京审判的指向性有潜在的联系：相当多的日本人认为，他们败给了美国，而不是败给了亚洲邻国。在话语层面，"太平洋战争"被作为"二战"远东战场的主要战争，日本与美国的作战被视为战争的主导内容，甚至"太平洋战争"与"大东亚战争"这两个分属于战胜国和战败国的称呼，也被作为对立项得到承认。远东战场范围最大的中日战争，在这样的情况下也被相当程度地虚化，尽管东京审判在某种程度上主持了公道，比如对于南京大屠杀的审判，在传唤了各方证人之后确定了这场屠杀的规模和残暴程度，由此才使得日本社会第一次得知南京大屠杀的存在；但是，仅仅审理南京大屠杀并不足以清算日本在东亚犯下的罪行；可以说，经受了长时期的战争摧残，付出惨重代价的中国大陆与台湾地区以及朝鲜半岛，还有东南亚各国，在盟国对日本的战后处理过程中并没有获得公正的对待；而其后远东冷战格局里中国大陆与台湾地区的对峙、朝鲜战争导致的分断体制，在一定程度上使得追究日本的战争责任变成了更为复杂的课题。时至今日，日本社会仍然没有完全解决战争责任的问题，这种"败给了美国而不是败给了亚洲邻国"的集体无意识，与明治以来日本社会对亚洲民族的优越感结合，随着时间的流逝，至今仍然没有消散。当然，无法把这种局面仅仅归咎于东京审判，充其量，这个并不公正却具有某种正面历史功能的审判，仅仅是日本形成战后社会发展方式的一个外在契机；而问题的复杂性在于，简单地肯定或者简单地否定东京审判，都无法面对这个在国际政治格局中占有特殊位置的历史事件。在某种意义上，与很多复杂的政治事件一样，东京审判超出了同时代人的评价能力，是一个需要由后世根据它的后续效果来重新认识和分析的重大历史事件。

东京审判在漫长的两年多时间里，经历了冷战的升级与美苏对立格局的形成，纠缠进了过于复杂的国际关系，最后几乎是草草收场。随着朝鲜战争的爆发以及朝鲜半岛分断体制的形成，随着美国内部麦卡锡主义在整个50年代的升级，这场审判过于复杂的性格使得对它的全面评价只好被暂时搁置。

在战后初期，最能够代表日本进步思想界对东京审判态度的，是丸山真男的《军国统治者的精神形态》。这篇发表于1949年的论文对战后日本思想界产生了持久的影响，因为它讨论了东京审判时日本战犯以及战犯辩护律师的逻辑，深刻地揭示了日本政治社会的"病理状况"：除了法西斯共有的非理性狂热和不计后果的决策特征之外，日本军国主义统治阶层还具有推诿责任、被局势拖着走、自上而下地转移压力以求保持整体平衡等特点。丸山尖锐地指出，日本法西斯与德国法西斯相比，是猥琐而缺少主体责任意识的。丸山指出："从宏观的角度看，日本帝国主义所经历的发展过程及其结局,确实具有一以贯之的历史必然性。不过从微观角度看,越是具体观察,越是能够发现这个历史过程是由庞大的非理性决断堆积而成的。"⟨1⟩

丸山的分析涉及日本统治阶层的"无责任体系"问题,这与如何解决天皇制的问题紧密相关,构成了战后日本思想的基本课题意识。以丸山为代表的自由主义左派知识分子,在建构战后日本思想的最初阶段付出了艰苦的努力,他们最大限度地激活了来自西方的现代性课题,力图使其转化为战后重建日本思想主体的契机。然而,正如丸山这篇提出重要思想课题的论文完全回避了对东京审判本身的评价所暗示的那样,在40年代末期,日本思想家无法同时兼顾清算日本军国主义和反对美国世界霸权的问题。在丸山那里,这是只能分开处理的两个问题。而对日本军国主义展开精神上的批判,并不能自然地催生战后日本主体性的形成,这个困扰了丸山一生的基本课题意识,或许也是其后他更多地转向前近代日本政治思想史研究的基本动力吧。

40年代没有可能正面处理的东京审判的合法性与正当性问题,在整个50年代也仍然没有找到突破口。在这个过程中,40年代末期麦克阿瑟的占领政策撕下了当初的"解放军"面纱⟨2⟩,在50年代初期把琉球从日本施政范围中分离出去;在朝鲜战争时期把日本作为兵工厂,就近生产战争物资。这个时期集中地全面暴露了美国占领日本的真实用意;然而即使如此,日本进步势力在认清了美国在

⟨1⟩ 丸山真男:《军国统治者的精神形态》,《现代政治的思想与行动》,91页。
⟨2⟩ 战败后麦克阿瑟代表的美国军政府主导着日本的政治,其虽然推行美式民主,但是在发生具体事件时,制度上的民主并不能保证民众的政治权利。例如,1947年1月由日本全国总工会发动的大罢工,在全国动员阶段就遭到了占领军的干预,结果以工人领袖发表公开讲话宣布停止罢工而流产。

战后推行世界霸权的野心之时，也并没有回过头来正面处理东京审判这个具体的历史事件。事实上，马克思主义者和自由主义左派知识分子面对着一个很难克服的思想困境，即日本右翼在战争时期把"近代的超克"这个说法转化为政治意识形态，从而以对抗西方为名争夺东亚霸权；即使在战败之后，右翼不得不承认超克近代的失败，他们也仍然没有放弃对于排他性民族主义的主导权。主张国际主义的马克思主义者与主张理性主义的自由主义者，在对待民族主义这个烫手的山芋时确实有些力不从心。他们无法重新处理东京审判，一方面是这个审判确实执行了一部分裁决日本军国主义者的功能，具有积极的历史意义，因此不能全盘否定；另一方面，也是因为日本的知识界尚未准备好足以与右翼的全盘否定态度划清界限的认识论，因此不能不顾及被右翼利用的危险。

本书第四章曾经提及，在东京审判中，印度法官帕尔提交了大部头的判决书，认定这个审判不符合国际法需要遵循的人类共通准则，属于战胜国一侧的"私法"，因而全面主张日本战犯无罪。帕尔的意图原本并非为日本军国主义正名；但是他的判决书以及他本人的态度，却在战后被日本保守派乃至右翼利用。这个事实从一个侧面证实了东京审判这个历史事件的复杂性，同时也暗示了一个棘手的事实：虽然从法理出发对东京审判进行历史定位很重要，但仅仅从法理的角度讨论东京审判，并不能充分对其进行历史定位。

说到底，如何认识东京审判，并不仅仅意味着对这个历史事件本身的态度。正如丸山真男的讨论所揭示的那样，对于日本国家乃至日本社会而言，其本质在于如何主体性地承担历史责任。东京审判以极端的方式，把日本明治以来最为核心的问题推上了前台——日本究竟应该以何种方式建立自己的主体性？

可以说，战后日本的主体性问题虽然成为知识界关注的焦点，却如同浮在海面的冰山一角，只是把它作为一个独立的论述范畴，很难揭示它的全貌。为了搞清楚它的基本构成，需要勾勒一个历史地形成的复杂问题群。这个问题群包含了从江户后期被迫开国时如何面对西方、到明治时期以对外战争的方式转移内部矛盾；明治时期的两场对外侵略战争和昭和时期侵略战争的关联性与差异；日本民间社会在现代转型过程中的基本结构形态等等。在被美国占领的特殊情境之中，这些问题搅在一起，难分难解。在战后"一亿人总忏悔"的过程中，原本立体多面、充满内在紧张的问题群被扁平化了。人们要么肯定要么否定历史，这种知识氛围架空了主体性问题，使它变成了抽象的概念。重建主体性这一思想课题，需要揭示潜在冰山下的问题群，才能找到它的根基，但在二元对立的情境下，这个问题群只能被遮蔽。

在50年代后期，日本舆论界迎来了揭示这个问题群的契机。

这个契机最初与1956年汤因比访日有关。他的造访在日本知识界引发了对于汤因比在其代表作《历史研究》中提出的核心命题"挑战与回应"的兴趣。毫无疑问，这个命题勾起了一些日本知识分子的历史记忆——明治时期充满紧张的"回应西方"的社会思潮，催生了特定的代表东洋向西洋抗争、力图跻身世界列强的主流意识，从思想界模仿西方的"文明开化"，到现实中的与西方争夺东亚殖民地，日本选择了西方模式的现代发展道路，即以武力争夺和建立殖民地，掠夺海外殖民地资源，迅速发展资本原始积累。可以说，日本在明治时期打赢的两场战争，其"以恶抗恶"的逻辑不仅贯穿到了昭和时期的侵华战争与其后的太平洋战争，而且有了恶性发展。[1]

---

[1] 竹内好曾经在《近代的超克》中比较了明治天皇在中日甲午战争和日俄战争时期发布的宣战诏书与昭和天皇在侵华战争时期发布的宣战诏书，指出其中存在着一个重大的差异：前者均写入了尊重国际法的字样，后者不仅没有此说法，而且写入了前者没有的全民战争的意思。见《近代的超克》（三联书店，2005年）。

但是，战后日本社会重新泛起的历史记忆，却明显地具有特定的选择性：它选择了日本"对抗西方"的正当性，却回避了这对抗所采取的"西方方式"；同时，这一历史记忆跳过了东京审判所象征的西方战胜国对日本的复仇这一难以下咽的苦果，把重点放到了日本的"文明"与"进步"方面。

明治前期，作为充满现实危机感的思想家，写作了《劝学篇》与《文明论之概略》的福泽谕吉于1885年在报纸上发表《脱亚论》；而在甲午战争与日俄战争之间的1903年，冈仓天心用英文写作了《东洋的理想》，提出著名的"亚洲是一体"这一命题。这一表面上对立的态度，由于面对不同历史时期的不同课题，在深层缠绕着同样的危机感，并非是相互对峙、水火不容的；在某种意义上甚至可以说，福泽谕吉和冈仓天心只不过采取了不同的理念形态，共同面对来自西方现代的压力、力图摆脱日本的危机而已。

在50年代，大半个世纪之前的危机感觉与思想抱负都不复存在，无论是当年福泽还是冈仓的态度，都早已经形骸化了。然而，在新一轮的"挑战与回应"格局中，当年的脱亚论和亚洲一体论，却又一次重新登场。只不过与明治时期的论述相比，这新一轮的论述缺少了充满活力的紧张与昂扬。经历了失败的侵略战争之后，前代人那种毫无顾忌的张扬不再可能找到表现的空间，无论是左派还是右派，在50年代后期，都面临了更为复杂的政治格局。值得注目的是，明治时期的脱亚论与亚洲一体论，尚且因为内在紧张而潜在地具有关联性，而在50年代后期，它们已经呈现为水火不容的格局。日本究竟是亚洲的一部分，还是不属于亚洲，变成了不同质的对立判断。在思想界，由于万隆会议正面提出了亚非民族独立的问题，在曾经以"大东亚共荣"为口号并最终滑向侵略意识形态的日本，是否属于亚洲这个问题就更加具有意识形态的性格了。

就在这个时候，理学博士、生态史专家梅棹忠夫发表了一系列颇具挑战性的随笔，记述了他在1955年考察阿富汗、巴基斯坦和印度的见闻，并在1957年发表《文明的生态史观序说》一文，大胆地提出重新划分世界认识基准的假说。简要地说，这个假说认为，由于社会生活的基本样式千差万别，很难认为亚洲这个范畴可以统一地囊括处在亚洲地域的各种文明。他认为，宽泛地谈论亚洲是没有意义的，亚洲不仅多样，而且在历史发展脉络上无法整合为一体。因此，应该避免使用亚洲、欧洲这类范畴，可以把世界分为第一地域和第二地域；第一地域是由西欧和日本构成的，第二地域是由中国、印度、俄罗斯、地中海·伊斯兰四个文明圈构成的。这两个地域在风土上有不同特点：第一地域处于温带，离干旱的大陆地区较远；第二地域处于干旱的内陆地区，直接受到游牧民族的侵扰。因此，第二地域虽然从古代就发展出了灿烂的文明，但是不断遭到破坏；第一地域则在古代是野蛮民族，由于处在第二地域某一个文化共同体的周边地带，得以从中获得文明，并且由于地理上的优越条件而免受反复遭到破坏的厄运，从而顺利地发展出封建社会和资本主义，在现代拥有了高度的文明和技术。而第二地域虽然拥有灿烂的古代文明，却因为地理上的不利位置在历史上屡遭破坏而终于没有发展起来，在现代世界处于经济落后状态。

假如只看梅棹忠夫的这些结论，似乎他有鼓吹日本优越论的嫌疑。然而，如果仔细阅读这一系列文章的基本脉络，不难看到一个颇有意味的基本事实，那就是，梅棹忠夫试图从生态史的角度，对充满是是非非、血腥残酷的近代世界史进行"去价值化"的分析。

梅棹的文明生态史讨论是从他最初的南亚之行开始的。当他第一次涉足这块与日本几乎没有共同之处的土地时，当地人的生活习俗、行为模式、语言体系、饮食特征和住宅样式等等，都让他感到新鲜和陌生。在阿富汗,当他听到当地人对他说"咱们都是亚洲人"的时候,不禁产生了朴素的疑问:这句话对于生活方式没有多少相似性的阿富汗人和日本人而言,有具体真实的内容吗?

梅棹认为日本不属于亚洲,但是与此同时,他也同样认为印度不属于亚洲。从人种上看,他认为印度人具有雅利安血统,从文化上看,他强调印度文化强烈的包容性。在"不属于亚洲"这一点上,显然印度与日本是一样的,甚至印度人在人种以及文化方面,比日本更为实体性地不属于亚洲而接近欧洲。不过,在梅棹自己的世界地图里,印度与日本也并无关联,它们分属于第二地域和第一地域,没有因为"不属于亚洲"而被归为同一类型。这也就意味着,是否属于亚洲这个问题,并不是梅棹考察的标准。毋宁说,他致力于建立的假说,只是为了挑战汤因比"东洋与西洋""亚洲与欧洲"这样的分类方法。

在发表了最初的印巴随笔且尝试把世界分为第一地域和第二地域之后,梅棹开始了东南亚之行。他对东南亚的考察,显然使他意识到此前的分类还有粗略之嫌,所以他对自己的图式进一步加以补充,但并没有推翻原有的假说,只是在第一地域处于两端、中间横亘巨大的第二地域的图式中,又加进去东南亚诸国与东欧诸国的对称关系。从区分方式上看,他仍然把这些国家共同视为第二地域。

梅棹对于"对称的平行关系"似乎有独特的偏爱。他的世界划分方式,始终没有离开这个想象。这使得他不得不忽略很多区域,例如古老的埃及文明竟然不在他的论述范围内,而他对所谓"新世界"即美洲大陆与澳洲的论述,也由于省略了白人对土著家园的占领过程而显得过于简化和粗暴。即使是他划定的所谓"旧世界"的亚洲与欧洲的范围,其实也难免是以偏概全的。总体上看,梅棹忠夫的文明生态史观固然承续了早年和辻哲郎的名著《风土》的部分视野，但是与和辻相比，作为分析框架，他的假说提供的建树十分有限。其本人后来一直试图发展自己的假说，但是逐渐把视野从重新划分世界收缩到了世界生态史中日本文明的定位问题，社会影响力也逐渐减弱；不过，他对文化形态相对性的坚持、反对进化史观的价值判断，这些基本的知识立场并没有因为把问题集中至日本而改变。[1]

然而，在梳理战后思想史的时候，梅棹忠夫的文明生态史观却占有不可取代的位置。这个位置，主要不是由他的学说内容本身确立的，而是由对他学说的误读和他对误读的反弹所确立的。

二　梅棹假说的效应

梅棹的假说发表之后，立刻引起了日本知识界的热议。在赞成与反对的声浪中，比较有代表性的观点是竹山道雄的看法。竹山于1957年9月在《新潮》发表了《论日本文化》一文，把梅棹讨论的视点压缩到了"西欧与日本的平行发展"这一个角度，并且试图对西欧和日本进行横向比较。

---

[1] 80年代梅棹致力于推动"比较文明学"的讨论，仍然强调比较的意义在于去掉自我中心主义，完成自我相对化。他在1984年召开的"都市与都市化的比较文明学——近代世界中的日本文明"学术研讨会上做基调讲演，明确地对于那种把文明类比为生物有机体的思维方式进行质疑，反对用进化论解释文明，也反对把文明视为连续性传承过程的认识论。同时，他也强调日本文明规模大小，自足性很弱，因此它需要面对中国；这一点与中国文明不需要意识到日本的状况形成了对照。参见梅棹忠夫、守屋毅编：《都市化的文明学》，中央公论社，1985年，16—19页、30页。1999年，他在"国际海洋学术研讨会"做纪念讲演，又一次重申了文明生态史观的基本观点，并且强调日本是海洋国家，向大陆伸手不会有好结果，21世纪应该向海洋发展，与太平洋岛国连带，建立"西太平洋同经度联合国家"。参见《朝日新闻》1999年8月9日第13版。

竹山写道：

　　梅棹氏把西欧数国与日本作为第一地域，在其间的中国、印度、俄罗斯、伊斯兰等亚洲诸大国作为第二地域加以分类。前者是高度实现了近代文明的国家，而后者则是在往昔拥有灿烂的文化，现在属于后进地域的国家。

　　……日本的历史在亚洲是唯一特别的。西欧的历史概念往往直接可以套用于解释日本，但其他亚洲诸国则没有这个可能。在西欧与日本之间，存在着神奇的历史并行现象。

　　一般认为，日本走向发动这次战争的原因，在于凝聚了自古以来日本固有顽疾的"天皇制"，它是导致和推动法西斯的元凶。……如果把这个恶果归罪于日本固有的畸形状态，那么就无法说明何以其他众多的国家几乎在同时期都推行法西斯化这一事实。

　　现在，推动着日本的主要动力是现代性，……日本作为近代国家立于世界之林。[1]

当然，竹山的这篇文章并不像上述引文这么简单。它不仅周到地事先声明自己的论述有可能硬性地图式化，为了论述方便而只选取那些对自己有利的事实，而且宣布自己是甘愿冒着这一学理上的风险做这篇文章的。该文的表层结构，就是上述引文所显示的论述日本与西欧历史发展轨迹的相似性，他还特别在几个段落分别比较了同为落后国家的日本与德国的异同，强调在政治统治方面日本更为开明和包容，德国更为独裁和专制；但是这篇文章的深层结构，

---

[1] 竹山道雄：《论日本文化》，《新潮》第54卷9号，1957年9月。

却意在通过情感式的"同情之理解"重新讨论何谓"进步"何谓"反动",并确立一种"别无选择"的历史主义态度。竹山认为,进步与反动在历史的不同阶段中含义不同,要根据当时的主导潮流是什么而定,不能用当代人的眼光裁断历史。他举例说,在江户末期尊王攘夷是进步的,开国外交是反动的;但是到了明治初期,风气逆转,闭关锁国是反动的,开国实行现代化是进步的。日本在实现西欧式近代化、避免成为西方殖民地的过程中逐渐膨胀,走上了帝国主义的道路,而这也是当时那个时期近代化的特征。言下之意,日本走上帝国主义的道路,也是历史的必然。

竹山虽然也承认日本为了追赶列强而否定传统文化,从而无法作为均衡的有机体发育和成长,甚至断言"日本人为了活下去而出卖了灵魂",但他的基本立场仍然是历史决定论。他强调,日本这种剑走偏锋的姿态,是面临列强威胁时的唯一选择,至少这一不得已选择使日本免除了被殖民的厄运;而且战后的亚洲其他国家,正是在以浓缩的方式试图一举实现日本这一百年来全力以赴的现代化目标。竹山追问道:那些在今天仍然生活在宗教国家里的人,不出卖灵魂真的能够活下去吗?[1]

这篇文章发表于1957年,正好处于昭和史论争开始的时期。[2]我们在竹山的这篇文章中,可以依稀辨认出昭和史论争的基本色彩。尽管竹山的反共立场与昭和史论争始作俑者龟井胜一郎的政治立场并不重合,但是在如何处理日本近代史的问题上,他们都反对当时左翼知识分子以观念性的政治正确态度(在昭和史论争中,这

---

[1] 竹山道雄:《论日本文化》,《新潮》第54卷9号,1957年9月。
[2] 关于昭和史论争的研究,参见拙著《思想史中的日本与中国》第二部《历史与人》,上海交通大学出版社,2017年。

种观念性的政治正确被冠以"科学"之名）裁决历史，反对历史书写不涉及人的情感，同时也为日本明治以来的西方化（理性化）趋势对日本传统文化的破坏扼腕叹息；他们都并不否定日本发动侵略战争的罪责，却不同程度地倾向于把甲午战争和日俄战争与其后以"大东亚战争"冠名的十五年侵略战争区别对待。与龟井对于侵略战争的反省态度不同，竹山表现出更为彻底的为历史辩护的态度。

可以说，50年代困扰着日本知识分子的基本问题，就是日本如何"进步"。竹山道雄并不否定把进步作为一种正面价值，甚至也不否定西欧的近代象征着人类的进步；但是，他并不情愿把日本置于"落后"或者"反动"的位置；相反，他认为日本不仅是亚洲各国在历史进步方面的表率，而且与西欧的某些现代化国家相比，其进步程度也并不逊色。

竹山对于日本现代化的复杂焦虑，使得他对梅棹提出的"文明的生态史观"进行了实用主义的误读。他完全无视梅棹建构世界分析新结构的学理目标，无视梅棹学说中日本与西欧的"平行发展"仅仅是服从于这一目标的一个环节，而是用偷天换日的手法，把梅棹的论述直接转化成了确认日本的"西欧"性格，使其置身于先进国家的行列。在这个过程中，另外一个偷换也不动声色地完成了：梅棹对于亚洲并不同质，因此不能作为分析范畴的论述是非价值化的，这一点从他对印度和东南亚特有习俗的分析中可以明确感知；而竹山的论述却具有鲜明的价值判断内涵。

当然，同样为了质疑汤因比"挑战与回应"（亦即西方挑战东方回应）的世界构图，竹山与梅棹共享了一个抽象的命题，即日本不属于亚洲。尽管他们具体的思考走向并不重合，但是在抽象层面，似乎他们共同掀起了一波新的"脱亚论"思潮。

梅棹对此颇为不快。他在1957年"思想的科学研究会"的研讨

第五章　作为方法的亚洲　|　223

会上坦率地表示，他对日本知识分子只关心日本、漠视日本以外事情的心态感到惊讶。他说，自己提出的文明生态史观并不仅仅是日本论，也是印度论、伊斯兰世界论、西欧论，为什么关注点被仅仅缩小到了日本？[1]

直到1961年10月号《思想的科学》杂志发表竹内好与梅棹忠夫的对谈，梅棹的这个疑问才得到了回应。

在战后日本以张扬理性精神为主流的进步知识界，竹内好是极少数关注"亚洲主义"这一复杂思潮的思想家之一。他并不认同梅棹在指出亚洲的多样性之后就消解亚洲的做法，也与梅棹的世界结构图保持距离，但是，他从梅棹的论述中看到了建立新的亚洲论述的契机。1958年，竹内好发表评论《两种亚洲史观——梅棹学说与竹山学说》，比较了二者的异同：在同样强调日本不属于亚洲且与西欧近似这一点上，二者是一致的；但是，梅棹赋予日本的这个定位仅仅是为了对共同体生活样式进行功能性分析，他为此把历史视为"主体环境系的自我运动轨迹"，竹内好认为，这是一种把历史平面化的方法，它使得历史在终极意义上"零化"。所谓把历史平面化或者"零化"，是指破除历史进化论的单一想象，承认不同文明历史演变轨迹的多样性。梅棹的这种"零化"，在认识论上直接针对日本社会流行的文明一元论，梅棹本人也多次批评日本人对亚洲其他地区缺少了解和兴趣；竹内好认为这是一种健全的现实主义态度；而竹山却在论述日本与西欧平行发展的时候，自觉维护等级化的价值判断，在亚洲与西欧之间建立了一个歧视性的"进步序列"，认为亚洲所有国家都要走日本曾经走过的发展道路。正是这

---

[1] 梅棹忠夫：《以生态史观看日本》，梅棹忠夫著、王子今译：《文明的生态史观：梅棹忠夫文集》，上海三联书店，1988年，127—128页。

种进步观，使竹山自相矛盾地一边强调日本不具有亚洲特色，一边主张日本应该为亚洲提供榜样。竹内好一针见血地指出："一边说着日本不属于亚洲，同时却不愿意丧失在亚洲的支配权。"[1]

在竹内好发表这篇评论三年后的1961年，正是日本执行"外交三原则"的时候[2]。竹内好对这个自相矛盾的外交政策持批判态度：在自觉归属西方阵营的同时，所谓与亚洲相提携，说到底不过是希图利用亚洲而已；所谓提携，暗地里隐藏的野心却是再一次复活历史上对亚洲的支配权。而所谓日本不归属亚洲，更接近于西欧，同时在现代化方面又是亚洲的表率，这种以竹山为代表的认识恰恰反映了单线进化论的历史观，也在客观上为日本近代以来的侵略历史正名。

在这个历史时刻，竹内好与梅棹忠夫进行了对谈。这两位在亚洲论述方面几乎完全没有表面一致性的知识分子，在对谈中表现出深度的契合，使得对谈文本拥有了丰富的史料含量。

梅棹对竹内好在《两种亚洲史观》中准确地区分了他与竹山的不同表示感谢："承蒙你把我想要说却又说不出来的话单刀直入地挑明了，我觉得非常高兴。"[3]

那么，梅棹想要说却又说不出来的话是什么呢？显然，他想要提出的是一种新的文明论构想，即世界由巨大国家和小国家群组成，前者创造文明，后者利用前者的创造；一部分小国家群由于避免了游牧民族早年的征服，顺利地进入资本主义阶段，成为当代世

---

[1] 竹内好：《两种亚洲史观——梅棹学说与竹山学说》，《全集》第5卷，87页。
[2] 日本外务省在1957年发布的《外交蓝皮书》中确认了"外交三原则"，即以联合国为中心、归属自由主义阵营、与亚洲相提携。
[3] 竹内好、梅棹忠夫：《亚洲的理念》，《在状况中·竹内好对谈集》，合同出版，1970年，143页。

界最早发达的国家；而巨大国家面临的转型问题极其复杂，在当代世界，它们不仅面对外部的问题，更面对内在的矛盾。在这个由巨大国家和小国家群组成的世界构图里，所谓亚洲一体的论述或者亚洲各国以西欧的方式现代化的命题，在梅棹看来都属于伪命题。

梅棹的文明论不仅在当时捉襟见肘，而且在其后也没有真正完善。因为他无法解释朝鲜半岛、东南亚与东欧同为小国家群但并未走日本道路的现实，而且也无法用两个地域的划分来涵盖世界历史。[1]可以说，文明的生态史观真正的贡献并不在于它的世界构图，而在于它以去价值化的方式在意识形态对立的日本思想界撕开了一个裂口，吹进了一股新风。

然而梅棹没有料到的是，他的这个不成熟的假说竟然引发了竹山所代表的新一轮"脱亚论"的兴起。在他的论述逻辑里，并不具备得心应手的工具以解构竹山的日本论，他能够做出的回应仅仅是批评日本人对于亚洲不但不了解也没有兴趣了解；他没有说出来的话显然不止这些，可是他如何才能有效区分自己对日本的定位与竹山道雄对日本的定位之间的区别呢？

竹内好在他的评论中帮助梅棹完成了这件事，这就是区分"历史的平面化"与"历史的序列化"的差异。但是，竹内好也同时指出：

> 他（梅棹）的强项，是现实主义的强项。这种现实主义的基础，在于他把自己的论述限定在"以共同体生活样态的设计作为问题的机能论立场"上。那种诉诸感情的亚洲连带论之类

---

[1] 关于这一点，梅棹在《中央公论》1958年8月号发表了《东南亚之旅的启示》一文，对一年前发表的《文明的生态史观序说》提出的图式进行了补充和完善，但是并没有进行根本性的修正。他仍然坚持两个地域的划分，而且把日本作为衡量东南亚是否属于第一地域的标准。这种逻辑上的自我循环，严重损害了他立论的可行性。

的，对此是无法招架的。梅棹如此活用了生态学，实在功不可没。它扩大了日本人的视野，促成了对亚洲意识的反省。

但是，如果梅棹学说跨越了这个界限，被原封不动地套用到价值领域，那么其学术价值将会丧失。梅棹自身也极力警戒对价值问题的介入。……跨越了这些程序，把梅棹学说不加任何转换地拉扯到历史解释的领域加以利用，不仅在政治方面，在学问上也是失当的。竹山学说正是如此。⟨1⟩

这恐怕是梅棹感谢竹内好的根本之处吧。竹内好替他说出了他想说又无从说起的看法，而且单刀直入、鞭辟入里。不过比这件事更重要的，是这两位思路不同的知识分子在对谈中激发出来的那些问题。

对竹内好而言，日本是否属于亚洲这样的问题是第二义的，甚至亚洲是否一体也不构成真正的问题。最紧要的，是日本思想界的文明观问题。他敏锐地察觉到，竹山学说的深处潜藏的是松弛而固定的文明一元论，这一点甚至构成了他与脱亚论鼻祖福泽谕吉的根本差异。在福泽那里，脱亚并不意味着入欧，而仅仅是为了生存而主动感染如同麻疹一样无法躲避的西方文明；而在竹山看来，西方文明代表了人类的必然发展方向，日本在历史轨迹上与西欧同质，这就使日本能够在亚洲独领风骚，最先实现现代化，且天然地拥有亚洲的指导权。竹内好意识到，正是这种文明一元观，支撑着竹山的历史主义判断，他认为日本近代以来只能走西欧式殖民扩张的道路，没有其他选择，甚至认为战后亚洲后发国家，也只能按照西欧的模式、步日本的后尘实现现代化。

⟨1⟩ 竹内好：《两种亚洲史观——梅棹学说与竹山学说》，《全集》第5卷，85—86页。

竹内好在和梅棹的一系列讨论中感受到了健康的知识态度。他认为日本在明治以来逐渐形成了一种思想方式,把亚洲视为在日本之外的一个固化的实体;而梅棹指出了亚洲内部的多样性,指出亚洲并不是单一的实体,打破了这种固化的感觉,这非常有意义;不过梅棹因此排除了亚洲这一论述范畴,竹内好觉得需要商榷。他强调说,虽然亚洲并不能直观地整合为一体,但它作为一种理念是成立的:"曾经被西欧或帝国主义殖民地化的国家,争取民族独立与近代国家的形成,从而产生内发的驱动力,这种类型不是可以称为亚洲吗?"[1]在此意义上,竹内好甚至认为古巴属于亚洲,而以色列则不属于亚洲。他强调,战后明确地提示了这一亚洲理念的,就是万隆会议。

梅棹回应说,把亚洲视为一个单一的实体,实在是过于观念化。其实,把欧洲视为一个实体也是不成立的。进一步说,自己定义的第一地域和第二地域也不过是一个粗略的分类,特别是第二地域内部,存在着非常大的差异,结构是错综复杂的。所以,万隆会议倡导的亚洲理念非常美好,但是未必现实:亚洲面临的真实问题是巨大国家与小国家群之间的不平衡关系,这种现实关系很难用国家不论大小一律平等这一美好的愿望来取代。更何况,万隆会议在很大程度上也是亚洲一些国家转移内在矛盾的手段:"亚洲的问题,我认为就在于处于大文明中心部分的国家与处于周边部分的国家具有不同的命运。由于有了这个基本的结构,万隆会议不可能一泻千里地通行无阻。……说句不客气的话,万隆会议的亚洲理念,也许效果在于掩盖内在的矛盾,把关注转向外

---

[1] 竹内好、梅棹忠夫:《亚洲的理念》,《在状况中·竹内好对谈集》,146页。

部吧。"[1]

这个有趣的对立勾画出亚洲论述本身的立体性格。梅棹并非无视亚洲的存在，但他关注的问题，主要是亚洲内部大国与小国之间能否真正建立平等多元的关系，对此他是悲观的，他认为大国天然地具有文明一元化的倾向，即强制周边国家接受自己的文明；而竹内好则认为亚洲理念的核心是文明多元观，人类的普遍价值，只能由亚洲通过抵抗运动提升为整个人类共有的精神财富。所以，他希图通过推动亚洲论述建立比西欧进化论的价值序列更为多样和平等的人类价值观。梅棹与竹内同样不同意汤因比"挑战与回应"的东西方论述模式，但不同意的理由各不相同。梅棹认为，亚洲并非一体，大国内部的民族矛盾、大国与周边小国之间的紧张等，都比回应西方挑战这一姿态更为真实；而竹内好则认为亚洲各殖民地在争取独立的过程中，产生了提升人类普遍价值的能量，而这种种普遍价值里面，就包括了来自西方近代的精神，只是由于西方的世界霸权，这些价值贬值了，成为由少数人占有的判断标准，它本身就成为霸权的象征；而汤因比也没有摆脱这种霸权意识。

但是梅棹与竹内在机能论意义上，有着相当的默契。思考亚洲的时候，他们都认为不能把亚洲作为一个实体对待，无论亚洲这个范畴是否成立，作为讨论对象，它首先需要"机能化"。在梅棹那里，这种机能的意义在于区分各国不同的"主体环境系统的自我运动"；而在竹内那里，这种机能则在于主体形成过程在亚洲各国的不同形态。同时，尽管他们都承认亚洲是实在的地理空间，但是都没有把这个自然地理概念作为自明的前提。梅棹试图以第一、第二

---

[1] 竹内好、梅棹忠夫：《亚洲的理念》，《在状况中·竹内好对谈集》，149页。

地域的划分取代被整合为一个实体的亚洲,而竹内好则把古巴归入亚洲,从亚洲范畴中去掉了以色列;正是这种机能论的感觉,使得他们虽然都承认实现现代化是亚洲不可避免的命运,但是都不同程度地把欧洲式的现代化相对化了。比起梅棹来,在思想领域工作的竹内好一直致力于重新定义现代化的内涵,他试图把西欧式的现代化相对化,强调亚洲存在着不同的现代化形态;梅棹虽然在这一点上相当粗糙,他的讨论看上去基本上认为现代化只有"第一地域"的一种形式,但是他把这个范畴也"零化"(即去价值化)了。对他而言,现代化这个无可回避的历史选择,只是技术形态而已,不具有更重要的价值,更不是讨论的前提。正是这种深层的默契,帮助竹内好与梅棹忠夫接受了彼此间在具体问题意识上的龃龉,一边对对方的看法表示异议,一边却合力把讨论推向纵深。

在某种意义上,假如没有梅棹忠夫,竹内好的亚洲主义研究也许更难被把握。借助他为梅棹所写的评论以及他与梅棹的对谈,我们能够更便捷地接近竹内好的思路——这就是力图在观念主义与历史主义之间寻找第三种可能性的艰苦努力。

三 "大东亚战争"如何遗产化

在60年代初期,安保斗争退潮之后,日本社会面临着思想的混沌状态。在这个时期,一方面是日本的近代化问题开始受到美国的关注,福特基金会支持美国学者组织与日本学者合作的大型研究,随着60年代初期冷战格局的复杂化,苏联的现代化问题也被与日本的现代化放在一起讨论;在这样的情势下,日本思想界也试图在现代性的框架中建立关于主体性论述,也有少数知识分子希望重新审视历史。就在竹内好提倡重新思考明治维新的时候,上山春平发表了他的论文《大东亚战争的思想史意义》（1961年），这篇论文与其后陆续发表的《再论大东亚战争》（1964年）、《不战国家的防卫构想》（1965年）、《不战国家的理念》（1968年）等一系列文章构成了一个完整的论述结构，至今仍未被知识界遗忘。这个论述结构的前提，是日本不能重蹈战争的覆辙；然而这个论述结构的骨架，却是如何摆脱作为战胜国的美国赋予日本的战争史观——把日本在昭和时期发动的侵略战争归结为太平洋战争。在东京审判的法庭上，太平洋战争成为审判的焦点，其后也成为战争历史叙述的基本视角，而大东亚战争，由于提倡者是日本的军国主义政府，带有强烈的负面色彩，一度被知识界冷落。战后日本进步知识界，也一度避免使用大东亚战争的说法，而使用太平洋战争这一范畴。

所谓大东亚战争，并不是上山春平希望倡导的意识形态，也并非他的批判对象。上山的用意在于，经历了1960年安保斗争之后，日本国民开始形成反对日美政府勾结、反对保守派修正宪法第九条、主体性地维护世界和平的基本共识，在这样的情况下重新探讨战争历史，上山看到了摆脱东京审判模式又不陷入右翼立场的可能性。太平洋战争仅仅是日本侵略战争的一部分，而且是从美国立场出发命名的视角；当时，试图对抗太平洋战争史观的保守派全面主张大东亚战争史观的正当性，与此相对，社会主义阵营的视角则是"帝国主义之间的战争"。但是，这样的视角无法涵盖昭和日本的侵略战争整体格局，上山看到了另一对概念的不可或缺：深入剖析"大东亚战争"的历史视角与中国的"抗日战争"视角。在此意义上，作为曾经的侵略国国民，上山春平试图主体性地反省"大东亚战争的遗产"，探索把日本建成不战国家的可能性。

应该说，上山春平的关心点不在历史，而在当下与未来；因此，他把论述集中到了战后世界的悖论形态上。美国占领日本的时候，联合国刚刚起步；由美国主导制定的日本和平宪法，其第九条取消了日本拥有军队、发动战争的可能；但与此同时，以和平力量自居的美、英、法在战后发起了朝鲜战争、第二次中东战争，阻止阿尔及利亚独立等，并未表现出和平意向。在这样的局势下，美苏两国重新划分世界阵营、试图掌控世界的意图也越来越明显。上山指出：应该说，日本的和平宪法虽然是一部"翻译宪法"（即由美国直接授意起草的宪法），但是比起旧日本帝国宪法来，这部宪法至少维护了和平和人权，所以也不能因为它并非直接出于日本人民的意志而反对它；但是因为美国在战后的所作所为，上山也很难积极地"保卫"这部宪法——他声言，自己的态度是"消极地拥护新宪法"。

这种态度在五六十年代之交有相当的代表性。竹内好也曾经在安保斗争中发表以《我们的宪法感觉》为题的讲演，指出这部耀眼的"翻译宪法"来得太容易，并没有经过日本人民的拼搏就空降到政治生活中，所以如何建立相应的宪法感觉，或者换个说法，如何通过日本人自己的努力打造与新宪法提出的和平与民主理念相应的感觉，才是问题的关键。

上山也是在这个意义上，把这部饱含时代紧张的宪法称为"国家制度史上划时代的事件"[1]。他说："我认为那部宪法是一种国际契约。这种形态的宪法，过去恐怕未曾有过。在此意义上，我觉得这是一种新形态的宪法。它不是由单独国家主权的发动而成立的，它是由复数国家的合作而制造的国际契约。并且，它不是立于对等立场的成员之间的契约，而是以日本对盟国无条件投降为前提的、

---

[1] 上山春平：《大东亚战争的思想史意义》，《大东亚战争的遗产》，中央公论社，1972年，20页。

盟国诸国与日本之间的契约。但是，曾经强加了这一契约的盟国中占指导地位的诸国，现在开始单方面地破坏这个契约了。其中最极端的，是由美国授意而发动的日本再军备（即创设警察预备队以来的各项政策）。"[1]

与此同时，他也强调，不拥有军队，只有在世界上不再有战争的前提下才是现实的，他在竹内好提出的"帝国主义不能审判帝国主义"的看法上又推进了一步，提出"主权国家不能审判主权国家"。他认为，只有联合国真正发挥效用，才能提供日本和平宪法得以成立的条件，但是缔造了联合国的主要国家并没有放弃战争手段；相反，各国不断进行军备竞赛，以此强调国家主权，这无法使日本国宪法这一划时代的国家制度真正得到保障。上山提出的建议是，在联合国真正发挥作用之前，日本自卫队虽然是违宪的，却是不得已的产物，它应该以解散为前提而存在。

在1964年发表的第二篇论文《再论大东亚战争》中，上山推进了他的论述，把矛头直接指向了"国家的原罪"。他指出，如果说大东亚战争史观与日本的国家利益直接相关，那么太平洋战争史观、帝国主义史观也分别与特定国家的国家利益直接相关。在此，上山回避了对"抗日战争史观"的评价，显然，他对美国和苏联国家利益的揭露并没有让他跌破日中之间加害国与受害国这一底线；不过这并非他急于讨论的问题。这篇论文的核心问题，在于指出基于国家利益的价值尺度具有相对性："二战"结束时盟国对轴心国的二元对立结构如何在战后转化为共产党与反共的二元结构，德国、日本如何从"好战国家"转变为自由世界的一员，苏联与中国如何从盟国成员转变为"集权国家"；这个对立结构的变化，充分

---

[1] 上山春平：《大东亚战争与宪法第九条》，《大东亚战争的遗产》，45页。

说明了国家利益的相对性与特殊性，任何一个国家把自己的利益普遍化为人类价值，都是虚伪和荒谬的。[1]

1964年，评论家林房雄出版了评论集《大东亚战争肯定论》，承接了上山的讨论，但与上山的意图相反，他的用意在于全盘肯定大东亚战争。

《大东亚战争肯定论》的基本视角是所谓"百年战争"。林房雄认为，单独讨论大东亚战争是没有意义的，这不过是日本从明治前后开始的近一个世纪的战争的一个阶段，而包括他本人在内的"二战"亲历者，不过是这个漫长战争的中途参加者而已。因此，他把包括日本侵华战争和太平洋战争在内的整个过程定位为日本"百年战争"的组成部分，由此，他生发出来的问题完全不同。

《大东亚战争肯定论》从1862年幕末的"萨英战争"开始写起，以日本人最初与英国人的龃龉为起点，重点描述的是日本"超乎想象的抵抗力量"。接着，在不同的章节里涉及了明治维新、征韩论、日清战争和日俄战争，而叙述的基本线索在于日本人在每一个历史事件中所表现的英勇和顽强精神。尽管林房雄也似乎讨论了许多与历史评价相关的问题，但是他真正的叙述主要在字里行间完成，而不是仅仅依靠字面的意义传达。当林房雄以怀旧和仰慕之情谈及历史人物和事件的时候，他完成的是与上山春平完全不同的工作：作为一个以文学为业的知识人，林房雄本能地了解，他几乎不需要任何论述，就可以直接诉诸潜在的"日本认同"这一感情结构，提高共同体的向心力。这部引起强烈反响的著作，作为历史论述和思想史著作都可以说是不够格的，但是，它强有力地抓住了安保运动过后日本社会普遍存在的"情感困惑"，提供了表述和转移这一困惑

---

[1] 上山春平：《再论大东亚战争》，《大东亚战争的遗产》，56—61页。

的途径。

他这样论述：

> 在那些无法摆脱战败的虚脱和被强加的罪恶感的人看来，大亚洲主义者或许就是不可救药、侵略犯罪的大陆浪人一派，其实，这些人用冈仓天心的说法，就是为了"亚洲一体"的理想而献身的志士们。这些人为了建设更好的世界，准备了有色人种的解放战争。
>
> 日本貌似战败并玉碎了，其实目标已经达到了。西洋世界的统治，在他们胜利的那天就开始崩溃，而日本本身并未灭亡，用不了十年，就开始成功地复活了。[1]

林房雄在昭和初年也曾经是狂热信奉马克思主义的进步人士，然而他所表达的，并不能被简单地视为一个左翼阵营中的转向者对右翼意识形态的认同。写作《大东亚战争肯定论》的时候，他宣布自己已经过着隐居的生活，与"左"和"右"都没有关系，他并没有撒谎。这本欲罢不能的小书又一次呈现了战后日本思想史中反复呈现的一个模式，那就是摆脱"左"与"右"、"善"与"恶"的意识形态判断和道德判断，建立"日本人自己"的感情依托系统和价值判断体系。正因为如此，这个试图依托"民族情感"排除意识形态判断的论述方式，却在当时代表了保守派与右翼的看法。

随着历史的演进，林房雄的这个视角衍生了一些变种，比如强调日本殖民中国台湾地区与朝鲜半岛，实际的功效在于加速了当地的现代化等等。因此，无论在林房雄的时代还是现在，日本的进步

---

[1] 林房雄:《大东亚战争肯定论》，番町书房，1964年，137页。

知识分子都面临一个严峻的挑战：如果与这种全面肯定大东亚战争的态度对立，比较简单明快的立场是全面否定这场侵略战争，并由此而拒绝进入"大东亚战争"的历史脉络。这也正是"太平洋战争史观"一度成为进步知识界战争史视角的缘由。

上山对林房雄的上述基本视角提出了批评。他说：

> 我还是认为，那场战争应该被视为侵略战争，它的目标以彻底的失败而告终。
> ……
> 无论是合并朝鲜，还是侵略满洲与东南亚，总是以日本的利害为中心的，并没有把当地民族的解放作为重点。

在这样的批判之后，上山接着指出：遮盖过去的侵略罪行，把大东亚战争美化为解放战争，并不能因此建立日本人的自豪感；比起这种做法来，反倒是把错误作为错误承认的诚意，和从过去的错误中吸取教训的勇气，才是值得尊重的。[1]

上山在对东京审判提出质疑的意义上提出"大东亚战争"史观的必要性，并进而强调大东亚战争史观必须以对侵略战争性质的反省为前提吸取历史教训的看法，无疑是积极的；不过，"大东亚战争"的遗产化，却很难以上山的方式得以实现，因为他并没有进入对这段历史的正面讨论，他的着眼点仅仅在于战后日本如何吸取历史教训，构想一个超越国家利己主义的新防卫体制；这个着眼点为吸取大东亚战争的教训赋予了现实的意义，却无法总结大东亚战争的教训本身；更何况在当时的国际情势下，超越国家利己主义并不

---

[1] 上山春平：《再论大东亚战争》，《大东亚战争的遗产》，64—67页。

具有足够的现实可行性。也正是在这样的情况下，林房雄诉诸日本人情感记忆的《大东亚战争肯定论》，很难被上山理性的批判所取代。

　　林房雄的这本书，尽管在具体分析上难脱为侵略战争正名之嫌，但从整体上看，是一次承续明治百年历史的不成功尝试。与竹山道雄的《论日本文化》一样，林房雄的《大东亚战争肯定论》也表现出为历史辩护的鲜明姿态：他认为日本的"百年战争"都是在西方列强逼迫下不得已而为之的，并不是因为日本人好战，而是因为日本人没有其他的选择。他甚至这样比附："孙文也好蒋介石也好周恩来也好，都说中国革命学习的是日本的明治维新。日本的'攘夷论'是中国'反殖民地战争理论'的直系前辈。把明治维新前的'攘夷论'解释为'反殖民地战争理论'，绝不是走私或者反向进口中共的理论。"[1]

　　林房雄在这里进行了严重的概念偷换：日本的"百年战争"，无论是哪一场国家规模的战争，都是以向外扩张和争夺殖民地为目标的，它们都发生在日本的国土之外；这与中国人民在本土抵抗入侵者的反殖民战争具有完全不同的性质。不过指出这一点还相对容易，更容易被忽略也更值得关注的，是林房雄进行这种概念偷换时所依据的逻辑；恰恰是这个逻辑，在日本社会具有潜在的感情基础。这个逻辑就是小国日本无法独立对抗西方列强，必须由东亚联合起来，共同对抗西方。在这个逻辑的延长线上，他导出了如下的认识：在日本率先完成向近代国家转型、朝鲜和清朝尚处在前近代政治体系末期的历史时刻，由日本主导东北亚的政治格局就是唯一的选择。在朝鲜与清朝政府并不配合日本这个"自我任命"的情况下，日本出兵就是正当的。中日甲午战争与日俄战争，尽管其真实

---

〔1〕　林房雄：《大东亚战争肯定论》，18页。

的内涵和结果都是日本在东北亚巩固和扩大殖民地范围,但是在说辞上,不仅这些战争都打着对抗西方的旗号,而且武力征服乃至吞并构成这两次战争焦点的朝鲜,借口都是帮助后者独立以及平等联合。

对于形成于幕末的"征韩论",需要另行更为细致的思想史分析,在此仅限于指出一个基本的问题:在江户末期不得不开国的时代,日本的时代课题是如何面对威逼到面前的西方列强,包括"攘夷"在内的各种对应西方的立场,在逻辑上并不必然通向以西方式的殖民战争完成现代转型的选择。为了不亡国灭种,为了不被西方殖民,日本是否必须依靠对外战争的方式扩张势力范围?后来明治政府走向了侵略扩张,是别无他法的唯一出路,还是在若干可能性中的主动选择?如果说这些通向武力扩张的选择是"历史性"的,那么,是否历史还提供了其他机遇,而被日本错过?

林房雄对这些问题避而不谈;相反,他把问题引向了从幕末"攘夷论"到1945年战败这"百年战争"的一贯性,把它看作一个步步升级的宿命。在这一视角下,他讨论了明治前期的重大事件,特别是"征韩论"的几番挫折。两度"征韩论"是在幕末"日韩支合并"的构想之上发展起来的,由于明治政府内部的分裂和国内局势的混乱,同样主张"征韩论"的木户孝允和西乡隆盛之间存在着不可调和的对立,这也使得19世纪70年代先后由木户和西乡推动的对朝鲜战争各自落空。林房雄在一定程度上关注了这个时期"征韩论"的复杂内涵,但是这个关注基本上被他转化为对抗西方列强的道德正当性。他说:"我把'征韩论'也视为'东亚百年战争'的一环。……明治六年西乡派的征韩论,只有作为'东亚百年战争中的挫折与反击'来理解,才能够真正触及它的真相。难道不是吗——征服的对象不是朝鲜,也不是清国,而是'东渐的西力',

是'欧美列强'。"[1]

西乡隆盛是明治初期一个极富争议的人物。从明治维新的元勋功臣到西南战争的叛逆首领,西乡经历了两个时代(即幕末与维新)的激烈冲突和混沌杂糅,体现了到甲午战争为止日本历史的多重性格。林房雄把关注投向了西乡,不过他仅仅关注西乡的"精神品格":"西乡死于明治十年,但西乡的精神,每当日本遭遇危机,就会被回顾,得到复活,从而鼓舞日本民族。西乡既非成功的政治家,亦非胜利的军人。就此而言,说他无能也不能说不对。但是,西乡是远超政治家和军人的某种人物。他是支撑着日本民族精神的伟大栋梁。……所谓西乡精神,是为亚洲解放和实现世界一体国家所准备的精神。"[2]

今天仍然矗立在东京上野公园的西乡隆盛铜像,与靖国神社供奉的战争亡灵之间确实存在着不可视的潜在张力。不过,这个张力并不仅是效忠日本天皇与否那么简明易懂,它包含了更为深刻的历史内容。林房雄仅止于煽情地把西乡与"日本民族精神"结合,不仅无法揭示这个历史内容的沉重性格,也无法让自己的论述从右翼的意识形态中区别出来,这是不言而喻的。不过,他毕竟涉及了一个他本人无法处理的重要问题:百年战争的漫长过程,是日本以西方近代的方式(即武力殖民的方式)加入国际列强的过程。这个过程以战胜国对日本的审判而被迫宣告结束,同时也把日本绑在了帝国主义的战车上。如果日本试图摆脱这个"宿命",那么,它必须重新审视幕末和维新以来的那个基本选择:"攘夷"是否必须"征服邻国"?对抗西方是否必须采用西方的扩张方式?日本是否曾经

---

[1] 林房雄:《大东亚战争肯定论》,122—123页。
[2] 同上书,138页。

有过其他的选择，把建立自己的近代主体性与发动对外侵略战争来解决内外危机的形式分离开来？

这个林房雄避而不谈的问题，却正是竹内好为自己确立的思想课题。

四 竹内好"改写历史"的思考方向

竹内好的亚洲观很重要的组成部分，是他对日本战后保守主义思潮的历史决定论进行的抵抗。他抵抗的方式，并非是通行的那种脱离历史脉络依靠观念进行说理；相反，他非常重视历史对人的制约，并且致力于在具体的历史脉络中寻找那些有可能改变历史的契机。在对谈中，他对梅棹说："我反对历史主义，不过人在很大程度上是受制于历史的。在这种情况下，我们如何思考历史呢？我不把历史理解为无限的过去向无尽的未来的发展过程，我在有限的范围内思考。"[1]

这个说法清楚地说明了竹内好与竹山道雄、林房雄在历史观上的区别。竹内好何尝不知道历史对人的制约，但是区别于历史主义者追认历史既成事实的立场，他力图在历史的制约下探寻既定事实中未曾实现的那些可能性。在这样的视野里，历史并不是由已经变为现实事件的那些"事实"构成的。所有作为现实性的事实，都内在地包含了自我颠覆的紧张与矛盾。对于后来者而言，学习历史并不是为了追认和评价过去的事件，而是为了在那些既定事件中分析这种紧张与矛盾，挖掘未曾实现的可能性，并研究那些可能性何以未曾实现。竹内好拒绝用无限的过去不断走向无尽的未来这样一种

---

[1] 竹内好、梅棹忠夫：《亚洲的理念》，《在状况中·竹内好对谈集》，150页。

历史感觉去想象历史过程。在这样的想象之中，历史如同一个自足的匀速运动体，内在于其中的各种紧张，作为可能性曾经存在过的各种改变历史的契机，都会被这种匀速想象所消解。

从写作《鲁迅》的时候开始，竹内好对历史的感觉方式就已经形成了。借助对鲁迅的分析，他强调了这样一个视角：人的一生总有一个关键的决定性契机，在它形成之前与形成之后的人生，都围绕着这个契机展开，因此，进入历史的过程，就是寻找这个如同"黑洞"般决定性契机的过程。在做出这个断言的时候，他已经自觉地站在了历史主义和观念主义的对立面。他对于历史制约的自觉，与他对于"改写历史"的关注，是同一个问题的两面。在某种意义上可以说，日本的保守主义者只强调历史的制约，日本激进的左派则只强调以正确的观念改写历史。在这个对立中两面作战的竹内好，试图做的工作却是在历史的制约中改写历史。这正是《鲁迅》的基本母题。

那么，竹内好所说的"在有限的范围内思考"的历史，与匀速运动的历史观念具有何等差异呢？仅就这一句话而言，它是一个富有歧义易于被人误解的说法。它传递的其实是紧接着这个说法的下一段内容："在这样的思考前提下，梅棹学说中提出的巨大国家那种统一的动向无法进入视野。"换言之，竹内好虽然赞同梅棹以"历史平面化"的方式去价值化，却仅仅在这种平面化对立于单线进化的一元论这个意义上赞同它；当梅棹忠夫以近于循环论的思路提出亚洲也并不一定能够创造出多元化的文明观，因为巨大国家总是具有文明一元论倾向时，竹内好则表示不能接受。这个分歧，并非意味着竹内好希望为亚洲的几个曾经沦为殖民地的大国（对竹内好而言，主要是中国和印度）辩护，而是意味着梅棹与竹内在历史观上的分歧。显然，与强调对称性世界格局的梅棹相对，竹内好认为只有

"在有限的范围内思考"历史，才能够发现那些在宏观意义上并未实现的可能性，并把它们转化为"改写历史"的线索。进一步说，梅棹的"大视野"最终一定会指向历史的"规律性"问题，这种思考方式往往导致对于规律之外那些不可归类的特殊状态的忽视。例如在梅棹那里，他所观察到的多样化文明生态，仅仅是为了把世界区分为第一地域与第二地域而利用的材料而已；而在竹内好那里，世界划分为几个地域，并不是值得关注的问题，值得关注的，是这个世界究竟有多少改变的可能性。而关注改变的可能性，只有通过"在有限的范围内"即物性的思考，才能摆脱大而化之的推论，拒绝把一切回收到规律中去的诱惑，在历史中真正有所发现。

在竹内好那个年代，文化相对主义意义上的多元化还不是最主要的思想课题。亚洲作为全球结构方式最复杂的区域，在那个年代里承担着民族独立与新兴国家建设的责任，冷战结构的所谓"中间地带"，主要就分布在亚洲。竹内好所强调的与西欧文明一元论相对立的多元化构想，有着"有限范围内"的特定历史功能，这一切当然无法以梅棹式的历史平面化方式消解掉。作为战败国日本的国民，困扰着竹内好的，是一个与侵略战争这盆脏水一起泼掉的婴儿，即日本在明治之初曾经存在过的"志士"传统；这个志士传统，曲折地透过西乡隆盛西南战争的失败，透过早期浪人如头山满、宫崎滔天等人的革命活动，透过北一辉的国家社会主义与青年将校的二·二六政变，透过战时"近代的超克"座谈会传达出来，显示了一个逐渐衰变的过程。然而，在并不光彩的历史里，在不断衰变的过程中，竹内好仍然努力辨认着日本曾经存在过的"抵抗的可能性"。他几乎是固执地坚守着一个信念，那就是日本近代思想不仅仅产出了以侵略为最终结果的意识形态，也拥有过抵抗强权的能量。这正是他着手研究"近代的超克"与"亚洲主义"的动力，也是他一度倡导重新评价明治维新的动力。

1960年元月，竹内好曾经提出"明治维新百年祭"的说法，他设想的这个百年祭，并不是一个狂欢节，而是一次大规模民众参与的政治运动。时值安保斗争爆发前夕，竹内好预感到日本社会将发生一些新的事件，它们或许会呼应近百年前明治维新时期曾经催生出却未及生长的某些可能性，促使人们重新进入历史，改写未来。竹内好说："要说我的希望，我希望把明治维新百年祭办成'黄金六十年代'的一个大活动。通过组织这个活动，获得描绘未来革命图景的线索。"[1]

1961年，他作为重新评价明治维新的倡导者之一，受刊物之约写作了《明治维新百年祭·感想与提议》一文，简明扼要地介绍了他的想法：希望通过这个倡议，在广义的"论坛"（即一般性社会舆论）设定共通的思想课题。在表面上，这个课题是讨论"明治维新是否应该庆祝和纪念"，而在竹内好的思考中，这个课题的真正内涵在于："我认为明治维新大于其结果明治政府。明治维新意图进行'未曾有的变革'，也实现了这个意图；但明治国家只不过是这个意图中的一个选择而已，它应该还包含着更为多样的可能性。通过探求这些可能性，可以把日本国家本身对象化，从而有可能形成关于未来形态的设想。我并不只是提倡在历史学的领域将明治维新问题化。所以百年祭这样的政治活动是必要的。"[2]

不过，竹内好的希望很快就落空了。他的提议不仅没有得到实质上的呼应，甚至也没有得到理解。其后，日本论坛上兴起的讨论

---

[1] 竹内好：《"民族性要素"与思想——六十年代的课题与我的希望》，《全集》第9卷，62页。
[2] 竹内好：《明治维新百年祭·感想与提议》，《全集》第8卷，238页。

是"明治百年还是战后二十年"[1],这种认知方式恰好与竹内好的讨论意图相反。他在1965年发表了《"明治热"引发的思考》一文,明确表示退出关于明治维新纪念活动的策划,与当时的论争保持距离。他又一次重申了四年前提出的"明治维新大于明治国家"的基本命题,指出:"'战后'这一理念,对我而言是不确定的。同样,'明治'也是不确定的。所以,它们才有可能重新改写;如果不是这样,提倡维新百年祭之类的事情就是荒谬的。以'明治'代表专制与侵略,以'战后'代表和平和民主主义,山田的这个规定方式我无法赞同。"[2]

同年,竹内好在一次对谈中进一步阐明了他所说的"不确定"的含义。他指出,60年代的日本弥漫着一种"复古氛围",这是一种全盘肯定明治百年历史的感觉,山田希望对抗这种感觉,强调它的保守性令人无法忍受,其心情可以理解;但是,为了对抗复古思潮而把明治百年与战后二十年割裂和对立起来,这种把历史作为固定实体的思维方式,却正是竹内好希望通过重新讨论明治维新加以破除的。他说:"我提出维新的问题,是因为我不承认迄今为止公定的历史。……日本人意识里的'国家'是非常坚硬的,国家与政府与民族,几乎完全捆绑在一起,我的意图就在于把它们剥离开来。我的民族主义论,从根本上来说,就是以这个意图为基点的。"[3]

---

[1] 评论家山田宗睦1965年出版的《危险的思想家》一书,直接对文化保守主义团体"心"的主要成员进行了思想批判,认为他们在战后的言论有可能葬送战后民主主义,并由此提出将明治维新与战后民主主义相互对立起来的口号"明治百年还是战后二十年",将二者确定为两个固定的对象;这个大胆的挑战在论坛上引起了一场《危险的思想家》论争,使得象征文化保守主义的"明治维新"与象征现代民主主义的"战后"成为两个无法分解的实体。竹内好虽然对山田维护战后民主主义的心情表示了肯定,但是无法接受这种粗疏的实体化分类方式,明确宣布自己与其保持距离。
[2] 竹内好:《"明治热"引发的思考》,《全集》第8卷,244页。
[3] 竹内好、荒濑丰:《如何评价战后》,《在状况中·竹内好对谈集》,86页。

当竹内好对"明治维新百年祭"表示了拒绝之后,他决定以一己之力推进上述思考。这个思考的认识论起源于战争时期的《鲁迅》、战败之后的《何谓近代》,成型于50年代末的长篇论文《近代的超克》,深化于1961年写作的《日本与亚洲》《作为方法的亚洲》,以及其后编辑筑摩书房《现代日本思想大系》第9卷《亚洲主义》的文献、写作长篇导读《亚洲主义的展望》的过程。这一系列的论著,在思想界以政治正确区分立场的时候,不仅在当时,而且在其后,成为一笔难以消化的思想遗产,特别是在同一个时期,竹内好还挑起了一场关于如何理解和准确传达毛泽东《矛盾论》思想的论争,他对于毛泽东哲学思想的理解方式,与他对日本亚洲主义历史的重新开掘,恰恰形成了一个有机的思想结构,这使得贴标签式的归类法很难应用于对竹内好思想的评价。

形成于40年代《鲁迅》《何谓近代》写作时期的"改写历史"的信念,贯穿了竹内好一生的思想活动。他始终不是一个现实活动家,而是一个思想家。他致力于"在有限的范围内"思考历史,不仅是为了避免大而化之的宽泛论述,也是为了拒绝虚假的责任意识,这使他在《鲁迅》中所表述的那种"集动态于一身的极致的静"的思想状态得以确立。换言之,这就意味着竹内好试图使自己的思想活动与现实中的"不断革命"形成特定的呼应关系。然而这种呼应关系不是直观的、可视的,即它不能以言论的方式直接介入现实,但是,它在人们的思维领域里不断打破已然定型的桎梏,不断追问那些不被质疑的前提。在和平年代里,"革命"往往变形为现实社会以及人们精神世界的内在张力,而不仅仅是显在的变革;在这种情况下,对革命的态度并不取决于是否使用相应的语词,也不取决于政治姿态,它取决于是否具有相应的精神张力。对于使用语词工作的人而言,最艰难的选择并不是激进还是保守这类状况中的选择，而是如何不让自己使用的语词失掉内在紧张，从而变成政治正确的标签。实际上，任何政治立场一旦确立，就立刻面临变质的可能。它只有通过不断"改写历史"的努力，才能拒绝变质。改写历史并不是随意涂抹历史，它是精神领域中的革命，那是一种不断追问未能实现的可能性为何没有实现的态度，它藉此区别于历史主义者的追认现实。然而，即使是这种对于可能性的追问，也同样面临空洞化的风险。当日本的政治学者开始以学理方式讨论"政治过程"理论，即可能性如何变为现实性的时候，这个充满历史紧张的命题也面临着空泛化为学院知识的危险。在政治学领域，丸山真男以他独特的方式有效地处理了可能性与现实性的关系问题，筱原一则通过对昭和史论争的参与提出了政治过程中那些关键环节的历史含量问题，这些讨论均可以视为在学理上防止"改写历史"空洞化的可贵努力。[1]正是在这样的意义上，竹内好通过挖掘近现代历史中那些未曾实现的可能性来"改写历史"的工作，与当时学院中出现的这种努力产生了呼应关系。

五 《作为方法的亚洲》

1961年，竹内好发表了他重要的名篇《作为方法的亚洲》。这篇讲演分为两个部分，前一部分是竹内好讲演的内容，后一部分是他对提问者的回应。在前一部分，他回顾自己战前第一次造访中国的经历，进行了认识论意义上的价值观反转。竹内好指出：中国生活着大量与日本人同样的人，他们和日本人有着相近的喜怒哀乐，但是这一点从来没有被日本人意识到。日本的教育只是把欧美人

---

[1] 参见拙著《历史与人》，三联书店，2019年。

视为比自己更优秀的人种,从来没有平等地对待亚洲邻国的人们。"那么,为什么我们不知道在中国生活着跟我们同样的人呢?这是因为,在学校学习历史的时候,或者学习亚洲地理的时候,并不告诉我们那里有人生活。"〈1〉

战前在中国"发现"了与自己同样的人,对竹内好而言,意味着他战后对战争责任的反省获得了非观念性的"人"的立足点。这个立足点使他得以有效地从切身的经验出发,思考那些重大的思想课题。战后,竹内好提出了一个关于后发国家现代化的假说:在他的知识范围内,他认为至少有两种类型,即日本的类型和中国、印度的类型。日本在明治维新之后一度获得了显著的发展,最终却失败了。从日本的失败回望历史,可以得出一个结论,即日本的现代化仅仅是后发国家的一种类型,并不是唯一的;后发国家现代化的方式,还有着多种可能性。

竹内好援引杜威的评论,进一步论证中国与日本在现代化道路上"质的差别"。杜威在"五四运动"前后游历了日本与中国,亲眼目睹了1919年的学生运动。在这个过程中,杜威逐渐改变了他认为日本比中国现代化程度更高的看法,反过来高度评价中国的"现代性"。竹内好指出:在杜威刚从日本抵达中国的时候,他对日本人热情有礼整洁的社会状况评价很高,相比之下,对中国社会的混乱不洁表示了强烈的反感;但是随着"五四运动"的爆发和对中国社会的了解逐渐深入,他的看法发生根本性的反转——"日本的外表看上去似乎非常现代化,但是根基很浅;他预言说,要是这样下去,恐怕日本会毁灭的。……确实,中国在外表上非常混乱,……然而透过外表上的混乱,杜威敏锐地察觉到,新的精神正在涌动。

〈1〉 竹内好:《作为方法的亚洲》,《全集》第5卷,92页。

特别是亲眼目睹了"五四学生运动"之后,他领悟了这一点。……杜威通过这些青年的力量,洞察到中国文明表面上的混乱背后所蕴藏的本质,预见到中国将在今后的世界上具有影响力。他当时评论说,日本表面上很先进,但是十分脆弱,不知什么时候就有可能崩溃;中国的现代性是内发性的,即它是作为自己的要求体现出来的,所以很强韧。在1919年他就能建立这样的预测,我觉得很了不起。"〔1〕

竹内好在这里重申了他发表于1948年的《何谓近代》中的基本母题:与中国近代拒绝成为自己也拒绝成为自己以外的一切这一"回心"相对,日本的近代则是追随强者的"转向"。不过,从1960年1月安保斗争前夕进行演讲,到1961年发表这篇演讲文字修正稿,由于亲身参与了反对日美缔结"安保条约"这个"推迟了15年发生的反抗"(即在战败之时应该发生却没有发生的"革命"在1960年发生),他对日本式现代性的评价显然比十余年前温和了许多——他在日本社会终于发现了抵抗的契机,恐怕在这个意义上,他虽然强调日本战败这一"毁灭"使它现代化的脆弱程度暴露无遗,却不再如同战后初期那样激愤地断言"日本什么都不是",而是把日本走过的道路也视为一种现代化模式。

在比较日中现代性时,竹内好所进行的这一违反日本社会常识的"颠倒",完成的是价值观的重要颠覆。他直接冲击了日本社会潜在的优越感,指出不能总在欧美那里寻找现代化的标准,而要转向亚洲邻国,重新思考现代性的内涵。

这篇讲演的第二部分,是竹内好对各种提问所做的回应。在这个部分,他一开始就对日本与中国评价泰戈尔的方式进行了比较。泰戈尔曾经三次访问日本,只受到日本宗教界人士的欢迎,日本舆

---

〔1〕 竹内好:《作为方法的亚洲》,《全集》第5卷,98—100页。

论界认为他是印度咏叹亡国之歌的诗人;而泰戈尔访问同样处于被压迫境地的中国时,受到文化界不同思想倾向人士的广泛欢迎,被视为民族解放运动的战士。竹内好说:"泰戈尔表现出的姿态也许只能说是弱势的,但是这种姿态包含了很强烈的愤怒。他对社会或者世界的不公正抱有强烈的愤怒。中国能够汲取泰戈尔的这种愤怒,但是日本读不出来,只觉得他是亡国的诗人,发出的是弱者的哭诉。"[1]他结合日本的战争责任等课题,进一步深化了上述问题。他特别指出,日本人觉得自己败给了美国而不是中国,是一种物质至上的想法。除了战后被美国占领这个要素之外,还有一个心理是蔑视中国,觉得中国的军事力量不如日本。但是,在现实上中国赢得战争,靠的是精神力量,也就是中国拥有战胜日本的理论,这就是毛泽东的《论持久战》。"日本的战争理论,全部是以不可能战败这一独断的想法为出发点的。……战争这个东西,有胜也有败。回避思考战败可能性,仅就这种态度而言,就已经战败了。"[2]

竹内好所说的战争理论,在这里并不是战略战术的问题,而是一种精神哲学。竹内好在此重申了他在50年代初期写作《毛泽东评传》时提出的"根据地哲学"视野,把现实中的战争胜负问题转化成精神和心理问题。当然,竹内好并不是个庸俗化的唯心主义者,正如他在同一篇讲演中所说的那样:"文化除了从制造物质的生活中产生之外,别无其他根基。虽然文化有着物质与精神这两个面向,我还是觉得,除了人的生产活动之外,并没有终极性的源泉。"[3]他强调战争观的哲学内涵,恰恰暗示了他"改写历史"这一

---

[1] 竹内好:《作为方法的亚洲》,《全集》第5卷,105页。
[2] 同上书,111页。
[3] 同上书,107页。

努力的核心思想。正如他对毛泽东战争理论的阐释那样，他所理解的中国战争时期的"精神力量"，并非指的是不畏强敌的英雄主义和保卫民族的正义立场这类意识形态内容，而是冷彻睿智的现实政治判断。日本明治维新以来的历史走向，是否暗含了某种精神品质的缺失？在脆弱的现代化进程中，是否只有"不可能战败"这一种独断的想法能够支配日本民族？竹内好希望在日本历史中重新挖掘思想能量，为不再重演过去的历史而进行日常性的革命。

在讲演的最后部分，竹内好回应一位提问者的如下问题：战后日本的教育是把美国的教育制度从外面引进来。直接套用以西欧式个人为前提的民主主义规则是否合适？是否应该不要这样追随欧美，而是以亚洲原理作为基础？

竹内好的回答耐人寻味。他说："您提出的问题很重大，也正是我所思考的课题。不过，我的意见跟您有所不同。我不承认人在类型上有区别。我的前提是人全部是相同的。皮肤的颜色、长相这类区别是有的，但是我认为，人在内容上是共通的，在历史性这一层面，人是等质的。这样一来，我们不能不承认，近代社会在世界上是共通存在的，它催生了等质的人的类型。与此同时，文化价值也是等质的。不过文化价值并不是浮在空中之物，它通过渗透到人们之中才能够获得现实性。但是自由啦平等啦这些文化价值，从西欧渗透过来的过程，如同泰戈尔所说伴随了武力——用马克思主义的说法就是帝国主义；它是依靠殖民地侵略来支撑的，因此其价值本身也就减弱了，这才是问题。"[1]

在这段论述里，竹内好又进行了一次价值反转：他强调人类具有等质性，亦即人类在价值意义上是完全相等的。这个判断呼应了

---

[1] 竹内好：《作为方法的亚洲》，《全集》第5卷，114页。

他在讲演部分所谈到的中国人与日本人都是同样的人的说法，强化了人类平等的价值判断；不过在此需要谨慎对待的是，竹内好所说的"等质性"并非"同质性"。换言之，他强调的是价值而不是内容。就人类的内容而言，他说的是"相通"，而不是"相同"。等质而相通的人们，各自具有自己的个别性，却又平等地对其他文化开放，这样的集合体就是整体意义上的人类。

与提问者的问题相比较，竹内好认识论的特点就很清晰了。在常识层面，人们都倾向于把"美国""日本""亚洲"各自看成封闭的实体，提问者也基于这种实体意义上的判断提出与"美国原理"相对立的"亚洲原理"；但是竹内好不认同这种认识方式，不仅因为来自欧美的"原理"包含了人类的优秀价值，而提问者所说的"亚洲原理"因其语焉不详，很难判断其中是否含有保守排他的要素，而且更重要的是，这种实体性的认识论恰恰建立在欧美在侵略扩张过程中所依赖的"自我-他者"这一等级观念基础上。竹内好紧接着指出："西洋侵略东洋，由此引发了抵抗，由于这种关系，世界均质化了。这就是现在正在流行的汤因比那类学者的想法；这里面到底还是有着西洋的局限性。现代亚洲人所考虑的不是这样的事情。为了更大规模地实现西欧优秀的价值，要再一次由东洋重新涵盖西洋，从我们这一边变革西洋。通过这种文化上的逆袭，或者说价值上的逆袭，创造出普遍性。为了以东洋的力量把西洋产生的普遍性价值提升到更高的程度，就要变革西洋，这构成了当下东西之间的问题点。"[1]

竹内好在汤因比有关"挑战-回应"的论述模式中，敏锐地察觉到了"西洋的局限性"。这种把发达国家与非我族类的欠发达地

---

[1] 竹内好：《作为方法的亚洲》，《全集》第5卷，114—115页。

区对立为实体,通过对抗关系使整个世界以"近代"的名义西方化的认识论,无法解释这种表面上的"均质化"何以并不能渗透到非西方世界的内部。在单一的现代性论述中,不仅缺少对于人类社会生活多样性的尊重,而且也缺少人类"等质"的价值感觉。"西洋的局限性",就在于它只是在自我无限度膨胀的感觉中感知世界,假如不能把世界同质化,就会以拒绝相通的姿态指控非西方世界缺少"普遍主义"。这种世界感觉的基础,恰恰是实体性地把西方世界与非西方世界对立起来的想象。

早年写作《何谓近代》的时候,竹内好就用另外一种方式提出过这个问题。他在文章开篇处也谈到了欧洲的入侵与亚洲的抵抗,谈到了欧洲式近代对非西方世界的渗透和改变;但是,这种貌似实体化的分析是在一种鲜明的机能论方向上展开的:"东洋的抵抗,构成了欧洲之为欧洲的历史性契机。欧洲只有在东洋的抵抗之中才能够实现自己。……欧洲对东洋的侵入,并不是单方面发生的。变革对方,同时自己也被变革,这就是运动。运动具有幅度,而因为具有幅度,运动才被知觉,不过这个过程并非如同水流一般是连续的。运动以抵抗为媒介。换言之,在抵抗当中,运动才能被知觉。抵抗使运动得以产生,因此它是使历史得到充实的契机。"[1]

时隔十余年,竹内好在《作为方法的亚洲》中重谈"变革西洋"的时候,他实际上是在重提这个关于"抵抗"的命题。他之所以不能同意提问者提出的"以亚洲原理为基础"的说法,是因为这

---

[1] 竹内好:《何谓近代——以日本与中国为例》,《全集》第4卷,143页。关于欧洲,竹内好在本文亦进行了分解,指出东欧其实并不包含在向世界扩张的体系中,即使是西欧代表的帝国主义霸权结构,也在19世纪之后发生了分裂,包含深刻的内在矛盾。竹内好虽然在一般意义上使用了"欧洲""东洋"的用语,但是这些用语的最终指向却是对其内在紧张的揭示,因此用语本身随时可以解体。

种把亚洲原理与美国原理对立起来的思维方式是静态的，它缺少"以抵抗为媒介的运动"感觉。而一旦建立了这种动态的历史感觉，欧美对亚洲的二元对立范畴将不再稳固，它们构成了同一个由于张力而相互缠绕的流动过程。这个过程中，"抵抗"成为改写历史的能量。有无抵抗发生，是区别"回心"与"转向"的线索，然而这个抵抗，并不是汤因比意义上的对于挑战的回应。

竹内好解释"回心"与"转向"这一对他赋予特定含义的概念时，做了这样的注解："回心在表面上看与转向相似，但方向是相反的。转向向外而动，回心向内而动。回心借助保持自己而显现，转向则因放弃自我而发生。回心以抵抗为媒介，转向没有媒介。"〔1〕

然而这个以抵抗为媒介、向内而动的保持自我的运动，究竟是什么意思呢？抵抗的方向，为什么不是"向外"而是"向内"呢？竹内好在这里借助鲁迅，重新定义了"抵抗"的含义："他拒绝成为自己，也拒绝成为自己以外的一切。这就是鲁迅所具有的、使鲁迅之所以成为鲁迅的、绝望的含义。绝望，在行走于无路之路时显现，抵抗，作为绝望的行动化才能发生。把它作为状态看待就是绝望，把它作为运动看待就是抵抗。"〔2〕

当抵抗"向内"运动的时候，就是鲁迅所说的"挣扎"。这也正是竹内好笔下的杜威在"五四时期"观察到的中国历史走向。换一个通俗易懂的说法就是，来自西方的"挑战"，在中国引起的不是向外的"回应"，而是向内的革命。

但是最值得注意的，还是"拒绝成为自己，也拒绝成为自己以外的一切"这个说法本身。这就意味着拒绝一切现成的安排和既定

---

〔1〕 竹内好：《何谓近代——以日本与中国为例》，《全集》第4卷，162—163页。
〔2〕 同上书，156—157页。

的事物，包括拒绝没有经过"挣扎"的自我状态；在这一过程中，并不存在实体，主体性其实就是人在不断变革的过程中对于变革本身的自觉。作为变革结果的"事实"，一旦成为静态的既定前提，就面临重新受到抵抗的命运。

问题推进到这里，我们有可能更深入地理解竹内好对于提问者的回答：他并不反对民主主义教育这件事情本身，但是他反对照搬美式教育制度；参考他题为《我们的宪法感觉》的讲演内容，可以了解竹内好对事物并不采取全盘接受或全盘拒绝的态度，因此，他认为美式教育还是亚洲式教育不是关键所在，关键在于有没有能力把这些教育中应该属于人类的优秀价值发扬光大。

显然，竹内好认为欧美虽然创造了一些优秀的人类价值，但是其帝国主义的特性使它不可能促成这些价值为人类共享；相反，在欧美打造的世界霸权体系中，这些优秀价值只是少数人的独占品；且时常用作欺凌其他种族的借口。为了把这些优秀价值提升为整个人类的共同价值，不承认人在类型上有差别是非常重要的感觉方式。不要说以国别和人种划分人类等级这种露骨的歧视结构，即使作为曾经被殖民被压迫的民族，也不能以"回应"和"抵抗"为由重新定义人在类型上的差别。竹内好认为，只有亚洲，才能完成这个提升人类优秀价值的重任，至于这些优秀价值是由谁创造的，这并不是问题的关键。

在竹内好的时代，日本跻身欧美发达国家之列是一种潜在的社会氛围。上述"脱亚论"在50年代末又一次兴起，暗示了这种社会氛围的存在。因此，竹内好的这次讲演，从开篇就结合具体经验揭示了什么才是"人在类型上是等质"的含义，令人信服地打破了欧美-日本-中国、印度的价值等级序列，在一元论的世界霸权格局中重新定义了"近代"的多样性。这种重新定义本身，就是他以自己的方式对西洋进行的"变革"。

竹内好在结尾处以他特有的方式解释了讲演题目的含义:"在进行这种逆袭的时候,自己必须拥有独特性。这种独特性是什么呢?恐怕它不会是以实体的形式存在的。但是,我认为,作为一种方法,亦即作为主体形成的过程,它是可以确认的吧。因此,我就给这次讲演确定了'作为方法的亚洲'这样一个题目。不过,我没有能力明确地给它定义。"

竹内好的"方法",具有超越方法论层面的含义。它是"主体形成的过程",就是说,"作为方法的亚洲"是一个关于获得"亚洲自觉"的运动过程。亚洲自觉并不意味着在实体意义上确定与欧美之间的抗衡关系,而是包括了这个抗衡在内,同时使其转化为对各种意义上的等级次序、霸权意识的抵抗。这个抵抗,包含了竹内好所说的"向内"的自我变革,因此它才需要自觉意识。无论欧美还是亚洲,在各自内部都具有霸权机制,并不能截然分为两大对立实体,这也是竹内好警惕实体思维的原因所在。在直面现实中实体性地域关系的同时,建立作为"方法"的主体性自觉意识,这是两个相互勾连又有着不同含义的层面:前者正视了由近代西方帝国主义侵略非西方世界的现实历史过程,也正视了以民族国家为基本单位的不平等国际秩序;后者以这样的历史条件为背景,却拒绝被回收到这样的格局中去,拒绝与不平等的国际秩序共谋。说到底,作为方法的亚洲,是为了建立真正平等的人类关系所迈出的第一步。迈出这一步,需要依靠的是在"二战"结束之前一直处于被压迫被奴役地位的第三世界,"亚洲"只不过是更广大的第三世界的代名词而已。

那么,日本是否属于亚洲?在竹内好上述的思考脉络里,是否属于亚洲的问题并不能用"脱亚论"之类的意识形态说法简单地判断。如果亚洲不仅在地理实体的意义上成立,亚洲是不是一体也就不是问题的关键,那么,如何获得"亚洲的自觉",即如何在变革西方的同时也变革自身,将会成为必须深入思考的课题。

致力于对外扩张的明治政府并没有提供关于"亚洲自觉"的历史资源,竹内好把目光投向了明治政府确立自己统治形态之前的时期,即到西南战争为止的明治维新时期。这个"大于明治政府"的混沌时期,是竹内好试图挖掘出变革可能性的重要历史节点,他致力于分解在战败后仍然捆绑在一起的"国家与政府与民族"这一日本人的认同方式,尝试建立不断自我否定从而真正具有开放精神的民族主体性。

这个"火中取栗"的艰难工作,在他倡导"明治维新百年祭"失败之后展开。只不过,内容并不是直接讨论明治维新,而是对日本的亚洲主义进行梳理。

第六章

追问"亚洲主义"的另类可能性

一 《亚洲主义》之一：从原型到逻辑

《亚洲主义》是竹内好节选编辑的一部明治以来与日本亚洲主义论述相关的文集，从选篇到结构，充分体现了竹内好的思考特征。竹内好在导读中指出：日本的亚洲主义与那些公认的思想如民主主义、社会主义、法西斯主义不同，它并不具有内在的价值，因此不能以自足的方式自立，亚洲主义在历史上总是依靠其他思想形态呈现自身。所以，左翼和右翼都各自拥有自己的亚洲主义：它与右翼的扩张、侵略主义、民族主义，与左翼的国际主义都有重合之处，然而却不能回收到上述任何一种思想中去。因此，它是一种不断依靠各种思潮呈现自身，又不断从其中逸出的思想走向。这种寄生性思想特征，使得后人不可能单独展开亚洲主义的历史叙述，不可能把亚洲主义视为一个历史性地发展变化的连续过程。不过，作为最低限度的共同点，亚洲主义以亚洲诸国的"连带"为其指向性。也正因为如此，它才难以被各种近代思潮简单回收。

在这一认识前提下，竹内好以"一、原型；二、心情；三、逻辑；四、转生"为结构，收录了近百年来日本思想史中的相关文本。显而易见,这不是一个以时间为序的"历史结构",除了第四部分的三篇写于战后的论文在写作时间与处理对象方面晚于前三个部分之外,前三个部分有某种时间上的同步性和交叉性。[1]

仔细阅读这些文本可以发现,全书的四个部分,不仅在结构关系上是断裂的,而且每个部分所收文章也并不是相互配合的。文章的作者政治立场各不相同,显示的"亚洲主义"也不尽一致;更为突出的是,除了冈仓天心、大川周明、尾崎秀实等少数几位作者之外,大部分作者关心的只是现实中的具体问题,它们未必都可以用"亚洲主义"明确地概括,体现出来的至多是一种连带的情怀。

这也正是构成这部文集的内在线索。它呈现出竹内好的一个尖锐的追问:早年日本以"连带"为心情,且在现实中把国家利益相对化的亚洲主义情怀,为何并未能上升为理论,而仅仅作为"心情"或者"气氛"存在?换言之,亚洲主义为什么没有能够构成一个思想脉络?

这是竹内好无法回答却又无法释怀的问题。它的复杂性在于,日本亚洲主义勃兴的时代,正与西方列强瓜分世界的帝国主义时代重合;它与生俱来的对抗西方列强的性格,使得它必须处理"如何对抗"的问题。而当这个对抗理念试图"落地"的时候,国家成为绕不过去的羁绊,战争成为极具诱惑的手段。当明治政府野心勃勃地试图与西方列强争夺东亚霸权的时候,亚洲主义要想成为独立的

---

[1] 在前三个部分,"原型"部分节选了冈仓天心的《东洋的理想》(1903年)与樽井藤吉的《大东合邦论》(1893年);"心情"部分节选了宫崎滔天的《三十三年之梦》(1902年)、平山周的《山田良政君传》(1941年)、藤本尚则的《巨人头山满翁》(1930年)、相马黑光的《拉斯·比哈里·鲍斯备忘录》(1956年);"逻辑"部分,节选了内田良平的《日韩合邦》(1932年)、大川周明的《革命的欧洲与复兴的亚洲》(1922年)和《安乐之门》(1951年)、尾崎秀实的《"东亚协同体"的理念及其成立的客观基础》(1939年)和《检察官审问记录》(1942年)。

思想，必须使自己摆脱国家主义和对外扩张的困境，寻找另外的现实道路，在19世纪后期到20世纪上半叶，这样的条件很难产生。

耐人寻味的是，第一部分"原型"所选的两篇文章与时代走向具有明显的错位关系：冈仓天心关于"亚洲是一体""爱是亚洲各民族共同的思想遗传"的论述，意在抗议列强称霸，同时也弹劾明治政府模仿西方推行伪文明的行径；他的《东洋的理想》英文版出版于日俄战争前一年的1903年，然而，冈仓的抨击并不能阻止1904年的日俄战争。樽井藤吉的《大东合邦论》主张为了对抗白种人的侵略，不能依靠暴力，而是要以对等的和平方式在日韩之间建立联邦，保持各自君主的权力，甚至不必阻止朝鲜王对清王朝称臣；他倡导在日韩合邦之后，与清朝进一步合纵，共同对抗列强。樽井这篇长文最初在1885年以日文写作，由于其后下狱，被宪兵所毁。于是，为了使朝鲜志士也能直接阅读，他在1893年重新以日本汉文书写并出版。然而，樽井的提议也并没能阻止翌年的甲午战争。竹内好定义为亚洲主义原型的这两篇长文，各自在一场日本争夺朝鲜半岛支配权的战争前一年发表，与战争现实形成了极大的反差，这似乎构成了一种隐喻：它象征了作为原型的亚洲主义无法作用于它同时代的历史。不仅如此，樽井的"大东合邦"被1910年日本吞并朝鲜时反向利用，冈仓天心的"亚洲是一体"被后来的"大东亚共荣圈"意识形态所恶用，这些违背了作者本人意愿的历史走向，更证实了亚洲主义作为一种独立的思想难以直接传承的困境。

如果说亚洲主义的"原型"与现实的错位使得它与战争暴力保持了一定距离却最终反倒被利用，那么，在亚洲主义的"心情"中，情况就变得更复杂了。第二部分的登场人物均为明治时代的志士，具有"浪人"特征；他们的现实活动并非旨在改变本国政治，而主要意在改变他国政治。尽管如此，作为民间人士，他们并没有无条件认同明治政府的对外政策，自己在邻国的政治活动并不以增强日本国家利益为目标，而是以帮助邻国志士推进革命为宗旨。因此，他们的行动与日本国家意志的关系并不确定：有时是借助国家的力量，有时是违背国家意愿，有时则与国家意志各行其道。但是与原型部分相比，这些志士的活动虽然指向了连带，却并没有表现出对战争暴力的拒绝；这也是他们容易被后人视为日本政府对外扩张马前卒的原因。

竹内好对这部分资料的讨论保持了点到为止的分寸感，但提出了一个尖锐的问题。如果进行粗略的区分，以宫崎滔天为代表的政治浪漫主义类型的海外活动家和以荒尾精（1886年以陆军中尉身份赴上海，后创办的日清贸易研究所为东亚同文书院前身）为代表的务实派占领主义者，可以说构成了两类不同的亚洲主义者。前者并不关心日本国家的对外扩张，具有某种人本主义的关怀；后者则试图利用国家的扩张态势，并在一定程度上改造它。然而，竹内好并不打算如此区分这两类人。他认为，确认侵略主义与连带意识微妙的分离与结合的状态，才是有历史感的课题意识。"在这种情况下，不可能性急地决定一方是连带另一方是侵略。……（荒尾）也许是个'占领主义者'，不过至少，他占领的目的不是出于私欲。在日清战争和谈之际，他主张不要求清朝割让领土。"〔1〕

如果以"侵略"和"连带"作为标准对亚洲主义者进行区分，且把侵略定义为为了自身的利益而对他国进行征服与掠夺，把连带定义为跨国的民间平等协作，那么，早期的亚洲主义者确实很难单纯地归属于两者中的任何一种。事实上，樽井藤吉与朝鲜对等地联合为"大东国"的理念，是由玄洋社的主要成员内田良平等人加以

---

〔1〕 竹内好编：《亚洲主义》，筑摩书房，1963年，22—23页。

实践的：内田等人秘密组织的"天佑侠"，在朝鲜半岛投身于农民宗教团体东学党的军队，力图推翻当时的朝鲜王并进一步摆脱清朝控制，这成为甲午战争的导火索。起义失败后改组东学党创立了天道教的李容九，在其后进一步统合韩国不同的在野政治派别，组织了一进会，试图推翻当时由李完用主导的韩国政府。李容九虽然极端排外，却接纳了内田等天佑侠成员；他对樽井的《大东合邦论》显示了强烈的认同，甚至为自己的儿子李硕奎取日本名字为"大东国男"。

竹内好在第三部分"逻辑"中收录了内田良平《日韩合邦》的节选。这篇回忆录传达出"侵略"与"连带"纠缠在一起的状态。内田一方面与李容九一样试图践行对等合邦的理念，一方面却在伊藤博文出任朝鲜统监并一步步背叛朝鲜时作为他的参谋为他出谋划策。内田固然不是日本政府的马前卒，但是他并没有走李容九直接对抗本国政府的路线。内田直接介入内阁高层，有计划地一步步策动内阁实现日韩合邦，试图削弱日本政府吞并朝鲜的意图；他的回忆录相当明确地传达了一个复杂的信息——建立日韩联合政府，需要结合政府与民间双方的力量，不能只依靠日韩民间的横向连带。但是他的现实活动，在实际效果上却是帮助日本更顺利地避免朝鲜民众的对抗，甚至得到李容九及其领导的一进会的合作。当日韩合邦最后以总督政治的方式建立起日本吞并韩国的殖民地关系之后，内田慨叹这种机构形式背叛了他本人一直为之奋斗的目标，并不能构成东亚联邦组织的基础，李容九则愤懑而死。

这篇回忆录传递了一些微妙的历史信息。在内田与李容九策划日韩合邦之时，他们的目标不仅在于推翻当时李完用统治的内阁，而且也在于让一进会的百万会员移民满洲，在日韩合邦之后建立日韩满联合体，再与清朝结盟。在这个计划里，他们曾经得到明治政府支持资金的允诺,然而在总督政治建立之后,一切化为泡影。

把内田归结为"侵略扩张主义者"是简单易行的。事实上,内田也并没有反对侵略的意识。然而这样的归类会忽略一个问题:日本进入近代之后,朝野各方的想法与行动,除了侵略扩张以便获取国家利益之外,是否完全没有其他的指向性?换言之,是否能够把日本近代史内在的紧张与矛盾一笔抹掉,把它视为铁板一块的"侵略历史"?如果不能如此简化,那么,为什么日本的亚洲主义者并没有能够实现其他可能性,却最终被国家行为所利用?

亚洲主义兴起的时代,适逢东亚各国面临重大转型的时期。一个值得注意的基本事实是,就东北亚而言,虽然各国都在西欧与美国的武力威胁下打开国门,但是只有日本在这个过程中没有发生内部彻底革命的巨大动荡。明治维新并没有动员底层的民众,它在短时间的武力冲突与长时间的上层决策调整中保持了社会的相对稳定性;江户后期频繁出现的百姓造反,仅仅是大量的一次性事件而已,明治维新以天皇政治取代幕府政治,起主导作用的是在等级秩序中训练出来的下级武士阶层。虽然明治前期出现过民众的自由民权运动,但是很快被镇压并从内部解体,而且这个运动并没有冲击社会制度本身,天皇代表的政治体制,在这个民众运动中是得到肯定的;在早期与自由民权运动合流的玄洋社(头山满)和黑龙会(内田良平),其指导思想也很快由民权论转向了国权论。其结果是,经过了明治维新的骚动之后,日本成功转化了原有的藩阀体制,以此为基础建立了天皇极权制国家。然而在中国,列强的压力成为内部革命的契机,军阀混战导致割据局面持续,在混沌而残酷的动乱中,中国艰难地孕育着新的政治体制。与日本的君主立宪制度不同,中国最终推翻了王朝体制,走向现代民族国家。朝鲜在东学党起义的局势下诱发了中日甲午战争,并因此脱离清朝的控制而摇摆在俄国与日本之间；在大韩帝国成立（1897年）之后，一进会等农民组织也依然试图推翻内阁。与邻国相比，明治日本内在的矛盾虽然催生了以西南战争为顶点的对抗，却并未酝酿出成熟的革命契机；相反，它推动朝野间各种势力不谋而合地向外渗透，而这种向外的扩张，反过来又强化了明治政府的极权性格。

在那个混沌的历史转折时期，亚洲主义承载了亚洲部分地区革命家之间的连带。中国的孙中山与印度的鲍斯，分别为了推翻清朝统治、争取印度民族独立，与日本的早期亚洲主义者建立了信任关系。这些亚洲主义者不仅包含了宫崎滔天那样的志士，也包含了头山满这样被后人视为民间右翼团体头目的浪人。他们对于亚洲他国革命的支持，在特定时刻并不一定与本国利益一致[1]，但并没有为日本本身带来革命的契机。这是使得日本的亚洲主义区别于其他国家类似思想的基本特征。

这种与革命性变革失之交臂的历史命运，或许是造成日本亚洲主义的"心情"与"逻辑"分裂的基础。亚洲他国的革命家向日本的亚洲主义者谋求连带的时候，他们的目标是彻底改造本国的政治结构；而日本的亚洲主义者谋求的连带，是为了对抗西方列强对亚洲的入侵尽可能联合更强大的势力。正如内田良平在韩国推动的日韩合邦运动最后变成了总督政治即日本吞并韩国所显示的那样，这种努力在最初并不以改变日本国家为目标，最终几乎必然在客观上成为政府的帮凶。

但是即使如此，日本的亚洲主义者仍然无法简单地等同于国家

---

[1]《亚洲主义》文集收录了有关头山满的两篇回忆录，其中相马黑光的《拉斯·比哈尔·鲍斯备忘录》生动地记录了头山满如何瞒天过海地帮助鲍斯躲过日本政府的盯梢和追捕，最终成功救出这位印度革命家。

主义者。竹内好在"逻辑"部分收入大川周明与尾崎秀实的文章，提供了两个非常特异的个案。

大川周明在东京审判中被作为甲级战犯起诉，他本人也利用战争时期日本占领中国东北的条件推进自己的研究；然而他并不是单纯的法西斯意识形态鼓吹者。文集中收录的《革命的欧洲与复兴的亚洲》节选自大川1922年出版的著作《复兴亚洲的诸问题》，它论述了日俄战争为亚洲带来的鼓舞，提示了有色人种战胜白人的可能性，同时也论述了苏联作为欧洲内部的革命力量给欧洲和世界资本主义造成的压力。大川文中对欧美几个资本主义国家的尖锐批评，对其以正义之名武力扩张的揭露，即使今天看来也是正确的。同时，他揭示出亚洲复兴的道路不仅在于争取政治经济的独立，也要争取精神上的独立。在精神独立的意义上，大川推崇伊斯兰教国家在第一次世界大战之后的复兴运动。作为日本卓有建树的伊斯兰研究专家，大川周明在20世纪20年代就极为关注西亚、南亚的民族解放运动，他在文中把印度和阿拉伯各国的独立复兴运动视为政治与精神二重独立的代表，并认为只有依靠"力"才能争得自由。与"原型"部分的冈仓天心相比，在亚洲精神方面，冈仓提倡"爱"，大川提倡"力"，在这一点上他们形成了对立；但是他们对西方列强的批判、对亚洲复兴的渴望却是非常相近的。难怪竹内好在解说中认为，天心的文明观与大川很相似，如果把天心诗人式的直观进行逻辑上的分解，并且再重新结构起来，那么可以与大川著作中的相当一部分重合。从书中收录的大川在战后出版的回忆录《安乐之门》来看，大川对于神学的倾倒、对于印度早期佛教与印度教的痴迷，是引导他认知亚洲殖民地现实的途径，而他最终沉浸于伊斯兰教义，正是由于他在其中看到了宗教与政治的合一。大川最终仍然成为所谓"日本主义者"，他的政治不正确难免让战后一代知识分子与他保持距离。竹内好把大川列为日本亚洲主义"逻辑"的体现者，不仅是因为他在伊斯兰研究方面留下了尚待准确评估的学术遗产，更是为了呈现日本的亚洲主义在政治上的困境。

曾经搭救了印度民族革命家古普塔的大川周明，以此为契机建立了与头山满的交往。[1] 借助大川的描述，头山满这个日本早期亚洲主义的代表人物，栩栩如生地呈现在我们面前。这是一个不依靠观念而依靠直觉进行判断的卡里斯玛式人物，而支撑其直觉的价值感觉，恰恰来源于新旧交替的动荡时代所特有的人格要素。大川说，头山满本可以进入政界，也不拒绝与政界人物来往，但是他决心一辈子只做浪人；头山满本有很多机会发财，确实也曾经发过财，但是他对此毫无兴趣，手中的金钱立刻散尽。关键在于，这一切选择都不是头山满的观念使然，只不过是出于他的本性而已。大川说："我们的头山满，不依靠权力，不依靠黄金，不依靠学问，无为而生却成为跨越了半个世纪的日本的泰山北斗，这是一个稀有的例证，他亲身示范了人格的权威性。我只是凭借这一点，就足以仰慕他为明治·大正·昭和三代最大的导师。"[2]

从大学时期就醉心于哲学进而沉溺于宗教研究的大川周明，在头山满那里发现了"一心通天"的宗教精神。头山满崇拜神道教众神，尤其崇拜明治天皇的神灵，但是他并不宣称自己是神道教信徒。大川对此特别进行了一个区分：头山满并不是"宗派"的信徒，他是"宗教之人"，即他虽然行神道教膜拜之礼，却并不拘泥

---

[1] 鲍斯亡命日本时与同伴古普塔抵达东京，在日本政府命令二人必须在五天之内离境时，他们曾经依靠头山满的安排巧妙地躲避了警察的跟踪，最初一起藏匿在中村屋；但是其后鲍斯与古普塔之间发生了龃龉，古普塔一人离开中村屋，躲入大川周明的家里，在大川处隐居了两个月，直到在头山满的斡旋下日本政府解除了对二人的驱逐令，古普塔得以离开日本赴美。而大川以此为契机，开始了与头山满的交往。
[2] 大川周明：《安乐之门》，竹内好编：《亚洲主义》，306页。

第六章　追问"亚洲主义"的另类可能性

于既成的宗教，他追求的是进入"无私无我"之境，胸中无一物，身边无一物，直接与天地相通。大川因而受到启迪，声言自己也从受制于康德、黑格尔的"奴隶状态"中解放出来，不再过度崇拜这些经典，而只是把它们视为引领内心自由的向导。

大川借助头山满等人的宗教精神，阐释了他一直关切的"东洋精神"命题。他分析道：在日本、中国、印度所使用的"宗教"这个语汇，其实是"religion"的译语，原文来自拉丁文，指的是祭神的仪式，它比较接近于《礼记》中的"礼祠""祭法"等用语，日本和印度也有相应的用语，但是并非今天通行的"宗教"一词的意思。因此可以说，东洋并没有准确地翻译"religion"一词的用语，因为在西欧各国，宗教的生命就在于仪式本身，宗教与道德、政治是相互分化并各自独立发展的；与此相对，东洋社会的宗教、道德、政治是合为一体的，它成为人生整体的规范，最突出地体现了这一特征的是中国的"道"。这是一个同样无法翻译为欧洲语言的范畴，它是实现天、地、人三者正确关系的原则，是人格生活的理想。因此，天不是抽象的，它成为人格中敬虔的感情，具有宗教性。[1]

学究气十足的大川周明，在精神病发作躲过甲级战犯审判之后写下的这些分析，或许提供了理解他一生活动轨迹的一条线索。大川本人在实践他的"道"的时候，并没有审时度势、独善其身，而是投身于时代的浊流之中。他的失败，有着比他本人政治判断力缺陷更深刻的历史印记，在某种意义上，这也是揭示日本的亚洲主义何以未能成为独立思想的线索。宗教意义上的人格自我完成，正因为在大川那里意味着天、地、人合一的"道"，它就不可能仅仅停

---

[1] 大川周明：《安乐之门》，竹内好编：《亚洲主义》，311—313页。

留于内心世界。但是也正因为"道"的修炼,大川与他所投身的时代浊流之间存在着貌合神离的关系。大川究竟是"大东亚共荣圈"意识形态的鼓吹者,还是借侵略战争之势追求宗教道德与政治合一的境界,这已经远远超过了政治正确的程度,成为更深厚的历史性课题。〈1〉

  竹内好在1969年做过一次名为《大川周明的亚洲研究》的长篇演讲,详细介绍了大川的生平和他的研究,这个演讲充分显示了竹内好亚洲主义研究的思路。他谈到大川早年醉心于古代印度思想,立志成为圣人。但是,他偶然读到一本《新印度》,该书介绍了印度成为英国殖民地之后的悲惨境遇,这使大川受到极大刺激,圣人之国的意象一下子破灭,他从此开始转向对亚洲各地独立运动以及欧洲殖民历史的研究,最终沉浸于伊斯兰世界。竹内好指出,这则轶事典型地说明了大川的性格:"与其说他是行动者,不如说他是认识者,毋宁说他是个彻头彻尾的书斋之人。……他缺少某种想象力,类推能力不足,因此无法控制固执于观念的自我,这一点恐怕是可以确认的吧。他的转向并不是来自实地的见闻,这一点很重

〈1〉 在近年的大川周明研究中,臼杵阳的《大川周明:在伊斯兰与天皇的夹缝之间》(青土社,2010年)相当深入地处理了大川的伊斯兰研究与日本侵略战争的关系。臼杵阳指出,大川周明年轻时就高度评价犹太复国主义运动,认为犹太民族与日本民族属于"特殊的民族",二者都具有"神、民、国"三位一体的基本特征,这一认识在"二战"时期纳粹迫害犹太人的时候也没有改变。但他同时也认为,犹太教是民族宗教,伊斯兰教才是世界宗教。因此,他在与伊斯兰教对照的意义上为日本天皇制定位。大川认为,日本的天皇不具备一神教中神的超越性,明治天皇是集"彻底的破坏性的革命家、建立专制统一的君主、复兴国民信仰的法王三位一体的现实权威"(参见该书第四章《从亚细亚论到天皇论》)。臼杵阳的研究谨慎地讨论了大川周明对日本殖民战争的赞成态度与他的亚洲主义理念之间的矛盾,但是并不赞同因此简单地把大川归类为国家主义和侵略意识形态制造者;他充分注意到了大川作为亚洲主义者所开拓的伊斯兰研究在战争时期复杂的历史功能,在这一点上,尽管在观点上并不完全一致,他仍然高度评价了竹内好对大川周明的处理方式。

要。在类型上,他属于那种比起肉眼的直接观察来更信任悟性的思想家。"[1]

大川活在由文字构成的二次元世界里,他致力于重构这个世界,但没有能力通过观察混沌的现实产生具体想法。然而在二次元世界里,大川的悟性却没有把他真正地留在书斋,而是把他推向现实。他对头山满的分析也正是他对自己的定位:在现实中保持一心通天的精神追求,完成天、地、人三位一体的"道"。正是由于这种精神追求被他投射到了日本国家行为上,竹内好指出,大川的基本政治态度并不是无条件地肯定日本的侵略,他关心的是日本国家如何确立道义主体性的问题。[2] 当战争深入,他发现自己的理论与事实相对立之后,虽然感到失落,但并没有因此简单认同现实,而是一直坚持逻辑的一贯性。竹内好说,在那个时代,就连马克思主义者也出现了时局的跟风之人,大川对自己理论立场的坚持,固然没有让他成为成功的政治家,但成就了他作为学者的节操。

1963年出版《亚洲主义》时,竹内好的导读部分对大川周明的评价过于简略,因此1969年的这次演讲,可以帮助我们理解何以竹内好会把大川周明的论述作为亚洲主义的"逻辑"收入该书。通观"逻辑"部分的三位历史人物——内田良平、大川周明、尾崎秀实,他们的立场各不相同,但有一点是共通的,那就是他们都试图借助国家的战争之力改变现实。比较而言,内田和尾崎离政府很近,都试图影响国家决策;大川并未进入政府,不那么关心国家的具体决策,他的伊斯兰研究甚至在某些阶段成为日本政府推行国家神道的

---

[1] 竹内好:《大川周明的亚洲研究》,《全集》第8卷,190—191页。
[2] 例如,大川主导的满铁东亚经济调查局曾经在战时庇护过不在少数的日本马克思主义者,他对于俄国革命也在其改造腐败国家的道义层面给予了肯定。同上书,196页。

障碍，但是，伊斯兰教义对于大川的吸引力，正在于宗教、道德与力量的结合方式。换言之，战争在大川的思考中是对抗西方建立亚洲精神不可或缺的媒介。这也正是日本亚洲主义的宿命，它从诞生伊始，就面对着西方世界的暴力，绝对和平主义的思考很难生长。

或许，大川的意义不在于他作为法西斯国家主义者的面向为亚洲主义涂上了阴暗色彩，这部分在战后很容易地被左翼"清算"了；大川的意义在于，他代表了亚洲主义中那些"逸出国家主义"的部分，即与时政并不完全重合的"东洋精神"。竹内好称之为"学者的节操"的逻辑一贯性，不是对于既定观念的固守，而是对于精神信仰的追求。大川在甄别头山满作为"宗教之人"区别于"宗派信徒"的特征时，无意中诠释了这种逻辑一贯性的内涵：人对天的关系是宗教，对地的关系是道德，人与人的关系是政治，三者合一才构成"道"。或许学者的节操，就在于如何在天、地、人三者关系发生冲突的时候不是简单地让政治主宰一切，也不是躲避政治空谈宗教与道德。亚洲主义不时地与各种"政治"合体，但它仍然不仅仅是政治理念，大川未能实现的"东洋精神"，提供了亚洲主义大于国家主义的精神图谱。在战时，这种大于国家主义的精神追求，需要坚实的学理支撑，甚至需要大川那种学究式的时代错误。竹内好多次指出，这种逻辑的一贯性在左翼与右翼的阵营中都属于稀有品种。或许正是在亚洲主义这一无法独立存在的范畴里，这种一贯性才能得以被确认吧。

尾崎秀实作为共产主义者，在日本的亚洲主义者中占有十分特殊的位置。收录于该书中的《"东亚协同体"的理念及其成立的客观基础》《检察官审问记录》这两篇文字，暗示了他与其他左翼的不同之处：与其他日本马克思主义者一样，他也以国际主义而非民族主义作为自己的立脚点，却同时具备对于两次世界大战中民族主义重要功能的敏锐观察。尾崎在文中指出：由日本左派知识分子与进步社会运动家推动的"东亚协同体"理念，虽然也得到了近卫内阁的呼应，宣称与中国"共荣共存"，但这只是日本的一厢情愿，并没有得到中国的认可；无论是经济还是政治，中国从政府到人民都不能接受日本的"协同体"说法。而只要没有得到中国的认可，这个"东亚协同体"就不可能成功。

尾崎指出，日本从占领满洲的时期开始，就以分割中国地域作为基本策略，但是这种分割无法阻止中国人作为一个民族的联合趋势。他援引蒋介石在1938年的《告全国同胞书》中的一段话指出：中国的抗战并不是历史上常见的两国争霸之战，而是民族战争，是革命战争。民族革命的长期战争，必然会获得最后胜利。

尾崎还含蓄地强调，"东亚协同体"的原理，不仅会给中国内部的结构带来变化，也同样会重构日本的内部结构关系。他预言，这个原理如果进入实行阶段，必然会与日本的资本主义阵营产生摩擦，而为了在东亚各国组织经济建设，不改变日本内部的社会结构，也是无法获得成效的。

发表于1939年1月号《中央公论》的这篇评论，尚不能直接阐述尾崎的想法。作为当时近卫内阁的智囊人物，他正专注于从内阁的政策着手尽可能地扭转战争的趋势。但即使如此，尾崎仍然在可以直言的范围内进行了相当客观的分析。时值卢沟桥事变发生两年多、南京陷落不久，在中国推行"东亚协同体"的理念，自然会受到中国政府与人民的抵抗。尾崎在强调中国的民族主义时特别指出：在政治经济与军事方面均处于不利地位的中国，何以持续顽强地抵抗？这个难解之谜的核心，就在于中国的民族问题并不仅止于国家层面，它贯穿于游击队战士、不问政治的农夫和街头流浪少年。而且，这一民族的问题丝毫不会由于日本依靠武力建立隔绝于内地的伪政权〈1〉而得到化解。正因为如此，尾崎意识到，在世界大战的局势之下，民族的问题亦即民众的问题，要比国家的问题更为根本。他在强调日本社会内在的结构变革时，特别指出日本国民的再组织问题才是根本性的："支那内部逐渐把这个'东亚共同体'理论真正作为自己的思想而给予合作的人们，特别关注着日本'国民再组织'问题的走向。如果日本不改变自身一直以来的主张，不改变根本性的指导精神，他们不可能给予配合。他们这样做有着充分的理由。"〈2〉

尾崎不仅强调日本国民重组的必要性，也反复强调重构日本社会内部关系的必要性。在此基础上，他强调"东亚协同体"与以往各种称霸东亚的方案不同，需要具有后者没有的"谦虚态度"。换言之，他强调"东亚协同体"不能以日本称霸的方式获得成功。

如果只是阅读这篇1939年的评论，很容易把尾崎的想法与樽井藤吉的"大东合邦论"画上等号。换言之，尾崎似乎是在强调日本在侵略中国并且得到了暂时的优势之后，应该转向尊重中国民众意志，建立共同对抗西方列强的经济共同体这一选择，而不应该走向武力殖民的道路。但是即使如此，尾崎文中有樽井理念性论述中所没有的"重构日本"的具体计划。应该说，"东亚协同体"的理念，在尾崎那里真正的意义，与其说是建立联手对抗西方的东亚联盟，不如说更在于重构日本与重构日本国民。在与亚洲主义相关的活动家里，尾崎几乎是唯一一位把重构日本作为首要课题的独特思想家。

〈1〉 即1937年12月日本在北平成立伪中华民国临时政府，1938年3月于南京成立伪中华民国维新政府。这一举措的实质在于对中国进行分割性统治。1940年3月汪精卫政权成立之后，两个政府均撤销。
〈2〉 尾崎秀实：《"东亚协同体"的理念及其成立的客观基础》，竹内好编：《亚洲主义》，334页。

第六章　追问"亚洲主义"的另类可能性　｜　271

但是，重构的内容是什么？在日益升级的出版审查之下，尾崎无法直接说出自己的想法；然而，在1941年10月作为国际共产主义谍报小组成员的身份暴露且被逮捕之后，他在狱中反倒可以正面阐述自己的观点了。在篇幅庞大的审问记录中，尾崎留下了自己冷静客观的陈述。竹内好在其中选择了相关部分收入该书，并注明："与前面的论文有表里相辅的关系。"〈1〉这个独具慧眼的选择，给我们提供了了解尾崎重构日本意图的可靠依据。

尾崎在回答审问者提出的"关于客观形势以及革命展望的认识"的问题时，洋洋洒洒地论述了两次世界大战期间的国际形势，并且着重分析了资本集团瓜分世界的企图与世界大战的关系。与此同时，他指出帝国主义阵营内部争夺殖民地的斗争必将从内部瓦解其社会经济体制，而帝国主义阵营内部所谓正统派帝国主义国家群与法西斯派帝国主义国家群的对立，将加速两者的这种内部变动。其结果是，产生了无产阶级革命的可能性。尾崎说："我相信第二次世界大战必将导致世界变革。关于我为何预见第二次世界大战将会在帝国主义诸国重新瓜分世界尚未完成之际，就发生世界变革，姑且就作为我提出的问题，在此不须赘言；我确信，通过第二次世界大战的过程，世界共产主义革命即使不能完全获得成功，也会抵达决定性的阶段。"〈2〉

这段话充分揭示了尾崎"重构日本"与"重组日本国民"的含义：他认为日本需要在世界共产主义革命中进行彻底的改造。不仅如此，他还进一步指出苦难大众以自己的力量重建民族国家的重要性。进而，他描绘了一个东亚未来的政治蓝图：以中国共产党掌握

〈1〉 尾崎秀实：《"东亚协同体"的理念及其成立的客观基础》，竹内好编：《亚洲主义》，336页。
〈2〉 同上书，338页。

政权的中国、脱离了资本主义体制的日本、社会主义的苏联这三个民族的紧密结合为核心，确立东亚各个民族的民族共同体。这是尾崎所强调的"东亚新秩序社会"：它并不一定以共产主义国家为条件，而是应该以民族独立与东亚互助连带为前提，选择相应的政治体制。

尾崎关于重构日本以及建立"东亚新秩序社会"的理念，是他实现消灭国家的共产主义理想的中间环节，这个构想与日本政府推行的以日本为中心的"大东亚共荣圈"并不重合。但是，他同时也认为实现这个由无产阶级主导的新秩序并非易事，因为日本并不具备这样的民众基础。在战争白热化时期，尾崎曲折地呼唤日本的革命，但是正如竹内好所言："试图在处于对抗关系的无产阶级国际主义与亚洲主义之间架起通道的，只有尾崎秀实。这是一个特异的例外，可惜他出现得太晚，他的思想到最后都是孤独的。"[1]

孤独而富有传奇色彩的尾崎秀实，在日本亚洲主义的天幕上划开一道裂缝。他也许并不缺少同志，例如与他同时入狱的中西功等日本共产党员，都曾经跟他一道作为中国共产党的同盟军从事谍报工作；但是，在理念上坚持把国际主义精神与日本的亚洲主义结合起来，并且利用进入政界边缘的条件尽可能地影响日本的政策，尾崎这样的努力注定是孤独的。从尾崎的工作方式看，他在某种程度上印证了竹内好在《近代的超克》中指出的战争时期抵抗的唯一有效形式：从公定意识形态的内部去改变它，为此并不忌惮使用官方话语，甚至看似与官方共谋。这个做法当然使得尾崎不能与其他共产党员在战后共享"抵抗"的光环；他饱尝了孤独与艰辛，却作为"一个特异的例外"，为日本的亚洲主义增添了一笔浓重的亮色。

---

[1] 竹内好：《亚洲主义的展望》，竹内好编：《亚洲主义》，52页。

二 《亚洲主义》之二：左翼的功过问题

竹内好指出尾崎出现得太晚，并不仅是因为他的思想理念在战争白热化的时候，缺少成功实践的可能性；他希望强调的是，早于尾崎的日本马克思主义者中，缺少尾崎这样的人物——作为马克思主义者和共产主义者，以自己的理念重新塑造亚洲主义的内涵。在经历了19世纪80年代各种类型的浪人志士对邻国革命的介入之后，以两次对外战争的胜利为契机，日本的亚洲主义渐渐向右翼的方向定格。也正是在这个时期，倡导国际主义的左翼，开始确定自己与亚洲主义的疏远关系：明治末期的社会主义者，虽然肯定亚洲各民族摆脱殖民地状态、争取民族独立的正当性，却坚持革命不可能在一国之内获得成功的理念，因此直接主张共产主义的无政府主义。以幸德秋水、大杉荣等为代表的政治理论家，虽然积极地为当时留学日本的中国人组成的"社会主义研究会"讲解马克思主义的理论，但是仅仅以《资本论》为主，辅以无政府主义、科学社会主义以及非军备主义的解说。对他们而言，民族的问题并不构成重要的对象，或者毋宁说，民族问题以及一国内部的革命，反倒构成国际主义的障碍。

竹内好收录了石母田正写于战后的论文《幸德秋水与中国》，正面讨论了这个问题。石母田作为一名马克思主义史学家，深刻地意识到明治末期的日本马克思主义者作为"统治民族"内部的革命家，缺少对被压迫民族革命家推动民族解放斗争的理解。石母田指出：对于幸德秋水来说，为夺取民族独立所需要的各个阶层的统一战线，与无产阶级专政的社会主义革命原理相互矛盾。秋水的这一认识，与当时指导世界共产主义运动的第二国际的基本方针也有直接关系。秋水等日本革命家对中国革命家的"启蒙"，由于不涉及甚至妨碍他们谋求民族独立的努力，使得他们与中国革命家的相互理解产生了明显的错位，甚至造成中国早期革命家内部的分裂。

但是更重要的问题，在于幸德秋水在对民族问题的漠视基础上产生的否定爱国心、爱国主义的姿态。在他出版《二十世纪之怪物帝国主义》的1901年，正是日本民众"爱国主义"情绪高涨的时期。三年后爆发的日俄战争，以当时社会上风行的"爱国心"为社会动员的情感基础。秋水在这种全民倒向爱国情绪的趋势下，在该书第二章讨论了爱国心的问题，进行了冷峻的否定。石母田正一方面肯定了他在这种全民狂热局势下表现出的彻底的国际主义精神，但同时也提示秋水否定爱国心的弱点："秋水的片面性是这样产生的：他混同了排外的爱国主义与爱国心亦即对祖国的热爱这两种感情，为了达到批判前者的目的，连后者也一同加以排斥；为了达到批判排外的、侵略性的国民'爱国心'这一目的，就试图否定所有的爱国心。"[1]石母田还对幸德秋水拒绝民族主义与爱国主义的方式进行了批评："在他对时代冷然孤独的态度里面，即使包含了他在危机时刻挑战国民的'爱国心'、对国民进行说教、拒绝爱国心等等态度，却不具有与军国主义、侵略主义争夺国民隐含的'爱国心'，使其在国际主义和社会主义的目标下集结起来的态度。秋水只是在话语层面否定和非难军国主义与爱国主义，并没有表现出与其进行斗争的态度。……秋水应该做的，不是'独自冷然地讲理义、说道德'，而是作为国民感情的组织者，为了赋予'爱国心'以正确的内容和方向而进行战斗。"[2]石母田为这段话中的"国民感情的组织者"加上了重点号，这位马克思主义史学家在战后深感民族感

---

[1] 石母田正：《幸德秋水与中国》，竹内好编：《亚洲主义》，400页。
[2] 同上书，405页。

情的重要功能，其论文集《历史与民族的发现》就是他以学术形式进行的努力。

不过，当石母田正强调秋水应该为赋予"爱国心"以正确的内容和方向而战斗的时候，他是否考虑到了这种战斗如何才是可能的和有效的？而爱国心的"正确"内容，究竟是否等同于国际主义和社会主义的"目标"？石母田固然指出了一个重要的问题：幸德秋水的国际主义视野跨过了民族与国民感情之后，不仅脱离了现实而停留于话语的正确性，更致命的是，他因此放弃了与军国主义意识形态争夺国民感情的可能性。不过石母田也绕过了一个问题：如果幸德秋水不放弃这种争夺的战斗，那么，在日俄战争阴云渐起的时刻，他该如何为"爱国心"定义？

在明治末期那个历史的混沌时刻，社会主义、无政府主义和国际主义尚不在被镇压之列，但社会革命的主张却是被忌惮的。内田良平在1901年出版的《俄罗斯亡国论》，因其露骨的主战论而遭到查禁，幸德秋水同年出版的《二十世纪之怪物帝国主义》，却因为其非战论而顺利发行——因为当时的日本内阁认为开战为时尚早。竹内好援引相关研究指出：有趣的是，内田的这部著作由于对日本人民缺少革命精神的痛斥和主张进行革命，与列宁的《俄国资本主义的发展》有着呼应关系，而幸德秋水的非战论，则与当时的孟什维克理论有间接的呼应关系。[1]可以说，比起抽象论述帝国主义的左翼幸德秋水，行动派右翼内田良平更为接近革命，对日本的天皇制政治秩序更有威胁性。这种奇妙的力学关系，也使得诉诸民族和民族感情的亚洲主义在这个混沌状态中错过了与日本左翼结盟的时机。

---

〔1〕 竹内好：《亚洲主义的展望》，竹内好编：《亚洲主义》，52—53页。

内田作为头山满的弟子，幸德作为中江兆民的弟子，并没有建立他们的恩师之间那种深层次的政治情谊。日本曾经在19世纪末期出现过的大于立场之别的政治图谱，在进入20世纪之后渐渐失去了光彩。

竹内好不无遗憾地说：在天心那里，裁决西方式现代文明与文明观的，应该是亚洲主义，而非后日的东京审判；可是本该作为文明价值的亚洲主义尚未来得及确立其明确的轮廓，就流进了侵略扩张的渠道。导致这一后果的，恐怕就是内田与幸德在明治末年这一特定的分道扬镳吧。因此，"就没有抓住历史时机而言，幸德秋水也是同罪的。内田与幸德一旦分离，就再也没有交集，这一点不但对于日本人，对于亚洲而言也是一个不幸"。[1]

这个对于亚洲而言的不幸，毋庸置疑，就是昭和时期以"东亚共荣"为意识形态的侵略战争。在这个巨大历史错误的旋涡里，尾崎秀实曾经与他的同志们试图从内部改变它的方向。他们虽然观点未尽相同，但都曾经为了重构"东亚协同体"的内容而付出艰辛的努力。这些努力，正如尾崎后来在狱中所承认的那样，并不是为了阻止战争，而是试图通过战争途径改变帝国主义称霸的世界格局，完成暴力革命，在日本、在世界建立新的政治体制。

尾崎未竟的事业，在战后日本并没有得到继承。暴力革命的契机已经错过，日本共产党在50年代中期宣布放弃武装斗争的策略，改走议会道路。然而尾崎在昭和政治思想史上所占的重要位置，或许超过了竹内好的解释——只有尾崎秀实，以他特殊的"双面间谍"的方式，才使得内田与幸德又一次相遇，并且结合在一起。尾崎在论述中国社会抗日形态的时候，强烈关注民族主义的功能，他把民

---

[1] 竹内好：《亚洲主义的展望》，竹内好编：《亚洲主义》，55页。

族主义与国家主义相区别，诠释了中国民众的"爱国心"；反过来，他参照中国"民族大于国家"的现实，试图在国际共产主义的前景下重新组织日本民众。当然，他没有条件把这个想法付诸实践，同时，他也清醒地看到了日本民众的弱点。他在1939年就指出过日本实现"东亚协同体"并不具备相应的基础。日本国内虽然发生了各种国民运动，但并未能完成"组织统合"。他含蓄地说："这个整合有必要作为推进力，适当地结合到新的政治机构中去。"[1] 尾崎在此所说的是，在原有的政治结构框架中发起民众运动，并不能有效地扭转侵略战争的局势，只有建立新的政治机构，民众的整合才能获得意义。当然，他所说的建立新的政治机构，即社会主义国家。

尾崎在狱中的审问记录中，留下一个值得关注的信息。当他被问到对国体的态度时，他这样说：作为共产主义者，他的行动是超国家的；作为间谍，他的行动是反国家的。但他不是首先确定了对日本国体（即天皇制）的观念而引导反国家的行动，而是在超国家的行动中自然地形成了反国家的结果。

尾崎这一甄别，意在表明他对天皇制与民众关系的观察。他认为，日本社会真正的问题在于资本集团与军部的勾结，同时这种实际的统治机制没有体现为确切的形态，在主观上，军政府未必直接为资本集团服务，有时甚至压制资本集团获利；但是最终看来，两者的勾结是基本的结果。这种复杂的关联，很容易被"天皇制"的外包装遮蔽，而天皇家族并不是问题的要害。尾崎的这个判断，是以他对日本民众社会情感的理解为基础的。他认为，作为政治统治体制，在制度层面解体天皇制是正确的；但日本共产党把天

---

[1] 尾崎秀实：《"东亚协同体"的理念及其成立的客观基础》，竹内好编：《亚洲主义》，335页。

皇制作为打倒的目标，与实际状况又有错位。日本民众对天皇家族的感情是一种古老的"家"的感觉，也有很多日本人把天皇作为宗教来信仰。"革命的口号，必须是那种可以诉诸民众直接热情的东西，因此，可以说在此意义上把'天皇'直接作为打倒的对象不适当。……在世界共产主义大同社会得以实现的时候，国家和民族将会作为一个地域性或者政治性组合的单位继续存在；我是这样考虑将来的国家的。在此情况下，'天皇制'作为制度被否定和解体就是很自然的了，但是我并不反对作为日本民族中最古老的家的象征物，'天皇家'以某种形态继续存在。"〈1〉

这一微妙的区分，显示了尾崎对"国家"与"民族"的不同态度。可以说，日本国家意识形态最终成功地整合了作为政治制度的天皇制与作为民间信仰的天皇家族，使得对国民的整合服务于侵略战争；而对这两者的分离，至少在理论上，是一个改变社会的契机。

尾崎对民众感情的这种解读，开启了一个新鲜的思考路向。那就是民众的动员不能仅仅依靠"正确的观念"，需要抓住民众"直接的热情"，创造转化它的条件。

竹内好接续石母田的问题意识，指出了一个饶有兴味的问题：从大正到昭和前期，日本右翼与左翼的对抗关系呈现为一幅思想配置图——右翼独占了亚洲主义，左翼则以无产阶级国际主义回应右翼的亚洲主义。但是其后，左翼阵营中因为无法迈过民族问题这道坎，开始陆续出现落伍者，他们在转向之后，纷纷倒向了亚洲主义，并以西乡隆盛为表率；左翼抽象的国际主义观念，使得他们失掉了争夺亚洲主义、开放民族主义的机会。

明治维新时期，有三个人物并未倡导亚洲主义，然而在思考亚

〈1〉 尾崎秀实：《检察官审问记录》，竹内好编：《亚洲主义》，343—344页。

洲主义的时候极具参考价值。一位是福泽谕吉,一位是中江兆民,一位是西乡隆盛。

竹内好在导读中专为福泽与兆民设置了一节,讨论他们的历史功能。福泽的《脱亚论》是一篇短评,竹内好以篇幅短小为由全文引用在自己的导读里。事实上,这是一种特殊的编辑策略——由于《亚洲主义》有特定的编选原则,不直接相关的文本很难在这个文集中找到位置,然而,福泽的这篇短论却有效地从反面勾勒出亚洲主义的轮廓,因此,竹内好以在导读中全文引用的方式把它收入了论文集。竹内好指出:福泽是一个强烈的民族主义者,他与樽井等亚洲主义者一样,也对当时的国际局势有着深刻的紧迫感。这篇短评与樽井未发表的《大东合邦论》日文版写于同一年。虽然福泽并非直接批评樽井的"合邦论",但从结果上看,他与樽井的观点之间显然存在对立。不过,这个对立是错位的。竹内好指出:"合邦说是否抗得住福泽的批判,这是个疑问。最重要的是,福泽有着文明这一武器。文明本身就是价值,而合邦、合纵,也就是连带,其本身并不是价值。通过连带实现什么,这一点合邦说并没有明确的设想。"〔1〕

在价值层面提出另外一种文明论的,是在福泽谕吉逝世当年,冈仓天心出版的《东洋的觉醒》。在这两个文本构成的张力场里,为中江兆民与西乡隆盛定位是一件颇具挑战性的工作。竹内好十分关注中江兆民《三醉人经纶问答》的定位问题。这个把作者一分为三的对话体文本,体现了在前路迷惘的19世纪80年代,中江兆民思考的多重性以及他政治选择的辩证性格。这个文本有三个出场人物:洋学绅士、豪杰君、南海先生。这三个人物分别代表了中江兆

---

〔1〕 竹内好:《亚洲主义的展望》,竹内好编:《亚洲主义》,40页。

民思考的三个基本路向：在学理上把西方现代自由民主思想推向极端的绅士君；在行动上把抵抗西方导向了对外扩张的豪杰君；在这相互矛盾的二者之间王顾左右而言他的南海先生。三个人物身上都有兆民的影子，但都不能代表兆民。而当三个人物合起来组成一台戏剧的时候，他们相互之间难以协调却不断转化的紧张关系成了最引人注目的亮点。

竹内好在文集的最后部分"转生"中，选入了堀田善卫的《日本的知识人》一文，这是一篇细致分析《三醉人经纶问答》的作品，它讨论的是明治以来日本知识分子与民众、与自身的关系。堀田认为，在"三醉人"中，南海先生体现了日本民众的特性，而洋学绅士与豪杰君分别体现了两种类型的知识分子，或者不如说是知识分子身上的两种属性。堀田不断追问一个问题："如果不曾是西欧帝国主义的追随者，如何得以成为亚洲民族主义的先驱者或者同道？此事可能吗？如果要成为亚洲民族主义的先驱者或者同道，除了成为西欧帝国主义的追随者以保卫自己的独立以外，在19世纪与20世纪之交那个弱肉强食的帝国主义时代里，还有其他的道路可走吗？有吗？"[1]

这个对立项正是曾经苦恼着中江兆民的问题，也同样是苦恼着战后堀田这一代日本知识分子的问题。这两代人之间相隔了70年，相隔了从中日甲午战争开始的三场战争。而在这个对立项之间，却没有产生出革命的契机，在这一点上，日本的知识分子与民众并没有太大的差别。然而，知识分子并没有因此与民众结合，他们更醉心于现代化的理论。南海先生为何在高谈阔论的洋学绅士与豪杰君面前沉默呢？堀田说：因为他"无法发自内心地跟上洋学绅

---

[1] 堀田善卫:《日本的知识人》，竹内好编:《亚洲主义》，424页。

士的自由平等、彻底民主化、废除军备、世界政府论,也无法跟上豪杰君的侵略征服、帝国主义扩张政策"。[1]而知识分子自身,则不断在追求现代化的过程中呈现出四分五裂的状态,如同洋学绅士与豪杰君的格格不入那样;同时又不免在战争高压状态下走向自己的反面,如同现实中的洋学绅士主动为侵略扩张出力那样。

竹内好在兆民那里看到的,则是对于时代状况的谐谑。他把这出兆民导演的思想讽刺剧视为相互转化的无尽过程,从中感受到了思想独立于思想者的宿命:"亚洲主义转向非亚洲主义化,非亚洲主义转向亚洲主义化。这出戏剧到了今天也仍然在继续上演。"[2]也就是说,竹内好看到了亚洲主义思想并不必然按照提倡者的意图发展演变,也未必总是提倡亚洲连带——它的社会功能取决于更多的现实条件。

在同样的视野里,西乡隆盛也被竹内好赋予了特殊功能。在导读这部文集的时候,竹内好指出一个基本状况,即日本左翼马克思主义者高度观念化的"国际主义"立场,致使他们不仅把亚洲主义的解释权拱手让给了右翼,而且在其后严酷的现实中不断出现转向者,在立场上从国际主义倒向民族主义、亚洲主义;而在精神上"回到西乡隆盛",则是一个典型现象。

当林房雄写作《大东亚战争肯定论》时,这位被竹内好视为"回归亚洲主义和西乡隆盛"的代表性转向人物,援引了竹内好在《亚洲主义》导读中关于西乡的看法:"西乡并不是反革命,相反,放逐了西乡的明治政府转化为反革命。这个想法并不是昭和右翼的发明,它萌芽于明治的民族主义。只不过,由于左翼并没有继承

---

[1] 堀田善卫:《日本的知识人》,竹内好编:《亚洲主义》,428页。
[2] 竹内好:《亚洲主义的展望》,竹内好编:《亚洲主义》,41页。

它,它就被右翼继承了。"⁽¹⁾

西乡是明治维新得以成功的关键人物,同时又是在明治政府决策过程中不断"出局"的失败者。⁽²⁾他在每一次决断中表现出的传统道德感与勇武精神,致使他与成功转化了旧式官僚政治的明治政府格格不入;不过他与明治政府的对立,并不意味着他有能力引导日本选择更明智的道路。可以说,恰恰是他的失败,才使他得以被后世视为"革命"的象征符号。当曾经笃信马克思主义的知识分子转向民族主义的时候,西乡的特定精神品格,包括他的缺陷,都很适合重新激发他们带有悲剧色彩的热情。然而用林房雄肯定日本"百年战争"的方式去继承西乡与明治政府孰为革命孰为反革命的想法,总不免捉襟见肘。

在竹内好这里,西乡的定位问题不仅关涉如何评价明治政府的问题,更与亚洲主义的定位直接相关。他在导读的结尾处写道:"把西乡视为反革命,还是视为永久革命的符号,是一个需要讨论且很难完美解决的问题。但是假如不与这个问题相关,亚洲主义就很难定义。反过来说,以亚洲主义作为媒介,也有可能切近这个问题本身。我就是这样思考我们的思想位置的。"⁽³⁾竹内好在个人好恶上似乎并不推崇西乡,然而他关注西乡体现出的二重性格:左翼进

―――――――――――

〈1〉 竹内好:《亚洲主义的展望》,竹内好编:《亚洲主义》,62页。
〈2〉 西乡隆盛在明治维新过程中,不仅率领萨摩藩武士打硬仗,而且与江户幕府重臣胜海舟谈判确保了幕府接受"大政奉还"的要求,使江户无血开城,是明治政府得以顺利成立的功臣。明治政府成立后,他以不能位贵于萨摩藩主为由拒绝了被授予的爵位,一度下野返乡;为了改变朝野开始蔓延的奢靡浮华之风,更为了使日本在东亚崛起为足以与俄国抗衡的强国,他力主对朝鲜半岛发动战争;最终因为与内阁其他重要决策者政见不合而辞职回到鹿儿岛,明治十年(1877年)在部下的裹挟下发起征讨明治政府的西南战争并因受伤而自尽。西乡和西南战争的特性,曾经是福泽谕吉的议题,参见笔者《明治维新的思想史意义》,收入笔者评论集《游走在边际》,商务印书馆,2021年。
〈3〉 竹内好:《亚洲主义的展望》,竹内好编:《亚洲主义》,63页。

步史学家对西乡的评价基本上是负面的，比如诺曼的《日本的士兵与农民》明确把西乡定义为封建反革命势力，这一看法有相当的代表性。[1] 另一方面，非左翼人士（以及脱离左翼思想阵营的"转向者"乃至右翼保守势力），则把西乡视为"民族精神"的象征，他们看重的是西乡在他一生的政治选择中所注重的道德情怀。比如内村鉴三的《代表性的日本人》，高度评价的第一个人物就是西乡隆盛。[2] 在内村的时代，西乡的意义尚且在于摸索新的现代国家形态，但是到了与诺曼同时代的日本主义者那里，西乡已经被抽空为一种精神符号，从而与诺曼的评价形成干燥的对立。

竹内好注目于西乡评价的这种二重性，与他一直思考的"永久革命"命题有关。他在解说中间接引用了北一辉的看法，即把西乡的反叛视为对明治维新的不彻底性所进行的二次革命，从而提出了"永久革命"的问题。然而众说纷纭的西乡反叛是否可以承载二

〈1〉 出生、成长于日本并在离开之后一直与日本保持密切关系的加拿大史学家、外交家赫伯特·诺曼（Herbert Norman，1909—1957年）对战后日本史学界有很大影响。他出版于1943年的代表作之一《日本的士兵与农民》对明治初期实行的征兵令在确立专制的军国主义体制方面的作用进行了细致的分析，一方面批判性地揭示了明治时期兵役制度的实行与农民生活之间的矛盾，以及军国主义扩张政策与征兵制的关系；另一方面，他明确地为西乡确定了"封建的反动分子"的历史定位，并认为西南战争时西乡率领的萨摩叛军体现了当时武士阶层对征兵令在事实上取消了武士特权的不满和反动。参见《赫伯特·诺曼全集》第4卷，岩波书店，1978年，73—76页。
〈2〉 《代表性的日本人》（Representative Men of Japan: Essays）是基督教传教士、著名评论家内村鉴三（1861—1930年）出版于1894年的英文著作，面向西方介绍代表日本道德精神的五位日本人。内村认为，没有西乡，就没有明治维新。他的人格表率与勇武、仁爱精神，决定了明治维新的成功。西乡隆盛虽然鼓吹"征韩论"，但他并不是扩张主义者；他并非欺压弱小，而是为了抵抗欧洲的压力而推行日本的统一帝国化和征服东亚的战略。西乡卷入西南战争，则是由于他一生的弱点——过于看重情义——所致，虽然他本人也对明治政府失望，参与叛乱并非完全违心。但是西南战争并非是西乡希望的对抗形式，他最后承担反叛的责任，主要出于对部下的情义。参见《代表性的日本人》，岩波书店，1967年，17—51页。

次革命的历史功能，显然竹内好也无法下断语。对竹内好来说，西乡的历史评价并不是最关键的问题，关键的是，在西乡这个人物身上，集中了几个相互矛盾的要素——建立统一的现代帝国与保存旧有的大名秩序，保护弱者的道德责任与现实侵略的征服计划，等等。在这些要素的张力关系中，竹内好看到了日本早期亚洲主义的基本特性：它并非是与武力相对的和平连带，这种和平连带的历史要求直到"二战"之后才真正进入成熟期，而早期亚洲主义往往与武力渗透相结合；但是它也不能因此等同于强者吞并弱者的侵略，因为在亚洲主义勃兴之时，东亚各国均处于革命动荡之中。如同竹内好整理的历史文献所显示的那样，当时的亚洲主义者并不是乘人之危的法西斯主义者，他们更希望帮助邻国的志士实现革命；然而，就结果而言，他们中的多数却难逃与政府合谋的命运。

永久革命的问题一直缠绕着竹内好。可以说，日本在明治时期获胜的两场战争，都是在对方国家内部发生革命转型的时期才得以成功。明治初期的日本也曾经有过革命的契机，无论是隐岐岛的民众自治运动[1]还是自由民权运动，都显示了日本民众革命的可能性；但是，日本从来没有完成真正的革命，亚洲主义并没有在日本内部扎下呼应邻国革命的根基。

当竹内好断言明治维新大于明治政府的时候，他正是在呼唤日本发生革命的契机。可是，这革命的内容究竟是什么呢？明治初期显示的革命可能性，怎样才能得到确认呢？

这一切是竹内好无法回答的。他只能尽力地讨论那些与此相关

---

[1] 隐岐诸岛位于日本西部岛根县东北的海域，是一个独立的岛屿群。德川末期岛民起义，赶走幕府官吏，建立了自治政府。明治维新时期岛民支持与德川军作战的本土官军，为倒幕做出了贡献。但是明治政府成立之后，派到隐岐岛的官员却大多是从前被赶走的幕府官吏。在镇压了民众的反抗之后，自治政府被摧毁。

的问题。在《亚洲主义》中,他希望完成的工作并非直接讨论革命的内涵,而是在早期亚洲主义者里寻找大于侵略扩张、大于国家利益的精神诉求,讨论摆脱"有国家无民族"困境的可能性;同时,他追问着一个沉重的问题:在那个和平主义无法占上风的时代里,左派和右派都面对社会变革的暴力性,为什么左翼放弃了促使亚洲主义转向革命的可能性,把它拱手让给了右翼?

三 关于"学者的责任"

1965年,马克思主义史学家远山茂树撰文,以"明治维新百年祭"为背景,发表了《明治维新研究的社会责任》一文。该文以明治维新研究作为基本线索,提示了关于学术规则、学者的社会责任和学者间合作的问题。他富有洞察力地为竹内好关于明治维新纪念的提议这样定位:"竹内好预先估计到了将要到来的1968年里,政府和右翼都要大肆举办纪念维新百年的活动,所以提倡由我们来争夺话语权,对明治维新进行再评价。"[1]

远山是战后史学界明治维新研究的重要学者。他的代表作《明治维新》虽非鸿篇巨制,却非常有分量:远山以注释的形式大量引用了史料,全书抓住明治维新如何奠定日本近代极权专制的绝对主义国家形态这样一个基本问题,为这个波澜起伏的历史事件确定了结构性认识框架,这个认识框架至今对日本的史学界仍然具有一定的影响力。不仅如此,作为共产党员学者,远山自觉地用自己的学术生产介入同时代的思想状况,是当时马克思主义史学家中对观念性政治正确有反思能力的学者之一。在《明治维新研究的社

---

[1] 远山茂树:《明治维新研究的社会责任》,《展望》1965年12月号。

责任》一文中,他承认竹内好的思想工作并非其他批判者所说的是"为日本帝国主义辩护",他甚至准确地指出,"特别是富有创造性的思想和研究,要想完全避免误解与恶意的利用是很困难的"。但是,对于日本马克思主义史学阵营中的意识形态批判进行了批评的远山,同时又拒绝接受竹内好"火中取栗"的做法:"竹内好氏一贯性的论点是:日本在亚洲是唯一的一个帝国主义国家,战后也一直走复活帝国主义的路线,这一状况对于日本人而言造成了深刻的思想问题。日本人作为日本的国民,主体性的责任感一直不强,因此,失去了从这种状况中挣脱出来的可能性。为了搞清楚这一宿弊的根源,他追溯历史,用自己的工作探究日本何时、在何种条件下选择了帝国主义的路线,丧失了亚洲认识的能力。我是如此理解竹内氏的问题意识的。不过从这个问题意识出发,把亚洲主义定义为'指向亚洲诸国的连带(不问是否以侵略作为手段)',不免让人对于它在当今时代的意义产生了疑问。"[1]

竹内好在回应远山的时候,显然对这样的认识论感到恼火和无奈。他说:"我到底怎么说,才能让远山氏明白呢?"他感觉到,必须设定一些共同的问题,才能使讨论发生接触。在《关于学者的责任》中,他提出这样一些基本观点,以推进共同问题的产生:"为了真理的探求,无论对象是魔鬼还是蛇蝎,该走的程序都要走,该看的东西都要看,该听的也必须听。如果做不到这点,那么,就不要靠学问立身处世。"[2] "马克思主义史学的'社会责任'或者'党派性',都无可厚非,不过在强调这些之前,我提议先找回学术

---

[1] 远山茂树:《明治维新研究的社会责任》,《展望》1965年12月号。
[2] 竹内好:《关于学者的责任》,《全集》第8卷,266页。

的尊严与学者的责任。"[1]

针对远山提出的对日本现代史上的亚洲主义思潮使用连带与侵略二分法加以整理的建议，竹内好的回答是："我的情况相反，我是从质疑连带与侵略二分法的问题出发的。"[2]

竹内好不仅对连带与侵略是否能够清楚地划清界限提出了质疑，他对于是否可以用后世的标准划分明治时期的"左翼"与"右翼"也提出了质疑。[3]这些互为表里的质疑，并非意味着竹内好希望如同林房雄那样肯定日本的"百年战争"，区别于林房雄把民族与国家捆绑在一起的绝对化历史观，竹内好力图在混沌的历史转折关头找到不断革命的契机。

1970年，竹内好与历史学家鹿野政直就明治维新的问题进行了一次对谈。竹内好在对谈中呼应了历史学家家永三郎的看法。家永认为，假如幕府能够主动地完成现代化进程，由幕府打造现代国家的话，或许可以建设一个与天皇制国家不同的国家。竹内好同意这个看法，他说：哪怕不是幕府，由造反的萨摩藩、长州藩直接打造一个国家，而不是拥戴天皇，也有更多的可能性。也就是说，这种形态可能产生一个并不稳固的政权，导致革命与反革命相互纠缠的状态，革命不可能一次性完结。这样一来，政治权力、各种价值判断，都会因为这种不稳固状态而得以相对化。[4]

明治维新以"王政复古""大政奉还"为目标，最终确立了以天皇为顶点的天皇制政治秩序。在其后的历史演变过程中，随着侵

---

[1] 竹内好：《关于学者的责任》，《全集》第8卷，268页。
[2] 同上书，272页。
[3] 1963年，竹内好在回答黑龙俱乐部"明治维新百年祭"特别委员会问卷调查的时候，简洁地表示：使这个纪念活动形成国民规模的运动是很困难的事情，为此需要重新建立区分左翼和右翼的标准。参见《全集》第13卷，140页。
[4] 竹内好、鹿野政直：《考察明治维新的视点》，《在状况中·竹内好对谈集》，205页。

略战争的泥淖化,"天皇"逐渐演变为日本政治生活中的禁忌性符号。在竹内好看来,天皇制的最大危害并不在于天皇参政的程度,而在于它使得绝对主义的思维与感觉方式渗透到国家的政治生活和百姓的日常感觉中去,形成了一套在价值上绝对化的秩序观念。明治维新曾经显示了它大于明治政府官僚体制的多种可能性,亚洲主义是其中一种,西南战争或许是另外一种。无论是哪一种,都没有产生令人满意的直接成果,但是毕竟,这些在一定程度上逸出国家框架的社会实践乃至思想资源,为后来者提供了不断革命的契机。

远山与竹内的分歧,或许具有相当典型的意义。远山以连带和侵略的二分法界定亚洲主义的内涵,并非如同竹内好指责的那样,是由于他的学术直接履行社会责任或者具有党派性;准确地说,这与他的历史认识论有关。在远山的认知方式中,确定事物的"本质"具有极其重要的意义,他所理解的本质,又直接关乎对于历史必然性的解释。竹内好所说的"真理的探求",在远山这里就意味着符合马克思主义的历史发展规律,即人类社会依靠阶级斗争为动力实现从封建社会向资本主义社会再向共产主义社会的发展,最终解放全人类。在这样的认识框架里,研究对象的"定性"问题变得极为重要。远山的认识论,曾经在50年代中期的"昭和史论争"中受到多方的善意批评,但是,即使在那场论争中恩格斯的《路德维希·费尔巴哈与德国古典哲学的终结》被反复引用,马克思主义创始人对于静态认知事物"本质"这一旧形而上学认识论的激烈批判,似乎也并没有动摇远山的思维模式。在1965年远山质疑竹内好亚洲主义视角的时候,仍然重申了写作《昭和史》时的基本认识论,即对事物进行"定性",并固化为事物确定的"本质"。在远山看来,侵略与连带是两种不同性质的对外活动,它们不可能同时存在于主体实践过程,因此,试图从侵略中辨认出连带的可能性,在战后的国际关系中，很难具有积极的意义。

竹内好的历史认知方式，显然与远山针锋相对。如果说远山把世界与历史理解为事物的集合体，那么，竹内好则把它们理解为不断转化的过程。从他反对山田宗睦实体性地区分明治百年与战后二十年的做法，到他提出应该仔细甄别明治时期亚洲主义中连带与侵略融合渗透的不同形态，他的课题意识始终明确地指向历史事物的流动性本身。竹内好的这种课题意识，必然使他无法接受为事物静态地定性的认识论模式。不仅如此，在他的知识感觉中，所谓"不断革命"，就是不断促成事物的转化。不仅亚洲主义与非亚洲主义在历史的变化过程中互相转化，革命与反革命、进步与保守等一系列被对立起来的范畴，也会随着政治局势的变动而不断转化。在这个视野里，对于事物"本质"的认识需要以流动性为条件，它本身并不能构成有效的认识前提和分析逻辑。当然，竹内好并没有因此主张侵略可以直接转化为连带，但是他提出了一个困难的思想课题：在那个并不存在和平主义条件的历史时期，在东亚各国几乎都酝酿着暴力革命以推翻已有政权的状况下，正如同宫崎滔天、头山满、内田良平、大井宪太郎，甚至荒尾精等人所实践的那样，早期日本志士对于跨国连带的理解，并没有明确地与"侵略"划清界限。他们在对待日本政府对外政策方面固然有很大差异，但是无论有怎样的差异，他们的连带意识都从未以"反侵略"作为前提。不仅如此，他们或多或少地都利用了日本国家的对外扩张，来实现自己的革命理念。

在观念上直接否定所有的亚洲主义者固然很容易，不过，这种把洗澡水与婴儿一起泼掉的做法，却会导致一种简单的认知方式：日本的现代史以1945年为界，前后发生了断裂。战败之前的历史全部被视为侵略战争的历史，战后则凭空出现了民主化的新格局。这种割断历史的认识论,其问题在于不得不遮蔽历史中那些无法被意识形态回收的关键性要素,而这些要素却左右了日本政治与文化跨越时代的基本特征:比如天皇制对日本社会的潜在制约,比如日本保守思想中那些对抗绝对主义意识形态的潜在能量。这种遮蔽最终导致历史感觉的空洞化与现实判断的教条化,使得个性化的历史分析难免被抽象的立场之争所取代。

竹内好一生反对绝对主义的思维定势。天皇制是最具绝对主义特征的政治机制与文化形态,竹内好不仅在政治制度上反对天皇制,他更注重的是揭示渗透到社会生活内部的"天皇制"。这是一种并没有被命名为"天皇制"的等级秩序感觉,它被普通日本人不自觉地共享。在这个意义上,他甚至指责在意识形态上反对天皇制的日本共产党,在内部的组织方式上复制了天皇制的绝对主义特征。[1]

因此,竹内好的反对绝对主义,并没有把他引向"绝对化的相对主义",即没有使他走向犬儒色彩的历史虚无主义。他一直致力于"改写历史",就是试图"转化"既定历史的认识格局,并以此间接地促进现实格局的变动。

也只有在这个视野里才能够理解,为什么从写作《鲁迅》的时期开始,竹内好就对"革命尚未成功"这一中国革命家的现实认识有那样高的评价。革命尚未成功,意味着流动与转化的过程尚未结束,现实仍然可能被改变,可能被重新安排。他对于孙中山、鲁迅、毛泽东的评价,正是在这一点上得到了统一,而他对于中国革命和毛泽东哲学的创造性阐释,也正是在这一点上才能获得现实意义。

---

[1] 在《权力与艺术》一文中,竹内好尖锐地批评了日本共产党把天皇制仅仅视为固化之"物"的错误,指出天皇制不是一种固定的实体,而是如同空气一样包围着人们的不可视氛围。这是一种不以权力的方式显现的权力,很难以机械的理性主义态度与其对抗。参见《全集》第7卷,155—161页。

第七章

寻找"近代"

1942年，在太平洋战争爆发之后，日本的一群知识精英召开了一个以"近代的超克"命名的座谈会。以战争的暴力性为背景，这个座谈会折射出当时日本全民参战的社会氛围，和知识精英在太平洋战争爆发这样一个特定的历史时刻投入战争的"学理性"热情。除少数人提交的论文之外，座谈会本身并没有正面讨论战争，它的主题是欧美的现代性催生的基本问题和西方现代性在日本产生的效应和副作用，以及日本精神的再发现等问题。主持者在座谈会结语中强调，会议的主旨在于张扬被大东亚战争的宣传性口号所压抑的精神上的努力和能力。结语还特别指出，在那个意识形态高压的时代，所谓"想说的不能说"其实仅仅是一种感伤的独白而已，这个座谈会既区别于意识形态口号，又区别于感伤的独白，它要讨论的是"我们怎样才能成为现代的日本人"[1]。

尽管座谈会忠实地实践了上述结语归纳的宗旨，但是它忽略了现实的残酷性。这个在温泉旅馆相当奢侈地持续了两天的讨论，无论它多么远离战场，却没有在形式上区别于官方意识形态或反官方

---

[1] 河上彻太郎等：《近代的超克》，富山房，1994年，167页。

意识形态以外的第三条路可走。在反官方意识形态基本不存在的1942年，以表面上配合或默认官方意识形态的形式进行独立的思想建设，很容易与真正的官方意识形态混为一谈。事实上，在这个座谈会里，这两者基本上被混淆了。因而，尽管具体评价有种种差异，其后的日本思想界对这个座谈会的一致性看法是，它与当时的法西斯战争意识形态有某种复杂的共谋关系。

然而一个悖论现象却一直与这个评价并行不悖，那就是尽管这个座谈会口碑极差，但在后来的思想者那里，它远远胜过同时期的任何一个质量更高的座谈会，被不断地提起和分析。在重新分析这个座谈会的一系列努力里，传达出对于一个基本事实的确认：这个座谈会对后世仍然具有重要意义。这也意味着它并不仅仅是一时一地的意识形态喧嚣，其中也暗含着某种使后来者无法视而不见的要素。

于是，这个悖论就被以下方式加以处理：人们试图超越这个座谈会并把它视为那个时代的一个思想符号，从而通过这个座谈会引出"二战"期间乃至更长的历史时段内日本思想的基本问题；因而"近代的超克"在完成这个符号化任务的同时，就不得不承载远远超过它自身含量的历史和思想内容：它被要求回答日本近代意识形态与法西斯主义的关系、日本现代性基本问题以及战争和知识分子责任等一系列重大的问题，也因而被谴责它未能有效回答这些问题。

沿着这样一个基本思路，我们可以读到出自战后知识分子之手的一系列"近代的超克论"。座谈会"近代的超克"与后世的"近代的超克论"，构成了一个相对完整和独立的问题群，向我们展示了日本知识分子有关"近代"问题基本思考的轨迹。对于这个轨迹的勾勒，将有助于我们理解所谓"近代"的冲击所激发的那些并不仅仅属于日本或东亚的问题。

一 "近代的超克"座谈会的基本轮廓

"近代的超克"座谈会,是由杂志《文学界》在1942年主持召开的一个跨学科的知识分子座谈会。〈1〉这份杂志虽以文学为本业,但是在当时是以跨学科的开放式讨论闻名的。据河上彻太郎回忆,为了创造这种开放式的意象,《文学界》特意把哲学家三木清拉来作同人,并时而在文人内部为三木清的评价问题发生口角。〈2〉即使如此,有一个事实仍然是不可忽视的,即《文学界》同人基本是以文学为基点思考和讨论的。进而,也必须强调另一个事实,那就是当这个杂志的同人决定发起这次座谈会的时候,他们构想了讨论的基本思路;这意味着,这个貌似跨学科的讨论其实拥有一个相当文学化的架构。〈3〉

这个持续了两天的座谈会讨论了相当广泛的内容,它们在出版时被归纳为如下小标题:文艺复兴的近代意义,科学中的近代性,科学与神学的联系,我们的近代,近代日本的音乐,历史的演变与

〈1〉 杂志《文学界》在1942年10月号以《近代的超克》为题刊登了该讨论会的记录,1943年7月,创元社出版了同名单行本,初版发行6000册。
〈2〉 林房雄、小林秀雄、河上彻太郎等:《〈文学界〉二十年的里程(座谈会)》,《文学界》1952年4月号。
〈3〉 "超克"这个日语单词具有对困难的对象进行超越、攻克等含义,具有相当明显的暴力性和感情色彩;"近代"相当于中文概念中的"现代"和"现代性"乃至"现代化",是一个含义非常庞杂的语词。在40年代初期,这个口号以其暧昧性得以传递了当时广泛涵盖整个知识界的特定情绪:清算明治以来日本以西方为蓝本的现代化带来的负面影响,抗击来自西方特别是英美的经济文化渗透,确立日本文化的独有价值,并进而确立日本作为东方现代化强国的领导地位。但是这些情绪并未以如此简单的概念得到传达,它作为一种弥漫在空气中的感觉,统合进大量青年被送往战场并为侵略战争而捐躯的残酷现实中。在此状况下,当时文学界煽情式的口号反倒最有效地传达出了当时的时代氛围,作为一个口号,"近代的超克"传达出了当时的特定气氛,与下文提到的"世界史的立场与日本"相比这一点尤其明显,后者很难作为一个口号使用。

不变，文明与专业化的问题，明治的文明开化的本质，我们之中的西洋，美国主义与现代主义，现代日本人的可能性。仅仅从这些小标题就可以看出，这个座谈旨在通过讨论西方现代性的基本局限达到"超克"它的目的，并且在超克近代的意义上强调日本本土文化的优越性。但是如果沿着这些小标题指示的方向去寻找座谈会的内涵，我们不会有太多收获：所有的讨论都因为参加者思路之间的差异在深入之前就被消解了。寻找这个座谈会的真正内容，必须摆脱话题的局限，追寻讨论话题的方式。

参加座谈会的除了《文学界》同人之外，还有来自"京都学派"的两位学者，以及专攻神学、自然科学、音乐等学科的知识分子。他们的参与使讨论呈现了立体性，也使本来就语焉不详的主题变得更为众说纷纭。但是恰恰由于他们，尤其是两位京都学派"代表选手"的参与，使"近代的超克"座谈会获得了有效参照：来自京都帝国大学的哲学学者西谷启治、历史学者铃木成高，在同一时期参加了另外一个由京都学派的学者举行的系列讨论"世界史的立场与日本"，它分三次在《中央公论》上连载，并与"近代的超克"相继结集成册。〈1〉"世界史的立场与日本"作为完成度相当高的系列讨论，反衬出"近代的超克"的混乱，以至于我们不得不就此断言，后者是一次失败的跨学科之举。

〈1〉 该讨论会分三次召开，只有四位学者参加，除西谷、铃木之外，另外两位是哲学学者高坂正显和高山岩男。综合性杂志《中央公论》分别在1942年1月、4月，1943年1月分三次刊载了讨论会记录，三次的题目依次为"世界史的立场与日本""东亚共荣圈的伦理性与历史性""总体战的哲学"；1943年3月，该讨论会记录由中央公论社结集出版，初版发行15000册。与"近代的超克"相比，这个连续座谈会由于没有文学家的参与，话题不仅具有学理性深度，而且观照现实的方式也更为统一。仅就座谈会的完成度而言，"世界史的立场与日本"远远高于"近代的超克"，其发行量是后者的两倍半。但值得注意的是，后世没有出现正面处理这个规模更大、完成度更高的座谈会的论著，对它的讨论仅仅是在对"近代的超克"的讨论中附带进行的。

1952年，《文学界》又一次举办了被称为"近代的超克"续集的讨论会，题为"现代日本知性的命运"。⟨1⟩姑且不论该讨论的内容，更值得注意的问题在于人员构成：曾经参与过"近代的超克"座谈会的《文学界》同人基本出场，而几位学者一个也没有露面。假如在两次时隔十年的座谈会之间建立某种联系，那么可以清楚地看到的是，"近代的超克"其实是一个文人发起和延续的讨论。参加了这个讨论的学者在战后的活动，更可以证实这一点：在战后几乎同一个时期，另一个讨论会在讨论"什么是现代"的问题，司会的是参加过"近代的超克"讨论的铃木成高。⟨2⟩该讨论会在某种意义上曲折地延续了"世界史的立场与日本"中讨论世界史学理的部分，却与"近代的超克"的内在方向没有什么联系。

详细比较一下"近代的超克"和"世界史的立场与日本"这两个座谈会的内在导向是非常必要的：在同样貌似挑战西方现代性、充当"大东亚共荣圈"意识形态的两个座谈会中，讨论的导向有非常微妙却是根本性的区别。通过这样的比较，或许我们可以接近那个棘手的问题：在后来的时代里，为什么混乱而无建树的"近代的超克"会被人反复提起，理路清晰的"世界史的立场与日本"却只能被置于陪衬的位置？这个奇妙的现象背后，是否隐藏着某种历史的逻辑？

当"近代的超克"在河上彻太郎主持下开场的时候，他提出的第一个问题是"文艺复兴的近代意义"。⟨3⟩这使得整个讨论获得了

⟨1⟩ 参见《文学界》1952年1月号。
⟨2⟩ 创文社编辑部编：《现代史讲座·别卷：战后日本的动向》，创文社，1954年，167—295页。该讨论分两个部分，第一部分题为"什么是现代"，铃木成高司会，参加讨论的有上原专禄、竹山道雄、林健太郎、丸山真男、务台理作；第二部分题为"世界与日本——分析与课题"，林健太郎司会，除上述讨论者外还有都留重人参加。
⟨3⟩ 这是讨论的第一个小标题。参见河上彻太郎等：《近代的超克》，167页。

一个特别的出发点,使有关近代的讨论从文艺复兴这个起点开始。被指名阐释这个问题的是京都学派的铃木成高。尽管铃木在为会议提交的论文中谈到文艺复兴的评价问题,他的用意却显然在于对这个起点进行质疑。作为历史学者,铃木试图把话题引向历史学内部的学术复杂性:"尤其是在西方学界,最近十几年有关这个问题已经有了好多讨论。例如,关于文艺复兴是什么样的问题有各种说法,有的说文艺复兴是古代的复活,有的说文艺复兴是对人和自然的发现,对自我的发现……但是在历史学内部,出现了只依靠这些概念性的规定难以处理的问题点,由此生发了很多学问上的问题。关于那些问题,日本也有出类拔萃的博士写的东西,而且那是专门性的学问,我想一般人没有必要深入这样的问题。"[1]

铃木成高试图传达的,其实就是京都学派的看家功夫——哪怕进行意识形态表述,仍然试图把它学理化;而且,这种学理化在他们看来正是"一般人没有必要深入"的问题。座谈会"世界史的立场与日本"就是在这样的前提下进行的。

但是在"近代的超克"座谈会上,文人们并不给铃木这个面子。他的学理性发言立刻被打断,曾经笃信马克思主义但已经转向了的文人林房雄不客气地问道:"你自己对文艺复兴是如何看的?"[2] 铃木成高试图把话题再度引向学理,他一方面强调自己的专业是西方中世纪历史学,所以不是文艺复兴研究专家;一方面委婉地指出对于文艺复兴的通行认识太"近代化"了,他强调的是文艺复兴否定了中世纪但也继承了中世纪。于是,他又被主持会议的河上彻太郎打断,后者替他总结说:"那就是说,文艺复兴是中世

---

[1] 河上彻太郎等:《近代的超克》,177—178页。
[2] 同上书,178页。

纪的结论吗？"[1]铃木感到为难，因为文人们使用的是他刚刚指出的无法处理具体问题的"概念规定"，对话很难进行，然而他还是决定妥协："说是结论，真让人为难。不过简单而言，也可以这么说吧。"[2]

就常识而言，有关近代问题尤其是近代性问题的讨论，至少应该从18世纪法国大革命开始，启蒙成为一个重要话题，然而这个由日本文人结构起来的座谈会，却把近代的讨论与文艺复兴缠绕在一起。这当然很难归结为文人们的历史考证癖，倒是更让人联想起30年代中期日本文坛的一个特定时期：文艺复兴时期。

昭和八年亦即1933年，是日本文坛丰收的一年。这一年里不仅集中涌现了如谷崎润一郎等既成文学大家的巅峰之作和新兴文学家的优秀创作，而且是《文学界》《行动》《文艺》等在其后颇有影响的"纯文学"杂志同时创刊的年头，而在此之前，所谓"纯文学"杂志只有《新潮》一家。1934年，改造社还出版了"文艺复兴丛书"。这种状况有一个特定的上下文，那就是20年代中期之后曾达到顶峰的马克思主义思想文化运动的退潮。不言而喻，30年代日本政治局势的法西斯化和白色恐怖是导致这种局面的直接和主要的原因，但是马克思主义以"理论"的形态进入日本知识界并未催生出真正的本土思想传统也是一个不能忽视的因素。马克思主义作为一种思想立场，从它进入日本知识界的时候开始直到现在，一直被以非常曲折的方式继承下来，但它与日本本土基本问题的关系一直是日本马克思主义知识分子的一个难题。在30年代前期和中期，文艺界风靡一时的无产阶级文学运动退潮，代之以"纯文学"的兴起，

---

[1] 河上彻太郎等：《近代的超克》，178页。
[2] 同上。

这具有某种隐喻的意义：它象征着曾经被马克思主义的理论魅力征服的文学家们，迫于白色恐怖的政治压力，更迫于无法有效使用马克思主义理论资源的窘境，在寻找突破途径的时候，求助于"纯文学"。与稍早些时候的无产阶级文艺运动与现代派艺术运动合流的状况相比，这个求助于"纯文学"的思潮暗示了日本文坛的又一次艰难探索。正是这个时期，从1933年到1937年的四年，被后人称作"文艺复兴时期"。〔1〕只要粗粗地翻阅一下这四年的文艺杂志就可以发现，当时"文艺复兴"这个词的使用频率很高，而且被文坛各派的文人随意使用。它几乎是一个与"近代的超克"同样没有确定内容的煽情口号。

当河上彻太郎把"近代"的话题引向文艺复兴的论述时，我们无从得知他是否被记忆中的这个特定时期的印象所驱使。能够判断的仅仅是，河上给西方近世开头的这个特定时期派定了一个独立和重要的位置，使它充当了有关现代性讨论的起点。这种做法明显违背了铃木成高作为历史学者的学术习惯，以至于他不得不又把话题引向启蒙时期和法国大革命。铃木在自己的发言中委婉地否定了河上的看法，他指出文艺复兴被简单地定义为近代的起点不合适，倒是它与中世纪既否定又承续的连带关系更值得讨论。铃木和西谷合作，把有关文艺复兴的讨论转化为对中世纪和近代关系的讨论，力图使它获得某种流动性，消解河上彻太郎所强调的独立性。但是，由于神学者吉满义彦的不断插嘴，他们的努力只能半途而废。

---

〔1〕 这个时期是否可以称为"文艺复兴时期"，在日本文人的圈子里一直有争论。至少在"近代的超克"讨论会召开的时期，这个称谓并不存在。但是从1933年到中日战争全面爆发的四年之间，日本文坛发生了重大的转折，这是一个基本事实。参见野口富士男：《感性的昭和文坛史》，文艺春秋社，1986年，98—152页。

在同年11月的"世界史的立场与日本"座谈会中，铃木成高和他的三位讨论伙伴也同样谈到了文艺复兴问题。把这两段讨论对照起来阅读非常有趣，因为在两段讨论中主要发言者都有铃木成高和西谷启治，而他们所谈的也是同样的问题，但是，在由文人设计的上下文和由京都学派学者设计的上下文里，这同样的发言显然具有相当不同的指向性。

在"世界史的立场与日本"中，文艺复兴的讨论出现在有关历史哲学理论诸种概念的讨论之后，其小标题为"西洋的文艺复兴与近世史"。在学者的讨论中，文艺复兴不仅不具备独立讨论的资格，它的近代性本身也要加上很多注解。铃木强调，过去的世界史观强调非连续性，因此在中世纪与文艺复兴之间建立了一个断层；与此相对，在中世纪内部发现古典的要素，在文艺复兴内部发现宗教性根源，成为另一种连续性的历史观。这就意味着，近代的起源可以追溯到中世纪而不是近世的文艺复兴。他还指出，文艺复兴其实是意大利历史中的一个特定时期，不能简单抽象化为整个欧洲的历史时期。西谷启治在铃木成高的基础上把话题复调化，说连续性中有非连续性，非连续性中有连续性。高坂正显则进而把话题从文化史概念转到了政治史概念，强调它与获取殖民地的过程直接相关，并且在此意义上把西谷的命题进一步历史化。要而言之，在这个讨论里，文艺复兴作为认识欧洲史和世界史的一个环节，而不是作为近代的出发点，被确定了一个不能单独讨论的相对性位置。与河上彻太郎规定的文艺复兴话题相比，它既不具有近代起点的重要性，也不具备独立于其他历史时段的绝对价值：它只是欧洲近世的一个组成部分。

与"近代的超克"相比，京都学派的学者在自己的对话空间里显然没有遇到他们在前者那里遇到的麻烦：《文学界》同人不喜欢纯学理的讨论，他们向学者要的仅仅是个"说法"而已。换言之，他们希望在这些训练有素的学者那里找到一些有用的结论。正如学者有关文艺复兴的讨论被文人打断的方式所象征的那样，当对话被学者复杂化从而偏离了某些易于接受的结论时，文人的作用似乎就在于打断这种讨论。整个"近代的超克"混乱的局面呈现的就是这样一个基本结构。与此相对，在"世界史的立场与日本"中，讨论沿着不会被打断的学者思路绵延下去，引经据典地阐发着"世界史"的学理——完成度的差异，来源于两个座谈迥然不同的内在结构。

与内在结构的差异相辅相成的，是两个座谈会主题的差异。表面看来，两个座谈会都试图处理"二战"白热化时期日本在世界中的定位问题，并且都在鼓吹日本的卓越性和领导权，但讨论者定位的不同，导致了主题的根本差异："近代的超克"规定的主题是讨论者主体的自身问题，而"世界史的立场与日本"规定的主题是讨论者面对的学理对象问题。这个根本性差异明确地表现在前一个座谈会的分工当中：学者被派定的工作是在第一天的讨论里阐释西方近代的基本问题，而对于日本近代的讨论则是《文学界》同人的使命。在第二天的讨论里，出场的主角们开始把话题引向自身的体验，这种微妙的差异从开场的小林秀雄与铃木、西谷的对话中清楚地呈现了出来。

小林秀雄是《文学界》同人中最为"学贯东西"的一位，在这个话题里，他和京都学派的学者表现得极为配合，使对话呈现了难得的和谐气氛。他们讨论的话题是历史里变与不变之间的关系，在大致的方向上，似乎没有什么矛盾。三个人都认为前世伟人的到达点是后人不可企及的，而历史中新的创造其实都不过是以变化的形式对不变的历史主题的模仿；但是小林的出发点是"反近代"，亦即在对立于近代历史发展理论的意义上建立一套历史亘古不易的叙述,而西谷、铃木的用意却在于强调现代人与古代人精神连接点的悖论性格。这个差异在河上的插话中被明确化了。当小林陈述了一套古典的不变性,以驳斥进化史观的时候,河上和他之间发生了这样的对话:

河上:那当然是非常重要的,不过好像不说它是历史也没关系吧。
小林:不说是历史,说它是什么?
河上:更有普遍性的人学什么的……
小林:或者说它是一种美学……〈1〉

紧接着发生的,就是西谷打断这种典型的文人对话,把话题又一次引向历史。经过短暂的调整,两位京都学者终于夺取了话语权利,有效地"镇压"了文人们的"反历史"论调,基本上把对话者限定在小林一个人那里。小林秀雄似乎也被他们的雄辩压倒了,不能不把自己的"美学观"又一次转向历史。当讨论在克服历史主义这一点上达到一致之后,铃木开始追问小林秀雄:他所表达的历史变化中的不变是从什么地方观察到的?小林回答说,"使我们惊叹、尊敬的对象没有时间也没有发展。……这是我们日常的经验"。〈2〉

在京都学派的"世界史的立场与日本"中,日常经验不占有位置。受过严格学术训练的几位学者,哪怕是表述自己的个人看法也必须引经据典。这当然并不保证他们的立场具有客观性,但保证了他们的学术视野拒绝以日常性为基础。因此,在这个连续三次的讨

〈1〉 河上彻太郎等:《近代的超克》,220页。
〈2〉 同上书,231页。

论会里，学者们尽管比"近代的超克"更直截了当地讨论了战争并且在学理上论证了"大东亚共荣圈"的合理性，但是后来受到的社会谴责却没有后者受到的那么强烈。这并不能仅仅归结为"世界史的立场与日本"在意识形态上没有讨好官方。正如铃木成高在与文人们讨论文艺复兴时强调的那样，"一般人没有必要深入这样的问题"。[1]在排斥日常经验的意义上，京都学派的学者排斥了"一般人"和他们的体验。与此相对，"近代的超克"中的文人们为自己的日常经验赋予了重要价值，这当然也不等于他们代表"一般人"和他们的体验，但在思路上，他们确实使日常经验变成了观察和思考的一个视角。[2]

这既是"近代的超克"的混乱性所在，也是它胜过其他座谈会不断被提起的原因所在。在日常经验的基础上，文人们组织了被归结为小标题的一系列话题，而京都学派的学者是从学理意义上理解这些话题的。这样，在貌似相同的话题中，叙述被引向两个完全不同的方向。就文人而言，"反近代"意味着对于本土"清洁的传统"[3]的肯定，而对学者而言，对于日本优越性的论述仅仅是世界史叙述的一个组成部分。在第二天的讨论"存在于我们之中的西洋"这个专题里，西谷启治与小林秀雄的对话典型地反映了这一点。

---

[1] 《现代日本知性的命运（座谈会）》，《文学界》1952年1月号。
[2] 有关日常生活和日常性在本世纪前半期的特定内涵，美国学者Harry Harootunian在《以近代超克近代——两次大战间关于幻象化的日常生活与社会机体的话语》一文中有精辟分析。他指出有关近代日常生活的话语建构最终催生了关于社会整体的日常性话语，"近代的超克"座谈会是这一话语的顶点。它压制了排除了那些对植根于都市理解的、把自身的经验普遍化的做法的批判。参见《思想》第882期。本章在不同的意义上使用"日常经验"这个概念，希望指出的是，同样作为知识分子的自说自话，日常经验构成了一些文人的讨论视角，而为另一些学者所拒绝。
[3] 河上彻太郎语，见河上彻太郎等：《近代的超克》，244页。

小林：（西谷等人的论文）极端一点说，没有作为日本人语言的肉体感觉。这让我们感到，对于不能不使用国语写作这一宿命，哲学家们实在是漠不关心的。无论怎样诚实地、逻辑地加以表现，既然言语是日本的，那么文章的形态就必须体现除了日本人就不可能有的味道。文学家对此总是有一种职业性的关心，这关系到文学的现实性，从而鼓动人或不能鼓动人。

　　西谷：要说使用为一般日本人所易于了解的语言写作，实在是没有那个工夫。说实在的，我们反倒是在感情上更意识到西方思想家的存在，想在思考上走得比西方人更远；比起关心日本人是否看得懂这样的问题来，还是突破西方人的死胡同的愿望来得更急切。……我认为，现在的日本文学和哲学都有一个不利之处，就是不存在那种兼有哲学家和文学家两种气质的中间性大人物，例如帕斯卡尔、尼采那种类型的人物。没有奠定产生这种人物的基础，对此文学与哲学两方面都有责任。〈1〉

　　小林与西谷表达的这个分歧呈现了日本知识状况的一个基本层面。由于明治以来的近代日本存在着根深蒂固的"西方情结"，跻身于西方列强的愿望在知识的层面上曲折地反映为"以西方为对象"的视角。京都学派在他们的学术活动中，始终贯穿着西谷启治所表达的那种面向西方的急切之情。对于他们来说，文人所关注的本土问题其实不过是"突破西方人的死胡同"时必不可少的材料而已。在京都学派宏大的世界史叙述里，"日本"虽然被置于取代现代西方的重要位置，但是从来没有被作为论述的终结点。"近代的超克"和"世界史的立场与日本"这两个标题所表现出来的差异，

〈1〉 河上彻太郎语，见河上彻太郎等：《近代的超克》，248—249页。

正象征着前者饱含了充满日本式"肉体感觉"的"对抗西方"的立场与后者"没有工夫"意识到日本式肉体感觉的"世界史"立场在方向上的微妙差异。

在1942年前后的历史时段中观察这种差异，可以看到貌似对立的两种立场之间的基本关联性。太平洋战争的爆发不仅使日本知识分子在侵略战争问题上的不同立场获得了短暂的统一，而且使他们在如何对待西方的问题上获得了某种似是而非的同一性。就前者而言，弱小的东亚岛国向强大的美国乃至它的西方盟国挑战的姿态，遮蔽了日本此前对东亚邻国的侵略为进步知识分子带来的焦灼感和罪恶感，以至于在偷袭珍珠港之后的短暂时期里，日本知识人基本上只发出了支持战争和支持"大东亚共荣圈"的声音；就后者而言，明治维新以来一直存在的日本中心的立场和西方中心的立场之间的对立，以及这种对立派生出的种种复杂变种，也在这个短暂的时期被统一到了"日本"的立场上。借助太平洋战争这样一个契机，日本内部围绕西方近代冲击所产生的种种分歧，获得了被暂时搁置起来的可能性，"近代的超克"显示的文人学者间无法咬合却又勉强合作的状态，突出地体现了这种被暂时搁置的分歧，以及在分歧基础上所硬性推出的日本取代西方成为东亚强国的虚幻"同一性"。正如战后《文学界》再也没有力量召集京都学派的学者参与自己的讨论所显示的，1942年文人和学者这次勉为其难的合作，其实是借助太平洋战争而完成的一次艰难的"文化认同"。它是绝无仅有的一次，因为它在同一个言语空间里统合了肉体感觉和理论思维、日常经验与学理思考、近代的主体性和历史观念与建构日本传统叙事的立足点等难以统合的对抗性要素。必须强调的是，尽管这个讨论没有把战争作为中心议题而仅仅将其作为背景，但是它比任何讨论都更凸现了战争的暴力性，更揭示了这种暴力统合知识界的强大功能。

然而问题还不能就此了结。既然我们不可能把西方和东亚乃至日本视为均质的自足的实体，尤其不能无视东亚各国近代过程中接受与融合西方各国近代性要素的基本状况，上述分析就不应该导出"日本对西方"的二元对立模式。事实上，差异并不存在于日本和西方、传统和近代的对立中，而恰恰存在于这种二元对立的叙事瓦解于太平洋战争的过程中。文人并不真正代表本土传统，学者也不代表西方的近代。在传统与近代、日本与西洋之类的问题上，40年代初的日本知识分子并不存在真正的立场分歧。他们在"近代的超克"中所发生的争端，是紧紧围绕近代叙事中的"日本"与"西洋"应该如何叙述的问题展开的。正是这"如何叙述"的根本分歧，潜移默化地影响了其后的"近代的超克论"，而《文学界》同人与京都学派学者之间的上述分歧，在其后的半个世纪里又引发了更为复杂的讨论和歧义。

二 竹内好与荒正人的"近代的超克论"

经历了战败的惨重打击，日本的知识分子以极其复杂的心态面对《近代的超克》这样一笔精神遗产。特别是东京审判和美国占领军的进驻，使得日本的民族主义和文化认同问题变得不再单纯。假如仅仅在批判日本国家主义和民族主义的帝国主义功能的层面讨论它们，批判的任务和边界都比较清晰，但是加上了反美和检讨日本战后无主体状态的课题之后，这种单向度批判忽然变得有些隔靴搔痒。问题在于日本在战后面对特殊的"被殖民"状况而毫无道德正当性可言，既有的民族主义和文化认同都无助于摆脱这种尴尬的局面，但是又无法在既有的民族主义之外寻找新的认同。一个严峻的考验是，日本人是否有可能绕开民族主义的问题寻找新的自我认同方式？战后的一批进步知识分子分别进行了尝试。共产党知识分子试图把自己的立场组织进国际共产主义运动和社会主义阵营中去,中国的社会主义实践给了他们直接的精神资源;而如丸山真男这样的批判知识分子,则继续坚持在西方的现代性理论中寻找思想资源以建立日本新的民主传统。不言而喻,这些批判和建构对于封闭的日本言论空间而言,都是积极和有效的,它使得某些为日本人所陌生的语汇获得了合法性。但是与此同时,这些进步知识分子也忽略了一个问题,那就是这些批判并不足以真正取代它所批判的对象而成为日本社会新的"日常经验"。在日常经验的层面,"近代的超克"所提示的那些"日本人的肉体感觉"并未得到知识分子自家消费的现代性话语的真正打造,小林秀雄和西谷启治所触及的那个基本问题,即言论和学理针对谁而发的问题,在急剧的社会转型期又一次浮出水面。

在战后的全民总忏悔之后,"近代的超克"作为一个"隐痛",从京都学派相关学者的战后叙事中消逝了。相反,"世界史叙述"通过所谓"日本文化论坛(forum)"这一具有反共政治背景和保守意识形态色彩的民间论坛得以传承,京都学派的四个学者几乎又都在这个论坛中露面,而《文学界》的文人们与这个团体无关。在"世界史"叙事和"超克近代"叙事之间,本来就存在的方向性隔阂,在这种状态下进而扩大为一堵墙,把对于这个座谈会的回忆完整地留给了文人。1952年4月《文学界》发表的座谈会纪要《〈文学界〉二十年的里程》中,河上彻太郎、林房雄、小林秀雄等人又一次提起了"近代的超克",它完全被描述为文人们的私人活动。[1]就当事

---

[1] 林房雄、小林秀雄、河上彻太郎等:《〈文学界〉二十年的里程(座谈会)》,《文学界》1952年4月号。在这段谈话里,林房雄说这个座谈会是河上彻太郎一手策划的,其他人由于友情而轻率地赞同;还提到座谈会在温泉旅馆举行,结束时连盘子都摔破了等等。河上彻太郎则提到他请来了铃木成高和西谷启治,但是没有任何人呼应他的这个回忆。

者而言，这个座谈会已经成为怀旧的对象，不再是思想史上的事件。而作为战后批判和反省战争中知识分子协同鼓吹法西斯意识形态的反面教材，这个座谈会在另一方面遭到各个层面日本人的非难，这样的非难又进而引起维护这个座谈会合理部分的"复权"要求。

在这样的状况下，1959年11月，竹内好发表了他著名的论文《近代的超克》。[1]这篇论文的中心论点是，要把象征符号、思想、思想的使用者三者区别开来，寻找那些相对独立于体制、以意识形态方式呈现的思想（竹内好称之为"作为事实的思想"[2]），从中提取出建构日本思想传统的资源。不言而喻，竹内好继续了他在战后一直坚持的"火中取栗"的思路，试图在这个名声不佳的座谈会中寻找战后日本思想界的真正课题。

竹内好在论文开头清醒地指出，"近代的超克"是知识分子纯粹为了自家消费而制造出来的用语，它与民众消费的用语不同，但是在缠绕着复杂的战争与法西斯历史记忆这一点上，它与民众用语的功能是一致的。因此，在当时30岁以上的日本人那里，没有人能够对这个特定用语不做复杂反应地加以使用。

可以说，竹内好的整篇论文都是围绕着这种知识阶层的复杂反应展开的。他注意到，座谈会的当事人并不具有推动一个思想运动的能力，但是这个驳杂的座谈会却被视为一个意识形态的符号，因而在座谈会的评价问题上产生了"复权"与"否定"两种对立的看法，而它们在同为意识形态式批评这一点上，又是一致的。竹内好尖锐地指出：以小田切秀雄的"近代的超克"批判为代表的左翼知识分子的理论把这个座谈会分为抵抗与屈服两个侧面，认为它的结局是屈服，与

---

[1] 本文与该座谈会纪要均收入河上彻太郎等：《近代的超克》，274—342页。
[2] 同上书，283页。

军国主义本质上是一致的,而在哲学史和思想史方面,对"世界史的立场与日本"的评价也是大同小异。但是,(小田切)"这样的解释既不能有说服力地否定'近代的超克'的复权要求,而且对于他认为的'近代的超克'的现代版也是同样没有否定力度的"。[1]

没有否定力度,是由于这样的正确解释与具体的事实之间有微妙的游离,这个游离恰恰存在于"近代的超克"的主题与它的实际话题之间。后来的论者基本上把这个座谈会的小标题作为着眼点和切入点,仅仅抓住了问题表述的混乱并从而断言这个座谈会必须和它之外的要素结合起来讨论;但是这个座谈会内在的结构与实际的话题其实并未呈现在小标题里。如上所述,由特定的文人集团和学者集团借助太平洋战争的暴力性所完成的这个艰难的文化认同,集中展现了以学理的方式和日常经验的方式吸纳近代要素时的不同方向感,以及由此派生的一系列问题群;处理近代问题的不同方式之间的差异,是这个座谈会真正的内在骨骼;它构成了这个座谈会与它的主题貌合神离的真正原因。事实上,使用为军国主义张目之类的批判视角,正确固然正确,却无法说明这个座谈会真正的内在结构,也无法说明这个座谈会在当时的历史时期所面对的真正课题。换言之,小田切这样的左翼文学家在进行批判的时候,其实遮蔽了批判对象的复杂历史面貌,所以不能够有效处理作为事实的思想。竹内好指出,处理"所谓作为事实的思想,是指观察某一思想为自己规定了什么课题,它又是如何在具体状况中被解决,或者未能解决"。[2] 显然,这与把分析仅仅导向正确的意识形态结论是完全不同的。竹内好所说的"思想",当然不仅仅是正确的思想,它也包

---

[1] 河上彻太郎等:《近代的超克》,282页。
[2] 同上书,283—284页。

含各种各样错误乃至有害的思想。但是，只要是思想，它就有相对独立于政治体制的影响力，这也正是思想对社会产生影响的立足点。"近代的超克"和"世界史的立场与日本"，恰恰拥有这种"思想"性，尽管正如竹内好指出的那样，它以思想形成为指归却以思想丧失为结果，但是它究竟并不是以对体制的简单依附为前提的。

那么，"近代的超克"作为事实的思想究竟是什么？

竹内好紧扣住了太平洋战争。他指出，这个座谈会的真髓在于，它传达了太平洋战争爆发这个特定历史瞬间日本知识界的精神状态。它不仅反衬出此前长达十年之久的侵略战争中"自由主义"反战思想的无力，而且传达出在当时历史条件下不可能区别侵略战争和抵抗战争的两面性这样一个实际状况。竹内好援引诸多同时代人的文字证明了一个令人痛心的事实：不同于中日甲午战争和日俄战争，"二战"中的日本以"全民战争"的形态裹挟了日本民众，这场全民参与的法西斯侵略战争完全堵塞了在侵略战争之外反对侵略战争的空间。事实上，不仅当时的社会气氛根本不允许反战言论的存在，而且几乎所有的青年知识分子都不得不走上战场。在这种情况下，"一方面在主观上一贯拒绝和厌恶神话（即'圣战''大东亚共荣圈'等宣传——引者注），同时却以二重、三重的曲折形态在结果上卷入了该神话，这一判断恐怕对大多数知识分子是适用的"。[1] 在此意义上，竹内好认

---

[1] 河上彻太郎等：《近代的超克》，301页。在这一段文字之前，竹内好引用了太平洋战争爆发时编辑《文艺》的高杉一郎的回忆。偷袭珍珠港的消息传来的当晚，高杉在家里找出了莫斯科出版的英文版《国际文学》中苏维埃反击德军入侵的专号，并在第二天向日本的作家们发出了稿约，决定模仿该专号也编辑一期反映日本人战斗意志的专号。他发出的稿约得到响应，没有一个人拒绝。竹内好指出，高杉在心里是站在苏维埃一边且厌恶纳粹德国的，并且他在理智上也厌恶日本侵略中国的行径。这一切在他那里一直以压抑的形态存在着，因太平洋战争爆发时日本的宣战姿态而获得"解放感"，从而毫无矛盾地把苏联抗击德国与日本抗击美英的行为等而视之。

为除了少数例外，基本上不存在能够与旁观和逃避相区别的反战态度。

正因如此，竹内好紧紧抓住了河上彻太郎为"近代的超克"所作结语中的一句话："作为我们的知性活动真正原动力的日本人的血，与迄今为止强行赋予它以体系框架的西欧知性之间的相克，致使我们知识分子作为个人也难以摆脱这一切。"[1]在战争状态下，这种相克正是导致诸如高杉那样把认同苏维埃的感情直接置换为支持太平洋战争态度的根源，它融合了日本知识分子亚洲主义的历史记忆，把战争正义与否的问题遮蔽殆尽。这也正是致使表面上难以辨认抵抗与服从的行为的特定状况。当战后世界格局重新分化，社会主义与资本主义世界两大阵营取代了欧美与亚洲对峙的历史记忆，也取代了轴心国和反轴心国的战时格局，导致"日本人的血"不得不重新寻找它赖以流淌的动脉。竹内好深知，战后左翼阵营的批判，其实并没有克服这种状态，所以它没有能力面对战后依然存在的"日本人的血"，以及它的"二重、三重的曲折形态"。

但是，"日本人的血"并不是均质的，这也是"近代的超克"内在混乱的原因所在。竹内好完成的主要工作，就是对这个座谈会以及它所处的那个高度紧张的时代内部的具体状况进行甄别。作为一位思想家，竹内好在这篇论文中留给我们的重要遗产，其实并不是那些被后人反复引用的论断本身，而是在状况里面分析这样一个思想立场。这个状况，首先是大部分国民参战的现实。竹内好指出，国民参战并不是因为服从军国主义者的命令，而是为了民族共同体的命运自愿尽力。区分天皇、国家和国民是战后的事情，无法类推到战争时期。竹内好的这个清醒的认识，帮助他有效地指出抵抗和

---

[1] 林房雄、小林秀雄、河上彻太郎等：《〈文学界〉二十年的里程（座谈会）》，《文学界》1952年4月号。

服从之间的毫厘之差才是当时最真实的状况。换言之，他看到了战后被建构的所谓"反战力量"的虚假性，察觉到真正的反战可能性其实仅仅存在于主流意识形态之中，那是因为，除掉当时的主流意识形态，没有其他思想力量能够对全民参战这一现实产生影响。

竹内好进而在"近代的超克"中寻找这一反战契机。这个座谈会当然是一个使用主流话语并且在结果上配合了战争意识形态的讨论。但是在这个话语空间里，其实仍然存在着使用主流话语（亦即战争话语）却从内部改变它的可能。竹内好看到的可能性，首先是京都学派体现的"教义胜于现实"的立场，它虽然没有给这些学者带来有效的参与现实的视角，并且事实上导致他们把自己的理论发展为一片空论；但是在主流意识形态被高度法西斯化的时代，这种对理念独立性的强调却暗示了某种思想独立的可能。[1]与此同时，《文学界》同人所显示的对"日本人的血"的关注，以及对明治以来日本社会"文明开化"和盲目追赶西方这一状况的批判态度，也让竹内好看到日本建立自我主体性的渺茫希望。在此基础上，竹内好更关心的是被视为日本浪漫派核心人物的保田与重郎在他臭名昭著的著述活动中所显示的"打破所有范畴、以此灭绝思想"[2]的功

---

[1] 正如竹内好和其他日本知识分子指出的那样，京都学派被视为宣传军国主义意识形态的座谈会"世界史的立场与日本"，不但没有讨好官方，还因此使这些学者受到了东条英机等保皇军官的迫害，若没有海军的庇护恐怕将全军覆没。

[2] 有关保田与重郎的评价，值得参考的著作有桥川文三的《日本浪漫派批判序说》（未来社，1960年）、Kevin Michael Doak 的 *Dreams of Difference: The Japan Romantic School and the Crisis of Modernity*（University of California Press，1994，日译《日本浪漫派与民族主义》，柏书房，1999年）。保田与重郎在日本浪漫派中所占有的重要位置，是与他通过追溯日本古典而建立美学式民族主义表现方式密不可分的，他对于整个近代日本的文明开化的否定态度给反近代意义上的日本民族主义提供了立足之地。保田创造了一种打破西方近代式合理主义表述方式的表达形态，但是在我看来，真正具有穿透力的见解却是并未发表日本浪漫派研究的竹内好的意见。

能。他指出，在以毒攻毒的层面，这种思想破坏的力量在逻辑上可以被用于意义转换，从而在区别于脱亚入欧意义上的强有力思想主体的引导下，建立不同于京都学派战争理念的行为自由。但比这些具体分析更重要的在于，竹内好提出了一个原理性的问题：在所谓极权制国家里，真正的民主可能性不是在体制之外以对抗的方式形成的，它恰恰是在体制之内以"修改"体制的方式艰难生长的。因此对于主流意识形态而言，真正可怕的未必是"反体制"的力量，而是体制内的异己；对于反体制的民主派而言，有效的手段也恰恰是在主流话语内部改变它的性质，而不是在外部做出对抗的姿态。这就是"火中取栗"在极权制国家的重要性。"二战"时日本的白色恐怖状况，作为一个极限状态，提供了观察这一情况的有效材料。

但是，竹内好并没有在"近代的超克"中找到这些可能性的生长点，他看到的仅仅是一个试图在极限状态下创造思想传统却最终被极限状态压垮的失败尝试。日本近代史上所有进退两难的困境都集中在这个座谈会里，而它却没有正视这一切。竹内好说，由于困境在这个座谈会里烟消云散了，它最终只变成了官方战争观的解说。他无法解决的一个问题是，为什么知识界会在太平洋战争爆发时毫无矛盾地把支持日本军国主义与支持苏维埃反法西斯战争视为同样性质的行为？这后面隐藏的，不就是日本知识分子对于"近代"的基本认识框架吗？"西方"作为一个强有力的对手，作为日本最大的威胁，左右了日本近代以来的全部世界想象，战争作为现代化过程中一个暴力性的环节，被组织进这样一个想象之中。但问题还在于，"近代的超克"这一未能面对的困境，在战后不但依然存在，而且依然未能被面对和解决，用竹内好的话说，这造成了日本战后思想的虚脱状态。

这个困境，就是围绕着东亚近代化过程所发生的日本何去何从的问题。战后的日本政府接受了一种不得已的观念——"占领即解放",从而把日本捆绑在美国的战车上,并且趁机推卸了日本的战争责任;而曾经卷入整体战争的国民,在战后则沉醉于新的文明开化风潮,亦即建设以西方为蓝本的现代福利社会。在日常经验的层面,人们封存了日本对于亚洲,特别是东亚的责任这样一个明治以来的老问题,也同时封存了以日本的亚洲主义为线索贯穿起来的半个多世纪的曲折尝试。京都学派学者显示的那种面向西方的急切心情,由于战后的复杂政治局势,被合理化乃至获得了某种道德正当性,反倒压抑了"近代的超克"曾经显示的那种微弱的"肉体感觉"在开放视野中艰难再造的可能。在对抗日本军国主义政府的意义上,在抵制日本天皇制的民主主义建设意义上,西方的思想资源构成了日本进步知识分子的有力批判武器,而西方近代所具有的殖民主义性质和对于东方的黑格尔式历史认识,却构成了他们的盲点。观察一下50年代日本知识界数不胜数的座谈会,可以发现讨论阵营的划分其实并非严格受制于进步知识分子和保守知识分子这样的区分标准,而是更多地受制于对西方现代性理论资源的使用方式和熟悉程度。借助战后日本的归属问题,知识阶层呈现的意识形态与政治立场,是比简单划分立场远为复杂的知识组合形态,知识界在日本何去何从这个大前提下,不断调整着思想分歧的讨论角度,也不断重构着思想阵营。

  竹内好敏锐地察觉到,建立新的东西二元对立模式不可能解决日本何去何从这一难题。这是因为,50年代末期"日本优越论"又一次沉渣泛起,在诸如"日本文化论坛"某些文人的表述中,日本被叙述为东亚的指导性国家。在"近代的超克"失足之处,战后的日本主义者重蹈覆辙,而进步的知识分子却几乎无法借助西方的资源有效应对这种局面。危机意识引导竹内好重新开封"近代的超克",试图在被简化为意识形态结论的这个思想史事件中发现新的可能性。竹内本人或许并未意识到,他的这次并不成功的尝试,意义其实不在于是否发掘出他所说的健全的民族主义,而在于揭示了政治正确的思想立场其实往往无法有效处理状况中的问题这样一个意味深长的难题。

竹内好的论文在当时的知识界立即引起了反响,有一些看法与竹内好的观点形成的张力关系,构成了当时知识状况的一个基本局面。1960年3月,《新日本文学》杂志以竹内好为中心组织了题为"关于'近代的超克'"的座谈,其中哲学家鹤见俊辅的发言是值得深思的。鹤见说,他对于竹内整理这个座谈会的方式无法认同,因为他不认为战争是不可避免的。他强调说,日本从明治以来,自小学教育开始就在灌输非战的常识,民众层面存在着反战的可能性,所以不能说整体战的思想是存在于日本国民深处的基本思想。他还举吉本隆明为例,说明竹内好所主张的发掘健全的民族主义的路是走不通的。鹤见主张不避简化之嫌地强调和平反对战争,因为"杀人不好",明知会失败却故意发动的战争更不好。他把自己的立场称为"算术式的和平论"。[1] 竹内好有礼貌但是毫不客气地表述了自己与鹤见俊辅的分歧。他说,鹤见俊辅直到太平洋战争爆发都一直在美国,事实上他并不了解战争中那一代人的真实感受,也不了解12月8日作为一个感情上的分水岭所具有的微妙功能。

竹内好这个判断有一定的道理,鹤见确实不了解1941年12月8日的日本社会氛围;然而他拥有竹内好同样不了解的另外一方面经

---

[1] 参见《关于"近代的超克"(座谈会)》,《新日本文学》1960年第5期。鹤见有关说法分别见135页、139页。参加这个座谈会的,除了竹内好与鹤见俊辅之外,还有佐佐木基一(兼司会)、伊藤整。竹内好的反驳见137页。

历：太平洋战争爆发后，当时只有十九岁的鹤见在美国作为敌国人接受关于政治立场的问讯时，天真地回答说自己是无政府主义者，不支持帝国主义之间的战争，要是一定表示倾向的话，可能更倾向于美国。结果，他因此被关入拘留所，以至于不得不在拘留所中完成大学毕业论文。1942年鹤见选择乘坐交换船回国的时候，他的想法是，反正日本发动的是必败的战争，自己还是回去跟同胞一起迎接战败比较好。不料回国后不久，他接到征兵令，1943年作为德语翻译被派往印尼雅加达。这也让他进一步加深了对战争的厌恶。

这些经历，加上鹤见坚定的无政府主义信念，使他并没有停留在理论上的"算术式的和平论"，他成为了和平主义的实践者。1965年，美国发动对越侵略战争后，鹤见与其他几位知识分子发起了"在越南实现和平！市民联合会"（简称"越平联"），不仅抗议美军的侵略行径，而且在美军驻日基地附近组织各种干扰军用飞机的活动。其后，他们掩护从日本的美军基地或者途经日本时逃离军队的美军士兵，共保护了二十几位逃兵，其中不乏后来投身美国反战运动的人士。鹤见的"算术式和平论"在越战结束之后依然是他的政治选择。1995年，他同意把自己的名字列入民间团体"亚洲女性基金"的发起人名单，以民间集资的方式对已进入暮年的韩国慰安妇进行赔偿，同时也希望以此对拒不谢罪的日本政府施加压力[1]；2004年，他与其他八位文化界、知识界著名人士共同发起了"九条之会"，以保卫宪法第九条的方式要求日本政府放弃修改宪法

---

[1] 亚洲女性基金的活动曾经一度引起日本左翼的批评。他们认为这种做法事实上是由民间代替政府承担在慰安妇问题上谢罪的责任，等于帮助政府脱罪。但是这个民间基金会的活动家认为，如果不能及时在高龄的受害者离世前让她们看到日本的态度并获得经济补偿，那么迟到的谢罪对于当事人就不具有意义，所以民间代替政府首先承担责任是必要的。

重组军队的意图。[1]

鹤见在战后从事的和平运动，不能说没有社会基础。但它是否能够直接类推到战争时期，却是一个疑问。事实上，战争时期在不断扩大的征兵态势中保持反战态度，对日本民众而言几乎不可能。即使是鹤见本人，也无法逃避被送上战场的命运。但问题的核心其实并不在于鹤见的和平论能否追溯到战争时期。值得关注的是，竹内好与鹤见俊辅对待"近代的超克"座谈会的态度分歧，暗示了两种不同的思想进路。这个分歧在鹤见写作《竹内好 一种方法的传记》时就表现出来了。竹内好认为，要想激活传统，需要不避右翼之嫌地重新开掘战时思想，"火中取栗"地谨慎提取其中未能实现的可能性；但是在此过程中，竹内好并不是非战或者反战主义者。他对于暴力的态度，在于其是否恃强凌弱，是否与道义相关，暴力本身的破坏性并不是他最关心的问题。而鹤见俊辅对于暴力的态度非常不同。他以朴素的语言表达的"杀人不好"这个判断，并不能被简单地视为人道主义者的善良，这是与竹内好的思想方式不同的另一种价值判断。竹内好与鹤见在对待暴力问题上的分歧，其实暗示了一个十分棘手的问题，那就是，假如改变社会改变历史缺少"和平革命"的条件，如何看待"暴力革命"？对此，本书将在最后一章予以讨论。

另一种意见与鹤见俊辅不同，基于战时的体验而发，同时也与竹内好相左，这就是荒正人所代表的某一类左翼知识分子的意见。作为曾经加入日本共产党，又因为与其政见不和而退党的进步文化人，荒正人从学生时代开始就以其热情的文人气著称。从1960年3月开始，他在《近代文学》杂志连载长篇论文《近代的超克》，直

---

[1] 关于鹤见俊辅的经历，参见黑川创：《鹤见俊辅传》，新潮社，2018年。

到8月号为止，共发表了六篇。尽管该论文在结构上东拉西扯，而且毫无交代地就从9月号停了笔，但是作为对竹内好同名论文的回应，荒正人的话题远比鹤见俊辅深入，因为他基于战争中的某种"体验"提出了一些重要问题，而且击中了竹内好的某些盲点。

在第一篇，荒正人提出了一个不无见地的看法：竹内好似乎有一个理想的"近代的超克"意象，所以他脱离了实际的座谈会，把不在场的一些人拉进来，又对在场的人进行了有选择的忽略，这种做法不利于讨论这个座谈会本身。比如竹内好完全无视在座谈会中最为活跃的神学者吉满义彦的言论，而他却是最彻底的"近代的超克"论者。荒正人强调，"近代的超克"其实仅仅是那个讨论会，没有必要把它看得那么重。[1]

尽管荒正人自己后来的讨论离这个座谈会更远，但是他仍然指出了竹内好讨论方式中的一个潜在限度，那就是竹内好的确有一个自我设定的"近代的超克"意象，这与他在战后执着于"火中取栗"地开掘日本思想和民族主义的可能性有直接关系。在竹内好的论文中，座谈会本身其实并未得到讨论，他讨论的仅仅是这个座谈会在那个特定时代以及在历史脉络中的定位问题。这一限度恰好与竹内好的课题意识相关，因为他关注的是座谈会所体现的特定时代氛围，而不是这个座谈会的话题本身。不言而喻，这妨碍了竹内好从整理话题的角度继承这一笔精神遗产。比如，他几乎完全无视"近代的超克"与"世界史的立场与日本"之间的差异，把后者归纳到前者之中；这样，竹内好无形中限制了思考特定时期思想形成的多种可能性。

继而，荒正人对竹内好在文中谈到太平洋战争时提出的"不可能依靠帝国主义打倒帝国主义"的观点进行了激烈抨击，因为在这样的

---

[1] 荒正人：《近代的超克（一）》，《近代文学》1960年3月号，引文见8页。

观点之下，苏维埃的反法西斯战争将无从定位。荒正人对竹内好的批判虽然有些强词夺理，但暗示了一个重要分歧。在竹内好看来，苏维埃的反法西斯战争仅仅是一个背景，它并不能构成讨论"二战"的有机组成部分；这暗示了竹内好对于战争和现代性关注的基点，其实在于东亚如何回应西方现代性的冲击，俄国在竹内好那里被定位于西欧内部分化的标志；它作为一个特殊的思想资源，一直是竹内好思考中的盲点。[1]同时，竹内好以战后东京审判为契机，最终奠定了这样一个观点，即日本和美国不过是在争夺东亚的殖民地而已，其关系并非是文明对野蛮、正义对侵略，而是帝国主义对帝国主义。[2]与此相对，荒正人则一直把俄国视为看待"二战"的一个视角，他由此引申出一个命题：美国作为俄国和中国的盟国，在事实上支援了民族统一战线，抗击了日本的法西斯主义。所以，尽管美国是帝国主义，而且战后在东亚的所作所为具有明显的扩张和殖民性格，但是荒正人仍然坚持反对竹内好这种对美国和日本等而视之的做法，他认为应该从法西斯与反法西斯这样一个基本轴线上多角度地把握第二次世界大战。[3]在这样一个基点上，荒正人展开了他对于资本主义的批

---

[1] 在早期的亚洲主义者中，有一些人也曾试图参与俄国的社会变革，但是当竹内好整理亚洲主义问题的时候，这一部分基本未得到他的重视。不言而喻，竹内好在思考亚洲问题时，下意识地保留了日俄战争的历史记忆，在当时它被东亚各国视为"有色人种战胜白人"的战争，俄国被视为西方的一个部分。
[2] 在311页注〈1〉提到的座谈会中，竹内好非常明确地提到了这一点。他强调说，尽管在与中国的关系上，日本所犯下的罪行不能与美国相提并论，但是在殖民地争夺战这一点上，日本与美国同等恶劣。他甚至在座谈进行到民族主义有可能催生中国的大国主义和小国的激进民族主义的时候，表示说问题的关键在于对西欧近代的评价问题。竹内好特别强调日本人很难接受不信任西欧这样一种感觉，但这是一个必须建立的感觉。他甚至强调，对于西欧的不信任，是太平洋战争合理化的一个根据（147页）。这让我们联想到，竹内好在太平洋战争爆发后执笔的《大东亚战争与吾等的决意》，其思想基础正是这种对于西欧的不信任。
[3] 荒正人：《近代的超克（二）》，《近代文学》1960年4月号，此观点见第3页。

判,并且尖锐地指出:"近代的超克"就没有否定资本主义这一点而言,其实是没有超克近代的。他还援引了当时另一个座谈会"复古的真意义",指出后者与"近代的超克"同样否定了个人主义而没有否定资本主义。⟨1⟩ 进而,在下一篇文章中,荒正人翻出了竹内好战时写作的《大东亚战争与吾等的决意》和《中国文学的废刊与我》,不依不饶地把竹内好描绘成一个为侵略战争张目的法西斯知识分子。⟨2⟩

就事论事地看,荒正人对于战争的把握比竹内好更为接近当时的国际局势与政治判断。⟨3⟩ 但是在时过境迁之后,我们不得不谨慎地面对一个困难的课题:竹内好在他的《近代的超克》中提出的那个日本如何回应现代性冲击、如何在东亚建立日本自身的"健全的民族主义"的设想,是否由于鹤见俊辅的和平主义和荒正人的激烈抨击而被消解掉了呢?后者的工作是否能够取代竹内好的课题意识,从而有效回击新一轮的"日本优越论"呢?

同年12月,《近代文学》发表了由荒正人、竹内好、花田清辉、山室静出席的四人座谈会纪要,题为《日本人与文学》。花田也以《近代的超克》为题出版了一本小册子,尽管竹内好对其给予了高度评价⟨4⟩,但由于它是一本随笔集,处理的问题过于分散,所以影响力

⟨1⟩ 荒正人:《近代的超克(三)》,《近代文学》1960年5月号,该观点见第2页。

⟨2⟩ 荒正人:《近代的超克(四)》,《近代文学》1960年6月号。

⟨3⟩ 在日军偷袭珍珠港的第二天,中国共产党就发表宣言指出:"这一太平洋战争,是日本法西斯为了侵略美国、英国及其他各国,而发动的非正义的掠夺的战争,而在美国、英国及其他各国起而抵抗的一方面,则是为了保卫独立、自由和民主的正义的解放的战争。"(《中国共产党对爆发太平洋战争的宣言》,转引自《民国史大辞典》,中国广播电视出版社,1991年,565页)

⟨4⟩ 花田清辉:《近代的超克》,讲坛社,1993年。竹内好认为,在战后处理"近代的超克"问题的文字里,只有花田的这本小书是从正面迎击近代的,因为它抓住了日本民众这个基本的问题。参见《关于"近代的超克"(座谈会)》,《新日本文学》1960年5月号。

似乎受到了限制。时值荒正人严厉批评竹内好的论文连载不到四个月，竹内好与荒正人的坦诚相见，展现出真正的危机意识之下才有可能出现的动人的合作关系。

不知出于何种原因，有关"近代的超克"的话题并未成为这次讨论的中心。而且由于参加者之间的差异，这个讨论整体上看是散漫而肤浅的。但是在话题由民族主义到国际主义再到日本文化论之后，荒正人与竹内好之间仍然开始了有节制的辩论。通过讨论广岛、长崎核弹爆炸的责任问题，荒正人再次强调太平洋战争的"反-反法西斯战争"的性质，而竹内好则伺机把话题引向日本和美国都是帝国主义的方向。荒正人和竹内好的分歧在于，前者不同意把太平洋战争视为日美两国之间的战事，强调它是轴心国和反轴心国之间的较量；这样，无论如何，苏维埃的定位问题就得提到日程上来；后者则坚持强调美国在战后居于其他西欧国家之上充当了霸主，日本事实上只是向美国服了输；因此，把美国独立提出来正面交锋是必要的。荒正人主张日本必须先承担侵略战争责任，然后才能讨论广岛的问题，竹内好则在同意这一原则的基础上强调美国是已经了解日本准备降伏的情况之后才开始轰炸的。最后，辩论没有任何进展地不了了之，两个人的看法没有找到任何接触点。

然而这个讨论却象征了其后日本进步知识分子内部的基本分歧。时隔60年，日本知识分子在广岛问题上还在重复荒正人与竹内好的问题意识，几乎没有任何实质性的推进，这究竟是为什么？

一个基本的思考线索仍然存在于竹内好的《近代的超克》之中。富有讽刺意味的是，在众多"近代的超克论"中，任何一个在政治立场上比竹内好正确、在解读上比竹内好精细的文本都没有能够像竹内好的这个文本那样超越时空地被一次次重提，只有竹内好的这篇充满了民族主义乃至大东亚主义"嫌疑"的《近代的超克》，在日本思想史上成为了名篇。

我相信，那不是因为这个文本没有瑕疵，而是因为，只有竹内好在那个进步与反动被单纯地归类为国际主义和民族主义的状况下，敏锐地觉察到问题并不存在于这种归类之中，并且以最直接的方式强调了打破日本对西方、民族主义对国际主义、资本主义对社会主义这种二元对立思维的迫切性。竹内好没有找到取代二元对立的理论模式，但他充分调动战争经验者的感情记忆，并且尝试在感情记忆中挖掘活着的原理；对于竹内好来说，战后对于这场战争的反思遮蔽了它的原理性，那是因为，日本的现代性问题以"二战"为顶点，它基本存活在各种形式的对外扩张状况之中。竹内好不相信整整一代人除了意识形态之外没有任何思想，不相信这段思想史是一段空白；在战争历史中甄别出现代思想形成的基本路向，甄别出思想与暴力之间的复杂关系，是竹内好的基本课题。当他在"近代的超克"中找到思想形成的蛛丝马迹时，最棘手的问题在于，他试图挖掘和重造的日本思想资源几乎都是被"污染"过的，它们不仅在历史上与日本的军国主义相关，而且在新的时代状况中仍然基本上是日本保守派乃至右翼的意识形态。不仅如此，竹内好本人也曾经在战时试图使用这些被污染的语词制造思想。竹内好诉诸战时的感情记忆和体验，并且试图在感情体验中寻找流动的原理，是因为他深知抽象表述会遮蔽一些微妙的差异之点——在对外侵略的意识形态中，隐含着在历史上曾经萌发但又被扼杀的对于东亚的责任感；在对抗西方的民族主义意识形态中，也包含了使日本成为世界史一部分的努力。假如这一切都被"正确"理论一笔勾销，竹内好的疑问是，日本人还有什么资源可以建立思想传统、可以承担历史责任？外来的思想和观念依靠什么转化为本土的思想观念，又如何影响本土的日常生活经验？

当竹内好的这些疑问转化为他寻找和清洗本土思想资源的行动时，他遇到的阻力来自左翼知识分子。如何在状况中寻找原理、如何在状况中保持原理的生命力，这一切都取决于自我否定的能力。对于竹内好而言，理论不是认识状况的出发点和归结点，它只能存活在状况之中。正如竹内好与荒正人的分歧所显示的那样，前者追寻的原理是流动的和生长的，后者则执着于某些既定的原则。这样的分歧本身或许就是原理性的，它的悬而未决致使当年发生在竹内好与荒正人之间的分歧今天仍然是一个基本的分歧。竹内好呼吁把困境作为困境来对待，是他给自己，也是给日本思想界提出的重大课题；遗憾的是，这个竹内好自己无力解决的难题，并未得到同时代人的关注，在一次次论争中，他的努力被扭到完全不同的方向上。当竹内好在70年代初宣布自己走下论坛的时候，他只好把这个未能解决也未能引起关注的难题留给了后人。

三 广松涉的《"近代的超克"论》与西尾干二的《国民的历史》

当竹内好退出论坛埋头于《鲁迅文集》的翻译工作时，1974年至1975年，又一部《"近代的超克"论》在《流动》杂志上开始连载；而当它被印成小册子的时候，竹内好已经离开了这个世界。

新的《"近代的超克"论》出自左翼哲学家广松涉之手，他给我们留下了一个宝贵的文本——假如没有这个文本，今天在梳理"近代的超克"这条思想史线索时或许要面对更多的技术性难题。

广松涉的这个文本非常难读。这倒不是因为他使用的语言和文体佶屈聱牙，而是因为他并没有像他的前辈那样明快地提出自己的问题。他似乎总是动摇在意识形态批判和思想分析这两者之间，最终也没有找到有机组合它们的方式。但是我们仍然可以比较顺利地进入这个文本，因为他花费了一些篇幅批评竹内好。

广松涉对竹内好的批评在第七章才展开。换言之，他并未把竹内好当年的课题意识作为自己立论的出发点。事实上，尽管广松涉的思路实际上很受竹内好的影响，但他并不认为竹内好的文本提出了重大的课题，更不认为应该沿着竹内好开辟的思路把这个课题进行下去，他认为这个文本对其后有关"近代的超克"的讨论起到了定向作用，应该对其进行重新讨论。但是为什么竹内好的文本会对其后的讨论起到定向作用，这种定向又在何种程度上被篡改或利用，这一切似乎不是广松涉关心的问题。

广松涉对竹内好的批评集中在两点上：一、竹内好在文中提到"近代的超克"论在战争期间连战争与法西斯的意识形态也未能充当；二、日本从大东亚战争到太平洋战争的整个过程中隐含的"战争的二重性"未能得到剖析，这同时意味着日本没有把困境作为困境来对待。

广松涉的确抓住了竹内好提出的核心问题。然而遗憾的是，他的批评并未超过当年鹤见俊辅或荒正人的水准，甚至有些地方还不如荒正人精彩。就第一点而言，广松涉的批评是：京都学派即使仅仅拥有可以完美地论证开战诏敕的教义学，也已经足以充当战争和法西斯意识形态的工具了。他们的思想力量的确不足以推动现实，但是思想的力量有时不必直接推动现实，他们的解释能够使当时的青年相信大东亚战争的世界史意义，这一点就足够充当现实的能动性契机。关于第二点，广松涉进行了有意无意的误读。他抨击说："竹内氏明确地提出，'"近代的超克"是所谓日本近代史上困境的凝缩'，'复古与维新……国粹与文明开化、东洋与西洋这些基本轴线上的对抗关系……一举作为问题爆发出来的，就是"近代的超克"的讨论。'这岂不是说'近代的超克'的讨论正是被当成解决这种困境的认识对象了么？有关战争的二重性格的说法也可以同样质疑。不过，或许有人会说竹内好并不认为这个座谈是对于困境的真的认识，而且也不认为它真的剖析了战争的二重性格，即便就最终确认而言不可能与他硬唱反调，但是就当时的问题看，'近代的超克论'是以它的方式认识竹内好所说的'困境'和'二重性格'，并立志于'解决'乃至扬弃统一它，正因如此，它才得以回应了往日意识形态的要求。"〈1〉

广松涉这种明显无视竹内好上下文的做法并非出于矫情。同当年荒正人与竹内好的对峙一样，广松在此也显示了与竹内好的分歧。这个分歧在于，竹内好试图火中取栗，而广松涉要做的却是洞若观火。换言之，前者作为战争的直接体验者，作为一个在战时曾经为"大东亚共荣"的理念寻找新的正当性和生长点的失败者，在"近代的超克"中要寻找和复原的是一种历史的临界状态，以及在特定情境下转化这种临界状态的必要条件；后者作为战时尚且年幼的间接体验者，关心的却是对于历史的裁决。尤其是当广松涉面对60年代末世界性风起云涌的学生运动提出反叛既定秩序的课题，面对来自资本主义体系内部的又一次"近代的超克"要求时，解构新的"日本浪漫派"意识形态的课题被他视为己任。但与竹内好不同，一直依靠西方现代哲学工作的广松涉可以在理论上反对西方中心论，却在感觉上并不相信东方存在处理现代性课题的思想资源。更何况当时他面对的是中国的"文化大革命"和日本的右翼思潮泛滥，他很难像竹内好那样思考东亚现代化的不同模式，只能凭借西方近代以来的思想资源重新开掘历史。这样，广松涉在建构与京都学派同

〈1〉 广松涉：《"近代的超克"论：昭和思想史的一种视角》，讲坛社，1989年，171—172页。

样浩大的"超克近代"的叙事时，理所当然地忽略了竹内好叙事中最基本的思想契机——置身于历史对象内部，寻找历史真正的张力所在。广松涉的叙述充满了火药味，但是缺少必要的内在紧张，这使他在扮演历史裁决者的同时，也与历史中最为跃动的部分失之交臂。

广松涉在认定了"近代的超克"意识形态功能的前提下，亦即在拒绝从这个座谈会中寻找思想尝试或思想失败契机的前提下，展开了他对这个座谈会的思想清理。对一个以哲学思考为业的人来说，把握"座谈"这样一个特定的言语空间是相当困难的，所以他基本避开了对座谈会本身的讨论。他从一开始就把话题引向了京都学派的世界史哲学，但同时也避开正面讨论京都学派分三次进行的座谈会。这样，广松涉依靠的主要材料是出自京都学派学者的专著或论文，而不是他们在座谈中的对话，尤其是对话中的潜在分歧和冲突——不言而喻，相对于个体性的著述，座谈会的特征在于提示个体思路之间的交错和碰撞，以及这种交错和碰撞所暗含的思想路向的组合可能；尽管竹内好没有如同荒正人强调的那样仅仅把目光设定在两个讨论会中，但他关注的显然是昭和前期和中期的特定言论空间，以及在这个空间中的不同思考与主流意识形态的不同张力关系；所以，竹内好得以提出对符号化的"近代的超克"进行内部的一系列甄别这样困难的课题。广松涉虽然试图建立一个有关这个时期思想状况的庞大深层结构，但是由于他基本不进入"座谈"式的思路，他的空间意识形同虚设，只是流于概念而已。他不仅把"近代的超克"与"世界史的立场与日本"混为一谈，而且基于对竹内好的批判把二者间立场的微妙差异无差别地简化为替主流意识形态张目的工具。广松涉说，竹内仅仅把《文学界》和京都学派的两个座谈会以及日本浪漫派置于视野之内，忽视了三木清这样的意识形态鼓吹者，"在此前提下，诚然会导致他所认定的结论，但以他的视野处理'近代的超克'论，作为昭和思想史论的方法论程序还是过于狭隘了"。[1]

广松涉进行的一个明显的置换，是他无法进入《文学界》同人的思路导致的。[2] 他把竹内好只提了一笔的三木清作为连接文人与学者的重要纽带，是因为三木是"文学界"同人，也是京都学派出身。当三木清被视为《文学界》的代表时，广松涉就可以把对文人的讨论束之高阁，保持其话题的学理严整性了。但是姑且不问三木清对于《文学界》以及这个杂志同人的代表权问题，问题更在于，这种置换方式完成了一个理论上的偷换，把历史上那个有明确限度的象征符号"近代的超克"无限地扩大为整个昭和思想史的基本结构。这个基本结构就是广松涉最关心的以天皇制为顶点的国家垄断资本主义的社会结构及其意识形态。对日本国家垄断资本主义及其意识形态的批判分析，是广松涉作为一个马克思主义者的基本思想课题，他指斥竹内好的"程序"过于狭隘，是由于后者仅仅在文明论和文化论的视野中处理相关问题，不能从社会史角度处理广松涉的课题。就其他课题（比如亚洲主义）而言，广松涉的批评也许是正确的，但是就"近代的超克"而言，他的批评恰恰显示了他的弱点：在宏大的社会史和观念史叙述中，广松涉通过对竹内好的批判遮蔽了一个被竹内好提出又被荒正人等明确化的重要思路——"近代的超克"作为一个言论空间，它在日本现代思想史中所起的作用

---

[1] 广松涉:《"近代的超克"论：昭和思想史的一种视角》，169页。
[2] 广松涉在文中提到日本浪漫派和《文学界》的时候，目的在于以此反衬三木清等"昭和研究会"的学者和京都学派学者"近代的超克论"的深度。他甚至还讥讽说，文人们谈论的自我经验一类的话题，根本用不着贴上"近代的超克"之类的标签，干脆开个文艺畅谈会不是更好吗？他还指责说，文人诸氏既没有提供取代近代意识形态体系之思想，也没有提供打破近代社会历史现实的实践，他们不过说了些空话。见广松涉:《"近代的超克"论：昭和思想史的一种视角》，197—199页。

不能等同于讨论者乃至相关者个人的观点，更无法被简单还原为社会史问题；它本身显示的问题的多面性和它在当时社会气氛中为某些无以名状的感觉赋予固定形状的独特功能，是只有少数座谈会才可能完成的；就此而言，任何独立的著述都无法与之相比。恰恰是在这样一个为感觉赋予固定形状的意义上，这个充满了冲突和对抗但又高度妥协的座谈会，提供了把历史分析从图式化推演中解救出来的契机。

广松涉对这个问题显然毫无兴趣。他不仅过分强调了"近代的超克"中京都学派的作用，从而不顾事实地认定只有京都学派的学者确定了这个座谈会的基调，而且强迫这个座谈会承载超乎它负载限度的社会历史内容。在前后共十章的长文中，广松涉分别讨论了京都学派学者高山岩男的世界史哲学、西田几多郎哲学的定位问题、三木清哲学的意识形态窘境、日本资本主义的特质、昭和维新和日本共产党转向声明的特定社会史含义、日本浪漫派的民族主义情结与其世界感觉的关系、文人的"近代的超克论"的虚无主义倾向，等等。但是，这个貌似博大的架构暗含的问题其实是非常集中的，它们可以简要地归纳为如下几点：

一、广松涉认为"近代的超克"无论是口号还是座谈都没有解决要"超克"的近代是什么的问题。由于对象的不明了，所以讨论不会有结果。与此相关，京都学派的学者所设定的世界史理念和"超克"近代的课题也没有提供有效的突破现状的理论模式。

二、为反驳竹内好区分思想与意识形态这一设想的方式，广松涉强调无论是座谈会本身还是当时的知识分子，都在起为主流意识形态助阵的作用；虽然他同时强调知识分子的思想功能，但是他反对把思想从意识形态中区分出来的做法。

三、广松涉通过对西田哲学和京都学派世界史理念的分析证明，所谓"本土对外来"的模式是不符合历史状况的，在当时的京都学派和《文学界》同人那里，日本与西方并未以简单的方式截然分开；在此意义上，广松涉认为当时的课题意识达到了相当的水准。

四、通过两章昭和政治史和社会史分析，广松涉揭示了"大东亚共荣圈"是如何把对外侵略与内部权力关系的调整结合在一起的。尤其是借助对于日本入侵满洲时国际国内关系的分析，他指出内外危机的调节是如何相互掣肘的。

作为一个思维缜密的哲学家，广松涉的文本很注意把握问题的多面性，他提出的很多结论几乎无可指责。他似乎既照顾到了意识形态批判，也照顾到了思想立场；既分析了哲学和历史学理论建构的概念，也没有忘记理论之前的"心情"。在抽象结论的层面，广松涉似乎没有遗漏什么。然而，有一个隐藏在这些结论背后的基本问题很容易被忽略：当广松涉进行立场正确而又面面俱到的分析时，他混淆了两个基本视角之间的差异，并通过激烈的批判遮蔽了这差异本身的重要性。这就是意识形态批判与思想批判立场的差异。就前者而言，它追求的是立场的正确和对现实的直接指导功能，所以广松涉对40年代知识分子的基本责难就是他们在意识形态上的为虎作伥和没有指出一条摆脱现代性困境的出路；就后者而言，思想批判并不简单等同于与主流意识形态的分庭抗礼和为现实寻找出路，它关注流动状况之中的原理，并献身于这样的原理。广松涉在展开他的论述时，其思路与他的结论常常背离，结论中出现的在意识形态中整理思想的意图并未成为他组织自己论证的框架，相反，他把分析集中导向了对"近代的超克"的意识形态批判。就连书中最精彩的昭和社会史分析也没有为他带来任何思想性的清理，它们仅仅被用来驳斥竹内好的"狭隘"。竹内好在他的论述中强调了京都学派的空论与大川周明这样的实际活动家的言论的区别，暗示了应该在两个方向上认识这两种言论的性质；同时，竹内好在日本近代以来的一系列"困境"中为这个座谈会定位，强调的是多种要素的"一举爆发"，这也为座谈会确定了一个限度：它虽集中了多种张力关系，却并非是社会政治权力关系的直接投影。广松涉无视竹内好论述中最微妙的分寸感，通过扩大座谈会的容量，消解了竹内好的问题。表面上看，广松涉的视野更为开阔，提出的问题架构也更为宏大；但是追究起来，在把竹内好提出的"思想传统的形成"这一困难的课题简单地等同于"文化形态论"并且试图以把握资本主义体制的社会史角度补充其不足的时候[1]，广松涉错过了一个继承竹内好的机会。广松涉的宏大架构不缺少正确的批判立场和观念分析乃至社会史分析，它缺少的是建立思想传统的努力。在这个篇幅浩大的文本里，不仅充满了对前人的指责，更重要的是，有关战争的叙述是以旁观者身份进行的。这种旁观者的身份使得"近代的超克"中所包含的"前理论的心情"仅仅被含糊其词地解释成对"今日的风潮"的"前车之鉴"，但是在此项下进行的整理与批判是极其草率的。竹内好花费大量篇幅讨论了弥漫在当时知识界的特定精神状态，在此它被简单地归结为"以对现状绝望为媒介的犬儒主义，以及与自认穿透了西欧文明的认识互为表里的国粹式审美意识"[2]，于是，这个对于竹内好来说最重要的思想生长的可能之点，和竹内好试图追究的那个知识分子何以同等对待日本的太平洋战争和苏维埃的反法西斯战争的艰难课题，就被广松涉轻易地否定了；而在小林与西

---

[1] 广松涉并未直接提出这样的观点，但是结合他认为竹内好的视野"过于狭隘"的指责（广松涉：《"近代的超克"论：昭和思想史的一种视角》，169页）、对于近代认识三个基本形态的归纳（同上书，179—180页）和全文立论的方式来考虑，他的这一看法是显而易见的。
[2] 同上书，182页。

谷当年对话中出现的那个"日常体验"的课题，也被这种旁观者的立场消解了。问题不在于广松涉这样的批判知识分子是否意识到了"今日的风潮"的危险性，而在于他以似是而非的方式回应了这种思潮。广松涉又一次重蹈了竹内好曾批评的日本马克思主义者的覆辙，以"外部的"和"理论的"方式简化和置换了日本的复杂现实问题，这使他的批判热情与现实责任感只能与他批判的对象无伤地共存。

在其后的历史中，这个无情的逻辑首先在广松涉自身的论述中呈现了出来。

1994年3月16日，《朝日新闻》晚报版的"文化"专栏发表了广松涉的一篇题为《东北亚将成为历史的主角》的评论，提出在欧美中心的世界观走向崩溃的时代，以日中为基轴建立"东亚"新体制、以此为前提建立世界新秩序的基本设想。文章说："东亚共荣圈的思想曾经是右翼的专利。日本的帝国主义行径被搁置起来，而只有与欧美的对立被强调。但是，今天历史的舞台已经大幅度旋转。以日中为基轴建立'东亚'新体制！以此为前提建立世界新秩序！现在是时候了，反体制左翼该创造出新的口号形态，其中也包括对日本资本主义重新进行根本性追问这一课题。"〈1〉

在广松涉面对21世纪做出如此乐观而短路的展望不到一年，全世界开始纪念"二战"结束50周年。中日、日韩之间的战争记忆时隔半个世纪又一次被激活，"东亚新体制""世界新秩序"这些并未被清洗干净的"口号"，如何面对这复杂的状况？它如何成为日本"反体制左翼"的口号？在广松涉的《"近代的超克"论》里，政治正确的理论批判并没有解决这个问题，因为广松涉本人并未承担任何历史责任。那个曾经使竹内好大伤脑筋的"日常经验"——战争

〈1〉 广松涉：《东北亚将成为历史的主角》，《朝日新闻》晚报版1994年3月16日。

的体验者所拥有的包括意识形态口号在内的经验——以及在这个经验内部改变它，从而创造新的日常经验的努力，由于广松涉的外在批判立场而被消解了。在《朝日新闻》的短文与洋洋洒洒的《"近代的超克"论》之间，并不存在逻辑和感觉上的对立，它们的内在连接是非常紧密的：自身不投入被批判的状况内部，就不会提供改变状况的有效思想武器；相反，当状况发生变化时，批判者甚至会陷入批判对象的逻辑。广松涉短文里的逻辑甚至用语都与他十几年前批判的京都学派的世界史哲学惊人地相似，这实在令人深思。

距广松涉呼吁日本的左翼重新使用"大东亚共荣"理念不到两年的1996年12月，日本社会出现了名为"新历史教科书编写会"的组织和"自由主义史观"的思潮。这股以批判"自虐史观"为名修改战争历史的动向，其实是以另外一种"前理论"的"心情"重提并未过时的"近代的超克"命题。它的基本要点是日本在"二战"中所犯罪行并不甚于世界上其他国家，通过经济赔偿，这笔旧账已经清算过了；日本人应该从自我否定和自我怜悯的对立中走出来，建立第三条出路亦即自由主义的历史观。这股理论上并不复杂的思潮立刻引起了反响，尤其是在感情上抓住了年轻一代日本人。对于试图批判该思潮的进步知识分子来说，最困难的课题莫过于寻找精良的批判武器。广松涉提供的前车之鉴已经显示，正确的立场和意识形态并不能够有效批判这种"心情"，理论分析也很难在抽象层面完成它的批判功能；而竹内好留下的那个半途而废的课题，却已经被悬置得太久了。

1999年10月，"新历史教科书编写会"会长西尾干二出版了近800页的《国民的历史》一书，并在一个月内加印两次。同时，由产经新闻社出版的这本超厚的书，竟然以低于2000日元的价格廉价销售。2000年之后，相传此书已经销售了100万册之多。无法判断日本的批判知识分子中有多少人认真地读过此书，然而这本缺少学术性的书与"自由主义史观"的影响力却并非可以一笑置之。

《国民的历史》行文简明易懂。它讲述了人格化的日本从古到今的艰难历程：它懂情理、有自尊、讲信用，在近代复杂的国际关系中充满了苦恼和委屈。该书尤其强调，在近代以来西方列强操纵世界的国际关系格局中，日本因认真遵守由西方列强制定的国际条约反倒不断被指责和利用，而无论是兼并朝鲜还是侵略中国，都只不过是想把邻国从沦为白人殖民地的窘境里"解救"出来，那是国际政治力学所导致的选择结果，日本并没有干坏事。朝鲜20万慰安妇的历史只是一个谎言，而说起大屠杀让人想起纳粹，说起一般意义上有组织的屠杀则立刻让人想起斯大林和波尔布特。与此相应，日本国民在战争中饱受苦难，不仅经受原子弹的创伤，而且忍受无数次空袭轰炸，还有伴随着几代人的恐惧感。《国民的历史》指控美国一直以日本为假想敌，强调美国才是现代国际政治经济关系中真正的霸主，并以细致的笔触重新唤起了战败时日本国内有条不紊地接受这一现实时带给世界的惊讶。书中有这样一段话：

> 天皇休战的诏书所带来的环绕全体国民的那个死寂的沉默瞬间，带来的是一个深深的暗示；这个暗示里包含着异国人无法感知的沉重。异国人就此可以得到一个证据，以了解日本人尽管结束了战役，却并未结束战争，日本人仍然继续保有着无声的抵抗意志，保有着不服从的意向。[1]

这个意象几乎可以用以象征全书的主题。"无声的不服从"是西尾眼中迄今为止"多数"日本人面向世界和面向内部批判知识分

---

[1] 西尾干二：《国民的历史》，产经新闻出版社，1999年，643页。

子的态度。《国民的历史》和"新历史教科书编写会"要做的,就是把"无声"变成"有声"(尽管西尾宣布此书与该会活动无关)。在此基点上,《国民的历史》试图建构古代独立于中国、近现代独立于西方的日本主体性,该书因而不仅激烈抨击追究战争责任、批判日本社会的知识分子以及社会力量,而且也激烈抨击了西方中心论的价值体系与历史和现实状况。在抽象议论之中,该书极富对照性地穿插进包括作者本人在内的战争亲历者的创伤经验,并且在暗示日本人才是真正受害者的前提下呼吁停止对历史进行道德化判断,在国际政治的力学关系中重新"客观"地讨论历史。

无论在意识形态立场和学理上还是在资料使用方式上,该书的弊端都是极其明显的;但恰恰是这样一本进步精英不屑一读的书,却反衬出日本知识分子的批判立场所面对的困境:这本书意味着对于"近代的超克"以来日本知识界围绕近代冲击进行的思想建设的全面反动,那个被竹内好称为"困境"的日本主体建构问题,被彻底消解在"有声的不服从"之中了。《国民的历史》以最为单纯的方式重新整合了一直受到严厉批判和解构的日本想象,而其基础却是"二战"中日本人的创伤经验和对日本民族的英雄主义书写。诉诸这些被否定的记忆,《国民的历史》试图重新塑造日本人的"日常经验",这也意味着进步知识分子使用西方思想资源批判日本民族主义工作的有效性受到质疑。或许只有到了今天,我们才会了解竹内好为什么要"火中取栗",才会理解竹内好寻找日本主体性的尝试被批判民族主义的抽象论述简单消解之后所带来的负面效应。《国民的历史》以竹内好最为痛心的方式证实了他的预言:民族主义"具有当被无视之时就会成为问题的性质。民族意识因为受到压制才会发生"[1]。

〈1〉 竹内好:《近代主义与民族的问题》,《全集》第7卷,34页。

当年竹内好着手整理"近代的超克"时,他希望找到"健全的民族主义"。对于竹内好而言,"近代"是一个自我否定和自我更新的契机,而不是一个可以实体化的对象。竹内好的一系列论述始终贯穿着一个危机感:他感到如果不进入日本战争历史的内部,如果不去体验战争中日本人复杂的精神和心态,真正的批判主体不会产生,真正的可能性也不会呈现。正如他在《近代的超克》结尾处阐述的那样,当投入战争的能量被浪费、不可能得到继承的时候,思想也就不会依靠传统形成。没有传统的思想,就是竹内好所说的不依靠"自身力量"的思想,它借助既成秩序中占优势的意识形态和思想结论来巩固自己的权威性,竹内好称其为"冒牌知性"。竹内此话易被误解为"日本主义者"和"反近代主义者",假如有能力去除这样的浅薄误读,我们就可以看到竹内好不是在东方-西方、传统-近代对立的意义上抽象讨论此问题,他始终在状况之中。

《国民的历史》有效地显示了这个状况。时隔半个多世纪,这本书又一次开封了"近代的超克",以通俗、挑战的姿态全盘否定了战后日本进步知识分子的批判工作。它把立场倾向有各种差异的批判知识分子统统划入"对现实视而不见的知识分子"一类,并警告说"想搞政治就去从政,想做学问就老老实实守住学问的本分。不要在学问名下塞进政治的空想。战前战后那些对现实视而不见的教养派的政治空论也差不多该收场了"。[1] 尽管这批判并不公允,但是它从反面又一次证实了竹内好当年对日本马克思主义知识分子的批评。如果把战后围绕"近代的超克"的一系列讨论联系起来思考,或许《国民的历史》的出现是一个重新认识思想传统形成方式的契机。当批判被单纯定位于广松涉式的裁决历史,或者被单纯理

---

[1] 西尾干二:《国民的历史》,683页。

解为荒正人式的国际主义判断时，一个最棘手的问题就会被遗漏：日本人作为"日本人"的文化认同方式，不可能仅仅依靠否定性批判加以消解；当它不被赋予某种重新建构的形状和某种思想可能性的时候，它往往会以"无声的不服从"或最具破坏性的方式突然呈现。在"日常经验"的层面，文化认同的问题远比理论分析来得复杂，理论层面的正确性并不能保证日常经验尤其是感情经验的同等"正确"，因为日常经验总是被排除在意识形态乃至理论视野之外的。日常经验的无声，不等于它不存在，它一旦爆发，理论常常无法有效应对，更无法简单改变。这一状况不仅存在于批判理论与保守现实的关系之间，它何尝不是进步知识分子本身也在体验的困境呢？

当日常经验在竹内好的意义上而不是小林秀雄的意义上获得了重要位置的时候，"火中取栗"的必要性就产生了。日本浪漫派从火中取出的仅仅是形骸，竹内好则希望取出生命的营养。"火中取栗"要冒的风险，就是丧失"政治正确性"。"近代"带给日本乃至东亚的最大冲击，或许就是这个风险本身。在近代以来的东亚，西方的相应理论资源往往被转换为某种革命的要素，这种复杂的转换通常伴随着各种意义上的简化和由此而生的政治正确性。所谓的"传统-西方"之类的模式，就是这种转换过程中出现的简化的结果。与此相对，对传统的开掘也充满了各种简化，在回应西方近代冲击这样一个前提下，本土文化被实体化为与"西方"对立的概念，对本土资源的开掘因而往往与保守甚至反动的定位联系在一起，事实上，保守和反动力量也确实最容易依靠所谓"本土文化"。在此状况之中，开掘本土的思想资源不仅需要与种种保守势力划清界限，而且也需要承担"落后于时代潮流"的风险。这项工作的艰难，在于它必须与直观的和实体化的本土想象不断发生冲突，并且不断以落后于时代半步的姿态融合"西方"和"本土"的思想资源，打破那种二元对立的简化模式。这种两面出击带来的直接风险就是"自身为了成为自身，必须甘冒失掉自身的危险"〈1〉，它比外在的丧失政治正确性的结果还要严重。但是，在东亚各个民族形成自己的现代思想传统时，承担这一风险是无可逃避的选择。

当年竹内好密切关注的鲁迅"历史中间物"的特征，就是东亚民族承担这一风险的一种途径。在谈到中国现代文学传统时，竹内好说，"从'文学革命'以前到最后与其共存亡的，只有鲁迅一个人。……为什么他有如此长的生命力呢？鲁迅不是先觉者"。〈2〉即使中国知识分子在处理思想传统形成等课题时遇到的具体问题不尽相同，但是"火中取栗"却是同样必要的程序。鲁迅不是先觉者，竹内好也不是。但是当时代一次次淘汰了先觉者之后，"历史的中间物"一次次显示了他们的分量。传统和历史如此左右着我们的思维，却又不存在可以直接继承的现成的传统。历史的中间物通过自身的挣扎，显示的立场完全不同于"近代的超克"中的文人们那种传统代言人的姿态，也完全不同于《国民的历史》那种使传统简化和实体化的思路，更不同于某些批判知识分子的先觉者立场。这个通过挣扎而显现自身的立场致力于建构思想传统，它基于主体的内在自我否定原理。当竹内好强调中国的近代与日本的近代之间的差异时，当竹内好痛斥日本的"优等生文化"时，他在讲述一个为日本也为东亚所陌生的原理：近代化的冲击作为一种政治、经济和军事的入侵，的确来自东亚的外部，而现代性的冲击，在原理上却必须产生于东亚内部。竹内好说，在没有抵抗的地方就没有近代。假如在抽象概念上理解竹内好的近代观，他似乎并没有摆脱黑格尔式

〈1〉 竹内好：《何谓近代——以日本与中国为例》，《全集》第4卷，131页。
〈2〉 竹内好：《鲁迅》，《全集》第1卷，9页。

的历史主义模式;而一旦在历史状况里,在论争里,在座谈里加以理解,新的问题就呈现出来了:竹内好孜孜以求地寻找的那个以"抵抗"为媒介的东亚"近代",就存在于对类似"近代的超克"这样的历史事件的重新认识与整理之中;当抵抗的契机被消解在右翼保守知识分子的日本想象之中时,当抵抗的可能与左翼知识分子的先觉者姿态擦肩而过时,正是竹内好在提醒我们:假如放弃"火中取栗"的尝试,我们可能会失掉自己的近代。

第八章

世界尚未完结，世界应该变革

一　从鲁迅到毛泽东

在《鲁迅》的最后一章《政治与文学》里，竹内好用了一些篇幅讨论鲁迅眼里的孙中山，在"永远革命"的意义上谈到了鲁迅对孙中山的尊敬。竹内好认为，鲁迅在孙中山那里看到一位永远的革命者，并且从永远的革命者那里看到了自己。以"永远革命"为媒介，竹内好试图在政治与文学中间建立一种非直观的联结：政治提供了文学的"场"，它使文学与时代产生了关联，并且赋予文学以饱满的生命力，这使得文学如同台风的中心，在急速旋转的旋涡中保持了极致的静，却不曾脱离狂暴的时代。

1943年，竹内好还没有机会阅读孙中山以外的政治家。但是随着中国革命局势的进展，随着日本战败带来的东亚国际关系的变化，另一位政治家进入了他的视野，这位政治家就是毛泽东。

1949年，竹内好在筑摩书房出版的《哲学讲座》第1卷发表了他的论文《作为思想家的鲁迅》。这篇论文深化了他在六年前写作《鲁迅》时提出的基本命题：并不使用概念和演绎方法工作的鲁迅，并不具备体系性的鲁迅，何以成为了思想家？

在这篇论文里，竹内好把毛泽东的"鲁迅论"作为理解鲁迅的线索之一。在援引平心、瞿秋白、李长之等人"鲁迅论"的同时，他在文中几次提到毛泽东对鲁迅的高度评价，并且认为，毛泽东在人格形成方面，是受到鲁迅深刻影响的。竹内好说，毛泽东认为鲁迅具有政治远见、奋斗精神和牺牲精神〈1〉，这是就毛泽东自身的体验而言的判断，而且也只有在这一意义上，这些判断是正确的。

竹内好的这个界定，有它的上下文。政治远见、奋斗精神以及牺牲精神，这些概念即使在毛泽东这篇具有高度张力的陕北公学讲演中，也很容易被望文生义地理解为一位先驱思想家的品质。而在竹内好看来，鲁迅并不是这种一般意义上的思想家。他是一位不断自我否定、不断拒绝解放幻觉的绝望的抵抗者。鲁迅的彻底性，并不是观念的自我完成，他以强韧的生命力拒绝所有外在的现成价值与秩序，通过与这一切的对决，他以否定的方式形成了自己的个性。竹内好认为，这与中国共产主义运动的特殊性相对应，也正是在这一意义上，他看到了鲁迅与毛泽东的内在关联。同时，他也试图为毛泽东规定一个"自身体验"的出发点。换言之，竹内好试图以理解鲁迅的方式理解毛泽东。

在这篇短文的结尾，竹内好写道："从思想史的角度看，鲁迅的位置，存在于使孙文成为毛泽东的媒介这样一种关系当中。近代中国，为了在其自身的传统之中进行自我变革，不可避免地需要经由鲁迅这一否定性的媒介者。"〈2〉这段有些费解的话需要一些注解。在这段话之前，竹内好这样分析鲁迅的绝望与孤独："内涵着虚无深渊的孤独精神，何以呈现为启蒙的思想家呢？初看上去，这似乎

〈1〉 参见毛泽东：《论鲁迅》，《毛泽东文集》第2卷，人民出版社，1993年，43—44页。
〈2〉 竹内好：《作为思想家的鲁迅》，《全集》第1卷，163页。

是不可理解的,然而恰恰是这种二重性格,成为开启鲁迅定位这一问题的钥匙:传统与革命纠葛在一起的近代中国的二重性格,决定了鲁迅所在的位置。"[1] 如果说,竹内好在孙文那里感受到的,是不向所有的失败屈服,并且每当失败就立刻重新搭建连接理想与现实之间桥梁的斗士,那么,他在毛泽东那里看到的,则是抵抗一切现成的外在设定、为了理想而不断地破坏现状的理想主义者。这两位政治家的政治实践,构成了中国历史的两个不同阶段。鲁迅精神,则将这两个阶段连接起来,使中国历史的脉络呈现出来。这个连接的关节点是"内在的否定",是将自我投入到被否定的对象中去的痛苦的涅槃。竹内好在鲁迅身上感受到的"与黑暗一体"的决绝和通过自我否定而使自己与黑暗对决的方式,使他认知到在传统内部而非在其外部进行变革的艰难。竹内好对明治维新后的日本道路最尖锐的批判,就在于这种迅速的西化没有经历鲁迅所象征的那种深刻的内在否定,它通过直接的模仿和挪用,完成了从传统向现代的转变,这种转变如同在已有的蛋糕上包裹大量砂糖,并不伤筋动骨;他在孙中山与毛泽东那里看到的,则是在传统中不断进行彻底的破坏与变革,在此基础上缔造属于自身而不是模仿西方的近代之路。

  竹内好显然认识到了孙中山与毛泽东的不同。曾经在早年读到《三民主义》时感动不已的竹内好,在毛泽东那里感受到的是更为彻底的变革精神。不过他并不像同时代的其他日本左翼知识分子那样,认为毛泽东以及他领导的中国共产党在中国进行的革命是马克思主义原理在中国的直接应用,他更倾向于认为,毛泽东领导的中国革命是中国特色的,马克思主义提供了它发生的契机,但它并没有照搬马克思主义的教条,而是在自己的历史脉络中创造了新的形

---

[1] 竹内好:《作为思想家的鲁迅》,《全集》第1卷,163页。

态。[1]在这一思路上,孙中山留下的思想遗产并不能仅仅视为国民党的传统;不过中国共产党领导的革命不是对孙中山的简单继承,后者是作为前者的媒介发生作用的。因此,理解共产党的革命,需要一个中间的转换环节,才能够与到孙中山为止的中国历史传统产生有机的联系。没有这个转换环节,孙中山的思想遗产难以成为"媒介"。竹内好认为,鲁迅承担的正是这样的历史使命,这也是毛泽东高度评价鲁迅的原因所在。正因为如此,鲁迅被竹内好定位于毛泽东以孙文作为媒介展开政治实践的关系之中,他被赋予了重要的认识论功能。

20世纪50年代之后,《作为思想家的鲁迅》一文作为附录,被收入竹内好各个版本的《鲁迅》,但这并不是战后他最早写作的关于毛泽东和鲁迅的论文。早于这篇附录两年,竹内好写了另外一篇更集中地讨论鲁迅与毛泽东的论文《鲁迅与毛泽东》,讨论的是如何理解毛泽东对政治与文艺关系的论述。在这篇论文里,竹内好以更为直白的方式重新提出了他在《鲁迅》中以较为晦涩的方式提出的问题:文学(竹内好《鲁迅》中的"文学"是思想的代名词)必须以政治为舞台,才有自己强劲的生命力。

竹内好针对日共领导人野坂参三在一次题为"延安的民众艺术"的演讲中所谈的"政治第一,艺术第二,因此艺术应该服从政

---

[1] 1957年,竹内好在一个座谈会中对于把毛泽东思想视为马克思主义新发展的说法提出了异议。他认为,即使把毛泽东思想作为马克思主义单线发展的新阶段,也必须给出一个更高层次的框架,不能使用归纳法把毛泽东思想简单地归位到马克思主义:"把马克思主义作为一个理论的发展方向,以此把握毛泽东思想是可以成立的,而且迄今为止已经有大量的论述在这么做。但是同时还必须有另一个出发点,就是把毛泽东思想的形成放到中国历史中加以论证,这两个出发点如果不能交叉融合,我们将无法对毛泽东思想加以定位。"见贝塚茂树等:《中国革命的思想与日本(座谈会)》,《世界》1957年2月号。

治"的观点，尖锐地批评说，这至少会造成对毛泽东"文学从属于政治"这一提法的曲解；竹内好对毛泽东这一说法的解释是："所谓'文学从属于政治'，是这样一个含义：文学是具体的历史世界的产物，作为自我实现而无限地超越个体的文学行为，其自身受到历史的、社会的制约，并且由于不断地突破这样的制约，文学得以成为文学；政治正是在此意义上成为使文学得以成立的包容性场域。在此意义上，我也认为文学是从属于政治的。"[1]

　　文学从属于政治，意味着文学不可能脱离政治的场域而天马行空，但是这不意味着文学需要演绎政治的具体决策；当文学试图突破历史与社会的制约时，政治并不是它的工具，而是它自我实现的舞台。换言之，文学不可以用政治的逻辑和观念工作，但是它不能离开政治的环境，以脱离政治的姿态躲进"象牙塔"。文学不需要与同时代的政治决策同步，然而文学可以从政治的能量中汲取营养，转化为文学内在的动能。1962年，竹内好说："文学总之是植根于人的本性的，它从根底上驱动人，法律啦制度啦教育什么的，这些东西丧失抵抗力的时候，文学就应该以自己的这种特性进行抵抗，所以文学自己冠名为正义的文学，这很奇怪。"[2]基于同样的逻辑，竹内好用鲁迅的文学立场解读了毛泽东的政治立场。他对毛泽东高度评价鲁迅这一事实进行了深度挖掘，提出了与当时直观地认为毛泽东是在利用鲁迅为政治服务的通行解释针锋相对的看法。他认为，毛泽东在年轻时就受到鲁迅的深刻影响，他的鲁迅观是建立在对鲁迅的深度理解与共鸣基础上的。至少，在毛泽东的政治生涯中，他体现了与鲁迅精神高度相似的某些基本思想特征。竹内好把

---

[1] 竹内好：《鲁迅与毛泽东》，《全集》第5卷，252页。
[2] 竹内好：《预见与错误》，《全集》第9卷，420页。

这些基本的思想特征归结为"为了理想而不断地破坏现状""不相信标签式的英雄主义""彻底地排斥偶像"〈1〉,等等。这些思想特征在鲁迅和毛泽东那里,分别体现为不追求时代潮流的文学独立精神和不惧怕既成强势的政治务实态度。

但是这篇写于1947年的论文并没有被作为附录收入再版的《鲁迅》中。显然,它逸出了《鲁迅》一书的基本脉络。而《作为思想家的鲁迅》作为附录的功能,则在于赋予鲁迅以超越文坛的历史定位,他得以为孙中山领导的国民革命和毛泽东领导的新民主主义革命建立一个认识论上的否定性连接,这篇附录极大地扩充了《鲁迅》一书的历史含量。

当战后日本被以美国为主导的盟军占领,而中国在激烈的解放战争之后终于建立了史上第一个清除了殖民地的现代主权国家之时,日本思想界曾经出现过深切关注新中国的时期。尽管战后日本没有脱离美国的掌控,并且越来越紧密地靠向冷战中的西方一侧,尽管朝鲜战争的爆发使日本与中国处于事实上的敌对关系,而旧金山和约的单方面和谈方式,使得日本与中国继续处在交战状态,但是这一切并没有使日本思想界中的左翼与日本的国家策略同步。至少在整个50年代,日本社会中的进步人士对中国不仅关切,而且倾注了热情。

在这样的历史阶段里,竹内好几乎是必然性地,带着他研究鲁迅的基本问题意识,把视线转向了毛泽东以及以毛泽东为象征符号的中国革命。

1951年4月,竹内好发表了继《鲁迅》之后的又一部呕心沥血之作——《毛泽东评传》。这是一部非常特别的毛泽东传记。它最

〈1〉 竹内好:《鲁迅与毛泽东》,《全集》第5卷,254—258页。

初发表于1951年4月号《中央公论》,作为该杂志系列论文"推动了世界的人们"的第二篇(第一篇为猪木正道的《斯大林》);同年,这篇长文收入由猪木正道、竹内好、蜡山芳郎共著的《斯大林·毛泽东·尼赫鲁》。[1]这个组合方式暗示了一个后来被竹内好在《防卫抵抗主义的毛泽东》一文提示的思想框架:毛泽东恰恰是连接了作为社会主义体制代表的斯大林与作为殖民地解放运动代表的尼赫鲁的中间项,或者说,他同时具有这两者的基本要素。

当时,《毛泽东选集》尚未翻译成日文,毛泽东的主要著作例如《井冈山的斗争》《实践论》等也尚未公开发表。竹内好面临着信息匮乏的具体困境,他基本的资料来源是萧三当时刚发表的《毛泽东传》的前两章和斯诺的《西行漫记》,此外便是毛泽东的著作本身。这也就决定了竹内好的"毛泽东评传"基本上不是传记书写,而是人物思想研究。由于竹内好一直是从文学与政治的关系入手讨论历史的,他处理毛泽东这位政治家的时候,并没有对现实政治的特殊性格加以强调,因此他对毛泽东的论述有着明显的理想化与单纯化的弱点。不能否认,《毛泽东评传》并没有取得《鲁迅》那种里程碑式的成功。不过,这仍然是一部非常耐读因而非常重要的作品,因为它处理了一些被人们忽略的问题;同时,由于竹内好解释毛泽东的视角基本上是他分析鲁迅的视角,这也就在事实上为理解《鲁迅》难解的思维方式提供了有效的参照。

若干年后,竹内好谈到这部作品的时候,谈到了他的遗憾:在50年代初期写作此文的时候,他并没有完成自己的写作计划,特别是该文的后半部分草草收场,没有充分展开;他后来也曾打算把这部作品发展成一部著作,但是终究没有动笔。其原因并非在于资料

---

[1] 猪木正道、竹内好、蜡山芳郎:《斯大林·毛泽东·尼赫鲁》,要书房,1951年。

的多寡，而是在于思考力不足。在这篇长文问世之后，日本又有多部其他人所写的毛泽东传记问世，而且相关史料大量出版，但是竹内好并未因此对于此文的基本问题意识产生修正的想法。相反，他在1957年主编《世界的七副面孔》(拓文馆)一书时重新收录了这篇文章，宣布他的毛泽东观没有发生本质性的改变。他说："我在这里提出的偶像崇拜问题、根据地的结构问题、和平革命的条件问题、湖南这一地域的特殊性问题（这个问题发展下去，应该可以转化为中国为何采用了多民族的统一国家形态，而不是采用联邦制形态的问题）等等，还有我尚未提及的一些问题，在其后的研究者那里都没有得到关注，这是非常遗憾的。因此，我便产生了坚持自己这些问题意识的想法。"〔1〕

竹内好的上述问题意识，并非在今天全部具有意义，例如他关于偶像崇拜问题和湖南地域特殊性问题的设想，由于缺少必要的历史与社会分析，并不易于转化为深层的原理性解释，竹内好对此类问题的论述也基本上止于点到为止。但是他对于根据地结构（准确地说是根据地哲学）与和平革命的论述，不仅在当时，即使在今天也依然具有认识论的启发性。

在上述问题意识之外，《毛泽东评传》还花费了很多篇幅讨论毛泽东的思维方式与"学习方式"。这种分析并非基于具体的史料，而是基于竹内好对毛泽东代表性论文特别是早期论文的深度研读。由于竹内好认为毛泽东不仅是一个现实中的个体，而且是代表了中国民众历史要求的政治主体，因此，他的毛泽东论事实上是他对于中国革命性质的思考。以《毛泽东评传》为中心，竹内好写作了一系列关于毛泽东思想的论文，并在50年代参与了若干关于中国革命与

---

〔1〕 竹内好：《毛泽东评传》，《全集》第5卷，437页。

毛泽东思想的讨论，在60年代初期挑起了一场关于翻译毛泽东《矛盾论》的论战。这些著述形成了竹内好著作中一个相当成形的作品群，其核心在于《毛泽东评传》中的一些基本假说。通过对这些假说的解读，一位具有鲜明个性的政治家跃然纸上，而透过竹内好笔下这位独特的政治家，竹内好给出了他关于中国革命富有个性的解释。

二 作为方法的根据地

《毛泽东评传》由八节构成。一、出生；二、时代区分与英雄崇拜的礼仪；三、脱离家庭；四、乡土文化；五、关于学习态度；六、旅行·结婚·锻炼；七、从无开始的创造；八、自我改造的问题。

仅从小标题即可看出，这部评传可以说是以毛泽东的生平作为线索，探讨了中国共产党艰苦而曲折的成长经历。不过，竹内好并没有在标题上体现他在文中提出的假说，所以沿着小标题提供的线索解读这篇长文，仍然需要一些耐心的斟酌。

在前六节，竹内好尽可能地从毛泽东的个人经历出发描述他的思想形成和社会实践。但是，他的着眼点更多地在于毛泽东的个性特征特别是思维方式与中国革命的"互文关系"。例如第三节《脱离家庭》中有这样一段描述。十三岁时，毛泽东与专制的父亲曾经发生争论，父亲指责他不孝；毛泽东则以父亲自身的论据反驳了父亲的指责：经书里说到"子孝"的时候，总是与"父慈"对应，所以单方面强调"子孝"是不当的，它需要以"父慈"作为交换条件。竹内好写道："从这个事例中，已经可以看到日后毛泽东思考方法的原型。这是一种反向利用对方逻辑的方法。父亲利用经书的权威，而毛泽东则反向利用了这种权威。这样的方式与其后共产党反向利用国民党所利用的孙文主义的情况，几乎是完全一致的。即使作为战术来看,这种方法也与中共战略战术的根本法则完全合拍。这是一种反向利用敌人战斗力以克敌的方法。这种战术从农民武装起义时期产生,被江西时代的红军继承,在抗日战争时期得到了全面的发挥。中共军队有一个口号叫作'在前线补给',中共的兵工厂不在延安,而在东京。"[1]

这段分析不禁令我们想起著名的《游击队之歌》:"没有吃,没有穿,自有那敌人送上前;没有枪,没有炮,敌人给我们造。"或许我们在唱这首歌的时候,只是钦佩游击队员的机智灵活,然而竹内好以此为视角,开掘出中国革命的基本原理,揭示了中国共产党以弱胜强的奥秘所在。这种独特的思维方式,构成了竹内好中国研究的基本逻辑。

在其后的论述中,竹内好进一步把这种反向利用的思维提升到原理的层面。他认为,毛泽东的思维方式,代表了半封建、半殖民地中国的基本原理,反过来说,也可以认为中国的历史法则通过毛泽东获得了人格化的表达。为此,他设定了一个理解毛泽东思想的基本范畴——纯粹毛泽东。这个范畴的设定,令人联想起《鲁迅》中提到的那个"黑洞",那个发出光芒,又吸纳光芒,并不显示自身,却因光芒而暗示了自身存在的终极之场。

"纯粹毛泽东是什么?这是一个矛盾的组合体:它由敌强我弱的认识和我绝不会败北的确信组合而成。这正是毛泽东思想的根本和原动力,并且也构成了今日中共一切理论与实践的源头。"[2] 毛泽东的这种政治辩证法,使得他在战争时期区别于左倾盲动主义和右倾机会主义的政治路线(在竹内好看来,这两者都缺少毛泽东这种矛

---

[1] 竹内好:《毛泽东评传》,《全集》第5卷,273页。
[2] 同上书,304页。

盾组合的基本思想特征，因而缺少应对现实的有效能力），引导中共的武装力量不断在极端不利的情况下壮大发展，并且最终夺取了政权。承认敌强我弱，不仅使毛泽东领导下的井冈山根据地避免了八七会议之后左倾盲动主义的危害，而且使他不断扩展了根据地的建设；而确信不会败北，则使他区别于右倾机会主义放弃根据地的主张，坚持发展根据地，并由此建立起江西红色苏维埃政权，为中华人民共和国奠定了结构性基础。在与党内右倾与左倾路线斗争的时候，根据地构成了纯粹毛泽东的立脚点。

> 这个根据地，是在敌人强大这一认识和我方不败这一确信的矛盾关系中建立起理论的。无论敌人如何强大，都无法夺取根据地。因此我方是不败的。为什么根据地无法夺取呢？这是因为中国经济的发达程度不均衡。为什么不均衡呢？这是因为敌人强大而我方弱小。敌人的强大造成了这种不均衡，由此，根据地不可能被夺取。……右翼和左翼的主观主义者，都把敌人的强大看成是败北的原因，而毛泽东则把它视为胜利的原因。这里可以看到毛泽东理论让人感到惊异的深度。[1]

根据地理论在战略战术上的代表作是《论持久战》。它的核心内容指出，强大的日本帝国主义在走向没落，而弱小的中国在走向新生。在战略战术上，它可以用井冈山时代开始流行的游击战口诀来表达："敌进我退，敌驻我扰，敌疲我打，敌退我追。"

日本人竹内好，曾经作为侵略军一员被送上中国战场的竹内好，由衷地对中共的根据地和游击战精神表示认同。这个认同并非

---

[1] 竹内好：《毛泽东评传》，《全集》第5卷，305页。

意味着他的"中国化",而是暗示了他对于日本思想界战后重建思想课题的思考。他敏锐地在毛泽东与中国共产党的政治实践中体会到了高度辩证的政治哲学,他认为,这并不仅仅是中国人民的思想财富,它应该属于人类。

竹内好说:"根据地并不意味着一定的地域,而是哲学的范畴。它意味着绝对不可能被剥夺的东西。它并非是固定的,而是动态的;并非是需要固守的,而是发展着的;并非是封闭的,而是开放的。敌人进入根据地,战斗力便会低下,绝对优势的敌人与处于劣势的我方之间就会产生力量均衡的瞬间,这便是反击的机会。随着反击,敌人被歼灭,根据地就被扩大了。根据地概念的特征就在于伸缩自如地动态性把握这一力学关系。"[1] 显然,竹内好从毛泽东先后放弃江西根据地北上和撤离延安以引胡宗南军队入瓮的战略战术中提炼出了这个"动态的、发展的、开放的"根据地概念,他并没有把它仅仅作为游击战的常规战术对待,而是试图把它提升到哲学原理的层面。

竹内好认为,中共的战术并没有把占领作为目标。"力量被固定化,且向一定的方向作用,这是占领地。根据地与此相反,它意味着谋求对抗关系之间均衡的场域。在这样的场域里,战斗力强大的敌人不仅会被歼灭,而且反过来,敌人的力量会被我方吸纳。也就是说,根据地是价值转换的场域。……无论从世界规模看,还是从民族规模看,根据地都存在。在人类活动的各个领域,它也都存在。它最小的单位是个人,被称为人格独立的东西,其实就内涵着不可剥夺的终极之场。"[2]

---

[1] 竹内好:《毛泽东评传》,《全集》第5卷,305—306页。
[2] 同上书,312—313页。

在这里，我们又一次看到了曾经在《何谓近代》中出现的母题。人格的独立与国家的独立，作为不可能被外在赋予也不可能被外力剥夺的力量，并不是形而上的孤立存在物，它只能发生在各种对抗关系之中，也只有在对抗关系的不断运动中，主体性才能发生和发展。对抗关系，这个无法被定型为固定物体的运动过程，由于发生在不同主体之间，便形成了不可视的"场域"。竹内好为根据地确定的"价值转换的场域"，指的就是这种把握力学关系之场。中共的根据地使得主体形成的这种不可视场域变得容易理解了：它可以如同二万五千里长征那样，从江西转移到陕北，并且在转移过程中自我壮大；也可以如延安被暂时放弃那样，以撤退作为克敌制胜的契机。在这些过程中，对可视空间的固守并不重要，在敌强我弱的对抗关系中寻找乃至创造那些瞬间的均衡才是目标。游击战作为实现"价值转换"的最佳手段，总是抓住这些瞬间的均衡灵活出击，从而以弱胜强。

在1948年写作《何谓近代》时，竹内好给我们留下一条线索：他从"欧洲"这个范畴转化出了物质与精神的运动这一视角，对日本不具备张力感觉因而也不具备运动能力的转向文化进行了抨击，同时，以鲁迅作为媒介，提出了如何以自我否定的方式从他者中选择出自己的问题。由此，他以"回心"作为"抵抗"的内涵，提出了被自我否定的主体性如何重造的问题。在竹内好看来，后发国家只能以鲁迅式的抵抗加入全球化进程，那就是拒绝一切现成的方案，拒绝固守已有的自我，从而在不断的自我否定中重造自我的主体性。这个主体性，正是后来在1961年发表的《作为方法的亚洲》结尾处所强调的，它是自我中独特的要素，然而却不是实体性的，因此，它是"方法"，亦即它是一种机能，是主体形成的过程。

在1951年写作《毛泽东评传》的时候，大概竹内好还没有想到使用"方法"这个词。然而他拒绝实体化思维的基本思路,在这个阶段已然成熟。假如我们参考他在十年后的论述方式,那么完全可以判断,他眼中的"根据地",正是主体形成的方法。主体如何形成,这个缠绕了竹内好一生的基本课题,从鲁迅的绝望开始,一路走到了毛泽东的根据地,再接下去向"作为方法的亚洲"展开,理路是清晰的。而且需要特别关注的是,无论在哪一个阶段,这种主体形成的方式都必然伴随着一个重要的契机,那就是自我否定。

自我否定在竹内好这里并不是直观意义上的丢弃自我,这是一个重要的哲学范畴。竹内好喜欢用"无"来表述它。这个范畴与竹内好早年阅读西田几多郎有关系,但他只是借用了这个范畴表述自己的想法而已;因此,把竹内好的"无"归入西田哲学加以解释,我们所得不会太多。

在《鲁迅》中几次出现的"无",在《毛泽东评传》中也出现了。它不仅被用来描述早年毛泽东的经历,更被作为第七节的小标题。只不过,与《鲁迅》中只有形而上含义的"无"有所不同的是,毛泽东生平中的"无",首先是直观意义上的"一无所有"。

竹内好设定了"纯粹毛泽东"这个范畴,以讨论毛泽东思想的特质。他认为,纯粹毛泽东的原型,可以在1927年到1930年期间毛泽东的活动轨迹中发现。这是毛泽东的井冈山时代,在这个时期,他失掉了曾经拥有的一切,包括家庭,包括党内的影响力,甚至险些被逮捕而失掉性命。在缺衣少粮的井冈山上,从多次失利的战斗中拼杀下来的部队只剩下千余人,直到朱德的队伍上山之后才有了重新整编的条件。"要言之,一切都失掉了,一切都必须从原初开始再次出发。从无的状态,必须着手进行物心两面的建设。于是,这建设就着手了。……毛泽东思想形成于这一时期。在他的内外生活一切归于无的时候,在他不再拥有能够失掉的一切时,当一切都可能被他拥有的时候，他创造了毛泽东思想的原型。迄今为止一切外在的知识、经验，从离心的方向转为向心的方向，凝结在他一身之上。于是，曾经作为党的一部分的他成为党本身，党也不再是中国革命的一部分，而是成为了全部。世界改变了形态。也就是说，毛泽东改变了形态。……他自身成为创造的根源，这就是纯粹毛泽东，或曰原始毛泽东。"〔1〕

竹内好这段充满浪漫情怀的叙述，如果结合井冈山时期的具体事实，并不难理解它的现实含义。不过，竹内好并未止步于中国工农革命军第四军和江西苏维埃从无到有的现实，他试图进一步通过根据地这一"价值转换之场"，把"无"的含义与延安时期的三风整顿结合起来。

三风整顿指的是延安时期整顿党风、学风、文风的运动，这个运动的最大特征在于它要求参加者进行"自我批评"。竹内好说："这一精神广泛包括了普遍人伦，它构成了今日中国伦理体系的根本原理。"〔2〕三风整顿发生在1942年，但是竹内好认为它的根源在井冈山时期。"（毛泽东）痛感到，人不过小评价敌人，并且拥有不败的信念，亦即成为真正的革命家，这件事是何等困难。有自信的人不会害怕批评，不会对自己含糊矫饰。为什么呢？因为敌人的战斗力是可以不断转化为我方战斗力的。固守自我的人，害怕批评，矫饰自己。固执于自我的人，不可能拥有根据地，也就是不能拥有真正的自我。固守自我，是因为害怕失去，因为只从一个角度考虑力学关系，不能在均衡的相关性中把握它。固守自己，并且认为自我是固定的，如同扩大占领地时依靠己方力量单向推动那样进行自我

---

〔1〕 竹内好：《毛泽东评传》，《全集》第5卷，303—304页。
〔2〕 同上书，314页。

张扬。认为失去了就是绝对地失去了,不能体会到失去即是得到这一真正的独立的含义。当他失掉一切的时候,他得到了一切。亦即他抓住了力学的辩证法。"〈1〉

自我改造运动使得人处于"无所有"的状态,这种体验对人的主体性是严峻的考验。在竹内好看来,无所有,也就是失掉了一切外在的条件,这是通过舍弃自我张扬而获得真正的自我的道路。学生脱掉学生装、知识分子舍弃各种特权,自我才能以"自生"的形态得以确立。而这种独立的获得,是以局部与整体的调和为特征的。固守自我的独立,只看到局部,看不到整体,这不是独立,而是孤立;放弃了孤立的固守之后,独立与统一发生了关联。竹内好说:"没有独立就没有统一,统一只有以(各个局部的——引者注)独立为前提才是可能的;局部服从于整体的调和才能作为局部存活,这就是独立。统一不是机械的结合,因而不是依靠妥协而成立的。妥协只是相互之间礼让占领地而已。统一,是各个作为有机体的根据地结合之后产生的更高层次的协调。这是一切结合的原则。"〈2〉

竹内好把三风整顿与认识论上的"无"结合起来讨论,从而把毛泽东早年失掉一切并从无开始创造的个人经历巧妙地转化成为中国共产党的行动原理,这为他日后在日本讨论中国革命和中国社会奠定了基础。在这个过程中,竹内好从根据地哲学发展出来的,并不仅仅是关于"价值转换"的辩证思想,更是对革命与暴力关系的思考。本书前面提到过竹内好与鹤见俊辅的差异:鹤见是一位绝对和平主义者,他的和平理想体现在他的现实行动中;竹内好与鹤见并不矛盾,不过他的和平观是相对主义的,这种相对主义的和平观

〈1〉 竹内好:《毛泽东评传》,《全集》第5卷,314—315页。
〈2〉 同上书,316页。

促使他对暴力进行更深入的辨析。于是这种辨析牵涉到他对另一个重要问题——和平革命的讨论。

三 矛盾转化的辩证法与和平革命

1950年前后，正是朝鲜战争爆发时期。日本虽然没有在名义上正式参战，但是作为美方主导的联合国军的军需供应基地，也作为美军的军事基地所在地，间接地卷入了这场战争，并且发了一笔战争财。此时也正是日本进步知识界大力呼吁进行全面和谈的时期。当时的进步知识分子无论政治立场如何，在消弭冷战后果、维护世界和平的意义上，都尽力推动社会舆论，试图对日本政府施加影响，以促成日本与中国、苏联等社会主义体制国家的和解，完成战后处理工作。从40年代末期开始，由社会科学界和自然科学界的学者组织的"和平问题谈话会"，试图推动日本政府进行全面和谈并且由此消除日本重新进行军备的危险。这些社会科学家和自然科学家跨越了马克思主义与自由主义的政治立场之别，进行了一次跨学科的共同努力。由于美国的压力，日本政府最后选择了单方面和谈，在1951年签署《旧金山和约》，完成了与冷战西方一侧以及其所控制的亚洲国家的和解，但是悬置了与社会主义阵营诸国的和解。中国大陆与台湾地区都没有参加这次和谈，其后日本在美国的授意下，与台湾地区单方面签署了战争和约，没有完成与中华人民共和国的战后处理工作。从现实的角度看，"和平问题谈话会"的努力并没有成功。但是，它促进了日本社会科学界内部的跨学科交流，这是一个基本的收获。

竹内好在这个时期也发表了系列评论文章表明自己的态度。他显然对于"和平问题谈话会"没有能够与文学界广泛合作感到遗憾，并且认为没有实现广泛合作是因为文学界与社会科学界之间没有找到"共同的语言"。[1]他虽然在文章中没有直接提到"和平问题谈话会"，但是就时期而言，可以说"和平问题谈话会"代表了竹内好所指出的倾向。更重要的原因恐怕是，竹内好之所以没有明言这个"谈话会"，是因为他并不打算否定这个虽然没有在现实中成功但推动了日本学术界内部互动的可贵活动。当然，竹内好一直有一个担心：日本的学院学术以西方社会科学为基础，人文领域也在逐步地社会科学化；这种学科建设隐含一个危险，就是学术脱离民众的生活。他有些一厢情愿地提议：文学家如果不能把握可以与社会科学相通的思想，那么将会使国民文学变得可望不可及；而社会科学家不能通过文学家渗透民众生活的基础，恐怕学术也无法得到实地的检验。所以，寻找共同的语言势在必行。[2]

"和平问题谈话会"的形成，与联合国教科文组织1948年7月主导的八名来自不同体制国家的社会科学家深度讨论后发表的《社会科学家关于和平的宣言》有直接关系。这八位社会科学家中，三位来自美国，其余五人分别来自英国、法国、挪威、巴西、匈牙利。所以即使是试图跨越铁幕，这个讨论会也仍然基本是在西方

---

[1] 参见竹内好：《给年轻朋友的信Ⅲ 令人恐怖的再军备趋势》。1952年，竹内好以《给年轻朋友的信》为题，连续发表了七篇评论。第三篇《令人恐怖的再军备趋势》，主题是讨论日本政府违反民意进行单方面和谈并且显示了重新军备的可能性，指出日本战后并未经过自身努力就轻易得到的民主制度并不具有反制独裁政治的功能；而时任首相吉田茂在非正式场合对美国表态"不理会中共"的信件曝光，向日本社会释放了日本以中国四亿人民为敌的信号，竹内好明确地表示了对此趋势的担忧，并将其与日本战后政治的独裁化联系在一起。他认为，即使不足以在现实中阻止再军备的趋势，但是也仍然应该在可能的范围内进行努力。为此，他提出了改善知识界缺少"共同语言"的状况，建立与民众生活相关的知性与感情融合的渠道，这是促使日本社会向抵制战争、维护和平的方向发展的现实努力，社会科学与文学通过这样的努力，才有可能避免使自己成为空中楼阁，拥有切实的社会功能。(《全集》第6卷，25—34页)
[2] 同上书，32—33页。

国家呼吁和平的知识分子之间展开的。在巴黎进行了长达一周的激烈讨论之后发表的宣言，强调战争并非不可避免，强调实现社会正义、消除经济不平等与消灭战争的关系，呼吁跨越国家、跨越意识形态和党派集团利益，创造条件促进社会科学家进行客观研究，等等。[1] 这些声明内容在冷战的世界格局中，虽然无法消除日益强大的冷战意识形态，但是无疑具有积极意义。

日本知识界立刻行动起来，对这个声明进行了反应。1948年11月，由岩波书店推动，以东京和京都的学者为中心，50余名社会科学与自然科学家进行了连续性讨论，并在此基础上于12月12日在东京举办了为期一天的总会，其后经过反复讨论和整理，发表了《日本科学家关于战争与和平的声明》。阅读这些讨论记录，不仅可以感受到那个时期日本社会科学家思考的高水准，而且能够感受到经历了战争的这一两代人的伦理意识。比如在总会上，马克思主义史学家羽仁五郎提出，日本知识分子在战争期间没有保住节操，也没有能够阻止不正义的战争，现在以这样的形式跟国外一直与法西斯抗争的知识分子对话，我们有这个资格吗？[2]

"和平问题谈话会"的活动可以说是战后的一次创举。这个大型的持续讨论与联合国教科文组织的那个活动相呼应，也对冷战格局提出了质疑，并且提出了放弃军事武装的日本如何维持自身安全和世界和平的问题。与此相应，这些训练有素的学者围绕着政治经济等各个方面，提出了一批很有质量的问题。不过，这个讨论存在着一个明显的空白，那就是它没有能够有效面对日本政府拒绝和解

---

〔1〕 这一声明见《世界》1949年3月号。
〔2〕 安倍能成等：《和平问题讨论会——昭和23年12月12日议事录（座谈会）》，《世界》1949年3月号，53—55页。

的中国与苏联。尽管"和平问题谈话会"的讨论涉及了日本对中国的侵略，并因此进行了有诚意的反省，这种反省意识奠定了其后日本政府拒绝承认中国合法政府时知识界对其进行批判的思想基础；但是毕竟这些优秀的学者在战争与和平问题上采取了客观的态度，这使得他们对中国采取了外部视角。这种状况不可能由对战争责任的反省所改变，也不可能以对和平的抽象讨论加以遮蔽。"和平问题谈话会"没有吸收日本的中国学家，固然与当时的同时代中国研究主要由中国文学研究者担纲有关（这也暗合了竹内好提出的社会科学与文学缺少"共同语言"的问题），更重要的原因恐怕在于，中国的历史逻辑，在日本的社会科学思维里难以找到合适的位置。

正是在这一意义上，竹内好的工作是不可取代的。

在写作《毛泽东评传》的时候，化解两种体制的对立是日本进步知识界的潜在趋势，这个趋势与饱尝非正义战争苦果的日本人对和平的需求直接相对应。在这种情况下，绝对和平具有道德正当性，易于为人接受，但是这种倾向很容易遮蔽下面这个事实：整个20世纪的战争，除了帝国主义国家之间的战争之外，还有殖民地解放战争。被侵略国家和民族为了独立而进行的战争，与帝国主义国家为了扩张而进行的战争，不仅性质不同，而且还有方向性的差异。帝国主义具有不断挑起战争的倾向，对世界更具有威胁性。而被侵略国的自卫战争一般不具有这种持续扩张的性格。竹内好需要处理的，是如何讨论亚洲曾经沦为殖民地的国家在对外自卫与内战中所产生的战争暴力。通常，人们会以正义战争与非正义战争之别为标准，对自卫战争的正当性加以肯定，但是这种思路容易抽象化，与和平主义的思路无法形成对话。

竹内好以《毛泽东评传》为代表的作品群，在提炼"根据地哲学"的时候，充分考虑到了战争暴力的不同性格。他尝试从根据地的基本特质出发,开创关于和平革命的思路。竹内好说:"如果不把暴力理解为固定的实质性的东西,而是把它设想为流动性的量,那么会产生什么样的情况呢?我们会看到从极小到极大的一个领域。它可小可大。于是这就产生了根据地的问题。在此,我们假设有一个根据地,它具有由于敌人战斗力而自动地变得强大的性质。如果根据地变得最大的话,敌人的战斗力就变得最小,于是武力的斗争就消失了。这就是终极意义上和平革命的范型。"[1]

这段话不能够用常识去理解,因为它是以竹内好的"根据地哲学"为基点的。他希望指出的是,如果从静态的角度去理解暴力革命的话,那么显然任何暴力都与和平无缘。但是如果从动态的角度去理解的话,那么显而易见,暴力与和平并不是绝对的对立项,它们可以通过根据地这一催生均衡关系的"场"实现相互转化。因为根据地的原理就在于它不是仅仅固守自己一端,而是在与敌对势力的抗衡之中转化包括敌人力量在内的各种力量对比,不断重新安排政治、军事力学关系的均衡。"根据地原理"的前提,是被压迫弱小民族为反抗强权而进行自卫性反击,帝国主义不可能打造根据地。可以说,"根据地哲学",正是在残酷现实中谋求和平的产物,它的要义在于通过转化使"武力的斗争消失",而不是通过暴力推行武力扩张。

竹内好还有一篇短文专门讨论了"和平革命"的问题。1951年10月,他发表了《防卫抵抗主义的毛泽东》一文。这可以说是他对日本知识界关于战争与和平问题大讨论的一个回应。他在文章中指出,毛泽东的战争观认为,只要世界上存在着阶级,就不可能消灭战争。同时,中国在50年代的基本状况,使得毛泽东一方面具有

---

[1] 竹内好:《毛泽东评传》,《全集》第5卷,310页。

与斯大林同样的社会主义制度代表者的身份,一方面也具有与尼赫鲁同样的殖民地解放要求体现者的身份。这当然就使得毛泽东的战争观区别于列宁的革命观。资本主义的侵略本性与中国被侵略的经验,都使得毛泽东对资本主义国家具有高度警戒心,因为中国的历史经验证明,允许侵略者的第一步,就会招致第二步,因此让步是危险的。但是,毛泽东所肯定的战争,说到底是防御性质的,他的思考存在一个世界和平的终极目标。

> 那么毛泽东的和平条件是什么呢?是世界人民对于和平的意志。恐怕就这一点而言,毛泽东也会认可印度的固有立场吧。〔1〕

强调毛泽东的防卫主义立场,显然是针对日本主流意识形态宣传的共产主义威胁而言的。不过,它的意图并非在于强调中国革命的正当性,它与《毛泽东评传》相呼应,试图把原理性的讨论推向深层。在这篇《防卫抵抗主义的毛泽东》中,和平与防御固然构成了重要的主题,但是这个主题是在"根据地哲学"的认识论层面展开的:

> 支撑着毛泽东战略基础的思考方式,是这样的认识:战斗力可以转化,因而绝对值的比较没有意义。强者未必一定获胜,弱者反向利用敌人的力量也可以制胜。……同样是彻底的自立,与甘地不同的是,他肯定武力。只不过这个武力并不是单方面的力量,而是包含了敌人在内的变换自在的力量。〔2〕

---

〔1〕 竹内好:《防卫抵抗主义的毛泽东》,《全集》第5卷,324页。
〔2〕 同上书,323—324页。

竹内好的根据地理论重造了和平的观念。与当时日本社会自由主义左派知识分子争取的非暴力和平观念相对，竹内好的和平理念的核心内涵并非"说服的政治"，而是"转化的政治"。这种政治形态并不排除不得已的"防卫主义暴力"，因此分寸感很难把握；但是，不能否认的是，比起绝对化的和平观念来，这种防卫主义的"转化的政治"更接近后发国家的现实，也更接近国际上那些因为不平等关系而处于不利地位的弱势国家的政治诉求。竹内好并没有因为强调这种防卫主义的正当性而忽略了绝对化的和平理念作为终极目标的正当性，他把毛泽东的防卫主义与世界人民的和平意志结合起来，特别强调毛泽东在终极意义上与甘地所代表的印度立场是一致的，因此，这一具有双重层面的和平理念超出了常识理解的范畴，排除了静态的"绝对值"判断。应该说，竹内好的毛泽东论述由于紧紧抓住了矛盾转化这一动态概念，使得他很难与当时的其他毛泽东研究或者中国革命研究建立接触点，因为同时代的其他研究恰恰是从"绝对值"判断出发的。几年后，当竹内好慨叹后来的毛泽东研究都没有关注他的和平革命与根据地理论的时候，他大概已经了解到一个基本的事实，那就是他从鲁迅到毛泽东的论述视角，并不会轻易地被受到静态学术训练的同行们所理解和共享。

1957年2月，竹内好参加了由《世界》编辑部组织的座谈会"中国革命的思想与日本"。这个座谈会的四位参加者——古在由重、竹内好、贝塚茂树、岩村三千夫——都从自己的视角出发表示出对毛泽东的兴趣，并在座谈中阐述了各自的看法，不过这四位似乎基本上是自说自话，在认识论方面并没有找到接触点。即使如此，他们仍然努力地试图在"解释毛泽东"的思路上推进座谈。贝塚茂树对毛泽东提倡的实事求是精神，更倾向于从中国思想史的理路上进行分析，认为实事求是与清朝初年顾炎武、黄宗羲的考证学可以直接关联起来；古在由重则从马克思主义立场出发，认为毛泽东思想是马克思、列宁主义的新发展，是"马克思主义加上了某些要素"；竹内好对这两种基本看法都表示了异议，显然，他认为这种讨论方式把毛泽东"知识化"和"观念化"了，这些分析虽然看上去没有错，但是并不能有效地触及毛泽东思想的核心：

> 我认为作为思想家的毛泽东，仅仅从对人民充分信赖这一乐观主义角度出发是无法把握的。正如刚才吉野（《世界》主编、座谈会主持者）所说的那样，毛泽东的国家论是以消灭国家权力的社会为建设目标的；战争论则认为战争的终极目的是消灭战争；我总觉得毛泽东的这种思维方式中有着一种虚无主义。我的这种想法总是受到批判，但我还是觉得毛泽东有一种关于永恒的思维方式。到底是毛泽东本身拥有可以这样解释的要素，还是我自己的想法投射到他身上从而这样解释，我也说不清楚；无论如何，我认为有一种可以用这样的解释来贯穿始终的东西存在。它到底是什么，这是个问题，这也就是我的中国研究的课题，只是到现在我也无法得出结论。……我觉得在毛泽东思想中，根据地这一思考方式构成核心。依我的解释，根据地不是一个固定的地域，而是力学相互冲突的场。他所说的根据地与我们所说的根据地不同，我感觉这是一个哲学范畴。……我总是觉得毛泽东有一种对于永恒或者说对于无限的思慕。我这么想不行么？[1]

竹内好这个诚恳的提问没有得到其他人的呼应，话题被含糊地

〈1〉 贝塚茂树等：《中国革命的思想与日本（座谈会）》，《世界》1957年2月号。

岔开了。但是竹内好一直没有放弃他在毛泽东身上感知到的"对于永恒或者说对于无限的思慕"。十年之后的1967年,他把它转化为中国政治生活中最重要的要素:"中国是一种世界国家,世界上的所有矛盾都反映在中国的内部。所以矛盾永无终结,一旦矛盾终结了,那就是世界的终结——这就是毛主席的矛盾论,或者不如说,这是汉民族的传统思想。"〈1〉

这段话或许比《毛泽东评传》更为明确地揭示了竹内好把根据地概念定义为哲学范畴的内涵:当毛泽东以矛盾转化的方式运作根据地的时候,竹内好认为他有一个大于自身立场的永恒态度,这使得他把自己的立场不断置于一个更大的结构,从而在促进各方力量转化的过程中伸缩自如。

在认识论上,竹内好始终坚持把《矛盾论》的思路置于结构性的"相关关系"中加以讨论,而敌我的相对性,并不仅仅是战略战术的操作,它们通过不断的转化体现了这种相关性。到了晚年,竹内好更为简洁地表述了自己对"纯粹毛泽东"的体察:"毛泽东的内部,有一种类似chaos的那种东西。社会上的各种对立,那些外部条件,都反映到他身上,所以他内里自然会是chaos的。过于单纯化地对待毛是行不通的,他是一位非常复杂的人。"〈2〉这里所说的"chaos",是"混沌""无秩序"的意思,源自希腊人对于宇宙产生之前所有要素未分化状态的认识,也让人联想起中国古代先哲关于"混沌"的说法。竹内好曾经试图用中国古代阴阳关系的相关性来论证毛泽东的矛盾论思想,强调这不是对黑格尔与马克思辩证法思

〈1〉 竹内好:《关于"一张照片"》,《全集》第11卷,300页。
〈2〉 竹内好:《我的回想》,《全集》第13卷,274页。

想的演绎，而是中国传统文化的独特方式。[1]

1957年，是一个世界格局发生巨变的历史时刻。前一年，社会主义阵营发生剧烈动荡，产生了世界性的冲击。1956年上半年苏共二十大清算斯大林主义，下半年波兰和匈牙利事件先后发生，苏联对匈牙利直接出兵干涉，这些事件引发了1957年之后世界性的连锁反应。1956年之前通行的马克思列宁主义理论，也在这样的时刻遭遇了历史转折期必然发生的挑战。时代要求理论的更新。1956年12月，《人民日报》发表社论《再论无产阶级专政的历史经验》，在表明支持苏联的前提下，尝试对革命与和平的关系、阶级斗争与民族主义的关系等进行理论说明。

1957年年初，《世界》杂志以"现代革命的展望"为总主题分两次举行了四人座谈，并在4月号和5月号相继刊登了座谈记录。第一篇以讨论匈牙利事件的国际影响为主，时事性分析较多；第二篇的题目是《革命的逻辑与和平的逻辑》，进一步深化了学理的讨论。第二篇以《人民日报》社论为中心，对无产阶级政党在夺取政权之后面临的课题、社会主义阵营内部的多元化趋势、冷战格局中两大阵营现实对立的相对化与意识形态对立的绝对化、大众传媒时代世界的一体化与民族一体性的关系、阶级斗争理论是否可以直接从国内政治领域转到国际政治领域的问题，以及和平共处与阶级斗争和民族革命的关系等一系列重大的理论问题进行了整理。但是，在这林林总总的问题之中，有一个最基本的关怀，即共产主义阵营发生的内部动荡，是否会导致新一轮的世界性战争。和平问题一直

---

[1] 冈崎俊夫等：《探讨毛泽东论文（座谈会）》，《中央公论》1957年7月号。同时，关于毛泽东的辩证法与黑格尔、马克思的区别，竹内好在写于1962年的《毛泽东思想的接受方法》一文中有更正面的解释："在毛泽东那里，深深地浸润着中国的阴阳二元论，扬弃的契机比较弱，对立即同一的观念比较强。"（《全集》第5卷，377页）

是战后日本知识界最关心的问题,即使是对共产主义阵营的同情之理解,也只有在和平前提下才能发生。

参加了两次座谈会的有丸山真男(政治思想史家)、埴谷雄高(作家)、竹内好、江口朴郎(历史学家)。他们对上述问题各持己见,却在争论的基础上高度配合,使讨论富有生产性。不止一个人对《人民日报》提出的"世界规模的阶级斗争"表示了疑虑,认为它与中、印共同倡导的"和平共处五项原则"有矛盾,担忧和平共处只是一个策略,阶级斗争才是真意。竹内好对此提出质疑,把问题从观念论转向了现实认识论的动态性格。他指出,社会主义阵营显示出多元化的倾向,这个事实需要充分关注。这种多元化意味着原有的以苏联为中心、中国和东欧按照苏联意志行动的格局已经转变,也意味着在新的形势下,国际和平与世界革命优先于过去一国社会主义革命阶段的阶级斗争。和平共处并不是休战,而是不诉诸战争手段的体制间和平竞争;和平共处五项原则并不是维持现状,而是承认对现状的变革。

丸山真男虽然对《人民日报》使用和平势力与战争势力的二分法表示不满,但是他支持竹内好的分析。他论证了政治的相对独立性,论证了和平共处的多重性结构,指出即使经济领域与意识形态领域存在的对立导致冲突,政治仍然可以向避免战争的方向推进。丸山重申了他几年前起草《三谈关于和平》理论部分[1]的思路,即随着冷战的深入和中间地带的扩展,美苏将在体制上和运作机制上相互接近,两极化趋势将趋于缓和。

---

[1] 《三谈关于和平》第一章、第二章是丸山真男为二战后日本知识界的跨学科合作研究组织"和平问题谈话会"发表的研究成果所写的理论部分。该文发表于《世界》1950年12月号,后收入《丸山真男集》第5卷,岩波书店,1995年。

在上述讨论的基础上，座谈会把话题推进到如何防止意识形态绝对化的层面。中国式弹性的政治思维，在与斯大林主义相对的意义上，得到了认真的对待。竹内好在此又一次提出了矛盾转化问题的重要性。他指出：《人民日报》文章提到各个国家时用了"较大""较小"的限定，这是一种相对主义的立场。丸山进一步推进这个问题，指出：这种相对主义抓住了政治的逻辑。在政治的现实中，不存在绝对的东西。昨天较大的敌人，今天可能成为较小的敌人，如果进一步变成更小的敌人，就有可能不再是敌人。反过来也是一样。丸山说，不仅是《人民日报》编辑部文章体现了这种相对主义，毛泽东的《矛盾论》里面也充满了这种相对主义。这是政治成熟度的标志。丸山接着指出，毛泽东关于矛盾转化的逻辑贯穿了中国共产党的政治实践，从他们一贯的行事方式看，如果条件具备，他们可以把反革命巨头蒋介石作为高官迎进中国政府。当然，转化不等于混同。对中共来讲，革命与反革命、敌人与朋友的区分标准是清楚的；但是他们同时在现实状况中不断地把它相对化。如果把无产阶级与资产阶级的矛盾作为基本矛盾，把这种矛盾固定化，那么就不会在逻辑上产生这样的考虑：在现实生活的复杂状态中，有时候两者之间也需要有暂时的联合与同盟。在固定化的思维方式引导下，即使进行了这样的结盟，它也只不过是现实政治操作的产物，结盟双方的性质不会发生变化；而在逻辑上设定了相对主义的矛盾转化可能性，就意味着暂时的结盟会催生新的情势，在新的情势之下，有可能曾经的敌人不再是敌人——于是暂时的结盟就不再是暂时的了。"意识形态本身谋求理论的完成性，总是不免具有绝对化的倾向，这一点就任何意识形态而言都是一样的；而政治在具体的状况当中，它总是开放的，常常孕育着多种可能性。……如果把握不住这一点，就会出现两种危险：其一，敌我范畴凝固化的危险。在这种情况下，A就是A，永远是敌人，或者永远是反革命；即使在状况转化的条件下，本来潜在地具有成为同盟可能性的对象，也会因为使用'昨天'的标准来定位而被视为敌人。其二，与此相反，有对敌我的界定不加限制地滥用的危险。就是说，看上去已经决定了对方是永远的敌人，可是一转眼又宣称其为永远的盟友，无原则地从一个极端跳到另一个极端上去。"[1]

丸山对竹内好的"根据地哲学"理论进行了出色的政治学诠释。他们的相互配合，使这个座谈会拥有了立体的内涵。丸山在竹内好逝世后慨叹，他与竹内好几乎在所有方面都不同，却在思想上距离很近："我们工作领域不同，想法也不同，虽然不能简单说明，不过，我们即使在看上去最不一致的民族主义问题上，也是从两侧逼近同一个目标。"[2]

四 又近又远的中国

战后日本社会经历了对中国认识的大起大落。以日本与逃亡台湾的国民党政权签订和约为契机，有良知的日本人特别是那些有影响力的知识分子，纷纷发声质疑日本政府无视中国合法政府和中国人民的行径。尽管这时日本与中国断绝了外交关系，只保留了贸易往来，两个社会的交流遇到重重阻碍；但是，进步舆论对于新中国的关注却达到了历史的最高点。1956年发生的波兰、匈牙利事件，使得中国对此事件的态度在日本知识界获得了充满善意的解

---

[1] 丸山真男等：《现代革命的展望2（座谈会）》，《世界》1957年5月号。
[2] 丸山真男：《与竹内好的交往》，《丸山真男集》第10卷，岩波书店，1996年，360页。

释。[1] 上述竹内好与丸山真男在"革命的逻辑与战争的逻辑"座谈会上的对话，正是在这个背景下发生的。1958年，日本政府回应台湾当局的意愿，断绝了与中国大陆的贸易往来，两国民间交往的渠道被切断。[2] 此事亦引起日本民间的愤慨，中国政府表示的强硬态度得到了日本进步人士的理解。应该说，这种对中国社会的亲近感，在1960年的安保反对运动中达到了高潮。当时中国的民众也举行了支持日本反对安保运动的集会，两个社会的人民相互之间的连带情感，曾经一度使得中国与日本离得很近。

但是，当1964年中国的核试验获得成功时，中日之间的隔阂开始呈现出来。作为原子弹受害国，1945年广岛、长崎民众的悲惨遭遇刚刚过去十九年，原子弹受害者尚且在后遗症中挣扎，虽然对于曾经的受害国进行核试验，日本人难以理直气壮地提出抗议，而且美苏拥核的现实，也让日本人在理性上可以理解中国不得不拥核，但是在情感上，日本人难以接受中国成为拥核国家的现实。以此为转折，日本社会开始对其后的中国产生疏离感，这也刚好与其后中

---

[1] 1956年上半年，苏共二十大闭幕之后召开的秘密会议上，赫鲁晓夫发表了"秘密报告"，正面否定了斯大林。此举引发社会主义阵营的动荡。下半年波兰和匈牙利先后发生以工人罢工为导火索的流血事件，苏联均做出反应。波兰事件发生时，毛泽东曾致电赫鲁晓夫，表示反对苏联干涉波兰内政；匈牙利事件发生后，苏联出兵参与镇压，《人民日报》事后发表社论表示理解，并委婉地为苏联的举动辩护。竹内好的解释是，其实中国内心并不认可苏联干涉匈牙利内政，《人民日报》这个态度具有"事后处理"的性质。假如他们来得及在事前表态，相信会同样表示反对的。丸山真男虽然对竹内好的这个判断有所保留，但是他赞成竹内好的思路。参见丸山真男等：《现代革命的展望2（座谈会）》，《世界》1957年5月号。
[2] 1958年4月，日中友好协会长崎支部在中国产品展览会上悬挂了日本和中华人民共和国国旗，台湾国民党政府驻长崎代表要求撤掉中国国旗，其后两名日本右翼分子冲进会场扯下中国国旗，造成"侮辱中国国旗事件"。在岸信介政府拒不理会中方抗议的情况下，同年2月份和3月份刚刚签订的《钢铁贸易协定》和第四次《中日民间贸易协定》不得不终止执行。

国社会的剧烈变化相重合。可以说，从这时开始，剧烈变动的中国对日本社会来说，渐渐成为一个难解之谜。从20世纪60年代中期开始，日本社会与中国社会渐行渐远，这个距离与日本人难以用自己的逻辑理解中国直接相关。中国社会的大起大落，即使对日本优秀的知识精英而言，也仍然具有"谜题"的性质。日本的中国学家，要如何面对这样的现实呢？

从50年代末到60年代初，竹内好同时处理了几个表面上似乎并不相关的课题。第一，整理日本思想史中"近代的超克"命题，并以此回顾近代思想传统中被压抑和扭曲的主体性问题，探索可以转化的精神资源，从这里出发，他试图对明治维新进行重新分析，把它转化为可以为国民继承的思想遗产；第二，讨论日本人在一系列社会运动中形成的自主意识，思考在战后迅速出台的民主制并不能有效反映民意从而制止政府危险决策的情况下，如何抗争才能有效，抗争如何才能持续；第三，以1961年发表的《作为方法的亚洲》为首，整理日本近代亚洲主义的思想遗产，讨论它为什么没有能够贯彻最初的亚洲情怀，最终滑向了国家主义的侵略意识形态；同时，也把中国与印度的思想家作为参照系，指出亚洲主义与后发国家的主体性形成特征相关；不进行自我革命，难以建立新的主体，而新的主体并不是与欧洲相对抗的实体，它是一种有能力把欧洲的优秀价值也提升到人类高度的开放性机能。

上述三个课题，本书前面几章已经有所讨论，在此仅希望强调一个问题，即竹内好处理日本思想史与社会现实乃至亚洲问题时，有一个内在的一贯性理路，这是从《鲁迅》开始起步的对主体性形成问题的追问。相对于通行的把主体性设想为一个实体的思维习惯，竹内好在他的每个课题意识中都强调了主体性的机能性与相对性。如果说在《鲁迅》里这种机能性和相对性还有些难解，那么，经由《毛泽东评传》，竹内好结合中国革命的实践，以"根据地原理"为媒介，出色地解释了这种机能性与相对性。从《何谓近代》到《近代的超克》，竹内好针对日本的思想课题，更为清晰地表达了这一思考。在这些课题意识的基础上，作为第四个课题意识，竹内好花费大量精力讨论了"如何理解中国"的问题。

60年代初期，中国自主进行核试验，以此为契机，日本社会对中国的好感开始降温，人们感到了遗憾。特别是苏联发表声明宣布重启核试验之后，对于核战争的恐惧在日本引起不同的反应。有一种意见认为，日本也应该拥核，否则只能把自己置于美国的核保护伞下；但是反核的声音仍然是强有力的。1963年，围绕美国核潜艇在日本靠岸的问题，日本的科学家发表声明表示抗议，战后开始的和平运动与反核问题进一步结合；可以说，战后一直没有消退的对于核战争的危机意识，在60年代初期达到一个高潮。中国的核试验成功之后，美国核潜艇代表的核威胁与中国成为拥核国家这两件事，被归入同一个范畴，人们倾向于从对人类和平造成威胁的角度看待中国加入核国家阵营的现实。

1963年6月，《世界》杂志刊登特辑"为了深入理解中国"，显示了这个时期人们对中国"又近又远"的感觉。卷首论文是国际政治学家坂本义和的《核时代的日中关系》，该文完成度很高，集中提炼出当时日本社会中国认识的核心问题。

坂本指出，战后日中关系面临的基本格局，是日本的战败和民主主义化、中国的内战和其后的社会主义化，两国各自完成了划时代的变革，这就给日中关系的调整这一传统课题增加了新的重压。在日本选择了片面和谈和投靠美国的安保体制之后，与六亿人口的中国恢复邦交的课题就无可回避了。日本政府一直绕开这个问题，而中国的核试验则被它作为搁置恢复邦交的借口。另一方面，一直对抗政府、推进日中邦交正常化的革新势力也在中国核试验面前发生内部分歧。坂本在危机意识下对日本的中国观进行了整理，除了文化亲缘性与经济依存性之外，他特别分析了围绕核试验产生的道德关系与政治力学关系的逆转。

坂本说："日本由于侵略了中国，在道义上显然处于劣势；同时，中国由于对侵略者显示了宽大的态度，决定性地占据了道义的优势。……在此意义上，毫不夸张地说，中国政治领导人的道义性，是日本民族良心的一个重要支柱。正因为如此，当中国的领导人迈出肯定核武装的一步时，不可能不超越单纯的政治后果，对日本民族的良心构成深刻的道义影响。"[1]

饶有兴味的是，坂本并没有止步于这种道德分析。他进而从国际政治的角度客观地分析了中国核试验带来的政治力学关系变化："不得不承认，日中之间文化的、经济的、道义的联结，甚至在以日中友好的动机履行积极功能的情况下，其实都有一个甲午战争以来形成的或明或暗的前提，那就是日本在权力方面对中国占有优势。……而日本人旧有的亚洲观，应该说也是建立在'比日本弱的中国'这一前提之下的。这样一来，直面中国核武装的可能性，今天我们日本人实在是被迫面对重大的思想转折点，需要从根本上颠覆甲午战争以来近代日本一贯承续下来的中国观与亚洲观。"他还指出，随着中苏论战和中国拥核，把中国视为苏联势力组成部分的习惯也将发生改变，中国开始被作为独立的政治力量

---

[1] 坂本义和：《核时代的日中关系》，原载《世界》1963年6月号，引自《中央公论》1964年10月号。

对待。[1]

坂本认为，支撑着战后日本民族良心的支柱，一是无条件的对于中国国民的战争责任感觉，一是无条件否定核武器的精神。但是当中国开始进行核试验的时候，这两者之间可能产生紧张关系。为了调整这种紧张，很可能会产生将中国的核试验在道德上正当化的需求。他认为这是危险的。坂本认为，世界处在新旧交替的时期，旧有的权力外交认为，只有拥核才能拥有与威胁者谈判的能力；而新的外交思路则应该是在物质和技术上拥有发展核武器的能力，但并不进行核武装，而是以道德为背景进行国际谈判。在此意义上，西方一侧已经显示了在中国拥有核武器之后不得不在缩减军事规模等问题上把中国正式作为对手的姿态，坂本认为这暴露了西方各国仍然没有摆脱旧式权力外交的框架。与此相对，他呼吁中国以拥有核实力但是不制造核武器的方式开辟新的外交途径，并且表明，中国革命具有的否定帝国主义、大国主义和权力政治的思想，让他心存深切敬意，因此他期待着中国可以展开取代旧有权力外交的新的"人民外交"。这意味着期待中国不仅对于国内权力政治进行变革，对于国际权力政治也进行变革。

坂本写道，他虽然提出地区性无核的理想，反对把拥核道德化，但并非在单方面要求中国解除武装。坂本在文中多次强调，日本政府在日中关系问题上负有不可推卸的责任。他指出，日本与台湾国民党当局单方面和谈，意味着否定了中国的民族统一，也意味着否定了中国革命的正统性。这双重否定被解释为对中国非同一般的敌意也无可反驳。为了促进中国非核武装化，日本政府首先需要改变自己的态度，承担民族的良心。

---

[1] 坂本义和：《核时代的日中关系》，原载《世界》1963年6月号，引自《中央公论》1964年10月号。

坂本义和的这篇论文被《中央公论》评为"创造了战后日本的代表性论文"。〈1〉它提出的国际政治基本问题，受到了论坛的关注。但是这篇论文里还有另一个未及展开的话题，它潜在地通向竹内好的课题意识。

　　在论文的前半部分，坂本这样写道："我在前几天重新阅读此前发表的若干关于日中关系的论文时，突然被大约五年前竹内好氏的论文中下面的这一段所吸引。他在这段文字中说道：'我现在再翻阅七年前《世界》关于和谈问题的特集，重新被充盈其间的严肃所打动'，并说明了昭和二十六年（即1951年——引者注）主张全面和谈的人们，如何认真地思考侵略中国的战争责任。不过，为什么竹内好要说他'重新被打动'呢？这是一贯从日本的战争责任出发推动日中恢复邦交的竹内好在表述他自身的感觉吧。我想象，在这个说法里，恐怕暗含了这样一个意思，即昭和二十六年之后的七年间，基于对中国的战争责任这一立场倡导日中复交的声音越来越小了。进而又过了大约五年，到了今天，这一声音变得更加微小了。这其中有各种原因，其中之一是，向年轻一代传递对中国的道义责任感很困难，所以不少人选择了沉默。"〈2〉

　　坂本说的这篇竹内好的论文是发表在《世界》1958年10月号上的《中国观的破产》。该文是这一期杂志的特集"可以允许'静观'吗——走向断绝的日中关系"的第二篇论文。如前所述，这一

――――――

〈1〉《中央公论》编辑部在1964年举行了对战后日本论坛整体状况的回顾，由十名来自不同领域的学者和评论家组成评议委员会，共同制定了选择标准，经过深入的讨论，选出十八篇战后发表的论文，其共同特征是既在发表当时产生了较大影响，又在事后仍然具有理解那个时代并超越那个时代的价值。坂本义和的《核时代的日中关系》被选为其中之一，见《中央公论》1964年10月号。
〈2〉坂本义和：《核时代的日中关系》，原载《世界》1963年6月号，引自《中央公论》1964年10月号。

年5月发生了"侮辱中国国旗事件",中日断绝了经贸关系。竹内好在这篇长文中淋漓尽致地分析了日本政府以中国为敌的"国策"如何违背民意,同时尖锐地追问:在战争责任问题上,"中国方面把政府与人民区别对待,而我们难道没有依赖这一同情心,把自己从清算侵略历史这一日本民族耻辱的责任中解脱出来吗?就一般情况看,日本人整体上的中国认识,在战前与现在到底是变化了,还是没有变?中国的舆论至今还是仅仅非难岸信介内阁不友好,但不指责日本国民。可是对我来说,这是令我比直接受到指责还要痛苦的事情"。[1]

作为革新势力的代表性杂志,《世界》不仅在日中断绝贸易关系时,其后也一直致力于把中国问题作为重要的话题。假如仅仅翻阅《世界》等进步杂志,我们似乎没有理由断定日本社会不重视中国和中国问题,但即使在这样一个有限的范围内,进步杂志关注中国的角度与方式,却随着世代的更迭以及地区国际关系的改变发生了悄然的变化。就中最明显的变化,莫过于对中国的道义责任感觉迅速消退,代之而起的,则是坂本指出的日中在权力关系方面的逆转所带来的"中国威胁论"。

本书第四章涉及竹内好1961年讨论的"战争体验如何一般化"的问题,正与坂本意识到的"向年轻一代传递道义责任的困难"相一致。比起1958年的情况,反对安保的运动退潮后,竹内好担忧的战争责任感的形骸化问题更加明显了。而到了1963年坂本从政治学角度呼应竹内好这一问题意识的时候,竹内好本人的感觉更为尖锐和沉痛。

恰好与坂本论文同一期的同一个特辑,刊登了竹内好的《关

---

[1] 竹内好:《中国观的破产——日中问题的思考方式》,《全集》第11卷,222页。

于中国问题的私人感想——一封没有收信人的信》。比起1958年和1961年，竹内好这时的心情多了一抹绝望的色彩。他开篇即说，自己打算以私人信件而不是论文的方式谈中国问题：一是因为中国问题太重要了，以至于自己不确信能够担此重任；二是因为自己对言论虽然不能改变现实，但是在危机白热化的时刻可以完善自身的说法也发生了怀疑。他甚至宣布，自己正在考虑改行。

竹内好说，对中国问题，他的意见一直就是一句话：与中国恢复邦交，缔结和平条约。这本是不需要论证的常识，但是，安保运动结束之后的三年里，这个常识却渐渐地不再通用了。"最近在一个对大学生进行的关于中国印象的调查中，据说为数众多的回答是，中国是一个让人看不清真面目的国家，是一个让人不舒服的国家。当我听到这样的说法时，不禁浑身一震。这是因为，我看到了在我们历史上中国第一次将要成为未知国度的征兆。……哪怕是憎恶，哪怕是轻蔑，只要各自拥有先入为主的判断，总还是胜过放弃知性探求的情况。"[1]

比起坂本所论述的日中政治力学关系的逆转，竹内好所讨论的年轻一代对中国的漠视显然是更深刻的问题。坂本没有发展的那一条论述线索，即无法向下一代人传递战争责任的道义感觉，在竹内好这里成为论述的主线。竹内好向自己，也向不确定的多数"收信人"提出了一个问题：当不了解过去中国与日本的关系，也不想了解这一切，更不打算在感觉世界里直面这个问题的一代人成长起来的时候，倡导与中国恢复邦交究竟有什么意义？

这篇论文以反讽的方式，间接回答了1958年他自己曾经提出的

---

[1] 竹内好：《关于中国问题的私人感想——一封没有收信人的信》，《全集》第11卷，261—262页。

那个问题：战后的中国观，在整体上与战前的中国观相比，到底有没有发生变化？假如说战前对中国的蔑视和憎恶是日本社会中国观的主流，竹内好认为这甚至胜过对中国的漠视，因为至少，那时的中国观还能打造统一的意象。竹内好在此使用了他在绝望时特有的修辞。在战争时期，他曾经使用过这样的修辞。那时他在北平，面对中国知识界南下之后的文化空城，竹内好感觉自己被抛在了历史之外，他在给同伴的信中说自己"渐渐地开始讨厌支那、支那人、支那文学了"[1]。仅从字面上理解竹内好的这种反讽修辞是不准确的。事实上，他一生中很少使用这种修辞方式，而这两次使用，均发生在他对现实感到绝望，对自己的言论工作失掉信心时。也正是在这种情况下，竹内好像《鲁迅入门》中他所描写的鲁迅那样，走向绝望，并从绝望出发。在日本社会逐渐失掉50年代前期那种承担历史责任的中国观时，竹内好开始了他绝望的抗战。

在这篇论文的后半部分，竹内好援引美国记者埃德加·斯诺的说法分析了美中关系：美国的世界政策的最高目标，恐怕就是把中华人民共和国从世界上抹掉。它越是这么做，中国在美国人那里就越会成为被放大的对象。至少，美国对中国的憎恶作为一种整体认知，使美国人有可能面对中国。"憎恶在人们之间制造了隔阂，但是在有些情况下，却有可能一转而成为连接人们的纽带。过去的日中关系史里，有许多这样的实例。"[2] 竹内好说，斯诺认为，60年代的美国在重蹈30年代日本的覆辙，即军力与资本的意志纠合，决定了侵略中国的国策；无论实证史学家如何嘲笑这样的类比，他都要

---

[1] 参见本书第三章第二节。
[2] 竹内好：《关于中国问题的私人感想——一封没有收信人的信》，《全集》第11卷，266—267页。

向斯诺这种向历史学习的态度致敬。斯诺在绝望地思考如何才能把憎恶转变为信任,而日本人却失掉了建立统一的中国意象的能力。

强调中国意象的统一,在竹内好这里有一个潜在的含义,那就是他预感随着中国核试验的推进,日本的和平运动内部将会发生分裂,一方高呼支持,另一方高喊反对。竹内好在文章结尾处简洁地写了一句话:"我不想看到这种情况。"

1964年3月,竹内好又在《世界》发表了《再谈日中问题——私人感想》。他明确地说,这是前一年6月号那篇《关于中国问题的私人感想》的续篇。冠以"私人感想"之名,是竹内好为了避免社会科学通常要求的"客观"和"实证"而使用的策略,因为他想说的话,是被"客观"与"实证"过滤掉的内容。

1963年,法国前总理埃德加·富尔代表时任总统戴高乐访华,中法翌年正式建交。由于日本传媒的选择性报道,当中法建交的消息传来时,日本舆论界缺少心理准备,有晴天霹雳之感。而继起的反应则忽略了日中和法中关系的差异,似乎觉得日本与法国处在同样的位置上,特别是贸易界人士强调,法国在经济贸易上占了先机,日本也不该落后。

竹内好对此无法沉默。他说,法国与中国不存在战争状态,而日本尚未与中国完成战后和解,也就是尚处于战争状态。把日本与法国相提并论,以沙上建塔的方式大谈贸易和文化交流,说明日本人忘记了历史。富尔在中国问题上的发言表明,法国从阿尔及利亚战争的历史中汲取了教训。而日本却被杜勒斯关于中国共产党政权不可能持久的神话牢牢绑架,与被中国人民抛弃的国民党政府签订和约,好像战后处理就算完成了。竹内好在辨析了这无视现实的双重假象之后写道:"离权力交椅很远的我,作为学究应该做并且能够做的,只能是复习历史,并且劝别人复习历史。诸位,一起复习历史吧!一起把忘掉的回想起来吧!日本曾经跟中国进行了战争,从这个事实开始,一起思考为什么到了今天还是不能和谈?"[1]

继这两篇《私人感想》之后,1965年1月号《世界》发表了竹内好的《从周作人到核试验》。这时中国的核试验已经成功,日本优秀的政治学家和社会学家纷纷发表言论,力求在表示遗憾和反对的同时进行同情之理解,但是整个社会已经失掉了50年代初期那种强烈的道德氛围。而竹内好这篇文章与其他文章不同,它致力于以悖论的方式建立一种统一的中国认知。

《从周作人到核试验》是一篇含量很大的文章。它开篇介绍了早年周氏兄弟对安冈秀夫《从小说所见支那民族性》一书的批判。这本出版于1926年的书挪用了美国传教士史密斯1894年出版的《支那人气质》,把中国人的国民性归纳为九种。鲁迅曾经翻译了安冈这本书的目录:"一、总说;二、过度置重于体面和仪容;三、安运命而肯罢休;四、能耐能忍;五、乏同情心多残忍性;六、个人主义和事大主义;七、过度的俭省和不正的贪财;八、泥虚礼而尚虚文;九、迷信深;十、耽享乐而淫风炽盛。"[2]

相对于安冈的《从小说所见支那民族性》一书,竹内好对史密斯的《支那人气质》是这样评价的:"史密斯的这本书被广泛阅读,几度再版,算得上是名著了。要说什么地方称得上名著,就在于它贯穿了盎格鲁-撒克逊式的探求心。认为自己的生活方式全部是正确的,立于这种自信,对与自己不同的生活方式总是想去刨根问底,那种愚痴的态度酿造出一种趣味,是这本书的特征。在这位牧师看来,中国人的生活不合理而且不道德。但是,这种不合理性和

---

[1] 竹内好:《再谈日中问题——私人感想》,《全集》第11卷,281页。
[2] 鲁迅:《马上支日记》,《鲁迅全集》第3卷,人民文学出版社,2005年,344页。

非道德性，自有其理由，只要发现了理由，就可以使其持续性地变成盎格鲁－撒克逊式的生活方式。似乎他忘乎所以地就是想论证这一点。那种使命感、论证的精密程度（哪怕是今天看来十分可笑），倒是值得肯定的。那些只是从别人的推论中选择对自己有利的部分、随便加以利用的'支那通'的作品，与此不可同日而语。"〔1〕

竹内好把史密斯和安冈秀夫进行了区别。前者是盎格鲁－撒克逊式的传教，后者是不择手段的投机。他从年轻时就痛恨的日本"支那通"，又一次成为他的靶子。

鲁迅在《马上支日记》中也谈到了这两本书，他也对史密斯和安冈做了区分，虽然并非推崇前者，但是他显然认真对待前者的酷评，而对后者的轻薄更为严厉。鲁迅的嬉笑怒骂，主要针对安冈对中国人明显的侮辱，他对史密斯的讽刺，则是与列强在中国的霸权结合起来的；不过鲁迅并没有因此而"捍卫"中国人的民族性。一向对中国人劣根性毫不留情的鲁迅，借此机会对中国人的"做戏"等风气也进行了辛辣的调侃，甚至在生命最后时期，他还呼吁应该翻译史密斯该书。〔2〕

大概是因为鲁迅的反应方式是两面出击的，竹内好并没有借助鲁迅推进话题，转而选择了周作人。他援引周作人读了安冈的书之后写的短文《支那民族性》，将其要点整理如下："这里列举的中国人的恶德，我们姑且全部承认吧。……我甚至想翻译这本书，让中国的复古主义者们看看。不过，我不愿意日本人写这样的书。……日本自古以

---

〔1〕 竹内好：《从周作人到核试验》，《全集》第11卷，290页。
〔2〕 鲁迅：《马上支日记》，《鲁迅全集》第3卷，343—351页。《内山完造作〈活中国的姿态〉序》《立此存照（三）》均收入《鲁迅全集》第6卷。此外，史密斯该书后由鲁迅研究者译出，书名为《中国人气质》，张梦阳、王丽娟译，敦煌文艺出版社，1995年。

来就在'善恶两面'受到中国文化的影响,中国在日本,犹如希腊在欧洲,不是无关的他人。现在中国国威失坠,趁势落井下石,这算是什么呢!我不是要求夸赞中国或者为中国辩解。只要是认真的批评都是可以的,只有'支那通'的这种轻浮浅薄难以忍受。我越是热爱日本文化,就越是不希望这种轻薄成为日本的民族性之一。"[1]

周作人在日本全面推行侵华战争之后一度被视为"亲日派",战后则受到冷落。竹内好花费了一些篇幅介绍周作人在日本的大起大落,并非意在讨论此事本身,他希望指出的是,周作人在日本的起起落落也证明了日本的中国观具有肤浅而表面化的特性,它追着现象走,并且把现象视为本质。新的中国通虽然把中国说得完美无缺,但过度的完美缺少说服力。"我担心的是,'支那通'的中国认识在今天仍然被完好地保存,成为潜在的基础,而'中国通'新的中国认识,只不过是建立在旧的认识上,对其不加破坏就叠加在上面了。难道不是这样吗?"[2]

国民性是不是可以用固化形态确认的不变之物?如果它是变化的,以何等方式变化?这个至今仍然困扰着学界的问题,在竹内好这里构成对日本中国观的犀利剖析。竹内好讽刺说,"面子""淫荡",即使对过去的中国说得通,对今天的中国也说不通。不如说,这些判断反倒是今天日本的写照。假如不能创造统一说明这种变化的"理论",很难形成完整的中国认识。他援引周作人的分析,谈到了20世纪初访问北京的清浦奎吾子爵[3]对媒体的发言。清浦自幼受儒教熏陶,自诩对以孔孟之学为基础的中国文化有常人不可企及

---

[1] 竹内好:《从周作人到核试验》,《全集》第11卷,290—291页。
[2] 同上书,293页。
[3] 清浦奎吾1928年被授予伯爵爵位,20世纪初访问北京时尚为子爵。——编者注

的理解,但是周作人驳斥他说,儒教并不是中国文化的根基,而且已经灭亡了。"如果想要理解中国,无论怎样读'孔孟之书'也没有用。与其这样做,还不如解封本国的明治维新史。日中两国无论国体如何不同,改革时期的气氛却是相似的。这就像思春期的激情与感伤在人们那里大致相似一样。阅读维新的历史,能够理解在破坏与试错背后涌动的热情与希望的话,以这样的理解来观察中国的现状,大致是不会产生误解的。"[1]

"支那通"对中国的刻板印象,不仅由安冈秀夫式的"民族性理解"构成,而且也由日本汉学打造的"儒教伦理"构成。这两者都不断再生产静态的中国意象,它们都无法把握转折期的中国现实。当新中国开始自主性的生产建设并准备核试验的时候,静态的日本中国观还停留在中国人无法适应科学技术的想象上。

但是中国的核试验成功了。

> 中国的核试验是一个不幸的事件,是不应该发生更不应该使它发生的事件。作为人,尤其是作为日本人,对这个事件不感到遗憾的恐怕是少数吧。
> 这是理性的立场。从理性的立场出发,我迄今为止反对包括中国在内的所有国家的核试验,今后也将反对。
> 但是,离开理性的立场,就感情而言,我很难说得清楚——我在心底悄悄地喝彩:干得漂亮!真是给了盎格鲁-撒克逊和它的走狗们(也包括日本人)当头一棒!我不能隐瞒,对此我产生了一种感动之情。

---

[1] 周作人:《清浦子爵之特殊理解》,转引自竹内好:《从周作人到核试验》,《全集》第11卷,297—298页。

史密斯的书问世至今75年。周作人愤慨于自作聪明的"支那通"的狂妄到现在也过了40年。中国人的"卧薪尝胆",与明治日本人相比,时间要长得多。终于,他们完成了足以与日俄战争相匹敌的大事业。

日俄战争时,清政府相信俄国一定胜利,在此前提下与俄国进行交易;民众则支持日本,并对战争结局感到高兴。不只是中国。孙文在苏伊士被阿拉伯人误认为是日本人从而受到感谢,也是有名的故事。

如果没有日俄战争,也许日本完全摆脱明治外交遗留的不平等条约,还需要很多时日。想到这一点,我们对于中国核试验的成功,应该被允许抱有与日俄战争时期中国民众同样的感情吧!

毋庸置疑,拥有核武器的根本动机是军事性的。从朝鲜战争到越南战争,一直被置于核威胁之下的中国为了自主开发对抗的武器,废寝忘食全力以赴,这是很容易想象的。这是把国际关系作为权力政治的场域来把握时的理解方式,当然是正确的。因此,依照这个思路来看,中国加入拥有核武器国家的阵营,责任并不仅仅在中国。所有的大国,尤其是美国,有很大的责任。

但是我觉得只依靠这些说明依然是不充分的。固然,不屈服于核威慑这一理由也见于中国的官方声明,这是有说服力的,但是难道不应看到在这一理由深处存在着更深刻的心理动机么?就是说,这是洗刷耻辱扬眉吐气的动机。而我,对于表面上的军事动机并不能无条件地赞成,可是对于内在的心理动机,是拍手称快的。

日俄战争向世界证明了明治维新革命的有效性。中国核试验的成功,无比雄辩地向世界宣示了中国革命的有效性。不过,日俄战争剥夺了朝鲜民族的自由,这笔负面遗产让我们现在也承受着心灵之苦,与此同样,中国在漫长的未来,也难以免除作为死亡之灰加害者一员的责任吧。

历史真正是充满了悖论,而我们人也是一样。[1]

在此完整地大段录下竹内好的这段话,是因为假如删节其中的任何一个环节,这段话的含义就会走样。从和平主义的观点看,竹内好把中国的核试验与日俄战争类比并且在对抗盎格鲁-撒克逊的意义上同时给予肯定,这恐怕是难以令人接受的;从日本马克思主义的观点看,把明治维新与中国革命类比,恐怕也是有问题的。但是对竹内好来说,这些关涉政治立场的问题并不么重要,重要的是他不希望日本进步力量在中国的核试验面前失掉辨析历史脉动的能力。在竹内好那里,明治维新与其结果明治政府是可以区分开来的。他的《亚洲主义的展望》直接断言明治维新大于明治政府。通过对西乡隆盛历史定位的质疑,竹内好提出了"永久革命"的问题。[2] 写作《从周作人到核试验》的时期,也正是竹内好提出要以民众运动的形式纪念明治维新百年,从而寻找革命契机的时期。在他看来,明治维新暗含了没有实现的革命性,借助中国核试验的契机,他希望重新开掘这一段历史。

假如从竹内好1958年的《中国观的破产》提出的问题到两篇《私人感想》发展出的论述脉络一路读下来,那么,他对永久革命的呼唤,就显示了具体的针对性。竹内好看到,史密斯和安冈的

---

〔1〕 竹内好:《从周作人到核试验》,《全集》第11卷,295—297页。
〔2〕 参见本书第六章第二节、第三节。

中国观还活着，随着世代更迭，对抗这种轻薄的中国观的力量不仅没有出现，而且年轻人甚至已经失掉了对中国的关心。在中国问题上，日本变成了美国的从属，正如当年安冈模仿史密斯一样。

"历史真正是充满了悖论，而我们人也是一样。"竹内好呼吁日本人一起复习历史，一起重温日俄战争时的社会氛围，并且试图以中国民众当时对日俄战争的态度激活日本国民对中国核试验的同情。在漠视中国的社会氛围之下，空谈日中连带没有意义，但是与中国渐行渐远的日本，难道不能够在自己的历史中发掘出有效对抗国际关系中"盎格鲁-撒克逊式"霸权格局的历史资源吗？竹内好在中国核试验中看到了中华民族的统一形象，这就是在屈辱中挺立起来，自主地进入国际舞台。在坂本看到日中政治力学关系逆转的事实中，竹内好看到的是日本应该具有却正在丧失的伦理精神。在坂本以政治现实主义的态度提出期待中国履行取代权力外交的"人民外交"时，竹内好期待的却是日本国民通过"复习历史"而产生革命愿望，以此与中国人民共享雪耻的兴奋。

竹内好并没有找到与社会科学家相通的"共同的语言"。这使他也难以从社会科学那里直接获得可以说明中国的国民性变化的"理论"。但是，从50年代开始写作《毛泽东评传》直到60年代初期，他一直拥有另一种认识论资源，它来自毛泽东。

五 世界没有完结，让我们发现矛盾吧

从50年代开始，日本陆续翻译了毛泽东的部分著作，《实践论》《矛盾论》有多个不同译本。由于版权被中方授予日本共产党系统，所以大部分翻译是由日本的共产党员和马克思主义知识分子完成的。对日本共产党内部的"天皇制"一贯持严厉批评态度的竹

内好，在毛泽东著作翻译的问题上一直耿耿于怀；这是因为，已有的这部分译本虽然力求准确地翻译毛泽东的著作，却在翻译过程中忽略了毛泽东特有的个性风格。对于竹内好来说，这并非是文风问题，而是重大的失误。从竹内好对毛泽东解读的基本视野来看，他认为毛泽东的个人风格构成他思想著述最为独创性的部分。当竹内好强调毛泽东的辩证法不同于黑格尔、马克思的辩证法时，他的立足点恰恰是毛泽东的这种个人风格（下文将要谈到这一点，此处从略），也许可以说，毛泽东的个人风格，正是把握"纯粹毛泽东"的关键线索。因此，仅仅在语词层面翻译毛泽东，会失掉这些最为基本也最为重要的特点，从而把毛泽东一般化地归类到马克思主义中。这也是竹内好坚持反对把毛泽东思想视为马克思列宁主义新发展的原因所在。

在尝试重建日本社会对中国的伦理感情，为60年代初期的论坛注入亚洲原理的同时，竹内好挑起了一场关于《矛盾论》翻译的论战。

1962年2月，竹内好发表了他的第一篇论战文字。这篇文章虽然谈的是翻译《矛盾论》的技术问题，但是从中推出了一些重大的原理性思考，其激烈程度与从小处着眼的写作方式令人想起鲁迅当年的论战姿态，特别是令人联想到发生在1936年的"国防文学论战"。这篇文章对三组翻译提出了质疑，尤以第三组"C译本"《实践论·矛盾论》（岩波文库1957年，松村一人、竹内实译）为主要的论战对象。这主要是因为第三个译本出现最晚，它综合了前两个译本的成果并进行了改进，同时也因为它是由日本广受信赖的岩波文库出版的，影响面比其他几个译本更广。

这篇洋洋洒洒的论战文字很长，基本上从头到尾都在讨论具体的翻译实例（他共举出五类十四个错误的译文段落和句子，逐一进行了讨论）；其中确实有少数几个例子，竹内好的论据并不充分，甚至有些强词夺理。但是，结合竹内好对于毛泽东的整体理解，不难看出，他之所以被这类翻译所激怒，并非因为其不准确，而是因为其平庸，并非因为其不认真，而是因为其教条，并非因为其力求通俗，而是因为其追求通俗的态度是高高在上的。在竹内好的生涯中，这类论战在早年也发生过一次，那就是他与吉川幸次郎等人进行的有关翻译的论战。在这种论战中，竹内好很难取胜，因为他所表述的问题要求论战对手具有类似的感觉方式才能够理解，也才能使对手的反驳击中他的要害；然而正因为这种对垒的出发点是感觉方式，它无法以逻辑的形式加以论证，所以无论是早年的论战还是这一次，他的对手甚至多数读者都很难加以配合。

这篇挑战性的文章有几个耐人寻味的例子，从正面提示了竹内好如何理解毛泽东的思想。首先是下面这个例子。

毛泽东的《矛盾论》中有这样一段话："无论什么矛盾，矛盾的诸方面，其发展是不平衡的。……矛盾着的两方面中，必有一方面是主要的，他方面是次要的。其主要的方面，即所谓矛盾起主导作用的方面。事物的性质，主要地是由取得支配地位的矛盾的主要方面所规定的。"[1]

竹内好为了准确地传达"其主要的方面，即所谓矛盾起主导作用的方面"的语感，花费了一个晚上的时间从上下文进行推断和揣摩，最后，他决定这样翻译：

　　正是这主要的方面，才是在矛盾中起指导作用的方面。

而他所批评的C译本则是这样翻译的：

---

[1] 毛泽东：《矛盾论》，《毛泽东选集》第1卷，人民出版社，1968年，297页。

> 所谓主要的方面，是指在矛盾当中起主导作用的方面。

这个对比说明了竹内好与C译本译者的区别。仔细品读这句话的两种译法，不能不承认它们确实是不同的。竹内好的翻译使"矛盾着的两方面中，必有一方面是主要的，他方面是次要的"这个判断进一步推进，强调了主要矛盾的主导功能；而C译本的译法虽然没有字面错误，但是因为它采取的是"说明"的形式，所以事实上与前面的一句语义重复。竹内好对此有一段颇为精彩的评论："其实，我为了准确地解释而冥思苦想了一个晚上。当我终于决定如此翻译的时候，不由得对于毛泽东推进逻辑的精彩程度扼腕叫绝。如同C译本这种凡庸的说明，在这个上下文里他是不会重复地说一次的——这一点我从一开始就深信不疑。"[1]

不难看出，竹内好虽然也举出了一些明显的误译加以批评，但是他追问的并非表面层次上翻译语词的对错，而是深层意义上的理解与传达。他的翻译与C译本的翻译，并非在用语层面对立，而是在思想层面对立，而这个对立的核心，则是如何理解毛泽东思想。竹内好的翻译是一种跃动着的主体表达，而C译本的翻译则是在静态地说明。这种动态的表达与静态的说明之间，暗含一个竹内好在论战激化之后进一步进行了解释的差异："我认可C译本作为解释的一种。这样的话读者可以选择自己喜欢的译本。订正版（尚未出版）C是以这样的态度来翻译的：'世界已经完结。那么让我们来说明吧。'这个译本适合于那些谋求这类说明的读者。而我向那些拥有着'世界尚未完结，世界应该变革。为此我们需要发现矛盾'这一问题意识的人推荐的，则不是C译本，而是D译本（即竹内好的

---

[1] 竹内好：《毛泽东思想的接受方法》，《全集》第5卷，376—377页。

译本——引者注）。这样，复数的译本可以共存。"⁽¹⁾

对于竹内好而言，世界确实不会"完结"，不会永远维持既定的权力秩序，因此，逆转既定秩序的大小革命——竹内好界定的从暴力到非暴力的和平革命——则必须是日常性的。在这个日常性的革命过程中，发现主要矛盾，并且促使主要矛盾转化为自己一方的力量，是竹内好理解的《矛盾论》的精髓所在。他为此无法忍受那些静态地排列各种概念并且寻找其间逻辑联系的翻译方式。

当然，竹内好还有一个更为形而下的理由让他无法沉默，这就是他后来在文章中提示的日本共产党知识分子"十年间独占"毛泽东著作翻译权⁽²⁾的问题。作为一个非日共和非马克思主义知识分子，竹内好认为这种把毛泽东视为共产主义者独占品的方式，有损毛泽东思想作为人类思想财产的品质。他猛烈地抨击已有的译本，这样指责："已有译本的译者全部是共产主义者。但是我可以断言，他们既没有理解毛泽东思想的能力，而且更有甚者，他们连理解的意愿都没有。……（毛泽东）把战争与和平作为矛盾关系加以把握，把无知与有知（进而一般性地说，是无与有）、进一步说还有真与伪都视为辩证法的对立概念，这表明他的立足点几乎与诡辩一线之隔。他并非诡辩家，但是他的亚流却可能成为诡辩家。然而，日本的马克思主义者，却连诡辩家都当不成。他们只不过是把毛泽东置于马克思列宁主义这一条直线上，通过把毛泽东转化为后者的解说者，从而利用他来证明自己作为解说者的权威性而已。"⁽³⁾

竹内好这一火气冲天的批判基于他对日本共产党的一些基本看

〈1〉 竹内好：《再谈关于毛泽东思想》，《全集》第5卷，399页。
〈2〉 竹内好说："我要对十年间持续不当地独占（我认为这是不当的）翻译权从而折磨了日本人民的这个翻译集团问责。"同上书，399页。
〈3〉 竹内好：《毛泽东思想的接受方法》，《全集》第5卷，376、377页。

法,特别是他认为日本共产党有脱离民众脱离实际的"独善主义",他们把革命理论作为自己的社会资本,对民众其实是居高临下的。所以,当他读到下面这个例子的时候,难免会产生严厉的诠释。

毛泽东有这样一段话:"共产党人必须揭露反动派所谓社会革命是不必要的和不可能的等等欺骗的宣传,坚持马克思列宁主义的社会革命论,使人民懂得,这不但是完全必要的,而且是完全可能的,整个人类的历史和苏联的胜利,都证明了这个科学的真理。"〈1〉

C译本的翻译是这样的:

> 共产党员必须揭露反动派所谓社会革命是不必要和不可能的等等欺骗性的宣传,坚持马克思列宁主义的社会革命理论,并且使人民理解它;这不仅完全必要,而且完全可能。人类的整个历史与苏维埃同盟的胜利证明了这个科学的真理。

竹内好的翻译是:

> 共产党员必须揭露反动派所谓社会革命不必要、不可能等等欺骗性的宣传,坚持马克思列宁主义的社会革命论,并且使人民懂得,这不仅是完全必要的,而且是完全可能的:全人类的历史与苏联的胜利,都证明了这个科学的真理。

对比这两个翻译,可以看出C译本确实在语法上没有准确把握原文的意思,把"使人民理解"的对象规定为"共产党人揭露……"和"坚持……"的对象,即反动派的欺骗性宣传和马克思

〈1〉 毛泽东:《矛盾论》,《毛泽东选集》第1卷,309页。

列宁主义的社会革命理论,但原文的含义是要使人民懂得"揭露"和"坚持"本身的必要性与可行性。但是竹内好并非在语法层面讨论问题,他认为这个误译恰恰暴露了日本共产主义者的致命弱点。他略显刻薄地批评道:

> 这固然是单纯的语法方面的错误,不过要是考察一下产生这种误译的心理背景,实在是颇有兴味的。按照C译本,"使人民理解"马克思主义理论被规定为共产党员的任务。而证明这是必要的和可能的根据则求诸"全人类的历史与苏同盟的胜利"。至少可以说,这个翻译后面存在着足以使译者对这种译法不加质疑的心理习性。如果稍微扩展一下这个解释的话,那么,似乎日本的共产党员只要让人民理解马克思主义理论就可以了,而且,这事情的必要性和可能性自有外力证明,只要自己觉得可以接受,就足以安身立命了。
>
> 毛泽东和毛泽东要求中国共产党员的,不是这样的工作。"使人民懂得"社会革命本身是必要的和可能的这件事情,才是共产党员的任务。再稍微引申一下,"让人民懂得马克思主义理论"在这里不构成讨论对象。只不过为了使人民懂得社会革命的必要性,只是为了完成这一任务,毛泽东才仅仅对共产党员提出理解马克思主义的要求而已。[1]

读到这个段落,令人联想起50年代竹内好曾经孤军奋战地反对"毛泽东思想是马克思列宁主义新发展"的提法,坚持强调毛泽东思想不是对外来共产主义思想的移植,而是中国传统文化的产物,因

---

[1] 竹内好:《毛泽东思想的接受方法》,《全集》第5卷,360—361页。

此与马克思列宁主义具有不同性质；同时也令人联想到他强调毛泽东"实事求是"精神并不能归类为清朝考证学的实证主义传统，而是更具有实践性格的口号。这两个看似矛盾的态度并不对立，因为它们是从不同的角度体现了竹内好的同一个问题意识：他坚持认为，让思想离开它产生的语境，仅仅依靠与其他对象的类似性就通过类推来理解它，这种类推无论是发生在不同文化中还是发生在同一文化中，都是危险的。"因为是实事求是，所以就可以说成实证主义，这种看法是不成立的。一般说来，把思想从它发生的根据那里割裂开来，只是依靠类推就想当然地觉得已经理解了，这是非常危险的。特别是在日本，近代的学问全部是从欧洲土壤中产生的，日本不过是把它们如同插花一样切下来零卖；因此这种危险性很大。"[1]

日本的马克思主义和共产党的教条主义问题，一直受到日共内部和非日共进步人士的批评。但是对于竹内好的这些讨论而言，这种教条主义却不仅仅是日共的专利品。他在更为一般的意义上把日共的教条主义乃至早期对苏联和中国采取"事大主义"的态度视为日本社会的一个精神缩影，因此他的批评是针对整个日本社会特别是学院知识分子的。

如此激烈的论战文字，不可能被置之不理。竹内好提出的问题迅即引起关注。在他的文章刊出当月，《图书新闻》即开始发表回应文章，不仅是他批评的几位译者，而且不直接相关的人也参与了讨论。竹内好颇感意外。他写道："中国问题现在很难成为传媒的话题。马克思主义最近也颇有背时之感。加上我是以翻译这一最朴素的形式提出问题的，所以说要想成为论坛热点话题，不利条件算

---

[1] 贝塚茂树等：《中国革命的思想与日本（座谈会）》，《世界》1957年2月号。

是全都凑齐了。我自己没有料到居然会以这种方式展开讨论。"⁽¹⁾

回应文章中,被竹内好点名批评的两位译者都撰写了长文,并且对竹内好提出的部分意见表示接受,但同时,他们并不接受竹内好借题发挥地阐发的思想分析,并且反过来对竹内好译文的缺点也提出了直率的技术性批评。这与早年竹内好与支那学家们的论战基本上显示了同一个结构。因此,在同年11月,竹内好又写作了另外一篇长文,作为对两位译者的再回应;通过这篇文章,可以更清楚地把握竹内好问题意识的核心。

竹内好的批评主要是针对松村一人的。松村是一位严谨的马克思主义哲学家,个性十分克制。他对竹内好进行的反驳,明显地尽量以"客观性"来自我要求,与竹内好情感外露的"主观态度"形成了对照。他对竹内好的批评也在于竹内好的主观意志。他这样反驳:"竹内好的翻译,其他的问题姑且不论,有相当的误译是由于他没有很好地把握《矛盾论》各个基本概念之间的关联性。至少就此而言,作为哲学论文的翻译它有着致命的缺陷。"同时,他也反感竹内好毫不掩饰的论战态度,批评其为最大限度地痛骂对手,自夸自己译文的正确性。⁽²⁾

竹内好在再回应的文章中对此进行了激烈的反应。他并不认可这种把分歧导向个人修养乃至个人恩怨的思路,又一次强调自己并非在技术层面讨论翻译问题,而是借着翻译问题讨论其背后的认识论根源。他紧抓住松村关于"各个基本概念之间的关联性"的说法,指出这正是他们之间的差异:"我在《矛盾论》作者那里看到了真理探究者的姿态,松村氏则看到了客观真理(这一观念)的

⟨1⟩ 竹内好:《"〈矛盾论〉论争"与我的立场》,《全集》第5卷,379页。
⟨2⟩ 松村一人:《兼听则明——回应竹内好氏》,《思想》1962年7月号。

显在化。这是我们之间的差别。因此,我看到的毛泽东,突出的是过程的、永未完结的、战斗者的侧面,松村氏的把握方式则把他绝对化、固定化、神格化。"[1]在竹内好看来,松村尽管关注各种概念并且力图整理其中的关系,但这是一种"世界已经完结"的分析方法。竹内好认为同样的问题也存在于另一位译者、中国语言学家和文学研究家竹内实那里。他讽刺说,松村的法宝是概念,竹内实的守护神则是单词,"概念是重要的,同样,单词也是重要的。不过,无论怎样堆积概念,只凭借这一点不会直接产生思想;与此相同,无论如何陈列单词,只靠这个也不会直接变成'文'。反过来说,把文章分解为单词,再组合对这些单词的理解,这也不构成对'文'的理解"。[2]竹内好有关单词主义的批评是相当精彩的翻译论,仅从与本论主题相关的角度看,他谈的问题是:一视同仁地使用单词,将会导致对原文思想的简化和歪曲。因此,何为准确的翻译,这个问题就在形似与神似之间产生了巨大的张力。

竹内好借助这个翻译标准的问题,推进了他在前一篇论文中提出的思想课题。松村的回应文章里,大量出现了"正确的翻译""误译"等判断,并应用这两个标准对竹内好的翻译和他的批判进行分析。竹内好被激怒了。他说:"我提示了误译(或不合适的翻译)。于是被提示的译者本人向着提示者的我,下达了这些提示是对的或者是错的之类的判断。这究竟算是怎么一回事情?从常识考虑,普通人之间不可能出现这样的交流。现在两个人意见相左,一方要么认可另一方,要么不认可。认可的话就撤回自己的意见,或者修正它,不认可的话就彻底坚持自己的意见。这就是论

---

[1] 竹内好:《再谈关于毛泽东思想》,《全集》第5卷,393页。
[2] 同上书,400—410页。

争。可是现在呢,明明是当事者,却偏偏要当判决者。这相当于相扑运动员同时也兼了裁判。……一般而论,日本的共产主义者所写的东西里这类文体相当普遍。A是正确的B不正确;C是错误的D没有错误。这种形式非常多。而'我想'这类提出个人意见的形式则非常少。无论是以团体名义还是以个人名义发表的文章,这种倾向都是一致的。"〈1〉

竹内好接着提出了进一步的问题,即在这种立足于超越性审判者的冲动背后,存在着"唯一正确"的真理标准。而且,这个绝对化的真理是被赋予的,是作为外在的他者加以定位的。因此,对于"客观性"的强调,就成为判断翻译的标准。竹内好说,这种对于所谓"客观性"的强调,暗示了日本的共产主义者缺少真正的主体性,这使得他们在判断事物的时候不具备改变事物的能动精神。在这个意义上,竹内好以相当"主观"的态度诠释了毛泽东的政治辩证法:

> 松村氏的论文中"诸概念的关联"这一说法几次出现,以此我们可以了解他最关心的是什么。C译本的译文里也呈现了这一点。怎样做才能完美地把各种概念(以及范畴)串联起来,他只专注于这件事。……
>
> 但是我并不在这个方面确认《矛盾论》的主干。我认为这部著作的核心部分在于提倡为了解决问题而全力以赴地发现矛盾。进一步说,……我觉得毛泽东的口吻甚至可以这样理解:如果没有矛盾的话,就是造也要把它造出来。进而言之,毛泽东在激越地鼓动着人们:将诸种矛盾中的主要矛盾为我所用,

---

〈1〉 竹内好:《再谈关于毛泽东思想》,《全集》第5卷,387—388页。

掌控主要矛盾的主要方面。[1]

到这里，竹内好挑起翻译论战的动机可以窥见一斑。他并不认可所谓绝对客观和唯一正确的翻译标准，他所论争的是如何主体性地通过翻译来进行思想建设。因此，他不仅质疑日本马克思主义者作为正确思想代言人的姿态，而且也质疑他们以科学精神作为政治思想武器的"客观主义"态度。[2] 在此我们需要谨慎对待的是，当竹内好质疑绝对客观的唯一真理时，不能把他归类为相对主义甚至虚无主义者。如果因此断言竹内好是在强调主观任意性翻译的合法性，将会错失这场论战最具有建设性的内涵。竹内好不惜花费大量篇幅讨论那些纯粹的技术性错误，就在于他反对主观任意性的思想方式和论述方式。我们只有突破了直观的二元对立思维，才能在强调主体性、反对绝对客观性的竹内好那里发现谨慎的历史分析契机。竹内好对于毛泽东的解读，紧贴着他对中国革命的理解，他固然没有充分强调中国革命的代价，这使得他的相关论述失之理想主义；不过指出这种历史性的局限实在是过于容易的工作，而且也难免会犯竹内好所质疑的那种居高临下对他人进行审判的错误。比较困难也比较有价值的课题是，在战后日本那个没有社会革命可能性、对中国的关切也渐渐淡漠的历史时期，作为对毛泽东思想的论述，竹内好这些富有"如果没有矛盾的话，就是造也要把它造出来"之色彩的挑战，究竟给我们留下了何种可供转化的思想媒介？

围绕《矛盾论》翻译的论战无疾而终，它的收获似乎只在于

---

[1] 竹内好：《再谈关于毛泽东思想》，《全集》第5卷，396—397页。
[2] 最为典型地体现了日本马克思主义者科学主义精神与他们政治斗争策略之关系的，是50年代后期发生的"昭和史论争"。这一部分请参照拙著《思想史中的日本与中国》第二部《历史与人》。

"挤着"竹内好写作了两篇很有哲学意味的论战文字。时至今日，论战本身已经不重要了，重要的是竹内好提出的问题。这些问题引导我们在今天的状况中反思自己所处的知识环境，并进一步设定自己的课题。

竹内好通过《矛盾论》翻译的论战阐发出来的问题，暗示了他对毛泽东思想的基本理解方式，也提示了另外一种对延安整风运动基本精神的理解途径。他之所以如此重视中共进行全党整风的思想运动，如此高度评价"三风整顿"的内容，是因为这一整顿的内容恰恰针对了他深恶痛绝的日本同时代的知识风气。值得玩味的是，竹内好基本上没有把右翼知识分子作为自己的论敌，当然，他也不把后者作为自己的盟友。在文化立场上，竹内好属于进步知识阵营，但是他与马克思主义左翼保持距离，同时也对自由主义左派不时表现出的西方理论原教旨本能表示不满；他对于这两大类左派知识分子（必须强调的是，这两类知识分子都对战后日本的思想建设做出了重要的贡献，因此竹内好与这两类知识分子中优秀的思想人物都有合作关系）提出的批评，尽管在内容上各不相同，但核心都在于批评他们把理论硬性地强加给现实实践的潜在倾向。因此，竹内好高度重视毛泽东的《矛盾论》《实践论》，其理由不难理解。他显然从毛泽东"与诡辩一线之隔"的辩证法思想中读出了最有摧毁教条主义理论原教旨和非主体知识生产方式的强大思想能量。对于那些执着于政治正确与绝对客观的唯一真理的知识分子而言，这是水火不容的；而对于竹内好而言，读出毛泽东辩证法精神的内涵，显然是他一生中最为重要的思想时刻。继发现鲁迅思想的"黑洞"之后，竹内好又一次找到了"永恒"。

终章

竹内好如何"遗产化"

　　竹内好是一位并不"现成"的思想家。所谓并不"现成",是因为他的知识类型、思考方式、政治立场、社会功能,都无法被简单地归类到我们熟悉的那些框架中去,也无法以历史局限性为由对他进行"三七开"的价值判断。当我们尝试这样做的时候,总有些重要的东西溢出我们的分类与判断。

　　在现代知识生产格局中,竹内好留下的思考很难找到准确的定位。他的很多分析是"半途而废"的:他提出了那些重要的命题,却拒绝以逻辑的方式加以阐释,仅仅是近乎武断地给出一个判断。在丸山真男洋洋洒洒之处,竹内好惜墨如金。至今,受过社会科学良好训练的学者,仍然不愿意对竹内好进行深入的研究,这是无可厚非的——仅仅依靠社会科学的分析方式,他的思考很难被准确地接受,更谈不上被有效地传承。在另一方面,由于他主要的论著超出了狭义的文学研究范围,也难以被今天的文学研究领域有效传承和共享。

　　然而,无法定位的竹内好仍然重要。虽然在处理例如中国革命的原理问题时,他坦率地承认自己"思考力不足";虽然他对同时代很多重大问题的讨论失之于浪漫的一厢情愿,然而我们仍然可以这样说：没有竹内好，日本的当代思想将失去一抹重要的底色。

竹内好提出了那些最尖锐也最根本的问题。当我们由于各种原因试图绕开这些问题的时候，竹内好就会出现在我们思考通路的前方。社会思潮起起落落，竹内好似乎总是在这些思潮的边缘处，有时甚至在它们之外。但是历史曲折前行，曾经热门的那些思潮相继冷却之后，竹内好的问题却依然鲜活；他与历史同在，也因此仍然在今天苏生。

或许每一种文化都会孕育竹内好这样的思想家。他们并不教导我们如何区分正确与错误，而是告诉我们如何寻找那些真正的问题。他们并不把某些立论作为立足点，而是不断打破定论，让我们看到每一个"真理"的边界。在历史的混沌之中，思想的纯粹性恰恰不能以清高的方式呈现；相反，真正的思想家不惧怕现实的混沌乃至污浊，他们有能力跳进泥沙俱下的旋涡并从中转化出充足的精神营养，却绝不与现实同流合污；思想的活力来自现实，却不是现实的摹写。通过一次次从现实中"选择出自己"，思想家在精神上介入同时代史，并为其造型。

在中国现代史上，我们拥有鲁迅，鲁迅属于中国也属于人类。竹内好从鲁迅出发，在他所生活的那段残酷而又跌宕的历史中奋力挣扎，为我们留下特别的思想成果。晚年的竹内好又一次把鲁迅作为自己的问题，他投入大量精力翻译鲁迅，并由衷地期待着60年代后期成长起来的"漫画世代"以不同的方式推进他一生为之奋斗的课题。这个课题，就是建立"内在于日本的中国"。

60年代初期，竹内好发表了《说说无法"内在于日本的中国"》，这样表明自己的态度："中国问题不能以他在的方式思考。"[1] 换言

---

[1] 竹内好：《说说无法"内在于日本的中国"》，《全集》第13卷，490页。

之，中国问题不存在于自己的外部，不能把中国视为与己无关的他者。竹内好并且说，就学术客观性而言，这个说法当然有危险，不过仅就中国这个对象来说，比起尚未脱离主客未分状态的幼稚态度来，那种把中国外在化所带来的损害要大得多。竹内好举了一个例子：战后日本民主阵营特别是学生们，每年都在五月四日这一天举行以纪念为名的庆祝活动。竹内好评论说：中国青年纪念"五四"名正言顺，但这一天不应该成为日本人的纪念日。如果日本人想要就"五四"做点文章，必须先对日本外交史上的一个污点——对中国的《二十一条不平等条约》进行研究，使它成为日本国民的知识遗产。然而战后一段时期，日本史领域的著作对此只字不提。虽然后来以《昭和史》为代表的著作开始把中日关系对日本历史进程的影响置于视野之内，但距离学术的结构性变革，仍然还有很大的差距。

竹内好发表这篇评论的1963年，正是坂本义和发表《核时代的日中关系》，慨叹战争体验无法传递给下一代的时刻，也是在同一时刻，竹内好发表了《关于中国问题的私人感想——一封没有收信人的信》，表达他预感到中国将要在日本历史上首次成为"未知国度"的危机意识。竹内好呼唤"内在于日本的中国"，体现的并不是他的中国观，而是他对日本社会漠视中国这一现象的反思。在日本进步势力开始意识到战争体验无法得到有效传承这一状况的严重性时，竹内好思考的是这一问题是否有可能以知识生产的方式加以弥补。他指出日本的学术生产机制没有为国民提供必要的知识遗产，这体现了他对历史记忆将要发生断层的危机意识。竹内好认为，中国，在日本学术领域中不能只作为"中国研究"的对象，也不能只被"国际关系""外交史"等领域处理，它应该成为日本研究的组成部分。这当然并不意味着研究日本的学问要讲授关于中国的知识，竹内好希望指出的问题并不仅仅是知识性的。他强调的是，中国与日本并不是相互外在的他者关系，中国社会内部发生的问题，往往牵涉日本社会内在的问题。对这些"日本问题"的讨论，需要把"中国"纳入视野才能看清楚。包括竹内好在内的、活跃于20世纪50年代的一两代人，曾经认真地面对过中国。但是，他们没有来得及为"内在于日本的中国"奠定相应的学科基础，日本学术的结构性机制难以把中国作为"自己的问题"。

晚年的竹内好在回顾1941年12月8日日本偷袭珍珠港带给他的特定意义时，说了这样一段话："（12月8日）让我感到，卢沟桥（事变）以来的那种窝心感、负罪感、压抑感，一下子就被驱散了。此前那种令人难受的压抑感觉，怎么说呢，跟现在还真有点像。现在觉得说不清道不明的那种感觉，再持续下去的话，也就会变成当时那种样子吧。（笑）"[1]

时值1975年，距《中日联合声明》签署已有三年。中日邦交在外交上"正常化"了。但是，竹内好敏锐地察觉到真正的正常化远未实现。中国不仅没有"内在于日本"，反而日益成为陌生的国度。在渗透于日本社会方方面面的冷战逻辑里，中国越发变得无法理解。无法用欧美的历史逻辑解释的中国，在中日邦交正常化之后被分裂为拥护或反对的对象，成为日本社会内部进步与保守势力的对立契机，但是对于中国的内在理解，并没有因为这种对立而深化；中国在日本社会的陌生化，让竹内好感觉到了当年曾经感受到的压抑感，而且比当年的压抑感更为说不清道不明。《我的回想》一开篇，竹内好就挑明了这件事："我差不多从十来年前开始就有一种

〈1〉 竹内好：《我的回想》，《全集》第13卷，256页。

说不出的感觉，总觉得现在的时代渐渐地变得像是30年代了。"⟨1⟩

从时间上大致可以判断，竹内好的压抑感，是从60年代中期开始的。1966年，他在以"预见与错误"为题发表的访谈记录中说，战后没有积累起关于日本民族主义的研究，未能形成健康的民族主义生长空间；当60年代日本政府逐渐找回自信之后，教育、法律、外交等方面大国意识抬头，昔日日本特殊的民族主义复活了。"无论如何，最近的世态让人感觉到30年代战争爆发之前的那种气氛。"⟨2⟩

曾经在60年代初期最早提议纪念明治维新百年的竹内好，也在这时宣布撤回自己的倡议。理由不仅是因为日本政府要独揽纪念活动的组织权，更是因为他发现日本的文化界已经瓦解，文化人被既成政治势力利用，无法独立承担文化创造的责任。这时候的日本社会已经被绑在美国的战车上，在政治、经济等各个方面迅速美国化，文化上的美国化也显出征兆。与此相应，随着中国内部产生的巨大变动，日本人的中国观越来越模糊，越来越淡漠，日本的中国学也越来越难以对整个社会发生影响。对竹内好来说，日中关系最大的障碍并不是误解乃至憎恶，而是缺少探求心。当年写作《从周作人到核试验》的时候，他肯定了史密斯"盎格鲁-撒克逊式的探求心"，并非因为他赞同史密斯的结论，而是因为他痛感日本人缺少这种探求心。年轻时期的战争经历让竹内好对缺少探求心这件事的危险性有着超乎寻常的警惕。当年日本发动了对华侵略战争，并把它逐渐升级为全民战争。普通日本人之所以能够在中国毫无顾忌地犯下残暴的罪行，在精神上的根据就是因为他们不了解也不想了解中国人。30年代的日本对中国的无知，与支那通们经营的安冈秀夫

⟨1⟩ 竹内好：《我的回想》，《全集》第13卷，232页。
⟨2⟩ 竹内好：《预见与错误》，《全集》第9卷，415页。

式的"支那民族性研究"有很大关系,70年代的日本中国学当然不同于早年的支那学,但是随着冷战意识形态的渗透,日本社会中国观的模糊与混乱,却没有根本性的改善。缺少探求心,把中国问题简单地归结到现成的框架中去,这一切学术现象在竹内好这里并不是单纯的学术习惯问题,他从中间接地感受到了30年代曾经感受到的战争土壤。竹内好曾经援引过诺曼的说法:"要将他人奴隶化,使用纯粹自由的人是办不到的。相反,最残忍无耻的奴隶,将成为他人自由的最狠毒最有力的掠夺者。"[1] 同理,缺少探求心的社会精神土壤,正是培养奴隶的温床,最残忍无耻的奴隶,必定与无知为伴,且甘愿在无知状态下接受现成的说教。

在某种意义上,竹内好在《我的回想》里留下了他给日本社会的遗言:日中友好并非他期待的终极目标,他希望的是日本人真正拥有对中国的好奇心与探求欲,真正从惨痛的战争历史中继承理解中国的"国民的知识遗产"。没有深入的理解,"日中不再战"就不可能获得真实的基础,无知的友好随时可以转化为无知的敌意。毕生强烈批判日本学术体制的竹内好,在学术生产的繁荣景象中看到了探求心的缺失,他从中感受到的,是30年代曾经经历过的潜在危机,他为此而不断呼唤着"学术的尊严与学者的责任"。

竹内好早年第一次造访中国时,惊讶地发现在中国生活着跟自己同样的人。而关于这个最朴素的事实,日本的任何传媒、任何教科书都没有提到过。竹内好一生的思想工作,都是从这个朴素的认知出发的。对中国是这样,对其他国家也是这样的。据鹤见俊辅回忆,他在1972年到1973年间曾经在墨西哥生活过一段时间,竹内

---

[1] 竹内好:《何谓近代——以日本与中国为例》,《全集》第4卷,170页。

好在那时曾经想过也去墨西哥,甚至委托鹤见帮他寻找住处:"竹内先生不属于那种必须待在日本的民族主义者。去墨西哥,继续翻译鲁迅作品然后送到日本出版的话,也就有收入了呀。能够自食其力。他那个时候也想过这条路。"[1]据丸山真男回忆,当年他第一次去哈佛之前有些不安,因为自己英语不太好。这时竹内好对他说:"你只要想想,在任何地方都生活着同样的人,那就没事儿了。"丸山对此评论道:有人说竹内好是民族主义者,假如只是强调他这一面,自己是不赞同的。在与竹内好交往的过程中,丸山切实地感觉到,竹内好身上有一种世界主义的特质。他拥有一种日本知识分子所缺少的他者感觉,即把他者作为他者对待,同时试图从其内部理解他者。相对于日本社会植根于"内"与"外"区分的同质性,竹内好的这种他者感觉突破了岛国内部集团式认同。[2]

丸山对竹内好的追忆,把他者问题推到了理论层面。由于一生致力于从近代日本思想中提炼民族主体意识,并且有时也并不忌惮与保守派对话,竹内好一向被视为民族主义者;他对日本民族主体性的执着,确实与一般意义上的世界主义者或者无政府主义者不同。但是竹内好的思想与同时代右翼推行的"岛国民族主义"完全不同。这个不同,正如丸山提示的那样,就在于世界与日本的"位置关系"。对于狭隘的排他性民族主义者而言,世界在日本的外部;而对于竹内好而言,世界在日本的内部。

世界如何才能在日本的内部呢?这个说法并不是地理实体意义上的问题,也不仅仅是价值观念层面的问题。斟酌竹内好的思想理路,可以发现他有一个坚定的感觉方式,那就是世界上所有的人种

---

[1] 黑川创:《鹤见俊辅传》,484页。
[2] 丸山真男:《与竹内好的交往》,《丸山真男集》第10卷,358—360页。

都是"人类"的一部分,所以彼此之间没有无法跨越的鸿沟。阐明这个认识的,是他发表于1961年的《作为方法的亚洲》。也正是在这篇文章中,他指出日本人缺少一个常识:在中国生活着与自己同样的人。这个朴素的事实被竹内好提炼为认识论问题:"人作为类型,我不承认有区别。我的前提是,人全部都是一样的。尽管肤色不同,长相不同,但人的内容是共通的。从历史性来看,人也是等质的。"[1]但是,这个"等质"并不能理解为"同质"。所谓等质,指的是在价值上相等,也就是我们经常说的"平等";而在价值上平等的众多文化,在内容上却并不可能是同质性的,即不可能具有相同性质的内容。这样一来,等质前提下的各种文化,必定是不同质的。对各种文化不同质这一事实的尊重,却必须来自等质的价值观。可以说,等质与不同质,是一对相互依存的概念。因此,竹内好在强调人是等质的这一判断的同时,也提示了问题的另外一面,那就是等质的人类在现实中分别由不同的文化和社会风土打造;在不同的历史传承中,人们以不同的形式建立自己的文化,传承自己的逻辑。关于这个不同质的问题,竹内好并没有深入论述,他只是强调了西方式的民主与自由作为价值并没有贯彻到全人类,而只有通过亚洲的逆袭,才能把这些优秀的价值提升到全人类的高度。

等质与不同质这一对概念,在这里获得了哲学范畴之外的历史内涵。但是它们与近代以来形成的思维习惯相异,需要再做一些细致的梳理。作为前提,"人是等质的"这一判断意味着,无论发达与否,任何社会里的人都同样有价值,作为人都要受到同等的尊重;早年日本吞并朝鲜,发动侵华战争,前提就是不承认朝鲜和中国与自己"等质",那些大开杀戒的日本兵,也不承认受害国的国

---

[1] 竹内好:《作为方法的亚洲》,《全集》第5卷,114页。

民与自己是同样的人。而在另一方面，不承认人类在价值上等质的日本也不承认中国与朝鲜以及世界上其他国家在文化上与自己并不相同，认为可以用日本的皇道统合天下。日本希望用自己的文化使被殖民国家"同质化"，以暴力强制推行一系列的日本化措施。等质与不同质，是一对缺一不可的概念。前者确认人类平等的价值判断，为理解他者的特殊性提供了前提；后者则是具体进入他者的必要途径，不同质，也就是丸山真男所说的"把他者作为他者对待，同时从内部理解他者"。如果从价值判断上来说，等质与不同质同样出于对人类平等的坚持，相互之间缺一不可；如果从方法论上看，则关于"等质"的判断不能用于具体分析，它只提供出发点，具体分析则必须遵循"不同质"的原则。丸山与竹内激烈抨击的日本岛国思维，正是颠倒了等质与不同质的关系，从而为日本的对外扩张提供意识形态基础。日本战败了，但是这种思维方式没有被清除，竹内好正是在这里看到了战后思想的危机：当中国不仅被置于日本的外部，而且越来越成为未知国度的时候，当日本人仅仅关心发达国家的事物，无视占世界广大区域的后发国家文化逻辑的时候，无论日本人在话语层面如何世界化，这种以不等质为前提的认识方式都将导致对世界的同质性要求，即仅仅以一种文化形态为模板，要求整个世界都向同一个方向发展——即使日本社会甘愿放弃自我，把自己同质化为欧美的一部分，这种同质化要求的霸权性格也将同样导致似是而非的世界主义与真实的自我中心主义。

　　正是在这个意义上，竹内好那个没有来得及充分展开的命题获得了重要的认识论功能：说内在于日本的中国，并不是把中国日本化，也不是使日本中国化。这正是丸山真男所强调的"世界在日本的内部"的具体例证。它的核心指向，在于打破岛国区分自我和他者的实体性习惯，让自我与他者发生真实的关联。它意味着日本在把中国作为他者的过程中，以他者为媒介，真实地面对自己的问题。面对日本自己的问题，在竹内好前述的例子中，就体现为在"五四"青年节的时候，不必跟着中国青年一起庆祝，而是反思日本外交史上的不平等条约。

竹内好不善于以丸山的方式整理问题，丸山却准确地读懂了他基本的问题意识。丸山指出，竹内好拥有"世界在日本的内部"这一视野，与他个人的气质固然相关，但还有一个重要的原因，就是他一生与中国这个异质性的文化结缘，把中国作为媒介，锤炼了他的他者感觉。中国与日本有着不同的历史逻辑，而竹内好是如何与中国结缘的呢？

秘密就在于鲁迅。在那个悖理而暴力的时代里，竹内好遭遇了鲁迅。借助鲁迅，他回视自我；借助鲁迅，他认识了中国，也重新认识了日本；借助鲁迅，他挣扎在历史的旋涡之中，他依据的不是观念，不是立场，而是比这一切更为本源的也更为朴素的信念——在中国，生活着跟自己同样的人。与写作《支那人气质》的史密斯居高临下的探求心相反，竹内好的探求心以"跟自己同样的人"为对象。竹内好一生在漠视和蔑视中国的情境中顽强抗争，但重要的是，他没有因此而成为仰视或俯视中国的中国通。

在某种意义上，竹内好激活了鲁迅。他以极为朴素的方式告诉我们一个深刻的道理：承认人类在价值上等质，不把自己的逻辑强加给他者，拥有不带偏见的好奇心，在理解他者的基础上建立开放的主体意识——这一切，在这个弱肉强食的世界上，比任何事情都重要，也比任何事情都艰难。竹内好一生给我们留下的思想遗产，正是由于这个道理而至今仍然焕发着生命力。

1977年，竹内好在日本对中国认识的低谷情境中离开了这个世界。时至今日，无论是日本的中国学还是普通日本人，都比当年更多地关注和了解中国。但是，竹内好的时代真的已经过去了吗？

或许我们这一代人还无法回答这个问题，因为竹内好还没有真正成为历史人物，他的思想也还没有真正成为知识遗产。正如鲁迅依旧活着一样，竹内好也活着。借用竹内好的说法，当一个时代业已结束时，它才能成为遗产。竹内好当年面对的那些问题，今天改头换面仍然还在困扰着我们，正因为如此，竹内好不仅属于日本，他也属于人类。而竹内好如何遗产化，换句话说，如何真正地面对他提出的问题，这也就成为了我们的责任。

参考书目

日文书籍

本多秋五:『物語戦後文学史』(上、中、下),岩波書店,1992年
創文社編集部:『戦後日本の動向』,創文社,1954年
東京裁判ハンドブック編集委員会:『東京裁判ハンドブック』,青木書店,1989年
福沢諭吉:『文明論之概略』,岩波書店,1995年
福沢諭吉:『福沢諭吉全集』第16巻,岩波書店,1970年
広松渉:『「近代の超克」論:昭和思想史への一視角』,講談社,1989年
鶴見俊輔:『竹内好:ある方法の伝記』,リブロポート,1995年
鶴見俊輔、加々美光行編:『無根のナショナリズムを超えて 竹内好を再考する』,日本評論社,2007年
河上徹太郎ほか:『近代の超克』,冨山房,1994年(其中所收录的竹内好的文章《近代的超克》中文版见竹内好:《近代的超克》,李冬木等译,三联书店,2005年)
黒川創:『鶴見俊輔伝』,新潮社,2018年(中文版见黒川創:《鶴見俊輔传》,夏川译,广西师范大学出版社,2021年)
花田清輝:『近代の超克』,講談社,1993年
臼杵陽:『大川周明:イスラームと天皇のはざまで』,青土社,2010年
林房雄:『大東亜戦争肯定論』,番町書房,1965年
梅棹忠夫:『文明の生態史観』,中央公論社,1967年(中文版见梅棹忠夫:《文明的生态史观》,王子今译,上海三联书店,1988年)

梅棹忠夫、守屋毅編：『都市化の文明学』，中央公論社，1985年

平野謙、小田切秀雄、山本健吉編：『現代日本文学論争史』（上、中、下），未来社，1956—1957年

前坂俊之：『言論死して国ついに亡ぶ：戦争と新聞1936—1945』，社会思想社，1991年

日高六郎編：『1960年5月19日』，岩波書店，1960年

上山春平：『大東亜戦争の遺産』，中央公論社，1972年

三木清：『三木清全集』，岩波書店，1966—1986年

狩野直喜：『支那學文藪』，みすず書房，1973年

丸山昇：『魯迅・文学・歴史』，汲古書院，2004年（中文版见丸山升：《鲁迅・革命・历史——丸山升现代中国文学论集》，王俊文译，北京大学出版社，2005年）

丸山眞男：『丸山眞男集』第12巻，岩波書店，1995年

丸山眞男：『現代政治の思想と行動』，未来社，1964年（中文版见丸山真男：《现代政治的思想与行动》，陈力卫译，商务印书馆，2018年）

西尾幹二：『国民の歴史』，産経新聞ニュースサービス，1999年

伊藤整：『小説の認識：他』（伊藤整全集，17），新潮社，1973年

野間宏：『野間宏全集』第16巻，筑摩書房，1970年

竹内好：『竹内好全集』，筑摩書房，1980—1982年

竹内好：『状況的：竹内好対談集』，合同出版，1970年

竹内好編：『アジア主義』，筑摩書房，1963年

ハーバート・ノーマン：『ハーバート・ノーマン全集』第4巻，岩波書店，1978年

日文杂志

『辺境』第5期，1987年

『潮』，1964年、1971年

『近代文学』，1960年

『世界』，1949年、1957年、1960年、1963年

『思想』,1942年、1962年
『思想の科学』,1963年
『文学界』,1952年
『新日本文学』,1960年
『中国文学研究月報』,1936—1943年
『中央公論』,1942年、1943年、1957年、1960年

中文书籍

鲁迅:《鲁迅全集》,人民文学出版社,2005年
钱理群:《周作人传》,十月文艺出版社,1990年
孙歌:《思想史中的日本与中国》,上海交通大学出版社,2017年

"当代学术"第一辑

美的历程
李泽厚著

中国古代思想史论
李泽厚著

古代宗教与伦理
儒家思想的根源
陈　来著

从爵本位到官本位（增补本）
秦汉官僚品位结构研究
阎步克

天朝的崩溃（修订版）
鸦片战争再研究
茅海建著

晚清的士人与世相（增订本）
杨国强著

傅斯年
中国近代历史与政治中的个体生命
王汎森著

法律与文学
以中国传统戏剧为材料
苏　力著

刺桐城
滨海中国的地方与世界
王铭铭著

第一哲学的支点
赵汀阳著

生活·讀書·新知 三联书店 刊行

"当代学术"第二辑

七缀集
钱锺书 著

杜诗杂说全编
曹慕樊 著

商文明
张光直 著

西周史（增补二版）
许倬云 著

拓跋史探（修订本）
田余庆 著

近代中国社会的新陈代谢
陈旭麓 著

甲午战争前后之晚清政局
石 泉 著

民主四讲
王绍光 著

心灵秩序与世界历史（增订本）
奥古斯丁对西方古典文明的终结
吴 飞 著

海德格尔与伦理学问题（修订版）
韩 潮 著

生活·讀書·新知 三联书店 刊行

"当代学术" 第三辑

三松堂自序
冯友兰著

中国文明起源新探
苏秉琦著

美术、神话与祭祀
张光直著

杜甫评传
陈贻焮著

中国历史通论
王家范著

清代政治论稿
郭成康著

无法直面的人生（修订本）
鲁迅传
王晓明著

反抗绝望（修订版）
鲁迅及其文学
汪　晖著

竹内好的悖论（增订本）
孙　歌著

跨语际实践（修订译本）
刘　禾著

生活・讀書・新知 三联书店 刊行